IFRS

INTERNATIONAL
FINANCIAL
REPORTING
STANDARDS

회계원리

ACCOUNTING
PRINCIPLES

[최신 기준서 반영]

머 리 말(7판)

본 서의 6판이 출간된 이후에 중요한 국제회계기준의 개정이 없다가 최근에 금융상품 기준서 제1109호와 수익 기준서 제1115호가 공포되어 2018년부터 의무적으로 적용될 예정이다. 금융상품 기준서의 개정 작업은 수년을 끌어오면서 몇 차례 그 내용이 바뀌다가 2016년에 공포되었는데, 금융자산과 금융부채의 최초 인식 및 후속 측정, 계정분류 등에 많은 변화가 있다. 또한 수익 기준서도 수년 동안 개정 작업 끝에 2016년에 공포되어 다양한 수익 거래를 회계처리하는 데 일관성이 부족했던 종전의 수익 기준서를 대체하게 되었다. 이에 금융상품과 수익 기준서의 개정 내용을 반영하고, 6판의 부족한 점을 보완하여 이번에 개정 7판을 출간하게 되었다. 7판의 주요 개정 내용은 다음과 같다.

첫째, 금융상품 기준서(제1109호)와 수익 기준서(제1115호)의 개정사항을 충실하게 반영하여 교재 전체적으로 영향을 받는 부분을 모두 수정하였다. 단, 금융상품과 수익 기준서의 내용 중 중급회계에서 다루어야 할 부분은 생략하였고, 회계원리 단계에서 이해할 수 있는 정도만 반영하였다.

둘째, 4장의 일반적으로 인정된 회계원칙에 대한 설명을 보완하였다. 최근에 제정된 중소기업회계기준을 추가하여 다시 정리할 수 있게 설명하였다.

셋째, 6장에 유형자산의 재평가모형에 대한 설명을 추가하였다. 회계원리 단계에서 간단하게 재평가모형을 이해할 수 있도록 쉽게 설명하였다.

넷째, 10장의 자본관련 회계처리를 현행 상법에 부합되도록 수정보완하였다.

위와 같은 부분에 역점을 두고 완성도 높은 교재를 만들기 위해서 최선을 다했기 때문에 독자 여러분들이 회계학을 이해하는데, 멋진 동반자가 될 것이라고 확신한다. 2007년에 최초로 회계원리 초판을 발간하면서 본 교재를 계속 발전시켜나갈 것이라는 약속을 했었다. 이번 개정작업을 통해 그런 약속을 지키고 있음에 자부심을 느끼고, 앞으로도 계속 발전시켜나갈 것을 약속드린다. 독자 여러분의 건전한 비판과 냉철한 조언을 기대해 본다.

본 서를 좀 더 독자들이 보기 편하게 하기 위해 편집 작업에 최선을 다해 준 편집부 직원 여러분에게 감사의 뜻을 전한다. 아무쪼록 본 서가 여러분에게 회계원리의 재미를 알 수 있게 해 주길 진심으로 기원한다.

2017년 1월 2일

저자 일동

머 리 말(5판/6판)

2011년 7월 22일에 한국회계기준원 회계기준위원회에서 '재무보고를 위한 개념체계'를 개정 공표하였다. 이는 2010년에 국제회계기준위원회(IASB)가 개정 공표한 'The Conceptual Framework for Financial Reporting 2010'을 번역하여 공표한 것이다. '재무보고를 위한 개념체계'는 회계원리를 공부하는 독자들에게 큰 영향을 주는 분야가 아니지만 최근 개정사항을 충실히 반영한 교재를 제공해 드리는 것이 저자들의 도리라고 생각하여 5판을 발간하게 되었다. 또한 2011년에 상법 일부개정이 있어 동 개정사항이 회계원리 교재에 영향을 미치는 것도 수정하여 반영하였다.

5판은 '재무보고를 위한 개념체계'의 개정내용을 반영하고 상법 개정사항을 수정하는 작업만 수행하였다. 따라서 동 개정사항이 영향을 주지 않는 대부분의 파트는 4판과 동일한 내용을 담고 있다. '재무보고를 위한 개념체계'의 개정내용이 반영된 파트는 4장 '회계의 이론체계'이다. 그리고 상법 개정사항이 반영된 파트는 10장 '지분상품과 자본'이다.

이제까지 그래왔던 것처럼 본 교재가 회계학이 어려운 학문이 아님을 알게 해 주는 등대같은 역할을 해서 독자 여러분의 목표달성에 동반자가 되기를 진심으로 기원한다. 편집작업에 수고해 준 편집부 직원 여러분께 감사의 뜻을 전한다.

2011년 12월
저자 일동

머 리 말(4판)

회계원리 IFRS 전정판을 발간한지 2년여의 시간이 흘렀다. 그동안 본 교재는 분에 넘치는 사랑을 받아왔다. 다시 한번 독자 여러분에게 감사의 말씀을 드린다. 그동안 한국채택국제회계기준(K-IFRS)의 특별한 개정사항은 없다. 하지만 회계원리 교재의 보완을 통해 새롭게 회계원리 4판 발간을 요청하는 독자들이 많이 있었다. 그래서 이 기회를 빌어 다음의 사항에 역점을 두고 회계원리 교재를 한 단계 업그레이드하여 회계원리 4판을 발간하게 되었다.

첫째, 제1장과 제2장에는 사례연구를 추가하였다. 사례연구는 회계등식의 정확한 개념, 재무상태표와 포괄손익계산서의 관계 등을 현실감 있게 이해시키기 위해 정성껏 만들었다.

둘째, 제3장부터 주관식연습문제를 보강하였다. 회계원리에서 가장 중요한 것은 회계순환과정을 이해하고, 결산작업을 통해 재무제표를 작성하는 능력을 키우는 것이다. 이를 위해 각 장 마다 그 장의 주요핵심내용을 포함한 재무제표작성 주관식문제를 추가하여 재무제표 작성을 반복해서 연습할 수 있도록 배려하였다. 이렇게 각 장 마다 재무제표 작성연습을 하고 제12장의 종합사례로 정리하면 재무제표작성에 대한 자신감이 생길 것이라고 확신한다.

셋째, 3판을 가지고 강의를 진행하면서 미진하여 보완하고 싶었던 부분들을 보완하였다.

넷째, 3판 교재의 객관식 연습문제와 주관식 연습문제 중 질문을 많이 받았던 문제들은 그 질문에 답변이 될 수 있도록 해설을 보강하였다.

2010년에 회계사 시험부터 100% 국제회계기준(IFRS)으로 출제하기 시작하여 이제는 세무사, 감정평가사, 관세사, 세무직 공무원 시험에 이르기까지 회계학 시험은 국제회계기준으로 출제가 되는 시대가 되었다. 본 교재가 회계학을 처음 시작하는 독자 여러분에게도 IFRS를 쉽게 이해하는데 도움이 되어 목표하는 시험에 합격하기를 기원한다. 본 서를 좀 더 독자들에게 보기 편하게 하기 위해 편집작업에 최선을 다해 준 편집부 직원 여러분에게 감사의 뜻을 전한다. 아무쪼록 본 서가 독자 여러분에게 회계학의 멋진 동반자이길 바란다.

2010년 12월

저자 일동

IFRS 전정판 머리말

회계원리 초판을 발행한 지 2년여의 시간이 흘렀다. 본 교재는 그간 많은 독자들로부터 분에 넘치는 사랑을 받았다. 이 기회를 빌어 독자 여러분에게 감사의 말씀을 드린다. 하지만 저자들은 계속되는 강의를 통해 수강생들로부터 피드백 받으면서 동 교재의 보완할 부분들을 발견하였고 이를 반영하여 한 단계 업그레이드시키고 싶었다. 이런 고민을 하던 중에 우리나라도 2011년부터 국제회계기준을 상장기업에 한하여 전면도입하기로 하는 발표가 있었다.

국제회계기준의 전면 수용은 우리나라 회계환경에 급격한 변화를 가져올 것이므로 회계학 교재의 전면 개정이 필요하게 되었다. 따라서 저자들은 이번 기회에 2년 동안 고민해 왔던 미래 회계원리의 업그레이드 작업을 하기로 했다. 이에 이번 IFRS 전정판은 다음과 같은 사항에 역점을 두고 혼신을 다해 집필하였다.

첫 째, IFRS 중급회계, IFRS 고급회계 교재작업을 하면서 국제회계기준 원문, 해외 국제회계기준 관련 책자를 철저히 분석하였다. 이런 노하우를 바탕으로 국제회계기준이 회계원리 교재에 영향을 미치는 사항을 완벽하게 고려하여 집필하였다.

둘 째, 난해한 국제회계기준의 내용을 회계학에 처음 입문하는 독자들도 이해할 수 있도록 최대한 쉽게 서술하였다.

셋 째, 지난 2년 동안 고민하면서 보완하고 싶었던 부분들을 모두 보완하여 미래 회계원리를 업그레이드시켰고 미래 회계원리의 완결판이라고 생각하고 집필하였다.

넷 째, 교재를 읽는 독자들을 위해 추가적인 설명을 해 주고 싶은 내용을 주석으로 대폭 추가하여 최대한 쉽게 읽히도록 노력하였다.

다섯째, 수험목적에 좀 더 적합하도록 예제, 객관식문제, 주관식문제를 대폭 수정·보완하여 독자 여러분이 준비하는 시험준비에 만전을 기할 수 있도록 세심하게 배려하였다.

국제회계기준이 전면도입되면서 공인회계사·세무사 시험은 2010년부터 국제회계기준만 100% 출제하기로 결정하였다. 따라서 2010년 이후의 공인회계사·세무사 시험을 준비하는 수험생들은 동 교재로 공부하여야 할 것이다.

하지만 아직 공인회계사·세무사 시험을 제외한 다른 시험(감정평가사, 세무직공무원 임용시험 등)은 국제회계기준을 출제할 것인지에 대한 공식입장을 발표하지 않고 있다.

그리고 국제회계기준이 전면도입되어도 비상장기업의 경우에는 2009년말에 확정발표될 예정인 일반기업회계기준(비상장기업을 위한 편람식 회계기준)에 따라 회계처리하게 된다. 따라서 본인이 준비하는 시험이나 본인이 속한 회사의 회계처리가 국제회계기준을 따르지 않을 경우 어떤 회계원리 교재로 공부할 것인지에 대해서 고민이 있을 것이다.

이 부분에 대해서는 이렇게 생각하면 된다. 회계원리 교재의 주된 내용은 복식부기원리이고 재무제표를 작성하는 과정을 이해하는 것이다. 이것은 국제회계기준이든 일반기업회계기준이든 크게 다를 바가 없는 것이다. 따라서 일반기업회계기준을 적용해서 공부해야 한다고 하더라도 IFRS 회계원리로 공부하는 것이 전혀 문제가 되지 않는다. 결국 본인이 어떤 상황에 있든 본 서가 출간된 이후에 회계학을 처음 공부하고자 하는 독자들은 모두 본 서를 통해 회계학에 입문하면 되는 것이다.

본 서를 처음 출간할 당시 회계원리 교재는 계속 진화하는 생명체처럼 더 쉽고 공부하기 편하게 보완해 나간다고 약속했었다. 이번 IFRS 전정판을 작업하면서 이 약속을 조금이라도 지키게 된 것 같다. 앞으로도 이 약속은 계속 지킬 것이다. 독자 여러분의 건전한 비판과 냉철한 조언을 기대해 본다.

IFRS 전정판을 작업하는데 도움을 준 사람들이 있다. 회계원리 교재를 한 단계 업그레이드 하는데 많은 지적을 해 준 수많은 수강생들에게 가장 먼저 감사의 말씀을 드린다. 본 서의 교정과 문제풀이에 도움을 준 오경택 공인회계사, 김지영 세무사에게 고맙다는 말을 전하고 싶다. 본 서를 좀 더 독자들이 보기 편하게 하기 위해 편집 작업에 최선을 다해 준 편집부 직원 여러분에게 감사의 뜻을 전한다. 아무쪼록 본 서가 여러분에게 쉽게 회계학을 이해하고 국제회계기준을 가깝게 해 주는 좋은 벗이길 기원한다.

2008년 12월
저자 일동

머 리 말(초판)

저자들이 약 7년 동안 회계원리 강의를 해 오면서 1년에 최소한 12회의 강의를 진행했으므로 84회 이상의 회계원리 강의를 통해 수강생들과 만나왔다. 이것은 오프라인 강의만 계산한 것이고 온라인 강의로도 수많은 회계학 입문생들을 가르쳐 왔다. 이렇게 반복되는 회계원리 강의를 하면서 항상 강의 첫 시간에 하는 고민이 있다. "어떻게 하면 회계원리를 좀 더 쉽게 접근할 수 있도록 가르칠 것인가?"하는 고민이다.

매달 새로운 수강생들을 만날 때마다 좀 더 쉽게 전달하기 위한 노력을 하고 그 노력이 수강생들에게서 잘 이해된다는 눈빛으로 확인될 때 강의하는 보람을 느낀다. 수강생들과의 이런 상호작용이 지금까지 회계원리 강의를 할 수 있도록 지탱해 주는 힘인 것 같다.

저자들은 그 동안의 강의경험과 쉽게 가르치려는 노력을 집대성하여 이번에 회계원리 교재를 집필하게 되었다. 회계원리를 좀 더 쉽게 접근하는데 이 책이 기여할 수 있도록 다음의 사항에 역점을 두고 집필하였다.

첫 째, 회계학을 입문하는 초심자에게 필요한 내용만 쉽게 전달할 수 있도록 구성하려고 노력하였다. 따라서 초심자에게 불필요한 내용은 포함시키지 않아서 공부에 대한 부담을 완화시켜 주려고 하였다.

둘 째, 회계원리를 끝내고 중급회계를 공부하려는 독자들이 중급회계를 공부할 때 내용이 잘 연결될 수 있도록 최대한 배려하였다.

셋 째, 회계사, 세무사, 감정평가사 등의 시험대비 목적으로 회계원리를 시작할 때 목적적합하도록 최근의 출제경향을 반영하여 교재를 구성하였다.

넷 째, 주관식 연습문제뿐 아니라 객관식 연습문제를 구성하여 회계원리 수준의 객관식 시험 연습을 할 수 있도록 배려하였다. 이는 회계원리 수준의 객관식 시험을 보는 공무원 시험이나 직장의 승진시험 등을 준비하는데 도움을 줄 것이다.

다섯째, 교재가 출간되는 현재시점까지 개정된 기업회계기준을 완벽하게 반영하였다.

저자 3명이 힘을 합쳐 위의 역점사항을 최대한 반영하여 이해하기 쉬운 책을 쓰려고 노력하였다. 이보다 더 쉬운 회계원리 교재는 없게 하겠다고 출발하였으나 저자들의 능력에 한계가 있으므로 이에 대한 평가는 독자 여러분에게 맡기도록 하겠다.

이번에 출간된 회계원리 교재는 계속 진화하는 생명체처럼 더 쉽고 공부하기 편하게 보완해 나갈 것을 약속드린다. 독자 여러분의 건전한 비판과 냉철한 조언을 기대해 본다.

회계원리 교재작업을 하는데 도움을 준 사람들이 있다. 가장 큰 도움을 준 사람들은 매달 강의실에서 우리들에게 회계원리를 초심자의 시각으로 볼 수 있도록 도와준 수강생들이다. 이 기회를 빌어 진심으로 감사의 말씀을 드린다. 그리고 회계원리 교재의 연습문제 구성에 노력해 준 이미노회계사에게 감사의 뜻을 전한다. 계속되는 편집 작업에 야근을 하면서 고생한 편집실 식구들에게 감사드리고 아무쪼록 본 서가 여러분이 더 이상 회계원리는 어려운 과목이 아니라는 생각을 가질 수 있도록 하는데 기여하기를 진심으로 기원한다.

2007년 1월 3일

저자 일동

차 례

Part 01

회계의 기초와 복식부기원리

Chapter 01

회계의 기초개념

7판

IFRS 회계원리

Chapter 01 회계의 기초개념

제 1 절 회계의 정의와 정보이용자

1. 회계의 정의

현대사회를 살아가는 모든 사람들은 여러 가지 경제활동을 수행한다. 직장생활을 해서 재산을 모으거나, 가게를 차려서 장사를 하기도 하고, 주식이나 토지를 취득하고 처분해서 재산을 증식시키기도 한다. 이러한 경제활동의 결과로 얼마가 남았고 현재 무엇을 소유하고 있는지를 파악하는 것은 모든 사람들에게 필수적인 정보이다. 회계란 이런 경제활동의 결과를 정리해서 재산의 변화를 기록·관리하여, 유용하게 활용할 수 있도록 보여 주는 방법을 체계화한 것이다.

예를 들어 가계부를 적었다면 월말에는 한 달 동안에 생활비로 지출한 금액과 한 달 동안 늘어난 재산 등을 쉽게 볼 수 있다. 가계부는 가장 단순한 형태의 회계로 개인의 재산변화를 관리하고 그 결과를 보기 편하도록 정리해서 개인이 경제적 의사결정을 할 수 있도록 체계화한 것이다. 개인의 재산변화는 별도의 지식이 없더라도 간단히 정리하여 체계화할 수 있지만 거대한 기업의 재산변화를 체계화하는 것은 좀 더 복잡하다. 우리가 회계라고 말하면 일반적으로는 기업을 관리대상으로 하므로 기업에 대한 회계를 중심으로 회계(accounting)를 정의하면 다음과 같다.

회계의 정의

> 회계란 회계정보이용자가 합리적인 판단이나 경제적 의사결정을 할 수 있도록 기업실체에 관한 경제적 정보를 식별하고 측정하여 전달하는 과정을 말한다.

이와 같이 회계는 기업의 경영활동 결과를 기록하고 정리해서 유용하게 사용할 수 있도록 보고하는 일련의 정보시스템이라고 볼 수 있다.

그림 1-1 정보시스템으로서의 회계의 역할

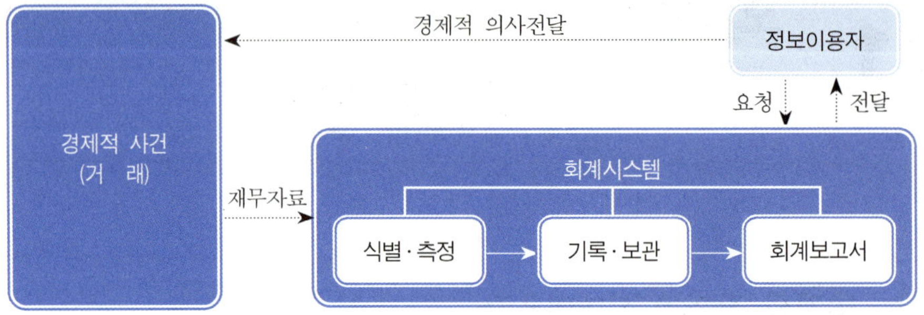

2. 회계정보이용자

기업의 회계시스템은 기업의 이해관계자가 기업과 관련된 의사결정을 하려고 할 때 유용한 정보를 제공하게 된다. 최근의 기업은 소유와 경영이 분리되면서 다양한 이해관계자가 있는데 대표적인 이해관계자로는 경영자, 채권자, 주주, 정부기관 등이 있다.

경영자

기업의 경영자는 새로운 설비를 도입할 것인지의 여부와 본사 건물을 취득할지 아니면 임차할지 등과 같은 여러 가지 결정을 하게 되는데 이 때 회계정보를 활용하게 된다. 물론 경영자는 회계정보만이 아니라 경쟁상황이나 전략적인 목적을 고려해서 기업을 운영하지만 회계정보는 기업운영과 관련되는 필수적인 정보이다. 기업의 경영자는 회계정보를 기초로 자신의 결정이 기업의 재무상태에 어떻게 영향을 미치는지를 파악하고 있어야 한다.

채권자

기업은 금융기관으로부터 장·단기자금을 빌려 쓰기도 하고, 영업에 필요한 원재료나 장비를 외상으로 구입하기도 한다. 이와 같이 기업에 대출금이 있거나 외상매출금이 있는 채권자들도 기업의 회계정보를 기초로 기업의 부채상환능력을 분석해서 대출여부를 판단하거나 채권의 상환가능성을 분석한다.

주 주

주주나 투자자들은 어느 주식을 살 것인가를 결정하거나 기존 주식을 계속 보유할 것인지, 아니면 처분할 것인지를 결정할 때에 기업의 회계정보를 기초로 판단한다. 기업의 이익이 많으면 미래에 주가가 올라갈 것이므로 계속 보유하거나 새로 구입해야 하고, 손실이 나거나 이익이 감소하면 주가가 낮아질 것이므로 처분해야 하는데 이런 판단을 함에 있어 회계정보를 파악하는 것은 필수적이다.

정부기관

정부기관(예 : 국세청 등)은 기업의 이익에 대해 세금을 부과하고, 기업의 경영활동에 대해 각종 규제와 관리를 한다. 이와 같은 의사결정을 할 때 판단의 기초자료로 기업에 관한 회계정보를 활용한다.

종업원

종업원은 자신이 회사에 공헌한 정도와 회사의 지급능력을 고려해서 회사와 근로조건을 협상한다. 협상결과를 가지고 회사에 계속 근무할지 아니면 다른 회사로 옮길지를 결정한다. 이와 같은 의사결정을 할 때 회계정보를 파악하고 판단의 기초자료로 활용한다.

이와 같이 기업의 경영자, 채권자, 주주 및 정부기관 등의 이해관계자가 그 기업과 관련된 합리적인 판단이나 의사결정을 할 수 있도록 정보를 만들고 제공하는 것이 회계의 역할이다.

그림 1-2 회계정보이용자

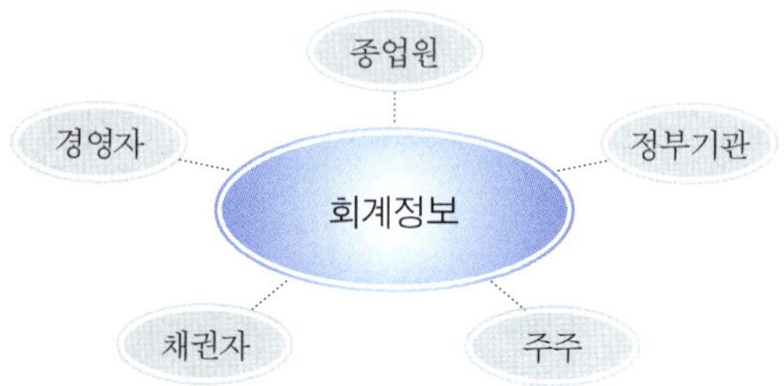

다양한 회계정보이용자에게 정보를 제공하기 위해서는 일정한 형식에 따라 보다 쉽게 기업의 경영상황을 파악할 수 있도록 보고서를 만들어서 제공해야 하는데 회계에서 정보이용자에게 제공하는 보고서를 '재무제표(financial statements)' 라고 하며 가장 기본적인 재무제표로는 재무상태표와 포괄손익계산서가 있다.

제 2 절 재무상태표와 포괄손익계산서

앞에서 살펴본 기업의 다양한 이해관계자는 회계정보를 이용해서 기업의 재산상태에 대한 정보와 수익성에 대한 정보를 파악한다. 예를 들어 채권자라면 현재 기업이 보유하고 있는 재산상태를 파악해서 부채의 상환가능성을 판단하고 기업의 이익수준을 파악해서 미래의 기업상황을 예측한다.

이와 같은 정보이용자의 필요에 맞도록 회계에서는 기업의 재산상태에 대한 정보와 수익성에 대한 정보를 제공하기 위해서 재무상태표와 포괄손익계산서라는 보고서를 작성한다. 재무상태표는 특정시점의 기업의 재무상태를 나타내는 회계보고서이며 포괄손익계산서는 특정기간동안 기업에서 얻은 경영성과를 나타내는 회계보고서이다.

- 재무상태표 : 특정 시점에 기업의 재무상태를 나타내는 회계보고서
- 포괄손익계산서 : 특정 기간동안 기업에서 얻은 경영성과를 나타내는 회계보고서

1. 재무상태표의 이해

'재무상태표(a statement of financial position)'[1]는 특정 시점 현재 기업의 자산, 부채 및 자본의 잔액을 보고하는 재무제표이다. 재무상태표를 정확하게 이해하기 위해서는 우선 자산, 부채, 자본에 대한 이해가 필요하므로 이에 대해 살펴보도록 하자.

1) 우리나라 상법에서는 대차대조표(balance sheet)라고 부른다. 국제회계기준을 도입하면서 재무상태표라는 용어로 변경하게 되었고 그 양식은 과거와 큰 차이가 없음을 알아두기 바란다.

자 산

'자산(assets)'은 기업이 소유권을 가지고 지배하면서 미래에 여러 효익을 얻을 수 있는 자원을 말한다.[2] 예를 들어 현금, 토지, 건물, 기계장치, 비품 등이 자산에 해당하며 외상으로 판매해서 외상매출금(매출채권)이 존재한다면 이 금액도 자산에 해당한다. 콘도 이용권이나 골프장 회원권도 자산이며, 건물을 임차하면서 지급한 보증금이나 예치금도 자산에 해당한다.

부 채

'부채(liabilities)'란 기업이 경영활동을 수행하는 과정에서 미래에 기업 외부의 권리자에게 현금이나 서비스를 지급해야 하는 의무를 가지고 있는 것을 말한다. 예를 들어 외상으로 물건을 사와서 갚을 의무가 있는 외상매입금(매입채무)이나 종업원에게 임금을 지급하지 못한 미지급급여, 은행에서의 차입금 등이 이에 해당한다.

자 본

'자본(equity)'이란 자산총액에서 부채총액을 차감한 잔액을 말하는 것으로 순자산(net assets)이라고 말한다. 자본은 기업의 자산 중 주주 또는 출자자 몫에 해당하는 것으로 기업 자산에 대한 소유자의 청구권을 의미한다. 다시 말해 자본은 자산총액에서 부채총액을 차감한 잔여지분(residual interest)으로 일정시점에 회계주체의 소유자에게 귀속되어야 하는 소유주지분(owners' equity) 또는 주주지분(stockholders' equity)을 의미한다.

(1) 재무상태표등식

재무상태표의 구성항목인 자산에서 부채를 차감한 금액이 자본이 되고 부채와 자본을 합계하면 자산과 크기가 같아지므로 다음 공식이 성립한다.

재무상태표 등식

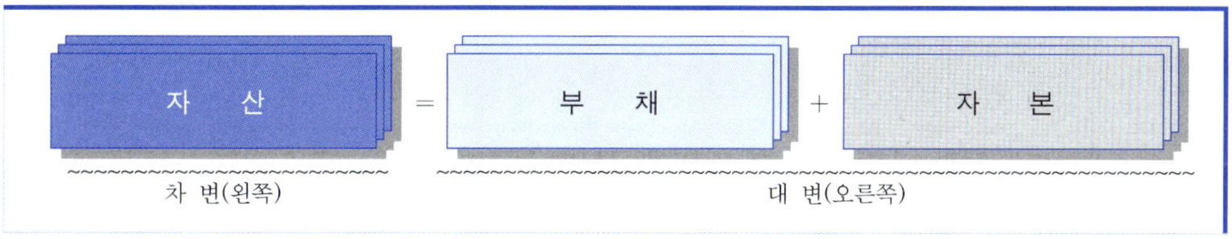

2) 자산, 부채, 자본, 수익, 비용의 정확한 정의는 제4장에서 설명한다. 본 장에서는 이해하기 쉽게 풀어서 정의를 언급한 것이다.

앞의 간단한 등식을 '재무상태표등식' 이라고 하는데 회계의 가장 근원이 되는 공식이다. 이 등식에서 주의할 점은 자산을 왼쪽에 표시하고 부채와 자본은 오른쪽에 표시한다는 것이다. 회계에서는 왼쪽을 '차변(debit)'이라 부르고 오른쪽을 '대변(credit)'이라고 부르므로 앞으로는 왼쪽과 오른쪽이라는 표현 대신에 차변과 대변이라는 용어를 사용하겠다. 차변과 대변은 회계에서 많이 사용할 용어이므로 잘 기억해 두어야만 앞으로의 내용을 이해하기가 편할 것이다.

재무상태표의 대변(오른쪽)에 표시되는 부채와 자본은 기업이 운영에 필요한 자금을 어떻게 조달했는지를 보여준다. 은행 등 외부에서 차입한 금액이나 갚아야할 금액이 얼마인지를 부채로 표시하고 주주들로부터 출자받은 금액이나 주주가 유보한 금액은 자본에 표시한다.

그리고 차변(왼쪽)에 표시되는 자산항목은 이렇게 조달한 자금이 현재 어떤 형태로 운용되고 있는지를 보여준다.

그림 1-3 재무상태표의 형태와 구성요소

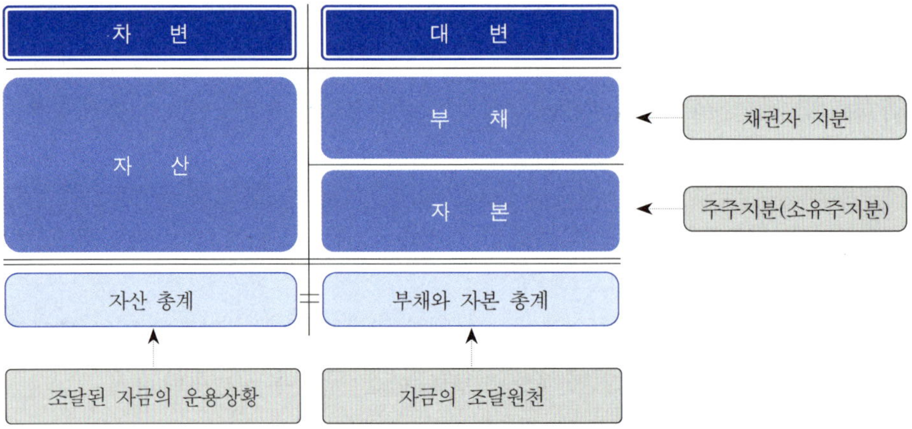

이와 같은 형태로 재무상태표를 작성하면 기업의 정보이용자는 회사가 현재 보유한 자산과 갚아야할 부채 및 주주지분을 알 수 있고 기업의 재무상태를 정확하게 파악할 수 있다. 재무상태표가 어떻게 작성되는지는 다음 예제를 이용해서 살펴보도록 하자.

예 제 1-1

재무상태표의 작성

나무공인중개사무소의 20×1년 12월 31일 시점의 재무상태를 파악한 결과 다음과 같았다.

현 금	₩500,000	차 입 금	₩600,000
비 품	100,000	건 물	400,000

요구사항

나무공인중개사무소의 재무상태표를 작성하시오.

해답

재무상태표

나무공인중개사무소 20×1. 12. 31

자 산		부 채	
현 금	₩500,000	차 입 금	₩600,000
비 품	100,000	자 본	
건 물	400,000	자 본 금	400,000*
합 계	₩1,000,000	합 계	₩1,000,000

* 자본 : ₩1,000,000(자산총액) − 600,000(부채총액) = ₩400,000

예제와 같이 재무상태표의 차변(왼쪽)에는 자산이 ₩1,000,000으로 표시되고 대변(오른쪽)에는 부채가 ₩600,000으로 표시되며 그 차이인 ₩400,000이 순자산인 자본으로 대변에 나타난다. 이와 같이 재무상태표는 기업이 특정시점에 가지고 있는 재무상태를 표시하며 기업이 소유하고 있는 자산과 경제적 의무를 가지고 있는 부채 및 소유주 몫인 자본에 대한 정보를 제공한다.

한편, 이 예제에서도 재무상태표등식은 성립하여 차변합계와 대변합계가 각각 ₩1,000,000으로 일치한다. 나무공인중개사무소의 20×1년 12월 31일 시점의 자산과 부채 및 자본을 재무상태표등식으로 표시하면 다음과 같다.

₩1,000,000(자산) [차변(왼쪽)] = ₩600,000(부채) + 400,000(자본) [대변(오른쪽)]

(2) 재무상태표의 재무상태 변동

재무상태표는 기업의 재무상태를 표시하는데 기업은 영업활동을 수행하면서 상품을 구입하고 판매하며, 다른 자산들을 취득하거나 처분하기도 하므로 재무상태를 파악하는 시점이 달라지면 기업의 재무상태도 달라지게 된다. 따라서 재무상태표를 작성할 때는 재무상태표의 작성시점을 표시해야 하고 재무상태표를 활용할 때도 재무상태표가 어느 시점을 기준으로 작성된 것인지를 정확하게 파악하고 있어야 한다. 다음 예제를 이용해서 시점이 달라지면 기업의 재무상태가 어떻게 달라지는지 살펴보겠다.

예제 1-2

재무상태의 변동과 재무상태표의 작성

[예제 1-1]의 나무공인중개사무소는 20×2년도 1월 동안 다음과 같은 영업활동을 수행하였다.

(1) 1월 5일 주주들이 ₩200,000을 추가로 출자하다.
(2) 1월 10일 ₩400,000의 현금을 은행에서 차입하다.
(3) 1월 20일 ₩250,000의 차입금을 현금으로 상환하다.

요구사항

1월동안 재무상태의 변화를 파악하고 20×2년도 1월 31일의 재무상태표를 작성하시오.

해답

(1) 재무상태의 변화

일 자	재무상태의 변화						
	자 산			=	부 채	+	자 본
	현 금	비 품	건 물		차입금		자본금[3]
1월 1일	500,000	100,000	400,000	=	600,000	+	400,000
1월 5일 변동	+200,000						+200,000
1월 5일 상태	700,000	100,000	400,000	=	600,000	+	600,000
1월 10일 변동	+400,000				+400,000		
1월 10일 상태	1,100,000	100,000	400,000	=	1,000,000	+	600,000
1월 20일 변동	−250,000				−250,000		
1월 31일 상태	850,000	100,000	400,000	=	750,000	+	600,000

3) 주식회사에서 발행주식수에 주당 액면금액을 곱한 금액이 자본금이다. 즉, 주주들이 회사에 출자한 금액 중 주식의 액면에 해당하는 금액이다. 자본금에 대한 자세한 설명은 제10장을 참고하라.

(2) 1월 31일 현재의 재무상태표

재무상태표

나무공인중개사무소			20×2. 1. 31
자　산		부　채	
현　　금	₩850,000	차 입 금	₩750,000
비　　품	100,000	자　본	
건　　물	400,000	자 본 금	600,000
합　계	₩1,350,000	합　계	₩1,350,000

예제에서 살펴본 바와 같이 시간이 경과함에 따라 기업의 재무상태가 달라지므로 재무상태표의 내용도 달라진다. 따라서 재무상태표를 작성하기 위해서는 작성시점을 결정하고 특정시점을 기준으로 재무상태를 파악하여야 한다. 이런 이유로 재무상태표를 정태적 재무제표라고 한다.

한편, 이렇게 매일매일 기업이 영업활동을 수행하면 기업의 재무상태가 달라지므로 이를 정확하게 집계하고 기록하는 정교한 방법이 필요한데 이에 대해서는 다음 절에서 설명하도록 하겠다.

2. 포괄손익계산서의 이해

'포괄손익계산서(a statement of recognized income and expense)'[4] 란 일정기간 동안에 기업이 얻은 경영성과를 나타내는 보고서로서 기업의 수익성을 파악할 수 있는 정보를 제공하며 수익과 비용 및 이익을 보여준다. 포괄손익계산서를 적절하게 활용하기 위해서는 수익과 비용에 대해서 정확하게 알고 있어야 하므로 이에 대해 살펴보자.

수 익

수익(income)'은 기업이 영업활동을 수행하여 번 돈에 해당하는 것으로 상품을 판매하여 얻은 매출[5], 부동산을 임대하고 받은 임대료, 서비스를 제공하고 받은 용역수수료, 은행에 예금하여 받은 이자수익이 대표적인 항목이다. 수익은 자산을 증가시키거나

4) 일반기업회계기준에서는 손익계산서(income statement)라고 부른다. 국제회계기준을 도입하면서 포괄손익계산서라는 용어로 변경하게 되었다. 포괄손익계산서에는 당기순손익뿐만 아니라 기타포괄손익도 표시된다는 점이 다르다. 여기에 대한 자세한 설명은 제10장을 참고하라.

5) 기업이 주영업을 통해 판매한 금액을 매출액이라고 한다. 예를 들어, 현대자동차가 자동차를 판매한 금액이 매출액이다. 여기에 대한 설명은 제11장을 참고하라.

부채를 감소시켜 기업의 재무상태에 좋은 방향으로 영향을 준다. 예를 들어, 상품을 매출한 경우에 이 거래로 인해서 현금이나 외상매출금과 같은 자산이 증가하여 기업의 재무상태가 좋아진다.

비 용

'비용(expenses)'이란 기업이 영업활동을 통해 수익을 창출하는 과정에서 소비하거나 지출한 원가를 의미한다. 판매한 상품의 원가나 종업원에게 지급한 급여, 사무실 임차료, 차입금에 대한 이자비용 등이 대표적인 항목이다. 비용이 발생하면 자산이 감소하거나 부채가 증가하여 기업의 재무상태에 나쁜 방향으로 영향을 준다. 예를 들어 임차료가 발생하면 현금으로 지급하게 되는데 이 경우 자산이 감소하고, 이자비용 발생액을 미지급한 경우에 미지급이자라는 부채가 증가한다.

(1) 이익의 계산

포괄손익계산서의 이익은 총수익에서 총비용을 차감하여 계산한다. 따라서 비용에 이익을 가산하면 수익이 된다. 물론 손실이 발생하는 경우에는 수익보다 비용이 더 크기 때문에 수익에 손실을 더한 금액이 비용과 일치하게 되며 이를 정리하면 다음과 같이 표시할 수 있다.

포괄손익계산서 등식

이 익	=	수 익	−	비 용
비 용	+	이 익	=	수 익
비 용	=	수 익	+	손 실

등식을 포괄손익계산서등식이라고 하는데 이 등식에서 주의할 점은 비용은 차변(왼쪽)에 기록하고 수익은 대변(오른쪽)에 기록한다는 것이다. 수익을 대변에 기록하는 이유는 수익이 증가하는 만큼 차변항목인 자산이 증가하는 경우가 대부분이므로 차변과 대변이 동일하게 증가하도록 기록하기 위해서이다.

예를 들어 ₩100,000을 매출해서 현금으로 받았다면 차변은 현금이 ₩100,000만큼 증가하고 대변은 수익이 ₩100,000만큼 증가하여 차변과 대변이 모두 동일한 금액만큼 증가하게 된다.

비용을 차변에 기록하는 이유도 같다. 예를 들어 ₩50,000의 급여라는 비용이 발생하였는데 지급하지 않았다면 부채가 생긴다. 이 경우 미지급비용에 해당하는 부채를 대변에 기록하므로 차변에 급여라는 비용을 기록하면 대변과 차변이 동일한 금액만큼 증가하게 된다.

그림 1-4 포괄손익계산서의 양식과 구성항목

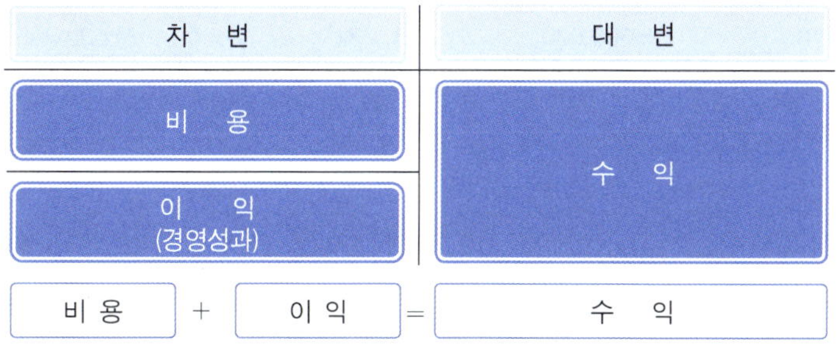

(2) 포괄손익계산서의 작성

포괄손익계산서의 구성항목을 이해하고 포괄손익계산서의 이익을 계산하는 방법을 이해하기 위해 다음 예제를 살펴보도록 하겠다.

예 제 1–3

포괄손익계산서의 작성

[예제 1–2]의 나무공인중개사무소는 20×2년도 2월 동안 영업활동을 수행하여 다음과 같은 수익과 비용항목을 발생시켰다.

(1) 2월 5일 주택거래를 중개하고 ₩600,000의 수익을 현금으로 받다.
(2) 2월 10일 직원급여로 ₩300,000을 현금으로 지급하다.
(3) 2월 15일 사무실 임차료로 ₩150,000을 현금으로 지급하다.

요구사항

20×2년도 2월 1일부터 2월 28일까지의 수익과 비용항목을 차변과 대변에 기록하고 이 기간의 순손익을 계산하시오.

해답

포괄손익계산서

나무공인중개사무소 20×2. 2. 1 ~ 2. 28

비 용		수 익	
급 여	₩300,000	매 출	₩600,000
임 차 료	150,000		
이 익			
순 이 익	150,000*		
합 계	₩600,000	합 계	₩600,000

* 순이익 : ₩600,000(수익총액) − 450,000(비용총액)=₩150,000

예제에서 나무회계사무소의 2월 1일부터 2월 28일까지의 순이익 ₩150,000은 총수익 ₩600,000에서 총비용 ₩450,000을 차감해서 계산한 것이다. 따라서 당기순이익에 총비용을 가산하면 총수익과 일치하게 되어 다음과 같은 포괄손익계산서등식이 성립하게 된다.

₩450,000 (비용)+150,000(순이익) = ₩600,000(수익)
차변(왼쪽) 대변(오른쪽)

3. 재무상태표와 포괄손익계산서의 관계

포괄손익계산서의 수익항목과 비용항목은 기업의 자산과 부채에 영향을 미치고 결국 자본에도 영향을 미친다. 수익이 발생하면 자산이 증가하거나 부채가 감소해서 자본이 증가하는 효과를 가진다. 반대로 비용이 발생하면 자산이 감소되거나 부채가 증가해서 자본이 감소되는 효과를 가진다. 결론적으로 수익은 자본을 증가시키고 비용은 자본을 감소시키므로 결국 수익과 비용의 차이인 이익만큼 자본이 증가한다.

$$\text{자산} = \text{부채} + \underbrace{\text{출자자본} + \overbrace{(\text{수익} - \text{비용})}^{\text{당기순이익}}}_{\text{회계연도말의 자본}}$$

이와 같이 영업활동에서 얻어진 당기순이익만큼 자본이 증가되므로 자본의 구성항목에는 회사설립과정에서 출자한 자본과 영업활동을 통해 증가한 자본으로 구분할 수 있다. 따라서 이를 구분해서 파악할 수 있도록 회사설립과정에서 주주가 출자해서 자본이 증가한 부분은 '자본금'이라는 계정에 기록하고 영업활동을 통해 얻은 당기순이익으로 자본이 증가한 부분은 '이익잉여금(retained earnings)'이라는 계정에 기록한다.

[예제 1-3]에서도 수익 ₩600,000이 발생하면 그 만큼 현금(자산)이 증가하므로 부채가 일정한 상태에서 자본(주주몫)이 증가하는 효과가 있다. 반대로 급여(비용) ₩300,000이 발생하면 그 만큼 현금(자산)이 감소하고, 임차료(비용) ₩150,000이 발생해도 그 만큼 자산이 감소해서 자본(주주몫)이 감소하는 효과가 있다. 결과적으로 수익과 비용의 순액인 이익 ₩150,000만큼 자본이 증가하며 이 금액은 이익잉여금으로 표시한다.

포괄손익계산서 항목			자산과 부채의 변화				자본의 효과		
수익	₩600,000	→	자산	₩600,000	증가	→	자본	₩600,000	증가
비용	450,000	→	자산	450,000	감소	→	자본	450,000	감소
이익	150,000	→	자산	150,000	증가	→	자본	150,000	증가

[예제 1-3]의 손익거래가 기업의 자산과 부채 및 자본에 미치는 효과를 정리해보면 다음과 같다.

일 자	재무상태의 변화							
	자 산			=	부 채	+	자 본	
	현 금	비 품	건 물	=	차입금	+	자본금	이익잉여금
2월 1일	850,000	100,000	400,000	=	750,000	+	600,000	0
2월 5일 수익	+600,000							+600,000
2월 5일 상태	1,450,000	100,000	400,000	=	750,000	+	600,000	600,000
2월 10일 비용	−300,000							−300,000
2월 10일 상태	1,150,000	100,000	400,000	=	750,000	+	600,000	300,000
2월 15일 비용	−150,000							−150,000
2월 28일 상태	1,000,000	100,000	400,000	=	750,000		600,000	150,000

2월 1일의 자본은 ₩600,000이었는데 2월동안 ₩150,000의 이익을 얻어서 2월말 자본은 ₩750,000이 되었다. 여기에서 알 수 있는 바와 같이 포괄손익계산서의 수익과 비용은 자산과 부채에 영향을 미쳐서 결국 포괄손익계산서의 이익만큼 자본(이익잉여금)이 증가한다. 즉, 재무상태표와 포괄손익계산서는 독립적인 것이 아니며 포괄손익계산서에서 얻어진 경영성과의 결과로 재무상태표에 나타나는 기업의 재무상태가 변화된다. 다시 말해 포괄손익계산서에서 이익이 많이 얻어지면 그 결과로 얻어진 재무상태표의 재무상태는 주주입장에서 좋아지며 포괄손익계산서에서 손실이 얻어지면 재무상태표의 재무상태는 나빠진다. [예제 1-3]에서 포괄손익계산서의 성과가 재무상태표에 어떻게 영향을 미쳤는가는 1월 31일의 재무상태표와 2월 28일의 재무상태표를 비교해 보면 알 수 있다.

재무상태표

20×2. 1. 31

자 산		부 채	
현 금	₩850,000	차입금	₩750,000
비 품	100,000	자 본	
건 물	400,000	자본금	600,000
합 계	₩1,350,000	합 계	₩1,350,000

재무상태표

20×2. 2. 28

자 산		부 채	
현 금	₩1,000,000	차입금	₩750,000
비 품	100,000	자 본	
건 물	400,000	자본금	600,000
		이익잉여금	150,000
합 계	₩1,500,000	합 계	₩1,500,000

포괄손익계산서

20×2. 2. 1 ~ 2. 28

	비 용		수 익		
자본의 감소요인	급 여	₩300,000	매 출	₩600,000	자본의 증가요인
	임차료	150,000			
자본의 순증가액	이 익				
	순이익	150,000*			
	합 계	₩600,000	합 계	₩600,000	

[예제 1-3]의 나무공인중개사무소도 1월 31일 현재의 재무상태표에는 자본이 ₩600,000이지만 2월 1일부터 2월 28일까지 영업활동을 통해 얻어진 당기순이익 ₩150,000만큼은 현금(자산)을 증가시켜서 자본(이익잉여금)이 증가하는 효과를 얻었다. 결국 2월 28일 현재의 재무상태표에는 영업활동을 통해 증가한 소유주지분이 이익잉여금 ₩150,000으로 표시되고 자본총계는 ₩750,000으로 증가하였다. 이처럼 포괄손익계산서의 경영

성과는 기업의 재무상태에 영향을 미치므로 재무상태표와 포괄손익계산서는 서로 유기적으로 영향을 주고받는 보고서이다.

기초 재무상태표 (기초의 재무상태) → 포괄손익계산서 (기간의 경영성과) → 기말 재무상태표 (기말의 재무상태)

4. 회계기간

기업이 영업활동을 통해 얻은 이익을 계산할 때는 기간을 정해야 한다. 한 달을 기준으로 이익을 계산하는 것과 1년을 기준으로 이익을 계산하는 것은 다르기 때문이다. 따라서 기업의 포괄손익계산서를 작성할 때는 이익을 계산하는 기간을 정해야 하는데 이를 회계기간(accounting period) 또는 회계연도(fiscal year)라고 한다. 기업의 회계기간은 기업의 임의대로 1년을 넘지 않는 범위 내에서 설정할 수가 있다. 우리나라의 경우 일반적으로 1년을 한 회계기간으로 하여 1월 1일부터 12월 31일까지로 정해서 이익을 계산하는 경우가 제일 많지만 회계연도를 1월 1일부터 12월 31일까지로 정하는 것은 반드시 지켜야 하는 것이 아니며 회사에서 임의대로 정할 수 있다. 예를 들어 우리나라 증권회사의 경우에는 4월 1일부터 다음연도 3월 31일까지가 한 회계연도인 경우가 대부분이며 지구의 남반구에 있는 국가인 호주나 뉴질랜드에 본사를 둔 기업들은 6월 30일을 기준으로 회계연도를 정한 기업들이 많다.

회계기간의 유형

회계연도가 시작되는 시점을 기초라 하며 끝나는 시점을 기말이라고 한다. 이익계산의 대상이 되는 해당 회계기간을 당기라 하고, 이전 회계기간을 전기라고 하며, 다음 회계기간을 차기라고 한다. 그리고 포괄손익계산서를 작성하는 기준이 되는 회계기간은 반기와 분기로 세분할 수 있다. 반기포괄손익계산서는 6개월을 기준으로 작성한 포괄손익계산서로 상반기(1월~6월)와 하반기(7월~12월)로 구분할 수 있으며 분기포괄손익계산서는 3개월을 기준으로 작성한 포괄손익계산서를 말한다. 우리나라에서는 주식시장에 상장된 기업의 경우에 증권거래법에 따라 분기재무제표를 작성하여 공시하는 것을 의무로 규정하고 있는데 이는 주식에 투자하는 투자자에게 보다 적시에 기업의 경영성과를 알려주기 위한 목적이 있는 것이다.

그림 1-5 회계기간의 유형

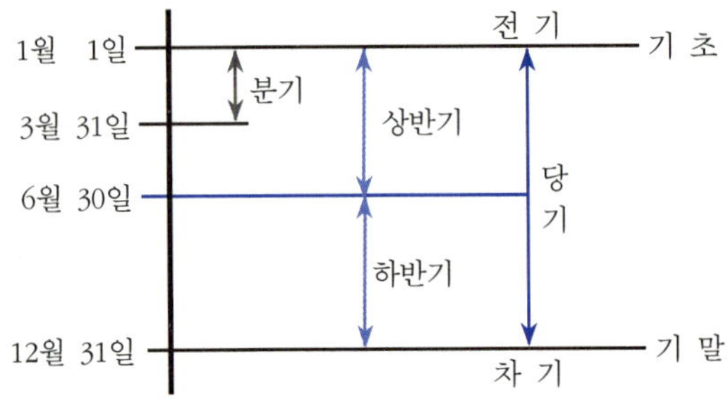

제 3 절 계정의 이해

1. 계정의 의의

재무상태표와 포괄손익계산서를 작성하거나 해석하고 활용하기 위해서는 현금계정이니 상품계정이니 하는 "계정"의 의미와 기록방법을 이해하고 있어야 한다.

(1) 계정의 정의와 구분방법

회계에서 사용하는 계정(account : A/C)이란 회계담당자가 기업의 자산, 부채, 자본, 수익, 비용에 속하는 여러 항목들을 구분해서 기록하고 관리하는 단위를 말하며, 계정을 구분하기 위해 붙이는 이름을 계정과목이라고 한다. 계정은 기업의 업무특성이나 발생빈도 등을 고려해서 결정하며, 계정을 결정하고 나면 같은 종류의 거래가 발생했을 때 해당 계정에 계속 기록하게 된다.

계정의 의미

자산, 부채, 자본, 수익, 비용에 해당하는 여러 항목을 구분하여 기록하는 단위

계정의 이름은 계정에 기록되는 항목의 성격을 정확하게 표시할 수 있는 이름을 사용한다. 계정을 구분할 때는 발생빈도가 많고 금액이 큰 항목은 별도의 계정으로 관리하고 발생빈도가 적거나 금액이 작은 항목은 통합해서 관리하는 것이 바람직하다. 계정을 설정하는 예로는 매출계정을 생각해 볼 수 있다. 매출의 성격이 유사한 기업은 하나의 매출계정을 관리해서 매출액 총액을 파악한다. 반면에 수출이 많은 삼성전자와 같은 회사는 국내매출과 수출매출을 구분해서 관리하고, 원양어업과 냉동식품제조를 함께 하는 한성식품은 제품매출 이외에 어획물매출이라는 독특한 계정을 사용하기도 한다.

이처럼 계정은 기업의 업종과 규모 및 거래의 발생빈도와 관리의 편의성을 고려해서 결정한다. 계정이름도 계정의 내용이 분명히 나타나도록 결정해야 한다. 기업에서 일반적으로 사용하는 대표적인 계정의 분류를 살펴보면 다음과 같다.

그림 1-6 계정의 종류

재무상태표 계정	자산	현금, 예금, 매출채권, 상품, 대여금, 토지, 건물, 비품 등
	부채	매입채무, 미지급금, 차입금 등
	자본	자본금, 이익잉여금 등
포괄손익계산서 계정	수익	매출, 이자수익, 임대료 등
	비용	매출원가, 임차료, 이자비용, 급여, 광고선전비 등

(2) 계정에 기록하는 방법

기업이 영업활동을 수행하면 관리하고 있는 각 계정의 잔액은 달라진다. 따라서 특정시점의 계정잔액이 얼마인지를 알려면 계정잔액이 달라질 때마다 이를 기록해 놓아야 한다. 다음 예제를 이용해서 계정에 어떻게 기록하고 관리하는지 알아보도록 하자.

예제 1-4

현금계정에 금액을 기록하는 방법

나무회사는 12월 1일에 영업을 시작하였으며 12월동안 다음과 같은 영업활동을 수행하였다.

(1) 12월 1일 ₩100,000을 현금출자해서 회사를 설립하다.
(2) 12월 10일 ₩200,000의 현금을 은행에서 차입하다.
(3) 12월 20일 ₩150,000에 토지를 현금지급하고 취득하다.
(4) 12월 31일 ₩100,000에 기계장치를 현금지급하고 취득하다.

요구사항

12월 31일 현재의 현금계정의 잔액을 계산하시오.

계정잔액을 기록하여 파악하는 방법에는 ① 계정잔액의 증감을 직접 가감하는 방법과 ② 계정잔액의 증감을 구분하는 방법이 있다.

① 계정잔액의 증감을 직접 가감하는 방법

현금계정의 잔액에 증가액은 더하고 감소액은 차감해서 순액만을 파악하는 방법으로 계정잔액이 다음과 같이 파악된다.

12월 1일	출자	₩100,000
12월 10일	차입	+ 200,000
12월 20일	토지취득	− 150,000
12월 31일	기계취득	− 100,000
12월 31일	잔액	₩50,000

이 사례처럼 계정잔액의 변동이 많지 않은 경우에는 이 방법으로도 계정잔액을 쉽게 파악할 수 있다. 그러나 계정잔액의 변동이 많은 경우에는 이 방법으로 계정잔액을 기록하면 현금유입액과 현금지급액이 분리되어 있지 않기 때문에 총현금유입액과 총현금지급액을 알기가 어렵다.

② 계정잔액의 증감을 구분하는 방법

계정잔액의 변동을 보다 일목요연하게 기록하는 방법으로는 현금증가와 현금감소를 구분해서 차변(왼쪽)과 대변(오른쪽)에 나누어 기록하는 방법이 있다.

현금계정

차 변(현금증가)			대 변(현금감소)		
12/ 1	현금출자	₩100,000	12/20	토 지	₩150,000
12/10	차 입 금	200,000	12/31	기계장치	100,000
합 계		₩300,000	합 계		₩250,000

이러한 형태로 계정을 기록하게 되면 계정모양이 T자형으로 나타나서 이런 계정을 T계정이라고 한다. 이와 같은 T계정에 현금의 증가와 현금의 감소를 구분해서 표시하면 증감이 모두 나타나고 12월 31일 현재의 현금은 증감의 순액인 ₩50,000인 것으로 파악할 수 있다.

2. 재무상태표계정의 기록방법

재무상태표의 구성항목인 자산·부채·자본을 계정으로 구분해서 기록하는 방법을 이해하기 위해서는 앞에서 살펴본 재무상태표등식을 기억하고 있어야 한다.

자 산 = 부 채 + 자 본

이 등식을 기초로 자산과 부채 및 자본을 함께 표시해서 재무상태표를 작성하면 자산은 재무상태표의 차변(왼쪽)에 나타나고 부채와 자본은 재무상태표의 대변(오른쪽)에 나타난다. 따라서 자산은 잔액이 계정의 차변에 나타나도록 기록하고 부채와 자본은 잔액이 계정의 대변에 나타나도록 기록하는 것이 재무상태표에 표시되는 위치와 일치한다. 이를 위해 자산의 증감을 표시하는 위치와 부채와 자본의 증감을 표시하는 위치가 다음과 같이 달라진다.

① 자 산

자산은 재무상태표의 차변에 표시하므로 계정의 잔액이 차변에 나타나도록 기록한다. 이를 위해 자산이 증가할 때는 차변에 기록하고 감소할 때는 대변에 기록한다. 이렇게 기록하면 자산계정의 잔액은 차변에 남게 되어 계정잔액의 위치 그대로 재무상태표에 표시한다.

② 부 채

부채는 재무상태표의 대변에 표시하므로 계정의 잔액이 대변에 나타나도록 기록한다. 따라서 부채가 증가하는 경우에는 부채계정의 대변에 기록하고 부채가 감소하는 경우에는 부채계정의 차변에 기록한다.

③ 자 본

자본은 부채와 동일하게 재무상태표의 대변에 표시하므로 계정의 잔액이 대변에 나타나도록 기록한다. 따라서 자본이 증가하는 경우에는 계정의 대변에 기록하고 자본이 감소하는 경우에는 차변에 기록한다.

- 자산의 증가는 차변에, 자산의 감소는 대변에 기록한다.
- 부채의 증가는 대변에, 부채의 감소는 차변에 기록한다.
- 자본의 증가는 대변에, 자본의 감소는 차변에 기록한다.

다음의 도표는 재무상태표의 작성원리를 보다 명확하게 보여주고 있다.

그림 1-7 재무상태표의 작성원리

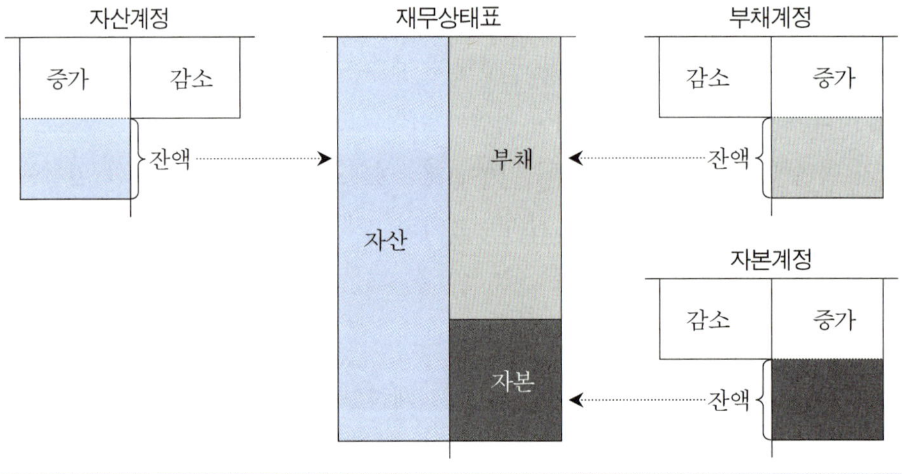

지금까지 재무상태표계정의 작성원리에 대해 살펴보았는데 다음 예제를 통해 구체적으로 어떻게 계정에 증·감액을 기록하고 재무상태표를 작성하는지에 대해 살펴보자.

Chapter 1

예제 1–5

재무상태표계정의 기록과 재무상태표 작성

㈜나무는 12월 1일에 영업을 시작하였으며 12월동안 다음과 같은 영업활동을 수행하였다.

(1) 12월 1일 ₩100,000을 현금출자해서 회사를 설립하다.
(2) 12월 10일 ₩200,000의 현금을 은행에서 차입하다.
(3) 12월 15일 ₩50,000의 비품을 현금지급하고 구입하다.
(4) 12월 18일 ₩20,000의 비품을 반품하고 현금을 돌려받다.
(5) 12월 20일 ₩40,000의 비품을 현금지급하고 구입하다.
(6) 12월 25일 ₩80,000의 차입금을 현금으로 상환하다.

요구사항

1. 다음 각 계정의 증가와 감소를 표시하고 잔액을 계산하시오.
   (1) 현 금 (2) 비 품 (3) 차입금 (4) 자본금

2. 재무상태표의 차변과 대변에 각 계정 잔액을 표시하여 재무상태표를 작성하시오.

해답

1. 각 계정의 증가와 감소표시 후 잔액계산

(1) 현 금

12/ 1	100,000	12/15	50,000
12/10	200,000	12/20	40,000
12/18	20,000	12/25	80,000
잔 액	150,000		

(3) 차 입 금

12/25	80,000	12/10	200,000
		잔 액	120,000

(2) 비 품

12/15	50,000	12/18	20,000
12/20	40,000		
잔 액	70,000		

(4) 자 본 금

		12/ 1	100,000
		잔 액	100,000

2. 재무상태표의 차변과 대변에 각 계정잔액을 표시하여 재무상태표 작성

재무상태표

현 금	₩150,000	차 입 금	₩120,000
비 품	70,000	자 본 금	100,000
합 계	₩220,000	합계	₩220,000

3. 포괄손익계산서계정의 기록방법

포괄손익계산서의 구성항목인 수익·비용을 계정으로 구분해서 기록하는 방법을 이해하기 위해서는 우선 다음과 같은 포괄손익계산서의 등식을 기억하고 있어야 한다.

> 비 용 + 이 익 = 수 익

이 등식을 기초로 수익과 비용 및 그 차이인 이익을 함께 표시해서 포괄손익계산서를 작성하면 수익은 포괄손익계산서의 대변(오른쪽)에 나타나고 비용과 이익은 포괄손익계산서 차변(왼쪽)에 나타난다. 따라서 수익은 잔액이 대변에 나타나도록 계정에 기록하고 비용과 이익은 잔액이 차변에 나타나도록 기록하는 것이 포괄손익계산서에 표시되는 위치와 일치한다. 이를 위해 수익의 증감을 표시하는 위치와 비용의 증감을 표시하는 위치가 달라진다.

① 수 익

수익이 포괄손익계산서의 대변(오른쪽)에 표시되기 위해서는 수익이 발생하여 증가하면 대변에 기록하고 수익이 취소되거나 소멸하여 감소하면 차변에 기록해야 한다. 이렇게 기록하면 수익의 증가와 감소의 차액인 수익 잔액이 대변에 나타나서 수익을 포괄손익계산서의 대변에 기록할 수 있다.

② 비 용

비용이 포괄손익계산서의 차변(왼쪽)에 표시되도록 하기 위해서는 비용이 발생하여 증가하면 차변에 기록하고 비용이 취소되거나 소멸하여 감소하면 대변에 기록해야 한다. 이렇게 기록하면 비용의 증가와 감소의 차액인 비용잔액이 차변에 나타나서 비용을 포괄손익계산서의 차변에 기록할 수 있다.

이와 같이 수익계정들의 대변에 남은 잔액을 포괄손익계산서의 대변에 기록하여 집계하고, 비용계정들의 차변에 남은 잔액은 포괄손익계산서의 차변에 기록하여 집계함으로써 포괄손익계산서가 만들어 지게 된다. 포괄손익계산서 항목인 수익, 비용계정을 기록하는 방법을 요약하여 보면 다음과 같다.

> • 수익의 증가는 대변, 감소는 차변에 기록한다.
> • 비용의 증가는 차변, 감소는 대변에 기록한다.

다음의 도표는 포괄손익계산서의 작성원리를 보다 명확하게 보여주고 있다.

그림 1-8 포괄손익계산서의 작성원리

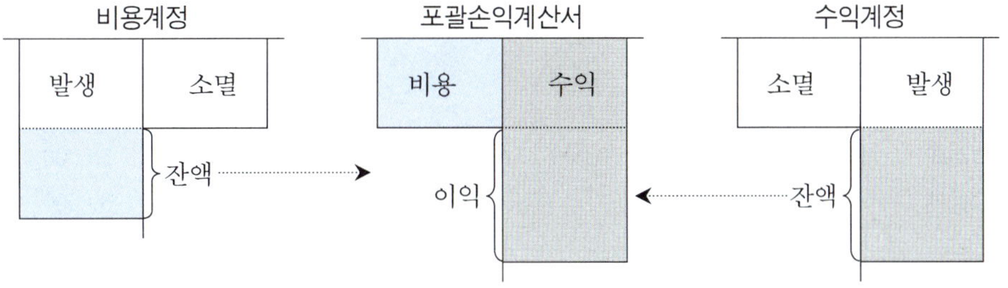

지금까지 포괄손익계산서계정의 작성원리에 대해 살펴보았는데 다음 예제를 통해 구체적으로 어떻게 계정에 증·감액을 기록하고 포괄손익계산서를 작성하는지에 대해 살펴보자.

예 제 1-6
포괄손익계산서계정의 기록과 포괄손익계산서 작성

㈜나무는 12월 1일에 영업을 시작하였으며 12월동안 다음과 같은 영업활동을 수행하였다.

(1) 12월 1일 서비스를 제공하고 ₩200,000의 서비스 수수료를 현금으로 받다.
(2) 12월 10일 ₩50,000의 서비스 수수료가 취소되어 현금을 지급하다.
(3) 12월 15일 ₩80,000의 광고비를 현금으로 지출하다.
(4) 12월 18일 ₩150,000의 서비스 수수료를 현금으로 받다.
(5) 12월 20일 ₩100,000을 급여로 현금지급하다.
(6) 12월 25일 ₩30,000의 광고비가 취소되어 현금을 회수하다.
(7) 12월 30일 종업원의 사직으로 인해 ₩20,000의 급여가 취소되어 현금을 회수하다.

요구사항

1. 다음 각 계정의 증가와 감소를 표시하고 잔액을 계산하시오.
   (1) 광고선전비　　(2) 매　출　　(3) 급　여

2. 포괄손익계산서의 차변과 대변에 각 계정 잔액을 표시하여 포괄손익계산서를 작성하시오.

해답

1. 각 계정의 증가와 감소표시 후 잔액계산

(1) 광고선전비

12/15	80,000	12/25	30,000
잔 액	50,000		

(2) 매 출

12/10	50,000	12/ 1	200,000
		12/18	150,000
		잔 액	300,000

(3) 급 여

12/20	100,000	12/30	20,000
잔 액	80,000		

(4) 현 금

12/ 1	200,000	12/10	50,000
12/18	150,000	12/15	80,000
12/25	30,000	12/20	100,000
12/30	20,000		

2. 손익계산서의 차변과 대변에 각 계정잔액을 표시하여 포괄손익계산서 작성

손익계산서

광고선전비	₩50,000	매 출	₩300,000
급 여	80,000		
당기순이익	170,000*		
합 계	₩300,000	합 계	₩300,000

* 당기순이익 : ₩300,000(수익) − (₩50,000+80,000)(비용) = ₩170,000

제 4 절 거래의 의미와 거래의 이중성

1. 회계상 거래의 의미

앞에서 살펴본 것처럼 회계는 기업이 영업활동을 수행하면서 재산이 증감되어 변동할 경우에 이를 기록하고 정리해서 영업성과인 이익을 계산하고 재산상태를 파악하는 것이라고 했다. 따라서 기업의 재산이 증감 변동하는 사건이 발생하는 경우 회계에서 이를 해당 계정에 기록해야만 이익과 재산상태를 파악할 수 있다.

기업의 재산상태는 자산, 부채, 자본계정의 잔액을 의미하므로 자산, 부채, 자본계정에 증감변동을 주는 사건이 발생하면 이 사건은 회계상으로 기록되어야 한다. 회계에서는 이와 같이 기업의 자산, 부채, 자본계정의 증감변동에 영향을 미쳐서 회계상으로 기록해야 하는 사건을 '거래(transaction)'라고 한다.

회계상 거래의 의미

> 자산, 부채, 자본의 증감변동에 영향을 미쳐서 회계상 기록해야 하는 사건

회계상 거래는 일반적인 거래와는 다른 개념으로 특정한 사건이 기업의 자산, 부채, 자본의 증감변화에 영향을 미쳐야 한다. 또한 회계상 거래가 되기 위해서는 그 거래를 반드시 금액으로 나타낼 수 있어야 한다. 즉, 재산의 변동을 금액으로 측정할 수 있어야 한다는 것이다. 만약 금액으로 나타낼 수 없으면 아무리 중요한 사건이라도 회계상 거래가 되지 못한다.

예를 들어 제약회사가 비아그라와 같은 신약을 개발하는 사건이 발생하였다면 기업의 재무상태에 있어 앞으로의 이익에 크게 영향을 미치고 주가가 올라가겠지만 회계상으로는 거래가 아니다. 왜냐하면 신약의 개발만으로는 기업의 재무상태에 미치는 영향을 계산할 수 없기 때문이다. 결론적으로 어떠한 사건이 회계상 거래로 판단되려면 ① 기업의 재무상태의 증감변화에 영향을 미치고, ② 그 효과의 크기를 금액으로 측정할 수 있어야만 한다.

회계상 거래의 조건

> • 회계상 거래는 기업의 재무상태에 영향을 미쳐야 한다.
> • 회계상 거래는 금액으로 측정할 수 있어야 한다.

회계상 거래가 어떻게 일반적인 거래와 다른지를 이해하기 위해서 다음의 예제의 내용을 살펴보도록 하자.

예제 1-7
회계상 거래의 구분

㈜나무에서 다음과 같은 사건이 발생하다.

• 사건 1 상품을 판매하고 대가로 현금 ₩200,000을 받다.
• 사건 2 상품(₩10,000)구매 주문이나 토지(₩50,000)구입계약을 체결하다.
• 사건 3 현금(₩10,000)을 분실하거나 화재가 발생해서 건물(장부금액 ₩50,000)이 소실되다.

요구사항

이들 사건이 회계상 거래에 해당되는지 설명하시오.

• 사건 1 : 상품을 판매하고 대가로 현금을 받았다.

상품이라는 자산이 감소하고 현금이라는 자산이 증가하여 재산의 증감변화가 나타나므로 이런 사건은 회계상 거래가 된다. 이 경우는 일반적으로 거래라고 말하는 사건이고 회계상으로도 거래에 해당한다.

• 사건 2 : 상품구매주문이나 토지구입계약을 체결하였다.

상품구매주문은 일반적으로는 거래라고 말하지만 회계상으로는 거래에 해당하지 않는다. 왜냐하면 상품을 주문한 것만으로는 상품이 기업에 들어와 자산이 증가하거나 상품대금을 지급해야 할 채무가 생기지 않기 때문이다. 마찬가지로 토지를 구입하기로 계약한 것만으로는 토지가 회사의 소유가 되는 것도 아니고 토지대금을 지불하지도 않았으므로 회사의 자산, 부채, 자본에 변동을 주지 못했기 때문에 회계상 거래에 해당하지 않는다.

• 사건 3 : 현금을 분실하거나 화재가 발생해서 건물이 소실되었다.

현금을 분실하거나 화재가 발생하여 건물이 소실된 경우에 일반적으로는 거래라고 하지 않지만 회계상으로는 거래에 해당한다. 자세히 살펴보면 현금을 분실한 경우에는 현금이라는 자산이 감소하였으므로 회계상 거래에 해당하며 화재가 발생하여 건물이 소실된 경우에는 건물이라는 기업의 자산이 감소하게 되어 기업의 재무상태에 영향을 미치므로 회계상 거래에 해당한다.

이와 같이 회계상 거래는 일반적인 거래와 같은 경우도 있지만 다른 경우도 있다. 따라서 회계정보를 관리하기 위해서는 회계상 거래를 정확하게 판단하고 회계상 거래가 발생할 때마다 이를 기록하고 관리해야 한다.

2. 거래의 이중성과 기록방법

회계상 거래를 하게 되면 재무상태(자산, 부채, 자본, 수익, 비용)의 변화를 가져오고 그 변화의 금액을 알게 된다. 예를 들어, 종업원에게 ₩1,000의 급여를 현금으로 지급하면 급여라는 비용이 ₩1,000 발생하게 되고(차변요소) 현금이라는 자산이 ₩1,000 감소하게 된다(대변요소). 이와 같이 모든 회계상 거래는 반드시 차변요소와 대변요소를 함께 변화시키게 되고 양쪽에 기록되는 화폐금액은 동일하게 된다. 회계상 거래의 이와 같은 특징을 '거래의 이중성(dual effects of accounting)'이라고 한다.

회계상 거래가 모두 거래의 이중성이라는 특징을 갖게 되는 예를 들어보도록 하자. 독자여러분이 알고 있는 기업 중 현대자동차라는 회사에 현금 ₩10,000이 증가했다고 하자. 왜 현금이 ₩10,000 증가했을까? 현금 ₩10,000이 증가한 것은 자산이 증가한 것이므로 차변요소에 영향을 미친다. 그렇다면 반드시 대변요소에도 ₩10,000의 영향을 주어야 하는데 그렇게 될 것인가? 현대자동차라는 회사에 현금 ₩10,000이 증가하게 된 것은 반드시 이유가 있을 것이다. 아래와 같은 이유를 생각해 볼 수 있다.

① 거래처로부터 받을 금액 ₩10,000을 현금으로 회수

차변요소	대변요소
현금 ₩10,000 증가 (자산 증가)	매출채권 ₩10,000 감소 (자산 감소)

② 은행에서 ₩10,000을 현금으로 차입

차변요소	대변요소
현금 ₩10,000 증가 (자산 증가)	차입금 ₩10,000 증가 (부채 증가)

③ 주주에게 주식을 발행하고 ₩10,000의 주금을 현금으로 납입받음

차변요소	대변요소
현금 ₩10,000 증가 (자산 증가)	자본금 ₩10,000 증가 (자본 증가)

④ 제3자로부터 ₩10,000의 현금을 무상으로 기부받음

차변요소	대변요소
현금 ₩10,000 증가 (자산 증가)	자산수증이익 ₩10,000 증가 (수익 발생)

(1) 복식부기와 단식부기

모든 회계상 거래가 거래의 이중성을 가지고 있으므로 이를 회계장부에 기록할 때는 하나의 거래를 두 가지로 구분해서 기록해야 한다. 앞의 예처럼 종업원에게 ₩1,000의 급여를 현금으로 지급하는 하나의 거래가 회계장부에 기록될 때는 급여라는 비용계정을 ₩1,000만큼 증가시키고 현금이라는 자산계정을 ₩1,000만큼 감소시켜야 한다.

이처럼 하나의 회계상 거래를 기록할 때 차변과 대변에 동일한 금액을 기록하는 것을 '복식부기(double entry bookkeeping)'라고 한다.

반면에 '단식부기(single entry bookkeeping)' 는 거래의 이중성이라는 거래가 가지는

두 가지 효과를 모두 기록하지 않고 단순히 현금이나 매출과 같은 개별항목의 변동만을 단독으로 기록하고 계산하는 방법을 말한다. 단식부기의 대표적인 예로는 가정에서 작성하는 가계부와 같은 것이 있다. 단식부기를 적용하여 현금출납부를 작성하는 경우에 상품을 구입하고 현금을 지급한 거래를 기록한다면 현금의 지급만을 기록하고 상품의 구입을 기록하지 않기 때문에 거래의 한쪽 면만을 기록한 것이 되어 거래가 재무상태에 미친 영향을 완전히 기록하였다고 볼 수 없다.

따라서 거래가 기업의 재무상태에 미친 영향을 정확하게 기록하기 위해서는 거래의 이중성을 고려해서 거래가 계정에 미치는 두 가지 효과를 모두 기록하는 복식부기를 사용해야 한다.

(2) 복식부기의 기록방법

매일 매일 기업에서 발생하는 거래가 기업의 재무상태에 미친 영향을 정확하게 파악하기 위해서는, 복식부기에 따라서 거래가 발생할 때마다 거래의 양면이 계정에 미친 영향을 모두 기록해야 한다.

구체적으로 복식부기에 따라 거래를 어떻게 기록하는지에 대해서 살펴보도록 하겠다. 다음의 거래 유형별로 거래가 어떻게 계정에 영향을 미치고 기록되는지 알아보자.

- 거래유형 1 : 7월 1일 상품을 ₩200,000에 매입하고, 그 대금을 현금으로 지급하다.

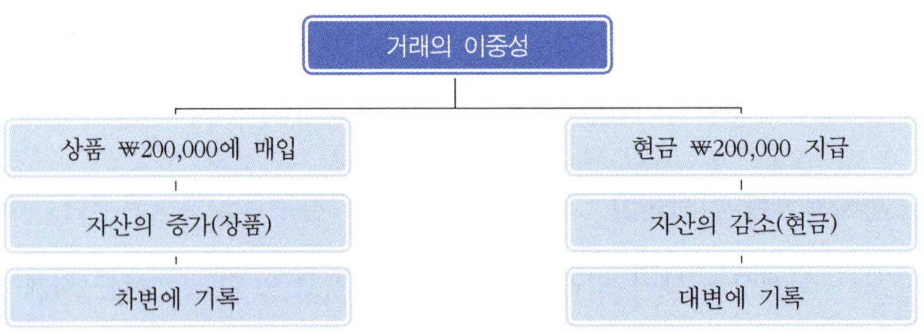

상 품	
7/1 200,000	

현 금	
	7/1 200,000

이 거래는 상품이라는 자산은 증가한 반면 현금이라는 자산은 감소한다. 따라서 계정의 기록법칙에 따라 상품이 증가한 것은 상품계정의 차변에 기록하고 현금이 감소한 것은 현금계정의 대변에 기록해야 한다. 복식부기에서는 이와 같이 회계기록의 법칙에 따라 거래의 양면을 차변과 대변에 동일한 금액으로 기록하는 것이다.

• 거래유형 2 : 7월 4일 ₩500,000의 현금을 은행에서 차입해서 금고에 보관하다.

현 금	
7/4 500,000	

차입금	
	7/4 500,000

이 거래는 현금이라는 자산은 증가한 반면 차입금이라는 부채가 증가하였다. 따라서 계정의 기록법칙에 따라 현금이 증가한 것은 현금계정의 차변에 기록하고 차입금이 증가한 것은 차입금계정의 대변에 기록하여야 한다. 이와 같이 거래의 양면을 복식부기의 기록방법으로 기록하면 계정의 차변과 대변에 동일한 금액이 기록된다.

(3) 대차평균의 원리

모든 회계상 거래는 반드시 차변요소와 대변요소가 함께 나타나야 하는 거래의 이중성을 가지고 있다. 따라서 거래의 이중성 때문에 거래의 양면을 계정에 기록해 보면 장부의 왼쪽인 차변과 오른쪽인 대변에 기록하는 금액이 동일하게 되는데 이를 '대차평균의 원리(principle of equilibrium)'라고 한다.

앞에서 살펴본 거래유형1이나 거래유형2에서도 차변에 기록할 금액과 대변에 기록할 금액이 동일해지는 것을 알 수 있다. 이와 같은 대차평균의 원리에 의해 거래가 발생할 때마다 차변기록 금액과 대변기록 금액을 서로 비교해서 일치하는지를 확인하면 계산이나 기록의 정확성을 자동적으로 검증할 수 있다. 만약 거래를 기록할 때 차변기록 금액과 대변기록 금액이 다른 경우에는 그 계산이나 기록이 잘못되었다는 것을 의미하므로 이를 수정하여 정확하게 바꾸어 기록해야 한다.

복식부기를 적용하게 되면 대차평균의 원리로 인하여 차변과 대변의 금액을 비교하여 일치하는지를 확인하면서 자동적으로 오류를 검증할 수 있다. 이러한 자동적 검증기능은 복식부기원리의 뛰어난 장점이다.

3. 거래의 결합관계

기업의 거래는 거래의 이중성에 따라서 계정의 차변과 대변에 금액을 기록하게 된다. 즉, 모든 거래는 이중성을 가지고 있기 때문에 반드시 차변요소와 대변요소가 포함되어 있으며 그 크기는 서로 같다. 각 요소가 계정에 미치는 영향의 내용은 자산, 부채, 자본, 수익, 비용계정의 차변과 대변에 기록된다. 각 계정의 증감을 유형별로 구분해서 살펴보면 다음과 같다.

① 자산의 증가는 차변에 자산의 감소는 대변에 기록
② 부채의 증가는 대변에 부채의 감소는 차변에 기록
③ 자본의 증가는 대변에 자본의 감소는 차변에 기록
④ 수익의 증가는 대변에 수익의 감소는 차변에 기록
⑤ 비용의 증가는 차변에 비용의 감소는 대변에 기록

(1) 거래 8요소

이와 같이 거래 요소는 증가와 감소를 구분하여 모두 10개의 유형이 있는데 그 중에서 수익의 감소와 비용의 감소는 실제 거래에서 거의 발생하지 않는다. 따라서 이 두 유형은 거래요소에서 제외하는 것이 일반적이므로 실제 발생하는 거래요소는 8개가 되며 이를 거래의 8요소라고 한다. 거래 8요소는 다음과 같이 차변요소와 대변요소로 나누어진다.

그림 1-9 거래 8요소의 결합관계표

차변요소(4가지)	대변요소(4가지)
자산의 증가	자산의 감소
부채의 감소	부채의 증가
자본의 감소	자본의 증가
비용의 증가	수익의 증가

기업의 거래는 거래의 8요소 중에서 차변요소 한 개와 대변요소 한 개에 영향을 미치는 형태로 표시된다. 물론, 두 개 이상의 차변요소와 한 개 또는 두 개 이상의 대변요소가 결합하여 나타나는 복합거래도 얼마든지 발생할 수 있다. 여기서 주의할 점은 어떠한 경우에도 차변요소끼리만 결합하거나 대변요소끼리만 결합하는 경우는 나타나지 않는다는 것이다.

(2) 거래 8요소의 결합사례

모든 거래는 거래의 이중성에 따라서 계정에 영향을 미치는 항목이 두 가지가 나타나는데 이때 반드시 차변요소와 대변요소가 동일한 금액으로 영향을 받고 기록되므로 대차평균의 원리가 생겨 자동적으로 오류를 검증할 수 있다. 이제 구체적으로 거래가 발생하는 경우에 거래 8요소가 어떻게 결합되는지에 대해 다음 사례를 통해서 살펴보도록 하겠다.

사례 1 현금을 지급하고 비품을 구입하는 거래가 발생하는 경우

비품의 구입	현금의 지급
자산의 증가(비품)	자산의 감소(현금)
차 변	대 변

사례 1의 거래는 비품의 구입이 자산의 증가로서 차변에 기록되고, 현금의 지급이 자산의 감소로서 대변에 기록된다.

사례 2 외상으로 상품을 구입하는 거래가 발생한 경우

상품의 구입	매입채무의 발생
자산의 증가(상품)	부채의 증가(매입채무)
차 변	대 변

사례 2의 거래는 상품의 구입이 자산의 증가로서 차변에 기록되고 매입채무의 발생이 부채의 증가로서 대변에 기록된다.

사례 3 대여금에 대한 이자수익으로 현금을 받은 거래의 경우

차 변	대 변
현금의 수령	대여금에 대한 이자의 발생
자산의 증가(현금)	수익의 증가(이자수익)

사례 3의 거래는 현금의 수령이 자산의 증가로서 차변에 기록되고 이자수익의 발생이 수익의 증가로서 대변에 기록된다.

사례 4 임차료 발생액을 현금으로 지급하는 거래의 경우

차 변	대 변
임차료의 발생	현금의 지급
비용의 증가(임차료)	자산의 감소(현금)

사례 4의 거래는 임차료의 발생이 비용의 증가로서 차변에 기록되고 현금의 지급이 자산의 감소로서 대변에 기록된다.

이상의 사례에서 살펴본 바와 같이 회계상의 모든 거래는 거래의 이중성에 따라 계정에 영향을 미치는 항목이 두 가지가 나타나는데 이때 반드시 차변요소와 대변요소가 동일한 금액으로 영향을 받고 기록되므로 대차평균의 원리가 생겨 자동적으로 오류를 검증할 수 있다.

제 5 절 분개의 의미와 기록

1. 분개의 의미

앞 절에서 우리는 거래의 이중성에 대해서 살펴보았다. 이에 따라 모든 거래는 차변요소와 대변요소로 나누어지며 회계기록의 법칙에 따라 이를 기록하면 차변 거래요소 4가지와 대변 거래요소 4가지가 서로 결합되어 이루어진다는 것을 알았다. 이와 같이 모든 거래는 차변요소와 대변요소를 가지고 있으므로 거래가 발생하게 되면 거래에 의해 영향을 받는 계정의 차변(또는 대변)에 그 내용을 기록해야만 한다. 다음의 사건으로 거래를 기록하는 과정을 알아보자.

• 사 건 : 7월 15일 ₩200,000의 상품을 구입하고 대금을 현금으로 지급하다.

상 품	
7/15 200,000	

현 금	
	7/15 200,000

이와 같이 거래가 발생하면 거래의 이중성에 따라 영향을 받는 각 계정의 차변(또는 대변)에 기록해야 한다. 그런데 앞에서와 같이 거래가 발생할 때마다 각 계정에 바로 기록되게 되면 거래의 내용이 계정에 정확하게 기록되었는지를 검토하기가 어렵고 계정에 기록된 내용이 어떤 거래로 인해서 표시되었는지도 확인하기 어려워서 관리가 힘들다. 이런 문제를 해결하기 위해 거래를 각 계정에 기록하기 전에 거래가 각 계정에 어떻게 영향을 미치는지를 다음과 같은 형식으로 기록하는 절차를 두고 거래가 발생하는 시점마다 기록하여 관리하면 거래가 발생하고 나서 한참 후에도 거래의 내용이나 증빙을 확인하거나 검토하기가 편하다.

7월 15일	(차) 상 품	200,000	(대) 현 금	200,000

이와 같이 거래를 거래의 이중성에 따라 차변과 대변으로 나누어 기록하는 것을 회계에서는 분개라고 한다. 즉, '분개(journalizing)'란 거래를 계정에 기록하기 전에 거래를 분석하여 어느 계정의 어느 쪽에 얼마의 금액을 기록할 것인지를 결정하는 절차를 말한다.

2. 분개의 고려사항

거래가 발생하면 계정에 기록하기 전에 분개를 하고 분개의 내용을 계정에 기록하면 계정에 표시할 때는 얼마를 어느 계정에 기록할 것인지를 별도로 고민하지 않아도 된다. 분개에 표시된 내용을 보고 그대로 해당 계정에 옮겨 적기만 하면 되므로 실무적으로 적용하기가 편리하다. 또한 기업에서 매일매일 발생하는 수많은 거래를 매번 계정에 기록할 필요 없이 거래가 발생할 때마다 분개만 해 두었다가 일주일에 한번이나 한 달에 한번만 모아둔 분개의 내용들을 한꺼번에 계정에 기록하면 쉽게 계정잔액을 기록할 수 있다.

따라서 계정잔액이 정확하게 기록되기 위해서는 분개를 정확하게 해야 하며 이를 위해서는 분개를 할 때 다음의 내용을 정확하게 검토해야 한다.

① 어느 계정과목에 표시할 것인가?

② 해당 계정의 차변에 기록할 것인가? 아니면 대변에 기록할 것인가?

③ 해당 계정에 얼마의 금액으로 기록할 것인가?

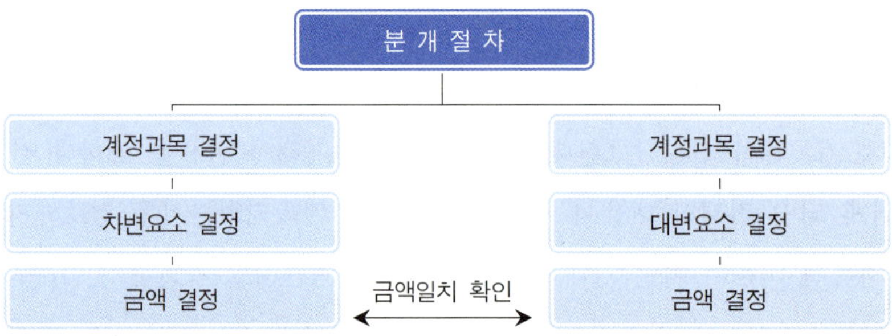

분개는 거래를 기록하는 출발로 모든 회계장부의 기초가 된다. 따라서 분개는 거래의 근거가 되는 증빙서류를 기초로 해서 이루어져야만 한다. 여기서 증빙서류(voucher document)란 거래의 발생을 증명하는 서류로서 영업활동의 과정에서 작성되며 그 예로는 각종 영수증이나 계약서, 대금청구서, 물품인도증서나 적송서류, 검수증 등이 있다. 분개는 회계장부를 기록하는 첫 단추에 해당되므로 분개가 잘못되면 이를 기초로 작성된 회계정보도 잘못된 정보가 된다. 따라서 분개를 할 때는 주의를 기울여서 계정과목과 금액을 결정해야 한다.

3. 분개실습

거래가 발생하면 분개를 해야 하는데 기업에서 나타나는 거래는 그 유형이 다양하기 때문에 거래별로 분개를 정확하게 하기 위해서는 많은 연습이 필요하다. 이를 위해서 거래가 발생했을 때 거래를 어떻게 분개할 것인지에 대해 다음 유형을 이용해서 살펴보자.

• **거래유형** : 은행으로부터 현금 ₩200,000을 차입하다.

• 거래분석	자산의 증가	부채의 증가
• 계정과목의 결정	현 금	차 입 금
• 차변과 대변의 결정	현금계정의 차변	차입금계정의 대변
• 금액의 결정	₩200,000	₩200,000
• 분개의 내용	(차) 현금 200,000	(대) 차입금 200,000

이 거래는 현금이라는 자산이 ₩200,000 증가하고 차입금이라는 부채가 ₩200,000 증가한다. 복식부기의 기록방법에 따라 자산의 증가는 현금계정의 차변에 기록하고, 부채의 증가는 차입금계정의 대변에 기록해야 한다. 그리고 기록할 금액은 차변과 대변 각각 ₩200,000이다. 거래에 대한 분개과정을 도표로 나타내면 위와 같다.

예제 1-8 분개실습

다음은 나무회계법인의 거래내용이다.

2월 10일 주주로부터 ₩500,000의 자본금을 현금으로 출자받다.
2월 15일 토지를 ₩100,000에 현금으로 구입하다.
3월 10일 세무자문용역을 제공하고 수수료로 ₩300,000을 현금으로 수령하다.
4월 20일 급여 ₩150,000을 현금으로 지급하다.
5월 10일 은행으로부터 ₩400,000의 현금을 차입하다.
7월 20일 사무실 임차료 ₩50,000을 지급하다.
8월 15일 기계장치를 현금 ₩200,000을 지급하고 구입하다.

요구사항

각 일자별로 거래에 대한 분개를 하시오.

해답

일 자	회 계 처 리					
2월 10일	(차)	현 금	500,000	(대)	자 본 금	500,000
2월 15일	(차)	토 지	100,000	(대)	현 금	100,000
3월 10일	(차)	현 금	300,000	(대)	매 출	300,000
4월 20일	(차)	급 여	150,000	(대)	현 금	150,000

5월 10일	(차) 현 금	400,000	(대) 차 입 금	400,000
7월 20일	(차) 임 차 료	50,000	(대) 현 금	50,000
8월 15일	(차) 기 계 장 치	200,000	(대) 현 금	200,000

4. 전표와 분개장

기업에서 거래가 발생하면 그때마다 분개를 하게 되는데 이를 기록하는 서류로는 전표와 분개장이 있으며 이에 대해 살펴보도록 하자.

(1) 전 표

전표(voucher)는 거래의 내용인 분개를 한 장의 종이에 기록한 서식을 말한다. 전표에는 거래일자, 관련계정과목, 기록금액, 거래에 대한 설명 등을 기록하도록 하며 하나의 거래에 하나의 전표가 작성된다. 전표의 기본양식은 다음과 같다.

그림 1-10 전표의 사례

전 표 No. ______

××년 ××월 ××일

금 액	차 변	적 요	대 변	금 액
		합 계		

거래가 발생하면 이와 같은 형태의 전표에 거래에 대한 분개를 기록하고 전표의 뒷면에는 관련 증빙서류 거래의 내용을 간략히 설명하고 나서 차변과 대변란에 거래와 관련되는 각각의 계정과목을 부착하는 것이 일반적이다. 전표작성요령을 살펴보면 먼저 날짜를 적고 적요란에 거래내역을 기록한 후 금액란에 금액을 기록한다. 이와 같이 작성되는 전표는 회계상 거래가 발생할 때마다 일정한 양식에 따라 거래내역을 기재해서 그 내용을 관계자에게 통지하고, 그와 동시에 담당자나 그 거래의 처리에 관한 책임을 명확히 하는 역할을 한다. 전표가 어떻게 작성되는지는 다음 예제를 통해서 살펴보도록 하겠다.

예 제 1-9
전표작성

7월 20일 임차료로 ₩300,000을 현금 지급하다.

요구사항

이 거래를 분개하고 전표에 기록하시오.

해답

1. 거래에 대한 분개

(차) 임 차 료	300,000	(대) 현 금	300,000

2. 전표의 작성

전 표 No. 072001

××년 7월 20일

금 액	차 변	적 요	대 변	금 액
3 0 0 0 0 0	임차료	7월 임차료지급	현 금	3 0 0 0 0 0
3 0 0 0 0 0		합 계		3 0 0 0 0 0

이 예제를 기초로 전표작성 요령을 살펴보면 먼저 7월 20일의 날짜를 기록하고 적요란에 거래의 내용을 간단히 요약해서 7월 임차료지급이라고 적는다. 나중에 이 분개가 어떤 거래에 대한 내용인지를 알고 싶을 때는 적요란을 보면 된다. 다음으로 차변과 대변에 관련계정과목인 임차료와 현금을 적고 금액란에 ₩300,000을 기록한다. 분개의 근거를 관리하기 쉽도록 전표의 뒷면에 임차료청구서나 영수증을 첨부하는 경우가 일반적이다.

전표의 관리

이와 같이 기록된 전표는 거래의 발생순서에 따라서 번호를 부여하고 차례대로 모아서 철을 하는데 이를 전표철이라고 한다. 전표철에 집계되어 있는 전표의 분개를 계정에 기록하는 것은 일주일이나 한 달에 한 번 정도로 수행하는 것이 일반적이다. 기업은 하루에도 여러 번씩 거래가 발생하므로 이를 발생시점마다 바로 계정에 기록하는 것이 아니라 거래시점에는 전표를 작성하여 분개의 내용을 기록하고 날짜순으로 이를 집계하여 전표철에 모아 두었다가 일정시점에 한 번씩 전표에 기록된 분개의 내용들을 계정에 기록한다.[6)]

과거에는 전표를 입금전표, 출금전표, 대체전표로 구분하여 처리하였으나, 요즈음 회계처리가 전산화되면서 대부분의 기업에서는 앞에서 설명한 전표로서 모든 거래를 분개하고 있다.

참고로, 전표는 반드시 작성해야 하는 것은 아니다. 하지만 상법이나 세법 등에서 기업은 복식부기에 의해서 장부를 작성하도록 규정하고 있고 복식부기의 출발이 되는 장부가 전표이므로 대부분의 기업들이 전표를 작성하고 있다. 전표는 상법상 상업 장부로 분류되므로 5년간 보관해야 한다.

(2) 분개장

분개장은 각 전표에 기록된 분개들을 하나의 서식에 차례대로 기록한 문서를 말하는 것으로 분개장에는 특정기간의 거래로 나타난 모든 분개가 발생한 순서대로 기록되어 있다. 분개장의 대표적인 양식은 다음과 같다.

그림 1-11 분개장의 사례

분 개 장			
일 자	적 요	차 변	대 변
7월 20일	임차료 ₩300,000을 현금지급하다		
	임 차 료	300,000	
	현 금		300,000
7월 30일	현 금 ₩200,000을 차입하다.		
	현 금	200,000	
	차 입 금		200,000
⋮	⋮	⋮	⋮

6) 최근에는 대부분의 기업이 전산화된 회계프로그램을 이용하여 장부기록을 하고 있다. 따라서, 전표에 기록될 내용을 회계프로그램에 입력하면 자동으로 분개와 함께 관련 계정과목에 기록이 되고 전표를 출력할 수 있다. 결국 회계상 거래가 발생했을 때 그 거래내역을 입력만 하면 실시간으로 장부기록이 종결되는 것이다.

위의 사례를 이용해서 분개장을 작성하는 방법을 살펴보면 날짜순서별로 전표의 분개내용을 적요란에 기록하고 차변과 대변에 관련되는 금액을 기록한다. 이렇게 분개장을 기록하면 특정기간에 기업에서 발생하는 거래의 분개가 모두 일목요연하게 분개장에 기록된다.

제 6 절 전기와 총계정원장

거래가 발생하면 이에 대한 전표가 작성되고 분개장이 만들어진다. 그런데 분개장은 거래가 발생한 순서대로 기록되어 있는 장부이기 때문에 계정과목별로 잔액을 파악하기는 어렵다. 따라서 계정과목별로 잔액을 산출하기 위해서는 분개장의 기록을 기초로 해당 계정에 내용을 기록해야 하는데 이를 전기라고 하며, 각 계정들을 모두 모아놓은 장부를 총계정원장이라고 하는데, 이에 대해 살펴보도록 하자.

1. 전기의 의미와 방법

'전기(posting)'란 전표나 분개장에 기록된 분개의 내용을 각 계정과목별로 분류해서 해당 계정과목에 옮겨 적는 것을 말한다. 전기는 분개가 발생할 때마다 수행되기도 하지만 일주일마다 혹은 매월마다 이루어지는데 기업에서 발생하는 거래의 빈도나 거래의 복잡성을 고려해서 결정한다.[7] 다음의 예제를 통해서 전기하는 과정을 자세히 살펴보도록 하겠다.

예제 1-10
전기

[예제 1-8]의 나무회계법인 자료와 해답을 사용하시오.

요구사항

각 분개의 내용을 전기하시오.

7) 앞에서 설명한 것처럼 전산화된 장부기록환경에서는 실시간으로 장부기록이 이루어진다.

해답

현 금

2/10	500,000	2/15	100,000
3/10	300,000	4/20	150,000
5/10	400,000	7/20	50,000
		8/15	200,000

차 입 금

		5/10	400,000

토 지

2/15	100,000		

자 본 금

		2/10	500,000

기계장치

8/15	200,000		

급 여

4/20	150,000		

매 출

		3/10	300,000

임 차 료

7/20	50,000		

이와 같이 모든 거래는 정확하게 분개를 한 후에 전기하면 모든 거래가 각 계정과목별로 분류가 되고, 기록, 정리되어 일일이 전표를 보고 계산하지 않더라도 즉시 각 계정과목의 증가와 감소액 및 현재의 잔액을 알 수 있다. 예제에서도 8월 15일의 현금계정의 금액을 알고 싶으면 현금계정의 잔액인 ₩700,000을 확인하면 바로 알 수 있다.

2. 총계정원장

기업은 수많은 계정을 관리하기 편하도록 하나의 두꺼운 장부에 편철해서 관리하게 되는데 이를 총계정원장 또는 원장(ledger)이라고 한다. 총계정원장에는 모든 거래가 각 계정과목별로 분류되고 정리되어 있어서 기업의 자산, 부채, 자본, 수익, 비용 등의 증감과 변동을 한 눈에 쉽게 알아 볼 수 있다.

앞에서 살펴본 전표가 기업에서 발생한 모든 거래를 발생순서대로 기록하고 정리하는 역할을 한다면 총계정원장은 기업의 모든 거래를 계정과목별로 분류해서 기록하고 정리하는 역할을 한다.

따라서 총계정원장의 내용을 보면 필요시점마다 계정과목들의 증감변동 상황을 쉽게 파악할 수 있으며 회계기말에는 재무상태표와 포괄손익계산서를 작성하는데 필요한 계정잔액정보도 쉽게 얻을 수 있다.

그림 1-12 총계정원장의 유용성

총계정원장
- 매 시점별로 모든 계정과목의 증감과 변동내용을 파악할 수 있다.
- 회계연도 말에 재무상태표와 포괄손익계산서 작성에 필요한 기초자료를 제공한다.
- 계정잔액을 모두 보관해서 재무상태와 경영성과를 쉽게 파악할 수 있다.

이와 같이 총계정원장은 여러 가지 유용성을 가지고 있기 때문에 기업의 회계장부 중에서 가장 중요한 장부에 해당한다. 총계정원장은 거래를 기록하는 회계절차의 집합체로서 회계기간 중에는 총계정원장이 정확하게 관리되면 회계정보의 정확성을 확보할 수 있다. 지금까지 살펴본 총계정원장의 작성절차를 요약하면 다음과 같다.

거래발생 : 회계상 거래여부 판단

↓

전표작성 : 분개의 내용을 결정해서 기록

↓

분개장 기록 : 전표의 내용을 날짜순으로 기록

↓

전 기 : 분개장의 내용을 총계정원장으로 옮김

↓

총계정원장 : 모든 계정의 증감기록을 관리

한편, 기업들은 일반적으로 총계정원장의 각 계정들마다 고유번호를 부여해서, 이 번호를 기준으로 각 계정들을 관리한다. 특히 최근에는 회계절차가 전산화되면서 계정번호의 중요성이 더욱 커지고 있다. 예를 들어 자산은 1×××, 부채는 2×××, 자본은 3×××, 수익은 4×××, 비용은 5××× 등으로 구분한 후, 자산을 다시 유동자산은 11××, 비유동자산은 12××, 유형자산은 121×, 무형자산은 122× 등으로 세분한다. 이와 같이 계정을 번호로 관리하면 회계담당자는 컴퓨터에 분개장의 내용을 입력할 때 계정과목의 이름을 매번 입력하지 않고 계정번호로 입력해서 보다 편리하게 회계절차를 수행할 수 있다.

3. 주요장부와 보조장부

회계정보를 기록하고 관리하기 위해 기업은 여러 종류의 장부를 기록하는데 장부는 크게 주요장부와 보조장부로 구분할 수 있다.

주요장부

주요장부(main book 또는 principle book)는 복식부기에서 없어서는 안되는 기본적인 회계장부를 말하는 것으로 분개장과 총계정원장이 있다. 분개장은 기업의 거래를 발생순서에 따라 분개의 형식으로 기록한 장부로서, 거래기록의 누적장부라는 점에서 중요하다. 그리고 총계정원장은 각 계정과목별로 증감액이 일자순으로 기입되어 있어 각 계정의 증감과 현재잔액을 알 수 있다. 이와 같이 분개장과 총계정원장은 그 성격과 기능을 달리하고 있으나 복식부기에서는 없어서는 안 될 회계장부라는 점에서 두 가지 장부를 합하여 주요장부라고 부른다.

보조장부

보조장부(subsidiary books)란 총계정원장의 각 계정에 관한 거래를 보다 상세하게 기록하는 장부로 주요장부에서 부족한 점을 보충하기 위해 기록하는 장부를 말한다. 그러므로 보조장부는 회계에서 주요장부와 같이 필수적인 장부가 아니고, 기업규모나 거래의 성질 및 빈도 등을 고려해서 적절히 설정하는 장부를 말한다. 이와 같은 보조장부는 다시 보조기입장과 보조원장으로 구분할 수 있다.

① 보조기입장(subsidiary register)

매출, 매입 또는 현금출납, 당좌예금 등 경영에 대한 중요한 거래에 대해 그 발생순서에 따라 내용을 상세히 기록하는 장부를 말한다.

② 보조원장(subsidiary ledger)

총계정원장에 매출채권이나 매입채무와 같은 계정의 명세서로서 원장의 형식과 똑같은 형식으로 거래처별로 또는 인명별로 개별계정을 설정하여 기록하는 장부이다. 예를 들어 매출채권 보조원장이라고 하면 A사, B사, C사와 같이 거래처별로 별도의 계정을 구분하여 각 거래처별 매출채권을 기록하는 것이다.

사 례 연 구

재무상태표와 포괄손익계산서의 관계

다음은 갑이 종로에서 시작한 학원사업과 관련된 자료이다.

(1) 주식회사 설립일 : 20×1년 1월 1일
(2) 회계기간 : 1월 1일부터 12월 31일
(3) 최초 자본금 : ₩1,000,000 (1,000주 발행, 1주당 액면금액 ₩1,000)
자본금은 전액 현금으로 출자받았다.
(4) 주주구성 : 갑 600주, 을 300주, 병 100주
(5) 회사명 : 주식회사 나무

20×1년 1월 1일 ㈜나무의 개시 재무제표를 작성하면 다음과 같다.

재무상태표

㈜나무 20×1. 1. 1

자 산		부 채	
현 금	₩1,000,000	자 본	
건 물		자 본 금	₩1,000,000
합 계	₩1,000,000	합 계	₩1,000,000

포괄손익계산서[8]

㈜나무 20×1. 1. 1

비 용		수 익	
합 계	₩0	합 계	₩0

㈜나무는 주주들로부터 출자 받은 ₩1,000,000의 자금을 가지고 학원을 운영할 건물을 찾아서 임차계약을 하였다. 임차계약의 주요 내용은 다음과 같다.

(1) 임차기간 : 20×1년 1월 1일부터 2년간
(2) 임차보증금 : ₩300,000
(3) 월임차료 : ₩100,000 (임차료는 매달 말일지급)

임차계약 후 20×1년 1월 31일 임차료 지급 후 ㈜나무의 재무제표를 작성해 보면 다음과 같다.

8) 회계연도 기초시점에는 포괄손익계산서는 작성하지 않는다. 그 이유는 포괄손익계산서는 동태적 재무제표이기 때문이다. 제1장에서는 기초시점에 수익과 비용이 "0"인 것은 보여주기 위해 작성해 본 것임을 이해하기 바란다.

재무상태표

㈜나무 20×1. 1. 31

자산		부채	
		자본	
현금	₩600,000*	자본금	₩1,000,000
임차보증금	300,000	결손금	(100,000)
합계	₩900,000	합계	₩900,000

포괄손익계산서

㈜나무 20×1. 1. 1 ~ 20×1. 1. 31

비용		수익	
임차료	₩100,000		
		당기순손실	₩100,000
합계	₩100,000	합계	₩100,000

* ₩1,000,000－300,000(임차보증금)－100,000(임차료)＝₩600,000

㈜나무는 임차한 건물의 인테리어와 학원운영시설을 갖추기 위한 지출을 20×1년 2월에 현금지급하였고, 20×1년 3월에 학원을 오픈하였다.

(1) 비품관련 지출액 : ₩150,000

(2) 2월말에 임차료 지급액 : ₩100,000

20×1년 2월 28일 임차료 지급 후 ㈜나무의 재무제표를 작성해 보면 다음과 같다.

재무상태표

㈜나무 20×1. 2. 28

자산		부채	
현금	₩350,000*	자본	
비품	150,000	자본금	₩1,000,000
임차보증금	300,000	결손금	(200,000)
합계	₩800,000	합계	₩800,000

포괄손익계산서

㈜나무 20×1. 1. 1 ~ 20×1. 2. 28

비용		수익	
임차료	₩200,000		
		당기순손실	₩200,000
합계	₩200,000	합계	₩200,000

* ₩600,000－150,000(비품)－100,000(임차료)＝₩350,000

㈜나무는 20×1년 3월 1일부터 12월 31일까지 학원을 운영하면서 다음과 같은 수입과 지출이 있었다. 모든 수입과 지출은 현금으로 수수되었다.

(1) 수강료 수입 : ₩10,000,000

(2) 강사료 지출 : ₩5,000,000

(3) 직원 급여 : ₩3,000,000

(4) 임차료 지출 : ₩1,000,000 (3월부터 12월까지 10개월 임차료)

(5) 비품 감가상각비 : ₩30,000 (2장에서 감가상각비 개념을 배울 예정임)

㈜나무가 20×1년도 결산을 20×2년 2월 말에 완료하였다. 20×1년 말 기준으로 ㈜나무의 재무제표를 작성하여 보면 다음과 같다.

재무상태표

㈜나무 20×1. 12. 31.

자 산			부 채	
현 금		₩1,350,000[*1]	자 본	
비 품	150,000		자 본 금	₩1,000,000
감가상각누계액	(30,000)	120,000	이 익 잉 여 금	770,000[*2]
임 차 보 증 금		300,000		
합 계		₩1,770,000	합 계	₩1,770,000

* 1. ₩350,000+10,000,000−5,000,000−3,000,000−1,000,000=₩1,350,000
  2. ₩0(기초 이익잉여금)+770,000(20×1년 당기순이익)=₩770,000

포괄손익계산서

㈜나무 20×1. 1. 1 ~ 20×1. 12. 31

비 용		수 익	
매 출 원 가	₩5,000,000	매 출	₩10,000,000
급 여	3,000,000		
임 차 료	1,200,000		
감 가 상 각 비	30,000		
당 기 순 이 익	770,000		
합 계	₩10,000,000	합 계	₩10,000,000

㈜나무는 20×1년도에 대한 결산이 종료된 후 20×1년도에 대한 주주총회를 다음과 같이 개최하였다.

(1) 일 시 : 20×2년 3월 10일

(2) 안 건 : 20×1년도 현금배당 결정 (배당률 20%)

(3) 주주별 배당금액 : 갑 ₩120,000, 을 ₩60,000, 병 ₩20,000

㈜나무가 20×1년도에 대한 주주총회 직후 재무상태표만 작성하여 보면 다음과 같다. 단, 20×2년 1월 1일부터 20×2년 3월 10일까지 다음과 같은 현금지출만 있었다고 가정한다.

(1) 2개월분 임차료 ₩200,000

(2) 2개월분 급여 ₩400,000

재무상태표

㈜나무 20×2. 3. 10

자산			부채	
현금		₩750,000[*1]	미지급배당금	₩200,000[*2]
비품	150,000		자본	
감가상각누계액	(30,000)	120,000	자본금	1,000,000
임차보증금		300,000	결손금	(30,000)[*3]
합계		₩1,170,000	합계	₩1,170,000

* 1. ₩1,350,000−200,000(임차료)−400,000(급여)=₩750,000
  2. 주주총회시 현금배당에 대해 다음과 같이 분개하는 것을 제10장에서 배운다.
     (차) 이 익 잉 여 금 200,000 (대) 미 지 급 배 당 금 200,000
  3. ₩770,000−200,000(현금배당)−200,000(임차료)−400,000(급여)=₩(30,000)

㈜나무는 20×2년 1월 1일부터 12월 31일까지 학원을 운영하면서 다음과 같은 수입과 지출이 있었다. 모든 수입과 지출은 현금으로 수수되었다.

(1) 수강료 수입 : ₩20,000,000
(2) 강사료 지출 : ₩10,000,000
(3) 직원 급여 : ₩5,000,000 (1월부터 12월까지 12개월 급여)
(4) 임차료 지출 : ₩1,200,000 (1월부터 12월까지 12개월 임차료)
(5) 비품 감가상각비 : ₩30,000

㈜나무가 20×2년도 결산을 20×3년 2월말에 완료하였다. 20×2년 말 기준으로 ㈜나무의 재무제표를 작성하여 보면 다음과 같다.

재무상태표

㈜나무 20×2. 12. 31

자산			부채	
현금		₩4,950,000[*1]	자본	
비품	150,000		자본금	₩1,000,000
감가상각누계액	(60,000)	90,000	이익잉여금	4,340,000[*2]
임차보증금		300,000		
합계		₩5,340,000	합계	₩5,340,000

* 1. ₩1,350,000−200,000(현금배당)+20,000,000−10,000,000−5,000,000−1,200,000=₩4,950,000
  2. ₩770,000−200,000(현금배당)+3,770,000(20×2년 당기순이익)=₩4,340,000

포괄손익계산서

㈜나무 20×2. 1. 1 ~ 20×2. 12. 31

비 용		수 익	
매 출 원 가	₩10,000,000	매 출	₩20,000,000
급 여	5,000,000		
임 차 료	1,200,000		
감 가 상 각 비	30,000		
당 기 순 이 익	3,770,000		
합 계	₩20,000,000	합 계	₩20,000,000

동 사례연구를 통해서 독자들이 다음의 생각을 가질 수 있기를 바란다.

1. 회계연도 기초시점에는 수익과 비용이 모두 "0"이다.
2. 주식회사를 처음 설립하는 시점에서 이익잉여금은 "0"이다.
3. 당기순이익이 발생하면 이익잉여금을 증가시키고, 당기순손실이 발생하면 이익잉여금을 감소시키며 (−) 금액이 되면 결손금이라고 부른다.
4. 비용은 결국 자본을 감소시키게 된다.[9)]
5. 수익은 결국 자본을 증가시키게 된다.
6. 대부분의 주식회사는 설립초기에 비용지출만 발생하고 수익은 창출되기 힘들어서 결손금상태에 있는 것이 일반적이고, 이후 영업이 정상화되면 이익잉여금이 발생할 수 있는 것이다.
7. 회계기간이 1월 1일부터 12월 31일인 주식회사의 경우 결산이 종료되어 재무제표가 작성되려면 보통 그 다음연도 3월말까지 시일이 경과된다.
8. 주주총회는 결산이 종료되어 재무제표가 확정된 이후에 개최된다. 12월말 법인의 경우 보통 그 다음연도 3월에 주주총회를 한다.
9. 재무상태표계정들은 전기말 잔액이 당기초 금액으로 이월된다. 이 개념은 제2장에서 배운다. 따라서 이익잉여금은 매년도의 당기순이익이 계속 누적되게 되는 것이다.
10. 주식회사의 주인인 주주에게 현금배당을 하게 되면 이익잉여금이 감소하게 된다. 이 개념은 제10장에서 배운다.

9) 수익과 비용은 임시계정이고 결국 재무상태표를 구성하는 자산, 부채, 자본이 영구계정이라는 사실을 제2장에서 배우게 된다.

11. 다음의 회계등식 개념을 정확하게 정리하기 바란다.

자산=부채+ 자본
=부채+ 납입자본+이익잉여금

위 등식에 기초시점과 기중의 변동과 기말시점을 구분하여 정리해 보면 다음과 같다.

기초	자산	=	부채	+	납입자본	+	이익잉여금	
					+		+	
기중	자산	=			추가출자	+	당기순이익	(=수익−비용)
							−	
							현금배당	
					=		=	
기말	자산	=	부채	+	납입자본	+	이익잉여금	

이 등식을 동 사례의 20×2년에 적용하여 숫자로 확인해 보면 다음과 같다.

기초	₩1,770,000	=	₩0	+	₩1,000,000	+	₩770,000
					+		+
기중					₩0	+	₩3,770,000
							−
							₩200,000
					=		=
기말	₩5,340,000	=	₩0	+	₩1,000,000	+	₩4,340,000

이 등식에서 확인할 수 있는 점은 다음과 같다.

① 납입자본이란 주식회사를 최초로 설립할 때 주주들이 납입한 금액을 말하며, 이후 추가출자(제10장에서 유상증자라고 배운다)에 의해 증가한다.

② 자본은 주주의 몫을 나타내는 금액으로서 제10장에서 더 자세한 분류를 배우며 그 전까지는 납입자본과 이익잉여금으로 구성되어 있는 것으로 공부한다.

③ 이익잉여금은 당기순이익으로 인해 증가하며 현금배당으로 인해 감소한다.

④ 수익은 당기순이익을 증가시키며 결국 이익잉여금을 증가시킨다. 수익은 당기 포괄손익계산서에 기록되고, 재무상태표에는 이익잉여금을 증가시켜 결국 자본을 증가시킨다.

⑤ 비용은 당기순이익을 감소시키며 결국 이익잉여금을 감소시킨다. 비용은 당기 포괄손익계산서에 기록되고, 재무상태표에는 이익잉여금을 감소시켜 결국 자본을 감소시킨다.

⑥ 재무상태표와 포괄손익계산서가 이익잉여금이라는 항목을 통하여 연결되고 있으며 주주의 추가출자와 수익의 발생에 의해 자본이 증가하고 비용의 발생과 현금배당에 의해 자본이 감소함을 확인할 수 있다.

Chapter 1

객관식 문제

1 다음의 회계등식 중 맞는 것은?

① 자산 + 부채 = 자본
② 자산 + 소유주지분 = 채권자지분
③ 자산 = 지분
④ 채권자지분 + 타인자본 = 자기자본

2 다음 중 자산에 속하는 항목으로만 묶은 것은?

(가) 매입채무	(나) 이익잉여금	(다) 매출채권
(라) 상 품	(마) 비 품	(바) 자본금

① (가), (라), (마)
② (나), (다), (바)
③ (다), (마), (바)
④ (다), (라), (마)

3 다음의 자료와 회계등식을 이용하여 계산한 기말자본총계는?(단, 회계기간 중에는 손익거래와 배당지급 이외에 자본총계에 영향을 미치는 거래나 사건은 발생하지 않았다.)

기초자산	기초부채	기말부채	총수익	총비용
₩30,000,000	₩18,000,000	₩19,000,000	₩20,000,000	₩17,000,000

① ₩6,000,000
② ₩9,000,000
③ ₩12,000,000
④ ₩15,000,000

4 ㈜甲의 다음 자료를 통해 ㉠ ~ ㉣을 구하면?

기초자산	기초부채	기초자본	기말자산	기말부채	기말자본	총수익	총비용	순이익
₩1,500,000	㉠	₩800,000	㉡	₩500,000	㉢	₩1,000,000	㉣	₩400,000

	㉠	㉡	㉢	㉣
①	₩700,000	₩1,500,000	₩500,000	₩600,000
②	700,000	1,600,000	1,200,000	600,000
③	700,000	1,700,000	1,200,000	600,000
④	800,000	1,800,000	2,200,000	140,000

5 다음 자료에 의해 기말자본, 총수익, 순이익을 계산하면?

기 초 자 본	₩100,000	기 말 자 산	₩250,000
기 말 부 채	₩120,000	총 비 용	₩50,000

	기말자본	총수익	순이익
①	₩130,000	₩130,000	₩50,000
②	130,000	80,000	30,000
③	150,000	80,000	30,000
④	150,000	130,000	50,000

6 ㈜서울의 기초부채 잔액이 ₩80,000이었고, 기말부채 잔액이 ₩42,000이었다. 기말자산이 ₩105,000이고, 기말자산 총계는 기초보다 ₩23,000 증가하였다. 당기 중에 현금출자로 인해 자본금이 ₩37,000만큼 증가하였다면, 당기순이익은 얼마인가?

① ₩61,000　　② ₩24,000
③ ₩23,000　　④ ₩60,000

7 다음 중 거래관계가 서로 결합될 수 없는 것은?

① (차) 자산의 증가 (대) {자산의 감소, 수익의 발생}

② (차) 부채의 감소 (대) {자산의 감소, 비용의 발생}

③ (차) {부채의 감소, 자산의 증가} (대) 수익의 발생

④ (차) 자본의 감소 (대) 자본의 증가

8 다음 중 회계상 거래에 해당되는 것은?

① 기계장치를 10억원에 취득하기로 계약을 체결하다.
② 원재료를 1억원에 매입하기로 계약을 체결하다.
③ 신입사원 2명을 월 ₩2,000,000 지급하기로 하고 채용하다.
④ 공장건물(장부금액 ₩500,000)이 화재발생으로 소실되다.

9 ㈜나무의 자산과 부채가 다음과 같을 때 ㈜나무의 순자산(자본)은 얼마인가?

단기차입금	₩200,000	이익잉여금	₩50,000	기계장치	₩300,000
현금	₩180,000	매출채권	₩80,000	매입채무	₩110,000

① ₩100,000 ② ₩150,000
③ ₩200,000 ④ ₩250,000

10 다음 현금계정의 기입내용을 보고 날짜별로 발생한 거래의 추정으로 옳지 않은 것은?

현 금

1월 3일	자본금	1,000,000	1월 10일	상품	200,000
1월 15일	외상매출금	200,000	1월 25일	단기차입금	500,000
			1월 26일	광고선전비	200,000

① 1월 3일 현금 ₩1,000,000을 출자하여 영업을 개시하였다.
② 1월 10일 상품을 ₩200,000 매입하고 대금을 현금으로 지급하였다.
③ 1월 15일 거래처에서 외상매출금 ₩200,000을 현금회수하였다.
④ 1월 25일 차입금 ₩500,000을 3개월 후에 갚기로 하고 차입하였다.

해답 및 해설

1	2	3	4	5	6	7	8	9	10
③	④	④	③	②	②	②	④	④	④

1. 자산 = 지분
자산 = 채권자지분 + 소유주지분
자산 = 부채 + 자본
자산 = 타인자본 + 자기자본

2 매입채무는 부채이고, 이익잉여금과 자본금은 자본에 속하는 계정과목이다.

3 기 초 자 본 = 기초자산(₩30,000,000) − 기초부채(₩18,000,000)= ₩12,000,000
당 기 순 이 익 = 총수익(₩20,000,000) − 총비용(₩17,000,000)= ₩3,000,000
기 말 자 본 = 기초자본 + 당기순이익 = ₩15,000,000

4 다음의 순서대로 풀어야 한다.
㉠ 기초부채 : ₩1,500,000(기초자산) − 800,000(기초자본) = ₩700,000
㉢ 기말자본 : ₩800,000(기초자본) + 400,000(순이익) = ₩1,200,000
㉡ 기말자산 : ₩1,200,000(기말자본) + 500,000(기말부채) = ₩1,700,000
㉣ 총 비 용 : ₩1,000,000(총수익) − 400,000(순이익) = ₩600,000

5 기 말 자 본 = ₩250,000(기말자산) − 120,000(기말부채) = ₩130,000
순 이 익 = ₩130,000(기말자본) − 100,000(기초자본) = ₩30,000
총 수 익 = ₩50,000(총비용) + 30,000(순이익) = ₩80,000

6

재무상태표

자 산 증 가 액	₩23,000	부 채 감 소 액	₩(38,000)
		자 본 증 가 액	61,000
계	₩23,000	계	₩23,000

'₩23,000(자산증가액) = ₩61,000(자본증가액) − ₩38,000(부채감소액)'의 등식이 성립해야 하기 때문에 ㈜서울의 자본증가액이 ₩61,000임을 알 수 있다. 자본을 증가시키는 경우는 주주의 현금출자와 당기순이익이 대표적인 경우이다.(여기에 대한 자세한 설명은 제10장을 참고하라.) 이 문제에서 현금출자로 인한 자본의 증가금액이 ₩37,000으로 주어졌으므로 당기순이익은 ₩24,000(=₩61,000−₩37,000)임을 알 수 있다.

7 비용의 발생은 차변에 온다.

8 회계상 거래의 요건

– 회계상 거래는 기업의 재무상태에 영향을 미쳐야 한다.
– 회계상 거래는 금액으로 측정할 수 있어야 한다.

따라서 계약, 보관, 채용, 의뢰, 주문은 회계상 거래의 요건을 충족시키지 못한다.

9 (1) 자산총액 = ₩300,000(기계장치) + 180,000(현금) + 80,000(매출채권) = ₩560,000

(2) 부채총액 = ₩200,000(단기차입금) + 110,000(매입채무) = ₩310,000

(3) 자본 = 자산 – 부채 = ₩560,000 – 310,000 = ₩250,000

이익잉여금 ₩50,000은 자본에 이미 포함되어 있는 금액임에 유의해야 한다. 이익잉여금은 자본에 속하는 항목이다. 따라서 자본 ₩250,000에는 이익잉여금 ₩50,000은 포함되어 있다.

10 1월 25일 거래는 단기차입금 ₩500,000을 현금으로 상환한 거래이다.

Chapter 1

주관식 문제

문제 1 재무상태표의 항목구분

다음은 20×1년 1월 1일 현재 ㈜나무의 자산과 부채에 관한 자료이다. 다음 자료를 통하여 ㈜나무의 자본을 산정하고 재무상태표를 작성하시오.

현 금	₩50,000	기 계 장 치	₩500,000	매 입 채 무	₩250,000
단 기 차 입 금	₩250,000	매 출 채 권	₩200,000	비 품	₩250,000

해답 및 해설

(1) 자 본 = 자 산 − 부 채

자 산 : ₩50,000 + 500,000 + 200,000 + 250,000 = ₩1,000,000

부 채 : ₩250,000 + 250,000 = ₩500,000

자 본 : ₩1,000,000 − 500,000 = ₩500,000

(2) 재무상태표

재무상태표

㈜나무 20×1. 1. 1

자 산		부 채	
현 금	₩50,000	매 입 채 무	₩250,000
매 출 채 권	200,000	단 기 차 입 금	250,000
비 품	250,000	자 본	500,000
기 계 장 치	500,000		
합 계	₩1,000,000	합 계	₩1,000,000

문제 2 회계상 거래구분

다음 내용 중 회계상 거래에 해당하는 번호를 선택하고 그 거래가 자산, 부채 및 자본에 어떠한 영향을 미치는지 설명하시오.

> 예 현금 ₩100,000을 은행으로부터 차입하다.
> 영향 : 자산(현금) 증가, 부채(차입금) 증가

① 상품을 ₩100,000에 현금을 지급하고 구입하다.
② 기계장치를 ₩200,000에 외상으로 취득하다.
③ 비품을 구입하기로 약정하다.
④ 현금 ₩500,000을 출자하여 회사를 설립하다.
⑤ 컨설팅 서비스를 매달 ₩1,000,000에 공급하기로 계약하다.

해답 및 해설

(1) 회계상 거래에 해당하는 번호 : ①, ②, ④

(2) 영향 분석
① 자산(상품) 증가, 자산(현금) 감소
② 자산(기계장치) 증가, 부채(미지급금) 증가
④ 자산(현금) 증가, 자본(자본금) 증가

해설

회계상 거래란 첫째, 기업의 재무상태에 영향을 미쳐야 하고, 둘째, 화폐금액으로 측정할 수 있어야 한다. ③ 비품을 구입하기로 한 약정과 ⑤ 서비스를 제공하기로 한 계약만으로는 자산, 부채 및 자본에 아무런 영향을 주지 않으므로 회계상 거래요건을 충족시키지 못한다. 그리고 ②번 거래에서 미지급금(부채)이라는 계정과목이 있는데, 미지급금이란 기업본래의 상품매매활동 이외에서 발생한 단기의 채무를 말하는 것이다.

문제 3 회계등식

다음은 두 회사의 재무상태에 대한 정보이다.(순이익 이외의 자본변동은 없었다)

요 일	계 정	A	B
20×6년 12월 31일	자 산	₩45,000	₩35,000
	부 채	23,500	22,500
20×7년 12월 31일	자 산	48,000	41,000
	부 채	a	27,500
20×7년 1월 ~ 12월	수 익	7,500	3,000
	비 용	2,500	b

물음

(1) A회사에 대하여 다음 물음에 답하시오.

① 20×6년 12월 31일 자본을 구하시오.

② 20×7년 1월 ~ 12월 순이익을 구하시오.

③ 20×7년 12월 31일 자본을 구하시오.

④ 20×7년 12월 31일 부채(a)를 구하시오.

(2) B회사의 20×7년 비용(b)을 구하시오.

해답 및 해설

'순이익 = 수익 − 비용'이다.
두 회사 모두 순이익 이외의 자본변동은 없었다고 했으므로
'20×6년 말 자본 + 20×7년 순이익 = 20×7년 말 자본'이 되는 것이다.

(1) ① 20×6년 12월 31일 자본 : ₩45,000(자산) − 23,500(부채) = ₩21,500
② 20×7년 순 이 익 : ₩7,500(수익) − 2,500(비용) = ₩5,000
③ 20×7년 12월 31일 자본 : ₩21,500(①) + 5,000(②) = ₩26,500
④ 20×7년 12월 31일 부채 : ₩48,000(자산) − 26,500(③) = ₩21,500

(2) ① 20×6년 12월 31일 자본 : ₩35,000(자산) − 22,500(부채) = ₩12,500
② 20×7년 12월 31일 자본 : ₩41,000(자산) − 27,500(부채) = ₩13,500
③ 20×7년 순 이 익 : ₩13,500(②) − 12,500(①) = ₩1,000
④ 20×7년 비 용 : ₩3,000(수익) − 1,000(③) = ₩2,000

문제 4 거래의 분석

다음은 20×1년 1월 ㈜나무에서 발생한 거래들이다.

1월 5일 매출채권 ₩200,000을 현금으로 수령하다.
1월 10일 상품 ₩250,000을 외상으로 취득하다.
1월 15일 주주들이 현금 ₩200,000을 추가로 출자하다.
1월 20일 기계장치 ₩200,000을 현금으로 취득하다.
1월 25일 상품 ₩150,000을 외상으로 제공하다.
1월 30일 단기차입금 ₩150,000을 현금으로 상환하다.

위 거래들로 인하여 ㈜나무의 재무상태가 어떻게 변화하였는지 재무상태표등식에 근거하여 주어진 양식에 따라 나타내시오.(증가는 +, 감소는 − 로 표시)

일 자	자 산				부 채		자 본
	현 금	매출채권	상 품	기계장치	매입채무	단기차입금	자본금
1월 1일	50,000	200,000	250,000	500,000	250,000	250,000	500,000
1월 2일							
⋮							
계							

해답 및 해설

재무상태표등식 : 자산=부채+자본

일 자	자 산				부 채		자 본
	현 금	매출채권	상 품	기계장치	매입채무	단기차입금	자본금
1월 1일	50,000	200,000	250,000	500,000	250,000	250,000	500,000
1월 5일	+200,000	−200,000					
1월 10일			+250,000		+250,000		
1월 15일	+200,000						+200,000
1월 20일	−200,000			+200,000			
1월 25일		+150,000	−150,000				
1월 30일	−150,000					−150,000	
계	100,000	150,000	350,000	700,000	500,000	100,000	700,000

문제 5 거래의 분개와 전기

다음은 해충박멸서비스를 제공하는 ㈜시스코의 8월 거래내역이다.

1일 : ㈜시스코를 설립하기로 결정하고 현금 ₩100,000을 출자하였다.
2일 : 은행으로부터 현금 ₩100,000을 차입하였다.
3일 : 사용할 건물을 현금 ₩50,000에 구입하였다.
4일 : 해충박멸 기계장치를 ₩15,000에 구입하였다.
8일 : 해충박멸서비스를 처음으로 제공하고 ₩10,000을 현금으로 받았다.
15일 : 광고를 의뢰하고 현금 ₩30,000을 지급하였다.
18일 : 두 번째 해충박멸서비스를 제공하고 ₩10,000을 5일 후에 받기로 하였다.
23일 : 두 번째 서비스대가인 현금 ₩10,000을 회수하였다.
25일 : 종업원에게 급여 ₩30,000을 지급하였다.
29일 : 건물을 임대한 대가로 ₩50,000을 수령하였다.

㈜시스코의 8월 거래내역을 분개하고, 총계정원장에 전기하시오.

해답 및 해설

(1) 거래의 분개

일 자	회 계 처 리			
8월 1일	(차) 현금	100,000	(대) 자본금	100,000
8월 2일	(차) 현금	100,000	(대) 차입금	100,000
8월 3일	(차) 건물	50,000	(대) 현금	50,000
8월 4일	(차) 기계장치	15,000	(대) 현금	15,000
8월 8일	(차) 현금	10,000	(대) 매출	10,000
8월 15일	(차) 광고선전비	30,000	(대) 현금	30,000
8월 18일	(차) 매출채권	10,000	(대) 매출	10,000
8월 23일	(차) 현금	10,000	(대) 매출채권	10,000
8월 25일	(차) 급여	30,000	(대) 현금	30,000
8월 29일	(차) 현금	50,000	(대) 임대료	50,000

(2) 총계정원장 전기

현 금

8/ 1	자본금	100,000	8/ 3	건물	50,000
8/ 2	차입금	100,000	8/ 4	기계장치	15,000
8/ 8	매출	10,000	8/15	광고선전비	30,000
8/23	매출채권	10,000	8/25	급여	30,000
8/29	임대료	50,000			

자 본 금

	8/ 1 현금 100,000

차 입 금

	8/ 2 현금 100,000

건 물

8/ 3 현금 50,000	

기계장치

8/ 4 현금 15,000	

매 출

	8/ 8 현금 10,000
	8/18 매출채권 10,000

광고선전비

8/15 현금 30,000	

매출채권

8/18 매출 10,000	8/23 현금 10,000

급 여

8/25 현금 30,000	

임 대 료

	8/29 현금 50,000

문제 6 총계정원장으로부터 거래 추정

다음은 ㈜나무의 1월 총계정원장의 일부이다.

현 금

차변		대변	
1/ 1 자 본 금	30,000	1/10 비 품	30,000
1/ 5 차 입 금	40,000	1/30 이자비용	3,000

이자비용

차변		대변	
1/30 현 금	3,000		

차 입 금

차변		대변	
		1/ 5 현 금	40,000

자 본 금

차변		대변	
		1/ 1 현 금	30,000

비 품

차변		대변	
1/10 현 금	30,000		
미지급금	20,000		

미지급금

차변		대변	
		1/10 비 품	20,000

위의 정보를 이용하여 분개장의 날짜별 분개를 추정하시오.

해답 및 해설

일 자	회 계 처 리				
1월 1일	(차) 현 금	30,000	(대)	자 본 금	30,000
1월 5일	(차) 현 금	40,000	(대)	차 입 금	40,000
1월 10일	(차) 비 품	50,000	(대)	현 금	30,000
				미 지 급 금	20,000
1월 30일	(차) 이 자 비 용	3,000	(대)	현 금	3,000

Chapter

02

결산과 재무제표 작성

7판

IFRS 회계원리

Chapter

02 결산과 재무제표 작성

제 1 절 결산의 의의

기업은 회계기간 동안 거래가 발생하면 이를 분개해서 총계정원장에 전기해 놓았다가 회계연도말이 되면 회계정보를 최종적으로 정리해서 재무상태표와 포괄손익계산서를 만들어야 하는데 이 과정을 결산이라고 한다. 즉, '결산(closing account)'이란 회계기간 동안 수행한 자산, 부채, 자본의 변동내용과 그 결과물을 종합해서 재무상태표와 포괄손익계산서를 만드는 과정이다. 기업에서 수행하고 있는 기중회계처리와 결산과정을 살펴보면 다음 그림과 같다.

그림 2-1 회계순환과정

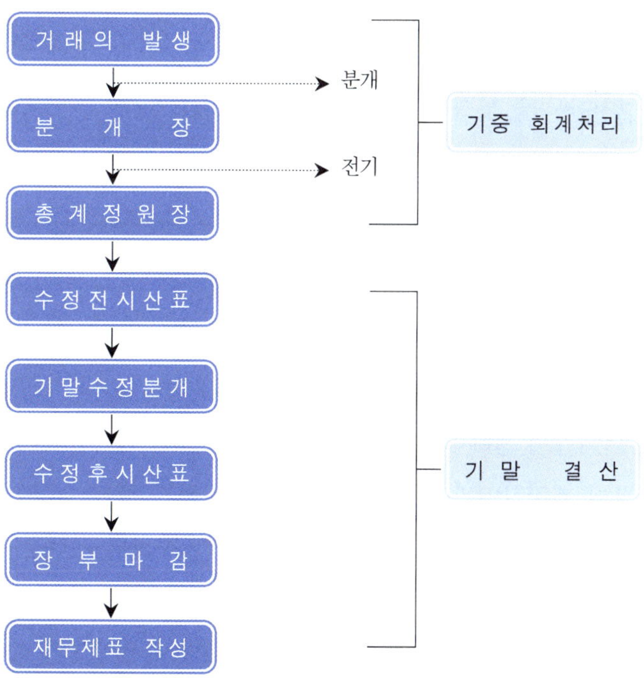

앞의 그림에 나타난 회계순환과정을 살펴보면 회계기간동안에는 거래가 발생할 때마다 분개를 하여 분개장에 기록하고 분개장의 내용은 전기를 통해서 총계정원장에 기록한다. 회계기말이 되면 결산을 수행하는데 결산을 위해서는 우선 수정전시산표를 작성해서 회계기간 중에 수행한 회계절차에 오류가 없는지를 확인하고 다음으로 기말수정분개를 추가적으로 총계정원장에 반영한 후에 수정후시산표를 작성하고 장부를 마감한다. 마지막으로 수정후시산표를 기초로 재무상태표와 포괄손익계산서 등 재무제표를 작성하는 것으로 회계순환과정이 마무리된다.

이상의 회계순환과정 중에서 분개와 전기는 앞 장에서 살펴보았으므로 이번 장에서는 결산내용 중에서 가장 중요한 기말수정분개에 대해 우선 살펴본 후에 기말결산절차를 순서대로 살펴보겠다.

제 2 절 기말수정분개

회계연도 말에 재무상태표와 포괄손익계산서를 작성하기에 앞서 총계정원장의 계정잔액과 실제계정잔액이 일치하지 않는 경우에는 이를 조정하는 분개를 해야 하는데 이를 기말수정분개라고 한다. 즉, '기말수정분개(year-end adjustment)'란 기말시점에 계정잔액이 실제 기업의 재산상태와 일치하도록 수정하는 분개를 말하며 '결산수정분개'라고도 한다.

기말수정분개

수정전시산표상의 계정잔액과 실제 계정잔액이 일치하도록 수정하는 분개

1. 기말수정분개의 필요성

회계기간 중에 거래가 발생하면 분개를 하고 전기를 하지만 이를 아무리 정확하게 하더라도 총계정원장의 계정잔액과 실제계정잔액은 일치하지 않는 항목이 있다. 그 이유는 기업의 재무상태에 영향을 미치는 항목들 중에는 일정시점의 거래를 통해서 영향을 받는 항목도 있지만 특정시점과 관계없이 시간이 경과함에 따라 영향을 받는 항목도 있기 때문이다. 예를 들어 기업이 보험에 가입해서 당년도 11월 1일부터 다음연도 10월 31일까지를 보험기간으로 해서 ₩240,000의 보험료를 11월 1일에 지급하였다고 가정하자.

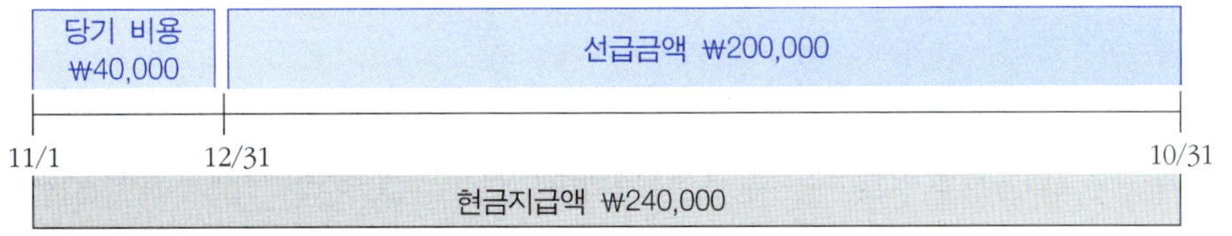

이 경우 ₩240,000의 현금은 11월 1일에 지급되었지만 이로 인한 보험료의 혜택은 당년도만이 아니라 다음 연도에도 있으므로 당년도의 보험료 비용은 ₩240,000 전체가 아니라 이 중 당년도 기간과 관련되는 부분만 해당할 것이다.

이와 같이 비용이나 수익항목 중에는 미리 주거나 또는 미리 받음으로 인해서 장부상의 기록과 실제 당기분으로 포함해야 할 수익이나 비용이 일치하지 않는 항목이 있다. 다시 말해, 현금을 당기 중에 지급하거나 수취하였지만 차기의 비용이나 수익에 포함되어야 하는 경우도 있고, 현금을 지급하거나 수취하지는 못했지만 당기의 비용이나 수익으로 보아야 하는 항목도 있다.

따라서 총계정원장의 계정잔액을 정확하게 실제계정잔액으로 만들기 위해서는 기말수정분개가 필요하다.

2. 기말수정분개의 유형

기말수정분개의 유형은 기업의 유형과 기업에서 발생하는 회계거래의 유형에 따라 차이가 있지만 일반적으로 ① 선급(선수)항목, ② 발생항목, ③ 추정항목으로 구분할 수 있다.

① 선급(선수)항목

비용 중에서 당기에 현금을 지급하였지만 미래에 추가적으로 효익을 얻을 수 있는 선급보험료나 선급임차료가 이에 해당하며, 수익 중에는 현금을 수령하였지만 아직 효익을 제공하지 못한 선수임대료나 선수수수료가 이에 해당한다.

② 발생항목

비용 중에서 현금을 지급하지는 않았지만 당기의 비용으로 볼 수 있는 미지급이자, 미지급임차료가 이에 해당하고 수익 중에서 현금을 수령하지는 않았지만 당기분 수익으로 볼 수 있는 미수이자, 미수임대료 등이 이에 해당한다.

③ 추정항목

회계기간 동안 수익창출에 기여했지만 현금지출이 없어서 비용의 크기를 정확하게 알 수 없는 비용항목으로는 회계기간동안 기계장치 등의 가치감소분을 비용으로 기록하는 감가상각비가 대표적인 예이다.

그림 2-2 기말수정분개의 유형

기 말 수정분개	선급항목 (선수항목)	선 급 비 용 : 현금을 미리 지급한 비용
		선 수 수 익 : 현금을 미리 받은 수익
	발생항목	미지급비용 : 현금을 지급하지 못한 비용
		미 수 수 익 : 현금을 수령하지 못한 수익
	추정항목	감가상각비 : 기계장치 등의 가치감소분

이와 같은 기말수정분개 대상항목은 기말수정분개를 해서 장부에 반영해야만 비로서 장부상의 기록이 기업의 실제 재무상태 및 경영성과를 나타내게 된다. 즉, 기말수정분개를 반영해야만 정확한 기업의 실상을 나타내는 재무상태표와 포괄손익계산서를 작성할 수 있는 것이다.

다양한 기말수정분개사항 중에서 선급(선수)항목과 발생항목은 이 절에서 설명하고 추정항목인 감가상각비는 다음 절에서 설명하도록 하겠다.

3. 선급(선수)항목

'선급항목(prepaid items)'은 현금을 미리 지급하고 미래에 추가적으로 효익을 얻을 수 있는 항목이고 선수항목은 현금만 미리 받고 다음 연도의 수익에 포함해야할 항목이다. 이처럼 현금을 미리 수령하거나 지급한 금액 중에서 다음 연도에 해당하는 수익이나 비용을 당기수익이나 비용에서 차감하는 것을 회계에서 이연(deferrals)이라고 부르기 때문에 선급(선수)항목을 이연항목이라고도 한다.

(1) 선급비용

'선급비용(prepaid expenses)'이란 현금은 지출되었으나 다음 연도의 비용에 해당하는 금액을 말한다. 예를 들어 보험료의 경우 당기에 현금으로 지급한 금액 중에서 기간경과분은 포괄손익계산서에 비용으로 기록하고 기간이 경과하지 않은 부분은 자산으로 기록하는 것이 기업의 재무상태를 정확하게 표시하는 것이다.

앞에서 예로 든 보험계약을 이용해서 선급비용에 대해 살펴보자. 기업이 20×1년 11월 1일 날짜로 보험계약을 맺고 1년분의 보험료 ₩240,000을 미리 지급했다면 20×1년 11월 1일 시점에 다음과 같은 분개를 한다.

① 보험료 지급시점

20×1년 11월 1일	(차) 보 험 료	240,000	(대) 현 금	240,000

기업의 결산일이 12월 31일이면 결산시점에서 볼 때 보험기간은 아직 2개월밖에 지나지 않았지만 보험료는 1년분을 지급했으므로 10개월분을 미리 지급한 것이다.

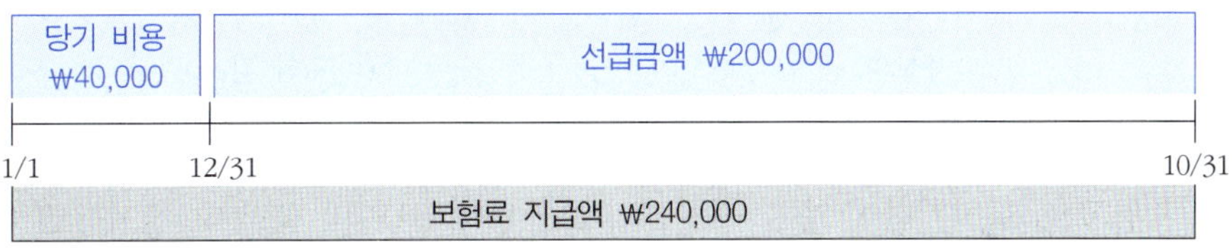

따라서 12월 말 결산시점에 아무런 수정분개를 하지 않는다면 ₩240,000의 보험료는 전부 당기의 비용으로 기록되어 ₩200,000(차기의 비용)만큼 당기 비용이 과대기록 되고, 차기의 보험료는 ₩0이 되어 ₩200,000만큼 차기의 비용이 과소기록되므로 각 연도의 이익이 잘못 계산되는 결과를 초래한다.

그러므로 이 보험료는 기간별로 나누어 12월 말 결산시점에 2개월분 ₩40,000만을 당기의 비용으로 기록하고, 나머지 10개월분 ₩200,000은 차기이후 비용의 선지급분으로서 차기년도에 보험혜택을 받을 수 있는 권리가 있으므로 '선급비용'이라는 자산으로 기록하는 수정분개를 해야 한다.

② 기말수정분개

20×1년 12월 31일	(차) 선 급 비 용 (자산의 증가)	200,000	(대) 보 험 료 (비용의 감소)	200,000

이와 같은 수정분개를 하면 보험료계정에는 차변에 잔액이 ₩40,000 있게 되는데 이 금액이 당기비용(보험료)으로 포괄손익계산서에 표시된다. 그리고 차기이후 기간에 속하는 비용 ₩200,000은 다음 연도로 비용화 되는 시점이 미루어지는데 이를 비용의 이연(deferrals)이라고 한다.

보험료(비용)

차변	대변
11/1 현　　금 240,000	12/31 선급비용 200,000

선급비용(자산)

차변	대변
12/31 보 험 료 200,000	

비용의 이연

이처럼 당기에 지급한 비용 중에서 차기이후의 기간에 속하는 비용이 있는 경우에는 정확한 기간순손익을 계산하기 위해 그에 해당하는 금액을 결산기말에 당기의 비용에서 차감함과 동시에 선급비용이라는 자산계정으로 기록하는 수정분개가 필요하다.

선급비용의 기말수정분개

(차) 선 급 비 용	×××	(대) 비 용 계 정	×××
(자산의 증가)		(비용의 감소)	

참고로 보험기간이 종료되는 20×2년 10월 31일의 분개를 제시하면 다음과 같다.

20×2년 10월 31일	(차) 보　험　료	200,000	(대) 선 급 비 용	200,000
	(비용의 증가)		(자산의 감소)	

(2) 선수수익

'선수수익(unearned revenue)'이란 당기에 수익으로 이미 현금을 받은 금액 중에서 다음 연도에 속하는 부분을 당기의 수익에서 차감하는 동시에 선수수익(부채)으로 기입하는 것이다. 즉, 선수분에 해당하는 금액만큼 수익계정의 차변에 기입하는 동시에 선수수익이라는 부채계정을 설정해서 대변에 기입하고 그 잔액을 차기로 이월시켜야 한다.

선수수익의 기말수정분개

(차) 수 익 계 정 (수익의 감소)	×××	(대) 선 수 수 익 (부채의 증가)	×××

Chapter 2

예제 2-1
기말수정분개-선수수익

나무상사가 20×1년 8월 1일 보유하고 있던 사무실을 임대하고 1년분의 임대료 ₩240,000을 현금으로 받다.

요구사항

1. 임대료수령시점의 수익기록 분개를 하시오.
2. 20×1년 12월 31일의 결산시점에 수행할 기말수정분개를 하시오.
3. 임대기간이 종료되는 20×2년 7월 31일의 분개를 하시오.

해답

1. 임대료수령시점

(차) 현 금	240,000	(대) 임 대 료	240,000

2. 기말수정분개

(차) 임 대 료 (수익의 감소)	140,000	(대) 선 수 수 익 (부채의 증가)	140,000

* 선수임대료 : ₩120,000×7개월/12개월=₩140,000

3. 임대기간 종료시점

(차) 선 수 수 익 (부채의 감소)	140,000	(대) 임 대 료 (수익의 증가)	140,000

예제에서 결산일이 12월 31일이면, 결산시점에서 볼 때 임대기간은 아직 5개월밖에 지나지 않았기 때문에, 1년분의 임대료 중에서 7개월분의 임대료를 미리 받은 셈이 된다.

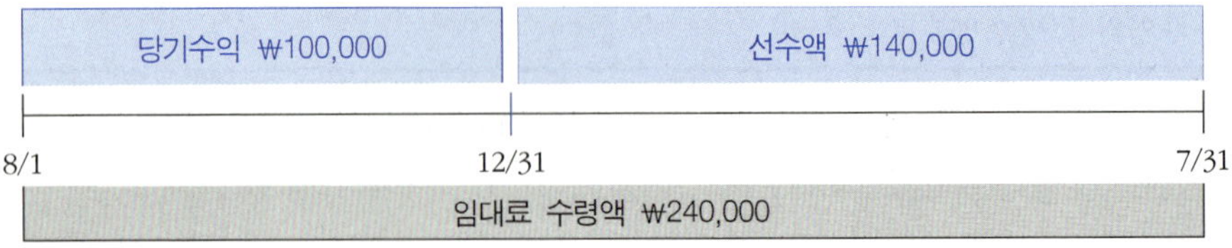

그러므로 임대료는 기간별로 구분해서 당해 연도분인 ₩100,000(5개월분)은 당기의 수익으로 기록하고, 다음 연도분 ₩140,000(7개월분)은 차기이후 수익으로서 현금만 미리 수령하고 차기 이후에 건물을 사용하도록 효익을 제공할 의무가 있으므로 '선수수익'이라는 부채로 기록한다.

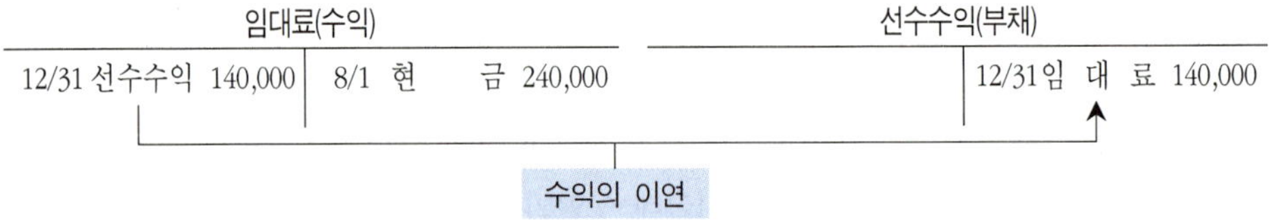

4. 발생항목

'발생항목(accrued items)'은 당기에 속하는 비용이나 수익에 대해 현금을 지급하지 않거나 수령하지 않은 항목으로 미지급비용과 미수수익이 있다.

(1) 미지급비용

'미지급비용(accrued expenses)'이란 기중에 용역을 제공받고도 현금을 지급하지 않아서 아직 비용을 장부에 기록하지 않은 미지급분을 말한다. 이 금액은 당기에 발생한 비용이므로 비용계정의 차변에 기입하는 동시에 미지급비용이라는 부채계정의 대변에 기록해야 한다.

미지급비용의 기말수정분개

(차) 비 용 계 정 (비용의 증가)	×××	(대) 미 지 급 비 용 (부채의 증가)	×××

예 제 2-2

기말수정분개-미지급비용

나무상사가 20×1년 4월 1일 은행으로부터 ₩2,000,000을 차입하였는데 이자율은 연 10%이며, 이자는 20×2년 3월 31일에 지급하게 되어 있다.

Chapter 2

요구사항

1. 현금차입시점의 회계처리를 하시오.
2. 20×1년 12월 31일의 결산시점에 수행할 기말수정분개를 하시오.

해답

1. 차입금 수령시점

(차) 현 금 2,000,000 (대) 차 입 금 2,000,000

2. 기말수정분개

(차) 이 자 비 용 150,000 (대) 미 지 급 비 용 150,000
(비용의 증가) (부채의 증가)

* 미지급이자 : ₩2,000,000×10%×9개월/12개월=₩150,000

예제의 경우 20×2년 3월 31일에 차입금에 대한 이자로 ₩200,000을 지급하지만, 이 중 ₩150,000은 20×1년에 발생한 것이므로 이 금액을 20×1년의 이자비용으로 계상하고 동액만큼 미지급비용(미지급이자)으로 처리하여야 한다. 참고로 20×2년 3월 31일 회계처리를 표시하면 다음과 같다.

(차) 미 지 급 비 용 150,000 (대) 현 금 200,000
이 자 비 용 50,000

(2) 미수수익

'미수수익(accrued revenue)'이란 당기에 용역을 제공하고 수익은 획득하였으나 그 대가를 받지 못해서 수익계정에 기입하지 않은 금액을 말한다. 미수수익이 있을 때는 미수분을 당기의 수익으로 계상하고 동시에 미수수익이라는 자산계정의 차변에 기록해야 한다.

미수수익의 기말수정분개

(차) 미 수 수 익 ××× (대) 수 익 계 정 ×××
(자산의 증가) (수익의 증가)

예제 2-3

기말수정분개 – 미수수익

나무상사가 20×1년 10월 1일 ₩2,000,000을 종로상사에 대여하였는데 이자율은 연 10%이며, 이자는 20×2년 9월 30일에 수령하게 되어 있다.

요구사항

1. 현금대여시점의 회계처리를 하시오.
2. 20×1년 12월 31일의 결산시점에 수행할 기말수정분개를 하시오.

해답

1. 대여금 지급시점

(차)	대 여 금	2,000,000	(대) 현 금	2,000,000

2. 기말수정분개

(차)	미 수 수 익 (자산의 증가)	50,000	(대) 이 자 수 익 (수익의 증가)	50,000

* 이자수익 : ₩2,000,000 × 10% × 3개월/12개월 = ₩50,000

예제에서 미수수익은 아직 대금을 수령하지 못했지만 나중에 받을 권리가 있으므로 자산계정이다. 이와 같이 결산기말에 아직 받지 못한 수익이 있는 경우에는 이를 당기의 수익으로 기록함과 동시에 미수수익이라는 자산계정으로 수정분개함으로써 특정 기간의 순이익을 정확하게 계산할 수 있다. 참고로 20×2년 9월 30일 회계처리를 표시하면 다음과 같다.

(차)	현 금	200,000	(대) 미 수 수 익	50,000
			이 자 수 익	150,000

이와 같이 선급(선수)항목과 발생항목을 기말에 수정분개하면 포괄손익계산서와 재무상태표에 영향을 미치게 되는데 이를 정리하면 다음과 같다.

그림 2-3 선급(선수)항목과 발생항목의 효과

결산정리사항		포괄손익계산서		재무상태표	
항 목	내 용	비 용	수 익	자 산	부 채
선 급 비 용	미리 지급한 비용	감소		증 가(선급비용)	
선 수 수 익	미리 받은 수익		감소		증가(선수수익)
미지급비용	지급하지 않은 비용	증가			증가(미지급비용)
미 수 수 익	받지 못한 수익		증가	증 가(미수수익)	

제 3 절 추정항목 - 감가상각비

'추정항목(estimated items)'은 비용금액을 정확하게 알 수 없는 금액으로 회계기간 중에는 분개가 이루어지지 않는다. 이번 절에서는 추정항목 중에서 가장 대표적인 항목인 감가상각비에 대해서 살펴보도록 하겠다.

1. 감가상각비의 의미

유형자산은 영업활동에 사용할 목적으로 취득한 자산으로 여러 해 동안 사용하다가 그 수명이 다하면 폐기하거나 얼마간의 대가를 받고 처분해야 한다. 따라서 유형자산을 취득할 당시에는 취득원가만큼의 가치를 가지고 있지만 시간이 경과하거나 유형자산을 사용함에 따라 점점 가치가 소멸하게 된다. 따라서 유형자산의 가치소멸분은 유형자산을 사용하는 기간 동안의 비용에 포함시켜야 한다. 예를 들어 기업이 자동차를 ₩5,000,000에 구입하고 5년 동안 사용하다가 5년 후에 폐기했다면 자동차를 사용하면서 ₩5,000,000의 가치가 소멸된 것이다.

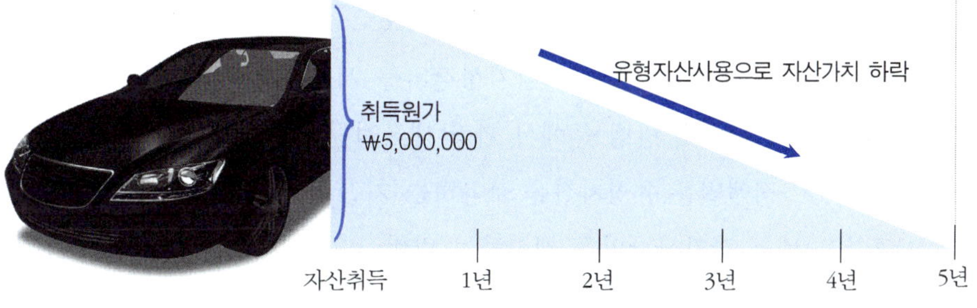

회계에서는 이와 같이 5년 동안에 감소한 자동차의 가치하락분을 어느 시점에 비용으로 처리하는 것인가를 결정해야 한다. 예를 들어 자동차를 취득한 시점에 ₩5,000,000을 비용으로 처리하는 방법과 자동차를 폐기하는 5년 후에 비용으로 처리하는 방법을 생각해 볼 수 있다. 하지만 이런 방법들 보다는 자동차를 사용하는 5년의 기간 동안 매년 일정금액을 비용으로 처리하는 것이 가장 타당하다.

이처럼 유형자산을 보유하고 있는 동안 발생하는 미래경제적효익의 감소분을 재무제표에 반영하기 위하여 유형자산으로 인식한 원가를 내용연수에 걸쳐 체계적인 방법으로 배분하는 것을 '감가상각(depreciation)'이라고 하며 그 비용을 '감가상각비'라고 한다.

유형자산의 감가상각

> 유형자산의 사용가능 기간 동안에 가치하락분을 체계적이고 합리적인 방법으로 배분해서 비용으로 기록하는 것

감가상각비를 기록할 때 유의할 점은 유형자산의 가치감소는 매일매일 서서히 하락하고 그 크기를 계산하는 것이 어렵다는 것이다. 따라서 회계연도 중에는 감가상각비를 일반 거래에 대한 분개처럼 기록할 수 없으며 1년 동안의 가치감소분을 계산해서 연말(기말)에 회계처리해야 한다. 이런 이유로 감가상각비를 회계처리하는 분개도 기말에 수행해야 하는 대표적인 기말수정분개 대상이다.

즉, 기말에 1년간의 감가상각비로 계산된 금액을 한꺼번에 비용으로 분개해서 포괄손익계산서에 표시하고 감가상각되지 않고 남은 부분은 재무상태표에 유형자산으로 보고한다.

2. 감가상각비 계산방법

감가상각에서 제일 어려운 문제는 실제로 한 회계기간 동안 얼마만큼의 가치가 감소하였는지를 정확히 계산하는 것인데 이것은 현실적으로 불가능하기 때문에 회계에서는 여러 가지 대체적인 방법을 사용하여 감가상각비를 계산한다.

감가상각비를 계산하는 여러 방법 중에서 가장 대표적인 계산방법인 정액법에 대해 알아보도록 하겠다.[1] 정액법은 유형자산을 보유하는 기간 동안 매년 가치가 하락하는 크기가 동일하다고 보고 감가상각비를 계산하는 방법이다. 정액법을 적용하기 위해서는 유형자산의 취득원가와 내용연수 및 잔존가치를 결정해야 한다.

> - 취득원가 : 유형자산을 취득하기 위해서 지급한 금액
> - 잔존가치 : 유형자산의 사용기간이 종료된 뒤에 처분했을 때 받을 수 있는 금액
> - 내용연수 : 유형자산을 사용하는 기간

정액법에 따라 감가상각비를 계산하면 매년 유형자산의 가치하락금액이 동일한 것으로 가정하므로 연간 감가상각비가 일정한 금액으로 계산된다. 이런 이유로 이 방법을 정액법이라고 부른다. 취득원가에서 잔존가치를 차감하면 보유기간 동안에 전체의 가치

1) 정액법 이외의 다양한 감가상각방법에 대해서는 제6장에서 설명한다.

하락금액을 파악할 수 있다. 이 금액을 내용연수로 나누면 매년 감가상각비로 비용화해야 하는 금액이 계산된다.

연간 감가상각비

$$\text{연간 감가상각비} = \frac{\text{취득원가} - \text{잔존가치}}{\text{내용연수}}$$

예를 들어 취득원가 ₩5,000,000, 잔존가치 ₩1,000,000, 내용연수 4년인 기계장치가 있는 경우, 정액법에 따라 연간 감가상각비를 계산하면 다음과 같다.

$$\text{연간 감가상각비} = \frac{₩5,000,000 - 1,000,000}{4\text{년}} = ₩1,000,000$$

3. 감가상각의 기록방법

감가상각비를 기록하는 방법으로는 감가상각비를 유형자산에서 ① 직접 차감하는 방법과 ② 감가상각누계액을 설정하는 방법으로 구분할 수 있다.

(1) 직접 차감하는 방법

이 방법을 사용하면 유형자산의 감가상각비를 감가상각비라는 비용 계정의 차변에 기록하고, 그 금액만큼 유형자산의 가치가 감소하였으므로 감가상각비만큼 유형자산의 대변에 기록해서 유형자산의 잔액을 직접 감소시킨다.

예를 들어 앞에서 살펴본 취득원가 ₩5,000,000, 잔존가치 ₩1,000,000, 내용연수 4년인 기계장치를 1년 동안 사용하고 정액법에 따라 감가상각을 하게 되면 ₩1,000,000의 감가상각비를 다음과 같이 분개하게 된다.

(차) 감가상각비 1,000,000 | (대) 기 계 장 치 1,000,000

감가상각비	
1,000,000	

기 계 장 치	
5,000,000	1,000,000

이와 같이 분개하면 유형자산은 취득원가에서 감가상각비를 차감한 순액인 ₩4,000,000으로 재무상태표에 표시된다.

재무상태표

(단위 : 원)

⋮		
토 지	50,000,000	
기 계 장 치	4,000,000	
⋮		

그런데 이렇게 기계장치가 순액인 ₩4,000,000으로 재무상태표에 표시된다면 재무상태표를 이용하는 사람은 기계장치의 취득원가가 얼마였는지를 알 수 없는 문제점이 있다. 즉, 감가상각비를 기계장치에서 직접 차감하게 되면 재무상태표를 작성하는 시점의 기계장치의 장부상 가치는 알 수가 있지만 기계장치의 취득원가와 감가상각누계액을 알 수 없는 문제가 있다.

(2) 감가상각누계액을 설정하는 방법

이 방법은 감가상각비를 기계장치에서 직접 차감하지 않고 감가상각누계액이라는 별도의 계정에 기록해서 감가상각비 누적액이 집계되도록 하는 방법이다. 이 방법을 사용하면 감가상각비를 분개할 때 감가상각비라는 비용계정의 차변에 기록하고 기계장치의 대변에 기록하는 대신에 '감가상각누계액'이라는 계정의 대변에 기록하게 된다. 앞의 예를 이 방식에 따라 분개하면 다음과 같다.

(차) 감가상각비 1,000,000 　　(대) 감가상각누계액 1,000,000

감가상각비

1,000,000	

감가상각누계액

	1,000,000

감가상각누계액은 분개할 때는 대변에 기록되지만 재무상태표에 표시할 경우에는 해당 유형자산의 취득원가에서 차감하는 형식으로 표시한다. 감가상각비를 유형자산에서 직접차감하지 않고 이와 같이 하면 기계장치의 취득원가와 그동안 감가상각하여 누적된 금액이 모두 나타나기 때문에 재무상태표를 보는 사람들이 더 많은 정보를 얻을 수 있게 된다. 앞에서 본 사례를 감가상각누계액을 사용하는 방법으로 재무상태표에 표시하면 다음과 같다.

재무상태표

(단위 : 원)

⋮			
기 계 장 치	5,000,000		
감가상각누계액	(1,000,000)	4,000,000	
⋮			

이와 같이 감가상각누계액을 별도로 집계하게 되면 유형자산의 취득원가와 감가상각누계액을 모두 알 수 있다는 장점이 있다. 즉, 위에서 보는 바와 같이 기계장치의 취득원가는 ₩5,000,000이고, 감가상각누계액은 ₩1,000,000이므로 재무상태표 작성시점의 장부금액은 ₩4,000,000이라는 것을 알 수 있다.

제 4 절 결산 종합사례

지금까지 결산에서 가장 중요한 기말수정분개에 대해서 알아보았다. 이제 결산의 전체과정을 이해할 수 있는 종합예제를 통해 결산과정을 실제로 수행하면서 살펴보도록 하겠다.

종합예제

다음은 나무회계법인에서 20×1년도 1년간 발생한 거래이다.

(1) 1월 1일 현금 ₩300,000, 차량운반구 ₩100,000을 출자해서 영업을 시작하다.
(2) 4월 1일 사무실 임대차계약을 체결하고 1년분의 임차료 ₩120,000을 지급하다.
(3) 4월 10일 회계용역을 제공하고 용역수수료 ₩200,000을 현금으로 받다.
(4) 5월 20일 직원급여 ₩50,000을 현금으로 지급하다.
(5) 7월 1일 삼일은행에서 ₩100,000을 차입하다. 동 차입금에 대한 이자율은 14%이고 다음 연도 6월 30일에 지급하기로 약정하다.
(6) 8월 1일 삼정은행에 ₩200,000을 예금하다. 동 예금에 대한 이자율은 12%이고 예금에 대한 이자는 다음연도 7월 31일에 수령하게 되어 있다.

요구사항

1. 거래를 분개하시오.
2. 총계정원장에 전기하시오.

해답

1. 분 개

일 자	회계처리					
1월 1일	(차)	현 금	300,000	(대)	자 본 금	400,000
		차량운반구	100,000			
4월 1일	(차)	임 차 료	120,000	(대)	현 금	120,000
4월 10일	(차)	현 금	200,000	(대)	매 출	200,000
5월 20일	(차)	급 여	50,000	(대)	현 금	50,000
7월 1일	(차)	현 금	100,000	(대)	차 입 금	100,000
8월 1일	(차)	예 금	200,000	(대)	현 금	200,000

2. 전 기

현 금

1/ 1	자 본 금	300,000	4/ 1	임 차 료	120,000
4/10	매 출	200,000	5/20	급 여	50,000
7/ 1	차 입 금	100,000	8/ 1	예 금	200,000

차 입 금

			7/ 1	현 금	100,000

예 금

8/ 1	현 금	200,000			

자 본 금

			1/ 1	현 금	300,000
			1/ 1	차량운반구	100,000

차량운반구

1/ 1	자 본 금	100,000			

매 출

			4/10	현 금	200,000

임 차 료

4/ 1	현 금	120,000			

급 여

5/20	현 금	50,000			

제 5 절 시산표의 작성

총계정원장에는 모든 계정의 내용이 기록되어 있다. 총계정원장의 기록들은 기업에서 발생하는 거래에 기초하고 있으며 모든 거래는 거래의 이중성이 있어서 계정의 차변과 대변에 미치는 효과가 같다. 따라서 각 거래의 기록을 집계한 총계정원장의 모든 계정의 합계도 차변의 합계와 대변의 합계가 일치해야 한다. 이와 같이 차변합계와 대변합계가 일치해야만 하는 원리를 이용해서 총계정원장의 기록에 오류가 없는지를 확인해보는 방법으로 시산표를 작성한다. '시산표(trial balance)'란 일정시점에서 각 계정과목별로 총액과 잔액을 산출하여 계정과목과 그 잔액을 모아 놓은 표를 말한다.

시산표

일정시점에 각 계정의 총액이나 잔액을 모아 놓은 표

기업에서 거래가 발생할 때마다 정확하게 분개가 되고 전기가 이루어졌다면 대차평균의 원칙에 따라 시산표의 차변합계와 대변합계는 일치해야 한다. 만약 시산표를 작성해서 차변합계와 대변합계가 일치하지 않는다면 분개나 전기 과정에서 분명 잘못 기입된 사항이 있다는 것이므로 이를 수정해야 한다. 이처럼 시산표 작성의 목적은 거래를 분개하고 전기하는 과정에서 잘못 기입된 것을 발견해서 수정하는 것이다.

시산표를 작성하는 또 다른 목적은 재무상태표와 포괄손익계산서를 작성하기 전에 각 계정잔액을 모아서 기업의 재무상태나 경영성과를 개괄적으로 파악함으로써 보다 쉽게 재무상태표와 포괄손익계산서를 만들기 위함이다.

시산표의 유용성
- 분개와 전기과정에서 생긴 오류파악
- 개괄적인 재무상태나 경영성과 파악

시산표의 유형

시산표에는 합계시산표와 잔액시산표 및 합계잔액시산표가 있다. 합계시산표는 모든 계정의 차변과 대변의 합계액을 모아서 정리한 표를 말하고 잔액시산표는 총계정원장의 각계정별로 잔액만을 모아서 하나의 표로 나타낸 것을 말하며 마지막으로 합계잔액시산표는 합계시산표와 잔액시산표를 하나의 표로 작성한 표이다.

그림 2-4 시산표의 유형

합 계 시 산 표	모든 계정의 차변합계와 대변합계를 모은 표
잔 액 시 산 표	모든 계정의 잔액만을 모아 놓은 표
합계잔액시산표	합계시산표와 잔액시산표를 하나로 만든 표

1. 잔액시산표

잔액시산표는 총계정원장의 각 계정별로 잔액만을 모아서 하나의 표로 나타낸 것이다. 다음 그림은 잔액시산표가 어떻게 만들어지는지 보여주고 있다.

그림 2-5 잔액시산표의 집계절차

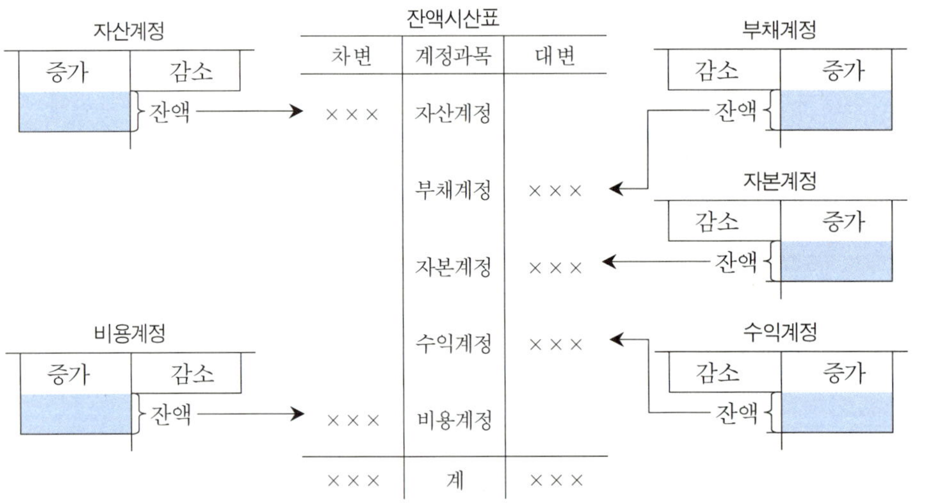

앞에서 사례로 든 나무회계법인의 자료를 가지고 잔액시산표를 작성해 보도록 하겠다.

잔액시산표 20×1. 12. 31

차 변	계정과목	대 변
₩230,000	현 금	
200,000	예 금	
100,000	차 량 운 반 구	
	차 입 금	₩100,000
	자 본 금	400,000
	매 출	200,000
120,000	임 차 료	
50,000	급 여	
₩700,000	계	₩700,000

일치에 의한 확인

이처럼 잔액시산표는 동일한 계정과목에 대한 차변합계와 대변합계를 비교하여 잔액이 많은 쪽으로 금액을 기록하여 각 계정의 잔액만을 모은 표이다.

2. 합계시산표

합계시산표는 중앙에 계정과목의 이름을 적고 차변과 대변에 각 계정의 차변합계와 대변합계금액을 옮겨 적은 시산표이다. 합계시산표의 차변금액의 전체합계와 대변금액의 전체합계를 비교해서 이 금액이 일치하면 기록과정에서 오류는 크게 없었다고 판단할 수 있다. 만약 차변합계액과 대변합계액이 일치하지 않는 경우에는 회계기간 중에 기록한 분개나 전기과정에 오류가 발생한 것이므로 이를 찾아서 정정한 후에 다시 시산표를 작성해서 차변합계액과 대변합계액이 일치하는지를 확인한다. 이와 같이 작성된 나무회계법인의 합계시산표는 다음과 같다.

합계시산표 20×1. 12. 31

차 변	계정과목	대 변
₩600,000	현 금	₩370,000
200,000	예 금	
100,000	차 량 운 반 구	
	차 입 금	100,000
	자 본 금	400,000
	매 출	200,000
120,000	임 차 료	
50,000	급 여	
₩1,070,000	계	₩1,070,000

일치에 의한 확인

3. 합계잔액시산표

합계잔액시산표는 합계시산표와 잔액시산표를 하나의 표에 모아놓은 것으로 앞의 사례의 나무회계법인의 자료를 가지고 합계잔액시산표를 작성하면 다음과 같다.

합계잔액시산표　　　　20×1. 12. 31

차 변		계정과목	대 변	
잔 액	합 계		합 계	잔 액
₩230,000	₩600,000	현 금	₩370,000	
200,000	200,000	예 금		
100,000	100,000	차 량 운 반 구		
		차 입 금	100,000	₩100,000
		자 본 금	400,000	400,000
		매 출	200,000	200,000
120,000	120,000	임 차 료		
50,000	50,000	급 여		
₩700,000	₩1,070,000	계	₩1,070,000	₩700,000

일치에 의한 확인 (차변 합계 ↔ 대변 합계)

일치에 의한 확인 (차변 잔액 ↔ 대변 잔액)

한편, 시산표는 회계장부의 일부도 아니고 외부에 공시되어야 하는 회계보고서도 아니므로 꼭 작성해야 할 의무는 없다. 다만, 회계담당자들의 분개나 전기과정에서 잘못된 기입이 있었는지를 확인하기 위해 작성하는 표에 불과하다. 또한 대부분의 기업들은 회계프로그램을 이용하여 회계처리를 하기 때문에 시산표는 회계프로그램에 의하여 자동적으로 작성되기도 한다. 즉, 발생된 거래를 분개하여 컴퓨터에 입력하기만 하면 자동적으로 전기가 이루어지며, 시산표도 자동적으로 작성된다.

제 6 절 기말수정분개와 수정후시산표

총계정원장의 잔액을 기초로 시산표를 작성해서 분개와 전기과정에 오류가 없었는지를 확인하고 나면 기말수정분개를 한다. 기말수정분개를 전기한 후에는 수정후시산표를 작성하여 기말수정분개에 오류가 없었는지를 확인한다.

수정전시산표작성 : 회계기간 중 분개와 전기의 정확성 확인

↓

기말수정분개 : 실제 재무상태와 경영성과로 수정

↓

수정후시산표작성 : 기말수정분개의 정확성 확인

1. 기말수정분개

결산과정에서 가장 핵심적인 내용이 기말수정분개이다. 기말수정분개의 유형에 따라 ① 선급(선수)항목, ② 발생항목, ③ 추정항목을 누락 없이 정확하게 계산해서 기말수정분개에 포함시켜야만 계정잔액이 정확해진다.

예제 2-4
기말수정분개

종합예제의 자료를 이용하시오(단, 차량운반구는 5년 동안 사용하고, 잔존가치는 없으며 정액법으로 감가상각한다).

요구사항

1. 종합예제의 내용을 기초로 기말수정분개를 하시오.
2. 수정분개를 전기하시오.

해답

1. 기말수정분개

(1) 선급비용

(차) 선 급 비 용 30,000 (대) 임 차 료 30,000

* 임차료선급액 : ₩120,000 × 3월/12월 = ₩30,000

(2) 미지급비용

(차) 이 자 비 용 7,000 (대) 미 지 급 비 용 7,000

* 미지급비용 : ₩100,000 × 14% × 6월/12월 = ₩7,000

(3) 미수수익

(차) 미 수 수 익 10,000 (대) 이 자 수 익 10,000

* ₩200,000 × 12%×5월/12월 = ₩10,000

(4) 감가상각비

(차) 감 가 상 각 비 20,000 (대) 감 가 상 각 누 계 액 20,000

* 감가상각비 : (₩100,000 − 0) ÷ 5년 = ₩20,000

2. 기말수정분개의 전기

선급비용			
12/31 임 차 료	30,000		

임 차 료			
4/1 현 금	120,000	12/31 선 급 비 용	30,000

이자비용			
12/31 미지급비용	7,000		

미지급비용			
		12/31 이 자 비 용	7,000

미수수익			
12/31 이자수익	10,000		

이자수익			
		12/31 미 수 수 익	10,000

감가상각비			
12/31 누 계 액	20,000		

감가상각누계액			
		12/31 상 각 비	20,000

2. 수정후시산표의 작성

수정분개가 모두 완료되면 이를 총계정원장에 다시 전기하고 수정분개가 정확하게 전기되었는지를 확인하기 위해서 수정후시산표를 작성한다.

합계잔액시산표 20×1. 12. 31

차변		계정과목	대변	
잔 액	합 계		합 계	잔 액
₩230,000	₩600,000	현 금	₩370,000	
200,000	200,000	예 금		
100,000	100,000	차 량 운 반 구		
		감가상각누계액	20,000	₩20,000
30,000	30,000	선 급 비 용		
10,000	10,000	미 수 수 익		
		차 입 금	100,000	100,000
		미 지 급 비 용	7,000	7,000
		자 본 금	400,000	400,000
		매 출	200,000	200,000
		이 자 수 익	10,000	10,000
90,000	120,000	임 차 료	30,000	
50,000	50,000	급 여		
20,000	20,000	감 가 상 각 비		
7,000	7,000	이 자 비 용		
₩737,000	₩1,137,000	계	₩1,137,000	₩737,000

일치에 의한 확인 (차변 합계 – 대변 합계)

일치에 의한 확인 (차변 잔액 – 대변 잔액)

제 7 절 계정의 마감

기말수정분개를 해서 정확한 계정잔액들을 계산한 후에는 총계정원장의 각 계정들을 마감하여 다음 회계기간의 경영활동을 기록하기 위한 준비를 하여야 한다. 계정을 마감하는 방법은 영구계정과 임시계정이 다르므로 이를 구분해서 살펴보자. 여기서 '영구계정(permanent accounts)'은 잔액이 차기로 이월되어 영구적으로 존재하는 계정으로 자산, 부채, 자본계정 등 재무상태표계정이 영구계정이다. 반면에 '임시계정(temporary accounts)'은 결산기말에 계정을 마감하고 나면 잔액이 다음기로 이월되지 않고 특정 회계기간만 일시적으로 존재하는 계정을 말하며 포괄손익계산서계정은 모두 임시계정이다.

1. 포괄손익계산서계정의 마감

수익계정과 비용계정은 당기의 경영성과를 나타내 주는 것으로 다음 기의 경영성과를 파악할 때 영향을 미쳐서는 안된다. 따라서 수익 · 비용계정은 한 회계기간이 끝나면 잔액을 '0'으로 만들어서 다음 기의 손익계정은 '0'에서 출발하도록 해야 한다. 이를 위해서 수익과 비용계정은 다음의 단계에 따라 계정을 마감한다.

[1단계] 집합손익계정의 설정

수익계정과 비용계정을 마감하여 잔액을 '0'으로 만들기 위해 마감을 위한 임시계정인 집합손익계정을 설정한다.

[2단계] 수익계정의 마감

수익계정은 대변에 잔액이 남아 있으므로 이를 '0'으로 만들기 위해 수익계정의 차변에 수익계정의 잔액을 기록하고 집합손익계정의 대변에 동일금액을 기록해서 수익계정의 잔액을 집합손익계정으로 대체한다.

(차) 수 익 ××× (대) 집 합 손 익 ×××

이처럼 모든 수익계정을 마감분개하면 수익계정의 잔액은 모두 '0'이 되면서 집합손익계정의 대변에 집계된다.

[3단계] 비용계정의 마감

비용계정은 차변에 잔액이 남아 있으므로 이를 '0'으로 만들기 위해 비용계정의 대변에 비용계정의 잔액을 기록하고 집합손익계정의 차변에 동일금액을 기록해서 비용계정의 잔액을 집합손익계정으로 대체한다.

(차) 집 합 손 익 ××× (대) 비 용 ×××

이처럼 모든 비용계정을 마감분개하면 비용계정의 잔액은 모두 '0'이 되면서 집합손익계정의 차변에 집계된다.

[4단계] 집합손익계정의 마감

수익계정과 비용계정을 마감하고 나면 수익계정 잔액은 집합손익계정의 대변에 집계되고 비용계정 잔액은 집합손익계정의 차변에 집계된다. 따라서 당기순이익이 얻어진 경우 집합손익계정은 대변잔액인 상태가 된다. 이를 마감하기 위해서는 집합손익계정의 차변에 대변잔액을 기록하고 동일금액을 이익잉여금계정(자본계정)의 대변에 기록한다. 집합손익계정의 잔액을 '0'으로 만들면서 재무상태표계정인 '이익잉여금'계정으로 대체한다.

① 당기순이익이 발생한 경우

당기순이익이 얻어진 경우 집합손익계정은 대변잔액인 상태이다. 이를 마감하기 위해서는 집합손익계정의 차변에 대변잔액을 기록하고 동일금액을 이익잉여금계정(자본계정)의 대변에 기록한다.

(차) 집 합 손 익 ××× (대) 이 익 잉 여 금 ×××

이와같이 마감분개를 하면 집합손익계정의 잔액이 '0'이 되면서 이익잉여금이 증가하여 당기순이익만큼 자본이 증가하게 된다.

② 당기순손실이 발생한 경우

당기순손실이 발생한 경우 집합손익계정은 차변잔액인 상태이다. 이를 마감하기 위해서는 집합손익계정의 대변에 차변잔액을 기록하고 동일금액을 이익잉여금계정의 차변에 기록한다.

(차) 이 익 잉 여 금 ××× (대) 집 합 손 익 ×××

이와 같이 마감분개를 하면 집합손익계정의 잔액이 '0'이 되면서 이익잉여금이 감소하여 당기순손실만큼 자본이 감소하게 된다.

이와 같은 절차로 포괄손익계산서의 계정잔액들을 집합손익으로 모으면 모든 포괄손익계산서 항목은 잔액이 '0'이 되며 집합손익이라는 하나의 계정잔액으로 모아져서 당기순이익(순손실)이 잔액으로 표시된다. 그리고 집합손익계정의 잔액을 이익잉여금으로 대체하게 되면 포괄손익계산서 항목으로 표시되어 있던 당기순이익이 재무상태표 항목인 이익잉여금 계정으로 전환된다. 결과적으로 모든 포괄손익계산서의 계정잔액은 '0'이 된다. 다음 예제를 이용해서 임시계정인 포괄손익계산서계정을 마감하는 절차에 대해 살펴보자.

예제 2-5
포괄손익계산서계정의 마감

종합예제와 [예제 2-4]의 자료를 이용하시오.

요구사항

1. 수익계정을 마감하시오.
2. 비용계정을 마감하시오.
3. 집합손익계정을 마감하시오.

해답

1. 수익계정의 마감

수익계정의 차변에 수익계정잔액을 기록하고 집합손익계정에 동 금액을 기록한다.

(차)	매 출	200,000	(대)	집 합 손 익	210,000
	이 자 수 익	10,000			

집합손익

차변		대변	
		매 출	200,000
		이자수익	10,000
			210,000

매 출

차변		대변	
집합손익	200,000	현 금	200,000
	200,000		200,000

이자수익

차변		대변	
집합손익	10,000	미수이자	10,000
	10,000		10,000

이와 같이 분개하면 수익계정의 잔액은 '0'이 되고 수익금액이 집합손익계정의 대변에 모두 집계된다.

2. 비용계정의 마감

비용계정의 대변에 비용계정잔액을 기록하고 집합손익계정에 동 금액을 기록한다.

(차)	집합손익	167,000	(대)	임차료	90,000
				급여	50,000
				감가상각비	20,000
				이자비용	7,000

임차료

현금	120,000	선급비용	30,000
		집합손익	90,000
	120,000		120,000

급 여

현금	50,000	집합손익	50,000
	50,000		50,000

감가상각비

누계액	20,000	집합손익	20,000
	20,000		20,000

이자비용

미지급비용	7,000	집합손익	7,000
	7,000		7,000

집합손익

임차료	90,000	매출	200,000
급여	50,000	이자수익	10,000
감가상각비	20,000		
이자비용	7,000		
	167,000		210,000

이와 같이 분개하면 비용계정의 잔액은 모두 '0'이 되고 모든 비용금액이 집합손익계정의 차변에 모두 집계된다.

3. 집합손익계정의 마감

수익계정과 비용계정을 모두 마감하고 나면 집합손익계정의 잔액은 당기순이익에 해당하는 금액이 남아있게 된다. 이 금액은 최종적으로 집합손익계정의 차변에 기록하고 이익잉여금계정의 대변에 기록해서 집합손익계정의 잔액도 '0'으로 만든다.

(차)	집합손익	43,000	(대)	이익잉여금	43,000

이익잉여금

		집합손익	43,000
			43,000

집합손익

임차료	90,000	매출	200,000
급여	50,000	이자수익	10,000
감가상각비	20,000		
이자비용	7,000		
이익잉여금	43,000		
	210,000		210,000

이처럼 수익과 비용계정을 집합손익계정에 대체하고, 집합손익계정의 잔액인 당기순손익을 이익잉여금계정에 대체하기 위하여 분개장에 분개를 하는데, 이 분개를 마감분개(closing entries)라고 한다. 포괄손익계산서 계정을 마감하고 나면 모든 포괄손익계산서 계정의 잔액은 '0'으로 없어지고 재무상태표계정인 이익잉여금에 당기순손익이 남게 된다. 따라서 재무상태표 계정과목만 계정잔액이 남아 있게 되며 다음 연도가 시작되면 모든 포괄손익계산서 계정과목은 잔액을 '0'으로 시작해서 다음 연도의 경영성과가 집계될 수 있다.

한편, 수익과 비용계정을 마감하기 위해서 집합손익이라는 일시적인 계정을 사용하였는데, 집합손익계정 역시 결산분개를 마친 후 그 잔액은 '0'이 된다. 즉, 집합손익계정은 포괄손익계산서계정을 마감할 때 잠시 생겼다가 바로 없어지는 결산을 위한 임시계정이다.

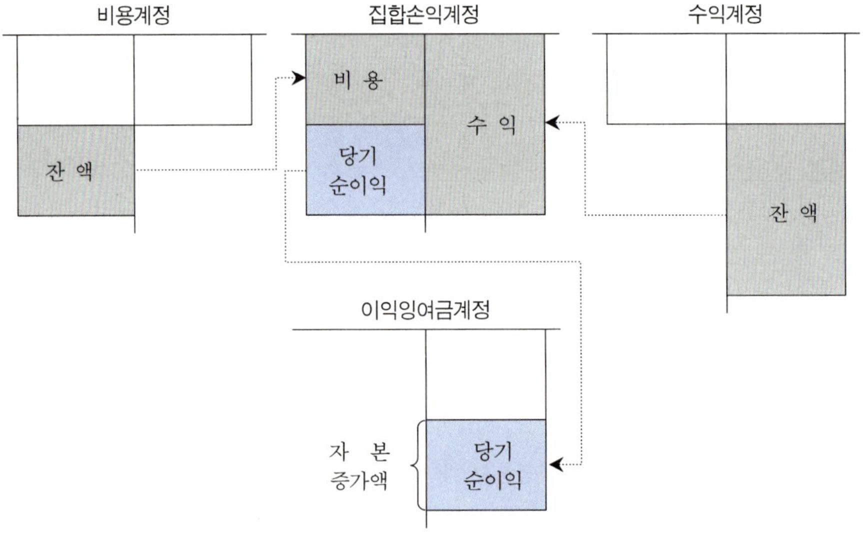

2. 재무상태표계정의 마감

포괄손익계산서계정을 마감한 후에는 재무상태표계정인 자산, 부채, 자본계정을 마감해야 한다. 재무상태표계정은 수익과 비용계정과는 달리 한 회계기간이 종료된다 하더라도 잔액이 '0'으로 되지 않고 계속해서 잔액을 유지하게 된다. 왜냐하면 자산이나 부채 및 자본계정은 영구계정으로 다음 연도에도 권리나 의무가 그대로 존속하기 때문이다.

따라서 재무상태표계정 잔액은 다음 회계기간으로 이월시켜야 하는데, 이를 재무상태표계정의 마감이라고 한다. 재무상태표계정 중에서 자산계정은 차변에 잔액이 남아 있고 부채와 자본계정은 대변에 잔액이 남아 있으므로 다음과 같은 방법으로 마감해야 한다.

(1) 자산계정의 마감

자산계정은 차변에 잔액이 남게 되므로 대변에 차변잔액만큼 기입하여 차변과 대변을 일치시켜 마감한다. 그리고 다음 연도의 첫 날짜로 원래 잔액이 남아 있던 차변에 동일한 금액을 기재하고 전기이월이라고 기록해서 기초에 가지고 있는 자산금액이라는 것을 표시한다.

자산계정

차변	금액	대변	금액
증가	×××	감소	×××
		차기이월	×××
계	×××		×××
전기이월	×××		

(2) 부채 및 자본계정의 마감

부채 및 자본계정은 대변에 잔액이 남아 있게 되므로 차변에 대변잔액만큼 기입하여 차변과 대변을 일치시켜 마감시킨 뒤에 그 잔액만큼 다음 연도 장부의 동일 계정과목 대변에 기입해서 다음 회계기간으로 이월시킨다.

부채계정

차변	금액	대변	금액
감소	×××	증가	×××
차기이월	×××		
	×××	계	×××
		전기이월	×××

자본계정

차변	금액	대변	금액
감소	×××	증가	×××
차기이월	×××		
계	×××	계	×××
		전기이월	×××

여기서도 계정마감시에 적요란에는 차변에 차기이월이라고 기입하며, 대변에는 전기이월이라고 기입한다.

예제 2-6

재무상태표계정의 마감

종합예제와 [예제 2-4]의 자료를 이용하시오.

요구사항

자산과 부채 및 자본계정을 마감하시오.

해답

현 금

자본금	300,000	임차료	120,000
매출	200,000	급여	50,000
차입금	100,000	예금	200,000
		차기이월	230,000
	600,000		600,000
전기이월	230,000		

미지급비용

차기이월	7,000	이자비용	7,000
	7,000		7,000
		전기이월	7,000

예 금

현금	200,000	차기이월	200,000
	200,000		200,000
전기이월	200,000		

차입금

차기이월	100,000	현금	100,000
	100,000		100,000
		전기이월	100,000

선급비용

임차료	30,000	차기이월	30,000
	30,000		30,000
전기이월	30,000		

자본금

차기이월	400,000	현금	300,000
		차량운반구	100,000
	400,000		400,000
		전기이월	400,000

미수수익

이자수익	10,000	차기이월	10,000
	10,000		10,000
전기이월	10,000		

이익잉여금

차기이월	43,000	집합손익	43,000
	43,000		43,000
		전기이월	43,000

차량운반구

자본금	100,000	차기이월	100,000
	100,000		100,000
전기이월	100,000		

감가상각누계액

차기이월	20,000	감가상각비	20,000
	20,000		20,000
		전기이월	20,000

제 8 절 재무상태표와 포괄손익계산서의 작성

회계연도말이 되면 시산표를 작성해서 오류가 없는지를 확인하고 기말에 해야 하는 기말수정분개를 추가적으로 한 뒤에 기말수정분개를 반영한 최종적인 시산표를 작성한다. 최종시산표에 표시된 재무상태표계정의 잔액들과 포괄손익계산서계정의 잔액들을 기초로 해서 기말시점의 재무상태표와 회계기간의 포괄손익계산서를 작성하게 된다.

시산표상의 잔액 중에서 재무상태표계정의 잔액을 집계해서 비교해 보면 차변항목인 자산합계(₩550,000)와 대변항목인 부채합계와 자본합계의 합계(₩507,000)가 서로 차이가 나는데 그 금액이 당기순이익이다. 그 이유는 시산표상의 자본계정은 기초자본의 잔액으로 표시되어 있고 회계기간동안 영업활동의 경영성과로 얻어진 자본의 증가분은 아직 자본계정인 이익잉여금으로 표시되지 않고 수익과 비용항목으로 표시되어 있기 때문이다.

또한 시산표상의 잔액 중에서 포괄손익계산서 계정은 잔액을 집계해서 비교해 보면 대변항목인 수익합계(₩210,000)와 차변항목인 비용합계(₩167,000)가 서로 차이가 나는데 이 금액도 당기순이익이다. 즉, 시산표상으로는 당기순이익이 계정상의 잔액으로 표시되지 않고 수익항목과 비용항목의 차액으로 파악되는 것이다. 이를 그림으로 살펴보면 다음과 같다.

그림 2-7 시산표상의 당기순이익

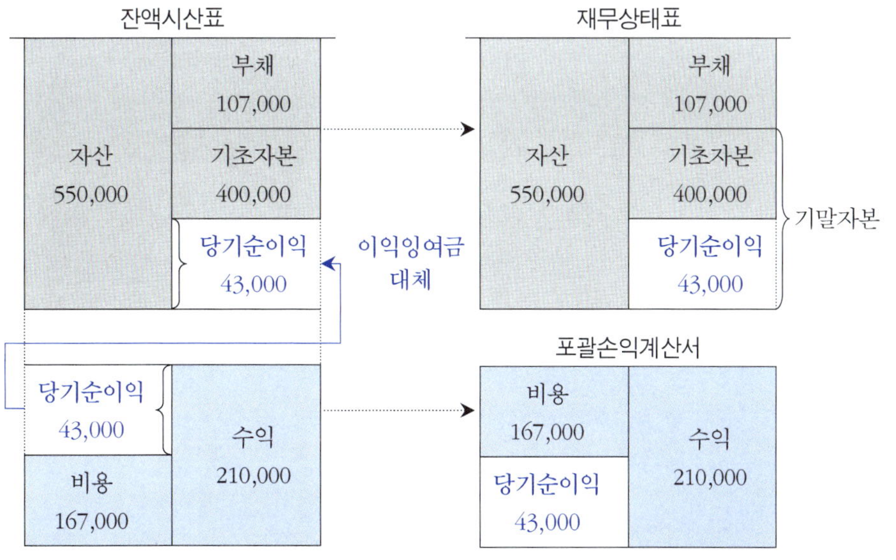

이와 같이 시산표상의 포괄손익계산서계정을 모아서 비교하면 당기순이익이 파악되고 재무상태표계정을 모아서 비교해도 당기순이익이 파악된다.

한편, 시산표상의 포괄손익계산서계정이 마감과정을 거쳐서 이익잉여금으로 전환되는 과정을 다시한번 살펴보면 다음과 같다.

① 임시계정인 수익항목과 비용항목이 집합손익에 집계되면서 잔액이 모두 없어진다.
② 집합손익계정의 잔액인 당기순이익을 이익잉여금으로 대체한다. 이 과정을 통해서 시산표상에 기초자본으로 표시되어 있던 자본계정잔액이 기말자본의 잔액으로 변환되는 것이다. 이를 통해서 포괄손익계산서 항목의 순액(당기순이익)이 재무상태표항목이 되어 재무상태표항목의 차변잔액과 대변잔액이 일치하게 된다.
③ 영구계정인 재무상태표계정의 잔액을 다음 회계기간으로 이월시킨다.

1. 포괄손익계산서의 작성

시산표에서 포괄손익계산서계정인 수익과 비용계정의 잔액을 모아서 포괄손익계산서를 작성하게 된다.

예제 2-7

포괄손익계산서의 작성

종합예제와 [예제 2-4]의 자료를 이용하시오.

요구사항

나무회계법인의 20×1년도 포괄손익계산서를 작성하시오.

해답

포괄손익계산서

나무회계법인 20×1. 1. 1 ~ 12. 31

비 용		수 익	
임차료	₩90,000	매출	₩200,000
급여	50,000	이자수익	10,000
감가상각비	20,000		
이자비용	7,000		
이 익			
당기순이익	43,000*		
합계	₩210,000	합계	₩210,000

* 당기순이익 : ₩210,000(수익) − 167,000(비용) = ₩43,000

위의 포괄손익계산서와 같이 수익계정 잔액에서 비용계정 잔액을 차감하면 당기순이익이 계산되어 포괄손익계산서를 완성할 수 있다.

2. 재무상태표의 작성

시산표에서 재무상태표계정인 자산, 부채, 자본계정의 잔액을 모아서 재무상태표를 작성하게 된다. 재무상태표를 작성할 때 주의할 점은 이익잉여금은 집합손익계정을 마감한 후의 잔액으로 표시해야 한다는 것이다.

예제 2-8
재무상태표의 작성

종합예제와 [예제 2-4]의 자료를 이용하시오.

요구사항

나무회계법인의 20×1년 12월 31일의 재무상태표를 작성하시오.

해답

재무상태표

나무회계법인 20×1. 12. 31.

자산			부채	
현금		₩230,000	차입금	₩100,000
예금		200,000	미지급비용	7,000
선급비용		30,000	**자본**	
미수수익		10,000	자본금	400,000
차량운반구	100,000		이익잉여금	43,000
감가상각누계액	(20,000)	80,000		
합계		₩550,000	합계	₩550,000

3. 포괄손익계산서와 재무상태표의 관계

포괄손익계산서의 수익항목과 비용항목은 기업의 자산과 부채에 영향을 미치고 최종적으로 자본에 영향을 미쳐서 이익잉여금으로 모아진다. 수익이 발생하면 자산이 증가하거나 부채가 감소해서 자본이 증가하는 효과를 가지며 반대로 비용이 발생하면 자산이 감소되거나 부채가 증가해서 자본이 감소되는 효과를 가지므로 그 순액(순이익)만큼 최종적으로 자본이 증가하게 된다. 따라서 회계기간 중의 경영성과를 파악하기 위해 수익과 비용을 별도의 계정으로 기록해서 포괄손익계산서를 작성하지만 회계연도말에 재무상태표를 작성할 때는 포괄손익계산서계정이 자본에 미친 효과의 순액을 이익잉여금 계정에 집계해서 표시한다. 종합예제에서도 포괄손익계산서의 성과가 재무상태표에 어떻게 영향을 미쳤는가는 1월 1일의 재무상태표와 12월 31일의 재무상태표를 비교해 보면 알 수 있다.

재무상태표

20×1. 1. 1

자 산		부 채	₩0
현 금	₩300,000	자 본	
차량운반구	100,000	자본금	400,000
합 계	₩400,000	합 계	₩400,000

재무상태표

20×1. 12. 31

자 산		부 채	
현 금	₩230,000	차입금	₩100,000
예 금	200,000	미지급비용	7,000
선급비용	30,000	자 본	
미수수익	10,000	자본금	400,000
차량운반구	80,000	이익잉여금	43,000
합 계	₩550,000	합 계	₩550,000

당기순이익을 이익잉여금으로 대체

포괄손익계산서

20×1. 1. 1 ~ 12. 31

비 용		수 익	
임차료	₩90,000	매 출	₩200,000
급 여	50,000	이자수익	10,000
감가상각비	20,000		
이자비용	7,000		
이 익			
당기순이익	43,000		
합 계	₩210,000	합 계	₩210,000

나무회계법인의 1월 1일 현재의 재무상태표에는 자본이 ₩400,000이지만 1월 1일부터 12월 31일까지 영업활동을 통해 얻어진 당기순이익 ₩43,000만큼 자본이 증가해서 기말에 이익잉여금이 ₩43,000만큼 증가하는 효과를 얻었다. 결국 12월 31일 현재의 재무상태표에는 자본이 ₩443,000으로 증가했다.

이와 같이 포괄손익계산서의 경영성과는 기업의 재무상태에 영향을 미치므로 재무상태표와 포괄손익계산서는 서로 유기적으로 영향을 주고받는 보고서이다.

기초재무상태표		포괄손익계산서		기말재무상태표	
자 본 금	₩400,000			자 본 금	₩400,000
이익잉여금	0	당기순이익	₩43,000	이익잉여금	43,000
자 본 총 계	₩400,000			자 본 총 계	₩443,000

지금까지 결산과정에 대해 살펴보았다. 회계기간 동안의 거래를 분개하고 총계정원장에 전기해 놓은 것을 회계연도말 최종적으로 정리해서 재무상태표와 포괄손익계산서를 작성하는 결산과정은 매우 복잡하기 때문에 결산의 여러단계들을 신중하게 수행해야 한다. 결산과정을 요약해서 살펴보면 다음과 같다.

그림 2-8 결산의 과정

수정전시산표 : 회계기간 중 분개와 전기의 적정성 확인

↓

기말수정분개 : 선급항목, 발생항목, 추정항목

↓

수정후시산표 : 기말수정분개의 적정성 확인

↓

장 부 마 감 : 포괄손익계산서계정의 마감, 재무상태표계정의 마감

↓

제무제표작성 : 포괄손익계산서의 작성, 재무상태표의 작성

제 9 절 정 산 표

지금까지 결산의 일반적인 절차를 통해서 재무상태표와 포괄손익계산서가 작성되는 과정을 살펴보았다. 실무적으로 결산과정에서 가장 복잡한 부분은 수정전시산표를 작성하고 수정분개를 한 후에 수정후시산표를 작성하는 과정이다. 이 과정을 단순화하면 결산을 신속하고 정확하게 마칠 수 있으므로 이를 위해 정산표를 작성하는 기업도 있다. 여기서 정산표(work sheet)란 수정전시산표부터 수정분개와 재무상태표 및 포괄손익계산서의 작성준비

단계까지를 일목요연하게 정리하여 작성하는 표를 말한다. 정산표는 장부나 재무제표가 아니고 결산을 단순화하기 위해 임의로 작성하는 표로서 의무적인 절차가 아니며 그 형식도 다양한데 그 중 가장 대표적인 형식의 정산표는 다음과 같은 10위식 정산표이다.

그림 2-9 정산표

계정과목	수정전시산표		기말수정분개		수정후시산표		포괄손익계산서		재무상태표	
	차변	대변	차변	대변	차변	대변	차변	대변	차변	대변

이와 같은 양식의 정산표를 작성하는 경우 다음의 절차에 따라서 정산표에 필요한 내용을 채워감으로써 포괄손익계산서와 재무상태표를 신속하게 만들 수 있다.

[1단계] 수정전시산표 잔액의 기록

수정전시산표란에 각 계정의 수정분개전 잔액을 표시한다.

[2단계] 기말수정분개

기말수정분개란에 기말수정분개사항을 기입한다. 수정분개가 모두 기록되면 수정분개란의 차변합계와 대변합계를 비교해서 일치하는지를 검증한다.

[3단계] 수정후시산표작성

수정후시산표란에 수정전잔액에 수정분개란의 금액을 가감해서 수정후 계정잔액을 기록한다. 이 단계에서도 수정후시산표의 차변합계와 대변합계를 비교해서 일치하는지를 검증한다.

[4단계] 포괄손익계산서작성

수정후시산표의 수익계정과 비용계정의 잔액을 포괄손익계산서란에 옮겨 적은 후에 수익계정잔액과 비용계정잔액을 비교해서 당기순이익을 산출한다.

[5단계] 재무상태표작성

수정후시산표의 자산계정과 부채계정 및 자본계정의 잔액을 재무상태표란에 옮겨 적은 후에 차변합계액에서 대변합계액을 차감해서 당기순이익을 산출한다.

(단위 : 천원)

계 정 과 목	수정전시산표		기말수정분개		수정후시산표		포괄손익계산서		재무상태표	
	차변	대변	차변	대변	차변	대변	차변	대변	차변	대변
현 금	230				230				230	
예 금	200				200				200	
차 량 운 반 구	100				100				100	
차 입 금		100				100				100
자 본 금		400				400				400
매 출		200				200		200		
임 차 료	120			① 30	90		90			
급 여	50				50		50			
합 계	700	700								
선 급 비 용			① 30		30				30	
미 수 수 익			③ 10		10				10	
감가상각누계액				④ 20		20				20
미 지 급 비 용				② 7		7				7
감 가 상 각 비			④ 20		20		20			
이 자 비 용			② 7		7		7			
이 자 수 익				③ 10		10		10		
		합 계	67	67	737	737				
						소 계	167	210	570	527
						당기순이익	43			43
						합 계	210	210	570	570
	←1단계→		←2단계→		←3단계→		←4단계→		←5단계→	

정산표에서 당기순이익은 계정잔액으로 파악되는 것이 아니라 수익과 비용계정의 차액이나 재무상태표의 자산잔액과 부채와 자본잔액 합계액과의 차액으로 계산된다.

사 례 연 구

기말수정분개

제1장의 사례연구에서 20×3년 1월 1일 재무상태표는 다음과 같다.

재무상태표

㈜나무 20×3. 1. 1.

자산			부채	
현금		₩4,950,000	자본	
비품	150,000		자본금	₩1,000,000
감가상각누계액	(60,000)	90,000	이익잉여금	4,340,000
임차보증금		300,000		
합계		₩5,340,000	합계	₩5,340,000

20×3년도에 발생한 거래를 일자별로 정리하면 다음과 같다.

(1) 3월 10일 주주총회에서 현금배당을 다음과 같이 결정하고 3월 31일에 현금을 지급하다.
갑 ₩1,200,000, 을 ₩600,000, 병 ₩200,000

(2) 4월 1일 여유자금 ₩2,000,000을 1년 만기 정기예금에 예입하다. (연이자율 7%)

(3) 5월 1일 학원운영에 필요한 사무용품을 ₩300,000에 구입하고 소모품비로 비용처리하였다. 기말현재 ₩80,000 상당의 사무용품이 사용되지 않은 상태로 남아 있다.

(4) 7월 1일 1년분 화재보험료 ₩120,000을 현금지급하고 비용으로 계상하다.

(5) 1년 동안 현금수수된 수입과 지출은 다음과 같다.

① 수강료 수입 : ₩30,000,000 (이 중 ₩1,000,000은 20×4년 수강료를 미리 현금으로 수령한 것이다.)

② 강사료 지출 : ₩14,500,000

③ 직원 급여 : ₩8,000,000

④ 임차료 지출 : ₩1,100,000 (기말현재 12월분 임차료 ₩100,000을 지급하지 못하였고 20×4년 초에 현금지급하였다.)

(6) 기말에 비품에 대한 감가상각비를 ₩30,000 계상해야 한다.

상기 자료를 바탕으로 한 기중의 회계처리를 정리하면 다음과 같다.

〈20×3. 3. 10〉[2)]

(차) 이 익 잉 여 금	2,000,000	(대) 미 지 급 배 당 금	2,000,000

〈20×3. 3. 31〉

(차) 미 지 급 배 당 금	2,000,000	(대) 현 금	2,000,000

2) 제10장에서 현금배당 지급시 최소한 10%이상의 이익준비금을 적립해야 한다는 것을 배운다. 그런데 동 사례에서는 이익잉여금이라는 계정과목만 사용하고 있어 굳이 이익준비금을 적립하는 분개를 할 필요가 없다. 미처분이익잉여금에서 이익준비금(기처분이익잉여금)을 적립하는 것은 이익잉여금 총액에는 변화를 주지 않기 때문이다.

〈20×3. 4. 1〉

(차) 정기예금	2,000,000	(대) 현금	2,000,000

〈20×3. 5. 1〉

(차) 소모품비	300,000	(대) 현금	300,000

〈20×3. 7. 1〉

(차) 보험료	120,000	(대) 현금	120,000

〈20×3년 동안 현금수입과 지출〉

(차) 현금	30,000,000	(대) 매출	30,000,000
(차) 매출원가	14,500,000	(대) 현금	14,500,000
(차) 급여	8,000,000	(대) 현금	8,000,000
(차) 임차료	1,100,000	(대) 현금	1,100,000

기중의 회계처리를 반영하여 수정전시산표를 작성하여 보면 다음과 같다.

수정전시산표

㈜나무 20×3. 12. 31

현금	₩6,930,000	감가상각누계액	₩60,000
정기예금	2,000,000	자본금	1,000,000
비품	150,000	이익잉여금	2,340,000
임차보증금	300,000	매출	30,000,000
매출원가	14,500,000		
급여	8,000,000		
임차료	1,100,000		
소모품비	300,000		
보험료	120,000		
합계	₩33,400,000	합계	₩33,400,000

20×3년 12월 31일 시점의 기말수정분개는 다음과 같다.

〈정기예금에 대한 미수이자〉

(차) 미수수익	105,000	(대) 이자수익	105,000

* ₩2,000,000×7%×9/12=₩105,000

〈소모품 미사용분〉

(차) 소모품	80,000	(대) 소모품비	80,000

〈화재보험료 선급분〉

(차) 선급비용	60,000	(대) 보험료	60,000

* ₩120,000×6/12=₩60,000

〈수강료 선수분〉

(차) 매 출 1,000,000 (대) 선 수 금 1,000,000

〈임차료 미지급분〉

(차) 임 차 료 100,000 (대) 미 지 급 비 용 100,000

〈비품 감가상각〉

(차) 감 가 상 각 비 30,000 (대) 감 가 상 각 누 계 액 30,000

기말수정분개를 반영한 수정후시산표를 작성하면 다음과 같다.

수정후시산표

㈜나무 20×3. 12. 31

현 금	₩6,930,000	감가상각누계액	₩90,000
정 기 예 금	2,000,000	선 수 금	1,000,000
비 품	150,000	미 지 급 비 용	100,000
임 차 보 증 금	300,000	자 본 금	1,000,000
미 수 수 익	105,000	이 익 잉 여 금	2,340,000
소 모 품	80,000	매 출	29,000,000
선 급 비 용	60,000	이 자 수 익	105,000
매 출 원 가	14,500,000		
급 여	8,000,000		
임 차 료	1,200,000		
소 모 품 비	220,000		
보 험 료	60,000		
감 가 상 각 비	30,000		
합 계	₩33,635,000	합 계	₩33,635,000

수정후시산표를 바탕으로 20×3년도 재무제표를 작성하면 다음과 같다.

재무상태표

㈜나무 20×1. 12. 31

자 산			부 채	
현 금		₩6,930,000	선 수 금	₩1,000,000
정 기 예 금		2,000,000	미 지 급 비 용	100,000
미 수 수 익		105,000	자 본	
소 모 품		80,000	자 본 금	1,000,000
선 급 비 용		60,000	이 익 잉 여 금	7,435,000*
비 품	150,000			
감가상각누계액	(90,000)	60,000		
임 차 보 증 금		300,000		
합 계		₩9,535,000		₩9,535,000

* ₩2,340,000+5,095,000=₩7,435,000

포괄손익계산서

㈜나무 20×3. 1. 1 ~ 20×3. 12. 31

매 출 원 가	₩14,500,000	매 출	₩29,000,000
급 여	8,000,000	이 자 수 익	105,000
임 차 료	1,200,000		
소 모 품 비	220,000		
보 험 료	60,000		
감 가 상 각 비	30,000		
당 기 순 이 익	5,095,000		
합 계	₩29,105,000	합 계	₩29,105,000

동 사례연구를 통해서 독자들이 다음의 생각을 가질 수 있기를 바란다.

1. 재무상태표계정이 실질계정(영구계정)이고, 재무상태표에 기록되어 있는 계정들만 차기 이월하여 다음연도 기초 재무상태표를 구성한다.
2. 이익잉여금은 주식회사의 주인인 주주들의 몫이고, 이익잉여금은 당기순이익을 통해서 증가하고 현금배당(주주들에게 현금을 지급하는 것임)을 통해 감소한다.
3. 동 사례에서 수정전시산표나 수정후시산표에 기록되어 있는 이익잉여금은 ₩2,340,000이다. 이 금액은 전기이월된 이익잉여금 ₩4,340,000에서 20×2년도 현금배당 ₩2,000,000(20×3년 3월에 지급)을 차감한 금액이다. 따라서 시산표에는 20×3년도 당기순이익 ₩5,095,000이 포함되지 않은 이익잉여금이 표시된다. 그 이유는 시산표에는 20×3년도 수익과 비용이 함께 표시되기 때문임을 명심하기 바란다.
4. 재무상태표상 이익잉여금은 다음과 같이 계산된 금액이 표시된다.
   ₩2,340,000(시산표상 이익잉여금) + 5,095,000(당기순이익) = ₩7,435,000
5. 결국 경쟁력이 있는 기업은 계속해서 당기순이익을 발생시키며, 현금배당을 아주 많이 하지 않는 이상 이익잉여금은 매년 증가하게 된다. 이익잉여금이 큰 기업이 과거 기간 동안 영업을 잘 했다는 증명이 되는 것이다.

객관식 문제

1 일반적인 회계처리 순서로 보기 어려운 것은?

① 거래발생 → 분개 → 전기
② 분개장 → 원장 → 수정전시산표
③ 수정전시산표 → 기말수정분개 → 수정후시산표 → 재무제표
④ 기말수정분개 → 수정전시산표 → 집합손익 → 이익잉여금

2 시산표에서 발견할 수 있는 오류는?

① 차변과목과 대변과목을 반대로 전기할 때
② 상품계정의 차변에 전기할 것을 그 대변에 전기한 때
③ 하나의 분개를 두 번 전기할 때
④ 두 개의 오류가 우연히 상쇄된 때

3 다음 중 시산표에 의하여 발견될 수 없는 오류는?

① ₩150,000의 외상매출금을 회수하여 현금 ₩150,000을 차변기입하고, 외상매출금 ₩105,000을 대변기입하였다.
② 토지와 건물을 일괄하여 ₩300,000에 매입하고 현금계정 대변에 ₩300,000을 기록하고 토지계정 차변에 ₩150,000을 기록하였다.
③ 장부금액 ₩100,000의 토지를 ₩150,000에 처분하고 차변에 현금 ₩150,000을 기록하고 대변에 토지 ₩150,000으로 처리하였다.
④ 외상매입금을 지급하고 현금계정 차변에 ₩100,000을 기록하고 외상매입금계정 차변에 ₩100,000을 기록하였다.

4 기중에 소모품 ₩500,000을 대량구매하여 자산계정으로 처리한 후 결산시 사용분을 조사하여 보니 ₩90,000이었다면 기말수정분개는?

① (차) 소모품비 90,000 (대) 소모품 90,000
② (차) 선급비용 90,000 (대) 소모품 90,000
③ (차) 소모품비 410,000 (대) 소모품 410,000
④ (차) 소모품 410,000 (대) 소모품비 410,000

5 ㈜나무는 20×6년 12월 31일 다음과 같은 기말수정분개를 하였다. ㈜나무는 20×6년 중 소모품을 구입하기 위해 ₩750,000을 현금으로 지급하였으며 당기 초에 소모품재고를 보유하고 있지는 않았다. 당기 말에 ㈜나무가 소유하고 있는 소모품잔액은?

기말수정분개	(차) 소모품비	400,000	(대) 소모품	400,000

① ₩750,000
② ₩400,000
③ ₩450,000
④ ₩350,000

6 다음 자료에 의하면 결산일에 보험료의 미경과분을 계상[3]하지 않았는데, 이를 계상하면 당기순이익은 어떻게 변하는가?

- 6월 1일 1년분 보험료 ₩360,000을 현금으로 납부하다.
- 12월 31일 결산일에 보험료 미경과분을 계상하지 않았다.

① ₩150,000 증가
② ₩150,000 감소
③ ₩210,000 증가
④ ₩210,000 감소

7 다음의 ㉠과 ㉡에 기장할 계정과목과 그에 대한 설명으로 맞는 것은?

소모품

7/ 1	현금	80,000	12/31	(㉠)	20,000
				차기이월	60,000
		80,000			80,000

3) 계상(計上)이란 특정 금액을 장부나 재무제표상에 올리는 것을 말한다. 한편 회계에서는 인식이라는 용어가 자주 사용되는데 여기에 대한 정의는 제4장을 참고하라.

소모품비					
12/31	(㉡)	20,000	12/31	집합손익	20,000

① 소모품 미사용액이 ₩60,000이다.
② 소모품 사용액이 ₩60,000이다.
③ 12/31 기말수정분개는 (차) 소모품 20,000 (대) 소모품비 20,000이다.
④ ㉠은 집합손익, ㉡은 소모품이다.

8 ㈜나무의 기초와 기말 재무상태표상 계상되어 있는 선급보험료는 각각 ₩12,000과 ₩16,000이며, 당기 포괄손익계산서에 계상되어 있는 보험료는 ₩60,000이다. 당기에 현금으로 지급한 보험료는 얼마인가?

① ₩64,000 ② ₩62,000
③ ₩60,000 ④ ₩58,000

9 다음 분개를 추정한 것으로 옳은 것은?

(차) 이 자 비 용	720,000	(대) 선 급 이 자	720,000

① 기간미경과이자 ₩720,000을 이연처리하다.
② 이자비용 ₩720,000을 현금으로 지급하다.
③ 전기에 이연처리한 이자비용을 당기에 이자비용계정으로 대체하다.
④ 이자비용 ₩720,000을 선이자로 지급하다.

10 결산시 당기순이익 ₩260,000이 산출되었으나 다음과 같은 사항이 누락되어 있었다. 정확한 당기순이익을 계산하면 얼마인가?

선 급 보 험 료	₩9,000	미 수 이 자	₩6,000
미 지 급 급 여	12,000	건 물 감 가 상 각 비	4,000

① ₩248,500 ② ₩271,500
③ ₩264,500 ④ ₩259,000

11 ㈜한국은 다음의 결산정리사항을 누락한 상태에서 당기순이익을 ₩300,000로 계상하였다. 다음의 결산정리사항을 추가로 반영할 경우 정확한 당기순이익은 얼마인가?

임 차 료 미 지 급 분	₩20,000	단기대여금 이자선수분	₩10,000
비 품 감 가 상 각 비	30,000	수 선 비 선 급 분	10,000

① ₩240,000　　② ₩250,000
③ ₩260,000　　④ ₩280,000

12 ㈜나무상사는 한 가지 종류의 임차료를 지급하고 있는데, 전기 재무상태표에는 선급임차료가 없고 미지급임차료가 ₩5,000 계상되어 있으며, 당기 포괄손익계산서에는 임차료가 ₩10,000 계상되어 있다. 당기에 현금으로 지급한 임차료가 ₩20,000이라면 당기 재무상태표에 계상될 계정과목과 금액은?

① 선급임차료 ₩5,000　　② 선급임차료 ₩10,000
③ 미지급임차료 ₩5,000　　④ 미지급임차료 ₩10,000

13 20×1년 1월 1일 ₩1,500,000을 출자하여 개업한 남매상사의 12월 31일 재무상태가 다음과 같을 때 순손익은? 단, 20×1년에 당기순이익이외의 자본변동은 없었다.

현 금	₩250,000	외 상 매 입 금	₩300,000
상 품	500,000	미 지 급 금	150,000
외 상 매 출 금	500,000	건 물	800,000
선 급 금	200,000	단 기 차 입 금	100,000

① ₩100,000　　② ₩200,000
③ ₩300,000　　④ ₩400,000

해답 및 해설

1	2	3	4	5	6	7	8	9	10
④	②	③	①	④	①	①	①	③	④
11	12	13							
②	①	②							

1 ※ 회계의 순환순서
거래발생 → 분개 → 전기 → 수정전시산표 → 기말수정분개 → 수정후시산표 → 계정의 마감 → 재무제표의 작성

2 대차 양변에 이중으로 전기하거나 전기가 모두 누락되면 시산표에서 오류를 발견할 수 없으나, 한 변에만 잘못 전기된 경우에는 오류를 발견할 수 있다.

3 유형자산처분이익계정 대변에 ₩50,000을 기록할 거래를 토지계정 대변에 ₩50,000을 기록하였으므로 동일금액을 다른 계정과목으로 같은 변에 기록한 오류는 시산표를 통해 발견할 수 없다.

4 소모품을 구입시점에 자산(소모품)으로 기록한 경우에는 기말에 소모품사용액을 비용(소모품비)으로 기록하는 회계처리를 한다.

5 소모품과 관련된 회계처리를 다음과 같이 하였다.

(1) 소모품 구입시

(차) 소 모 품	750,000	(대) 현 금	750,000

(2) 기말수정분개

(차) 소 모 품 비	400,000	(대) 소 모 품	400,000

(3) 소모품 계정잔액 = ₩750,000 − 400,000 = ₩350,000

6 당기에 보험료가 ₩150,000 과대계상되지 않도록 보험료 ₩150,000을 감소시키면 당기순이익은 ₩150,000 증가하게 된다.

6/ 1	(차) 보 험 료	360,000	(대) 현 금	360,000
12/31	(차) 선 급 보 험 료	150,000	(대) 보 험 료	150,000

* ₩360,000×5/12개월=₩150,000

7 ㉠에는 소모품비가, 소모품비계정 차변인 ㉡에는 소모품을 기록한다. 소모품을 ₩80,000 구입하고, ₩20,000을 사용하였으므로 미사용액은 ₩60,000이다.

12/31	(차) 소 모 품 비	20,000	(대) 소 모 품	20,000

8 (1) 전기말 기말수정분개

(차)	선 급 보 험 료 (자산의 증가)	12,000	(대)	보 험 료 (비용의 감소)	12,000

∴ 따라서 선급보험료(자산) ₩12,000이 차기이월되었다.

(2) 선급보험료 기간경과시 회계처리

(차)	보 험 료	12,000	(대)	선 급 보 험 료	12,000

* 전기이월 선급보험료 ₩12,000을 당기 보험료(비용)로 기록함.

(3) 당기 보험료 현금지급시 회계처리

(차)	보 험 료	64,000	(대)	현 금	64,000

* ₩12,000(2번분개)+ 64,000(현금지급액)－16,000(4번분개)
=₩60,000(포괄손익계산서상당기보험료 계상액이 ₩60,000이 되도록 보험료 지급 회계처리를 추정한다.)

(4) 당기말 기말수정분개

(차)	선 급 보 험 료 (자산의 증가)	16,000	(대)	보 험 료 (비용의 감소)	16,000

* 당기말에 선급보험료 ₩16,000을 계상면서 보험료(비용)를 감소시킴.

9 전기에 선급이자로 처리한 금액을 당기에 이자비용으로 대체하는 회계처리이다.

전기말	(차)	선 급 이 자	720,000	(대)	이 자 비 용	720,000
당 기	(차)	이 자 비 용	720,000	(대)	선 급 이 자	720,000

10 주어진 자료를 기초로 회사가 누락한 기말수정분개를 제시하면 다음과 같다.

(차)	선 급 보 험 료 (자산의 증가)	9,000	(대)	보 험 료 (비용의 감소)	9,000

∴ 당기 비용(보험료)을 감소시켜 당기순이익을 ₩9,000 증가시킴.

(차)	미 수 이 자 (자산의 증가)	6,000	(대)	이 자 수 익 (수익의 증가)	6,000

∴ 당기 수익(이자수익)을 증가시켜 당기순이익을 ₩6,000 증가시킴.

(차)	급 여 (비용의 증가)	12,000	(대)	미 지 급 급 여 (부채의 증가)	12,000

∴ 당기 비용(급여)을 증가시켜 당기순이익을 ₩12,000 감소시킴.

(차)	감 가 상 각 비 (비용의 증가)	4,000	(대)	감 가 상 각 누 계 액	4,000

∴ 당기 비용(감가상각비)을 증가시켜 당기순이익을 ₩4,000 감소시킴.
정확한 당기순이익 = ₩260,000 + 9,000 + 6,000 − 12,000 − 4,000 = ₩259,000

11 주어진 자료를 기초로 ㈜한국이 누락한 기말수정분개를 제시하면 다음과 같다.

(차) 임 차 료 20,000 (대) 미 지 급 임 차 료 20,000
(비용의 증가) (부채의 증가)

∴ 당기 비용(임차료)을 증가시켜 당기순이익을 ₩20,000 감소시킴.

(차) 이 자 수 익 10,000 (대) 선 수 이 자 10,000
(수익의 감소) (부채의 증가)

∴ 당기 수익(이자수익)을 감소시켜 당기순이익을 ₩10,000 감소시킴.

(차) 감 가 상 각 비 30,000 (대) 감 가 상 각 누 계 액 30,000
(비용의 증가)

∴ 당기 비용(감가상각비)을 증가시켜 당기순이익을 ₩30,000 감소시킴.

(차) 선 급 비 용 10,000 (대) 수 선 비 10,000
(자산의 증가) (비용의 감소)

∴ 당기 비용(수선비)을 감소시켜 당기순이익을 ₩10,000 증가시킴.
정확한 당기순이익 = ₩300,000 − 20,000 − 10,000 − 30,000 + 10,000 = ₩250,000

12 (1) 전기말 기말수정분개

(차) 임 차 료 5,000 (대) 미 지 급 임 차 료 5,000
(비용의 증가) (부채의 증가)

∴ 따라서 미지급임차료(부채) ₩5,000이 차기이월되었다.

(2) 당기 임차료 현금지급시 회계처리

(차) 미 지 급 임 차 료 5,000 (대) 현 금 20,000
임 차 료 15,000

* 임차료 현금지급액 ₩20,000 중 ₩5,000은 전기 미지급금액을 지급한 것임.

(3) 당기말 기말수정분개

(차) 선 급 임 차 료 5,000 (대) 임 차 료 5,000
(자산의 증가) (비용의 감소)

* 포괄손익계산서의 임차료가 ₩10,000이므로 임차료를 ₩5,000 감소시키고 선급임차료를 ₩5,000 증가시켜야 한다.

13 (1) 기말자산 = 현금(₩250,000) + 외상매출금(500,000) + 건물(800,000) + 상품(500,000)
+ 선급금(200,000) = ₩2,250,000

(2) 기말부채 = 외상매입금(₩300,000) + 미지급금(150,000) + 단기차입금(100,000)
= ₩550,000

(3) 기말자본 = 기말자산(₩2,250,000) − 기말부채(550,000)
= ₩1,700,000

(4) 당기순이익 = 기말자본(₩1,700,000) − 기초자본(1,500,000) = ₩200,000

Chapter 2

주관식 문제

문제 1 기말수정분개

다음은 NG전자에 대한 설명이다.

(1) NG전자는 비정규직 노동자들에게 매주 금요일에 주급 ₩87,500을 주고 있다. 이 금액은 주 5일에 대한 급여이다. 20×6년 12월 31일은 월요일이고 급여는 20×7년 1월 4일(금요일)에 지급하였다.
(2) NG전자는 20×6년 1월 1일에 LCD생산을 위해 ₩200,000을 주고 기계장치를 구입하였고 이 기계의 내용연수는 5년으로 예상되고 잔존가치는 ₩20,000으로 예상된다. 단, 감가상각은 정액법으로 한다.
(3) NG전자는 여유자금 ₩300,000을 20×6년 11월 1일에 연 10%의 이자율로 은행에 예금하였다. 이자지급은 매년 10월 31일에 년 1회 후급조건이다.
(4) NG전자는 20×6년 2월 1일에 유휴건물을 임대하여 1년 임대료 ₩120,000을 선수하였다. NG전자는 받은 금액을 임대료로 기록하였다.
(5) NG전자는 공장화재를 대비하기 위해 20×6년 7월 1일에 화재보험에 가입하였다. 3년분 보험료 ₩30,000을 지급하고 그 금액을 보험료로 기록하였다.
(6) NG전자는 기중 소모품 ₩60,000을 구입하고 자산으로 기록하였다. 20×6년 12월 31일에 소모품 중 ₩20,000이 사용되지 않고 남아있었다.

물음

위의 상황을 읽고 NG전자가 20×6년 12월 31일 결산시 수행하여야할 기말수정분개를 하시오.

해답 및 해설

(1) ① 기말수정분개

(차) 급 여	17,500	(대) 미지급비용	17,500

* ₩87,500 ÷ 주 5일 = ₩17,500

(2) ① 기중분개

(차) 기계장치	200,000	(대) 현 금	200,000

② 기말수정분개

(차) 감가상각비	36,000	(대) 감가상각누계액	36,000

* (₩200,000 − 20,000) ÷ 5년 = ₩36,000

(3) ① 기중분개

(차) 은행예금	300,000	(대) 현 금	300,000

② 기말수정분개

(차) 미수이자	5,000	(대) 이자수익	5,000

* (₩300,000 × 10% × 2/12) = ₩5,000

(4) ① 기중분개

(차) 현 금	120,000	(대) 임대료	120,000

② 기말수정분개

(차) 임대료	10,000	(대) 선수임대료	10,000

* (₩120,000 × 1/12) = ₩10,000

(5) ① 기중분개

(차) 보험료	30,000	(대) 현 금	30,000

② 기말수정분개

(차) 선급보험료	25,000	(대) 보험료	25,000

* 20×6년분 보험료 : ₩30,000 × 1년/3년 × 6/12 = ₩5,000
  미경과보험료 : ₩30,000 − 5,000 = ₩25,000

(6) ① 기중분개

(차) 소모품	60,000	(대) 현 금	60,000

② 기말수정분개

(차) 소모품비	40,000	(대) 소모품	40,000

* ₩60,000 − 20,000(미사용분) = ₩40,000(사용분)

문제 2 시산표의 작성

다음은 광고회사인 ㈜남강의 총계정원장에 대한 정보이다.

현 금

차변		대변	
매 출	21,000	급 여	14,000
차 입 금	40,000	건 물	20,000
자 본 금	30,000	보 험 료	1,000

건 물

차변		대변	
현 금	20,000		
미 지 급 금	20,000		

급 여

차변		대변	
현 금	14,000		

매 출

차변		대변	
		현 금	21,000

미지급금

차변		대변	
		건 물	20,000

차입금

차변		대변	
		현 금	40,000

자본금

차변		대변	
		현 금	30,000

보험료

차변		대변	
현 금	1,000		

물음

위의 자료를 이용하여 ㈜남강의 잔액시산표, 합계시산표와 합계잔액시산표를 작성하시오.

해답 및 해설

〈잔액시산표〉

차 변	계정과목	대 변
₩56,000	현 금	
40,000	건 물	
	차 입 금	₩40,000
	미 지 급 금	20,000
	자 본 금	30,000
	매 출	21,000
14,000	급 여	
1,000	보 험 료	
₩111,000	계	₩111,000

〈합계시산표〉

차 변	계정과목	대 변
₩91,000	현 금	₩35,000
40,000	건 물	
	차 입 금	40,000
	미 지 급 금	20,000
	자 본 금	30,000
	매 출	21,000
14,000	급 여	
1,000	보 험 료	
₩146,000	계	₩146,000

〈합계잔액시산표〉

차 변		계정과목	대 변	
잔 액	합 계		합 계	잔 액
₩56,000	₩91,000	현 금	₩35,000	
40,000	40,000	건 물		
		차 입 금	40,000	₩40,000
		미 지 급 금	20,000	20,000
		자 본 금	30,000	30,000
		매 출	21,000	21,000
14,000	14,000	급 여		
1,000	1,000	보 험 료		
₩111,000	₩146,000	계	₩146,000	₩111,000

문제 3 기초재무상태표 작성과 기중거래의 분개

다음은 ㈜나무의 20×6년 1월 1일 재무상태표 항목들이다.

현 금	₩50,000	자 본 금	₩200,000	미 지 급 금	₩50,000
차 입 금	200,000	건 물	280,000	비 품	150,000
이익잉여금	150,000	매 출 채 권	120,000		

(1) 1/1 현금 ₩300,000을 은행에서 차입하다.
(2) 2/5 소모품을 현금 ₩50,000으로 구입하고 자산으로 기록하였다.
(3) 3/10 광고선전비 ₩20,000을 광고회사에 지급하다.
(4) 4/10 용역을 ₩150,000을 외상으로 제공하다.
(5) 5/15 비품 ₩50,000을 현금 ₩30,000과 외상 ₩20,000에 구입하다.
(6) 7/1 건물을 임대한 대가로 현금 ₩240,000을 수령하다.
(7) 9/10 용역을 제공하고 현금 ₩100,000을 수령하다.
(8) 10/30 종업원 급여 ₩100,000을 지급하다.
(9) 12/30 차입금에 대한 이자비용으로 ₩50,000을 지급하다.

물음

1. 위의 자료를 이용하여 20×6년 1월 1일의 재무상태표를 작성하시오.
2. ㈜나무의 20×6년 기중거래를 분개하시오.

해답 및 해설

1. 재무상태표 작성

재무상태표

㈜나무 20×6. 1. 1

자산	금액	부채 및 자본	금액
현 금	₩50,000	미 지 급 금	₩50,000
매 출 채 권	120,000	차 입 금	200,000
건 물	280,000	자 본 금	200,000
비 품	150,000	이 익 잉 여 금	150,000
합 계	₩600,000	합 계	₩600,000

2. 기중거래의 분개

	일 자	회 계 처 리				
(1)	1/ 1	(차) 현 금	300,000	(대)	차 입 금	300,000
(2)	2/ 5	(차) 소 모 품	50,000	(대)	현 금	50,000
(3)	3/10	(차) 광고선전비	20,000	(대)	현 금	20,000
(4)	4/10	(차) 매 출 채 권	150,000	(대)	매 출	150,000
(5)	5/15	(차) 비 품	50,000	(대)	현 금	30,000
					미 지 급 금	20,000
(6)	7/ 1	(차) 현 금	240,000	(대)	임 대 료	240,000
(7)	9/10	(차) 현 금	100,000	(대)	매 출	100,000
(8)	10/30	(차) 급 여	100,000	(대)	현 금	100,000
(9)	12/30	(차) 이 자 비 용	50,000	(대)	현 금	50,000

문제 4 전기와 잔액시산표

[문제 3]의 기중분개를 총계정원장에 전기하고 잔액시산표를 작성하시오(잔액시산표는 T계정으로 나타내시오).

해답 및 해설

(1) 총계정원장에의 전기

현 금

	전 기 이 월	50,000	2/ 5	소 모 품	50,000
1/ 1	차 입 금	300,000	3/10	광고선전비	20,000
7/ 1	임 대 료	240,000	5/15	비 품	30,000
9/10	매 출	100,000	10/30	급 여	100,000
			12/30	이 자 비 용	50,000

차입금

		전 기 이 월	200,000
		1/ 1 현금	300,000

매출채권

전 기 이 월	120,000		
4/10 매출	150,000		

비 품

전 기 이 월	150,000		
5/15 현금	30,000		
5/15 미지급금	20,000		

소모품

2/ 5 현금	50,000		

건 물

전 기 이 월	280,000		

자본금

		전 기 이 월	200,000

이익잉여금

		전 기 이 월	150,000

미지급금

		전 기 이 월	50,000
		5/15 비품	20,000

매 출

		4/10 매출채권	150,000
		9/10 현금	100,000

광고선전비

3/10 현금	20,000		

임대료

		7/ 1 현금	240,000

급 여

10/30 현금	100,000		

이자비용

12/30 현금	50,000		

(2) 잔액시산표

잔액시산표

㈜나무 20×6. 12. 31

계정	금액	계정	금액
현금	₩440,000	미지급금	₩70,000
매출채권	270,000	차입금	500,000
소모품	50,000	자본금	200,000
건물	280,000	이익잉여금	150,000
비품	200,000	매출	250,000
광고선전비	20,000	임대료	240,000
급여	100,000		
이자비용	50,000		
합계	₩1,410,000	합계	₩1,410,000

문제 5 기말수정분개와 수정후시산표

[결산수정사항]
(1) 당기 감가상각비는 ₩48,000이다(건물 ₩28,000, 비품 ₩20,000).
(2) 차입금에 대한 당기 포괄손익계산서에 계상될 이자비용은 ₩60,000이다.
(3) 7/1에 수령한 임대료는 1년분 임대료를 선수한 것이다.
(4) 소모품 중 ₩20,000은 기말현재 미사용되었다.

물음

[문제 4]에서 작성한 잔액시산표와 위의 정보를 이용하여 기말수정분개를 행하고 수정후시산표와 정산표를 작성하시오.

해답 및 해설

(1) 기말수정분개

① (차)	감가상각비	48,000	(대)	감가상각누계액	48,000
② (차)	이자비용	10,000	(대)	미지급이자	10,000
③ (차)	임대료	120,000	(대)	선수임대료	120,000
④ (차)	소모품비	30,000	(대)	소모품	30,000

(2) 수정후시산표

수정후시산표

㈜나무 20×6. 12. 31

차변	금액	대변	금액
현금	₩440,000	미지급금	₩70,000
매출채권	270,000	선수임대료	120,000
소모품	20,000	미지급이자	10,000
건물	280,000	감가상각누계액	48,000
비품	200,000	차입금	500,000
광고선전비	20,000	자본금	200,000
급여	100,000	이익잉여금	150,000
이자비용	60,000	매출	250,000
감가상각비	48,000	임대료	120,000
소모품비	30,000		
합계	₩1,468,000	합계	₩1,468,000

(3) 정산표

계정과목	수정전시산표		기말수정분개		수정후시산표		포괄손익계산서		재무상태표	
	차 변	대 변	차 변	대 변	차 변	대 변	차 변	대 변	차 변	대 변
현 금	440,000				440,000				440,000	
매 출 채 권	270,000				270,000				270,000	
소 모 품	50,000			30,000	20,000				20,000	
건 물	280,000				280,000				280,000	
비 품	200,000				200,000				200,000	
미 지 급 금		7,000				70,000				70,000
차 입 금		500,000				500,000				500,000
자 본 금		200,000				200,000				200,000
이익잉여금		150,000				150,000				150,000
매 출		250,000				250,000		250,000		
임 대 료		240,000	120,000			120,000		120,000		
광고선전비	20,000				20,000		20,000			
급 여	100,000				100,000		100,000			
이 자 비 용	50,000		10,000		60,000		60,000			
합 계	1,410,000	1,410,000								
선수임대료				120,000		120,000				120,000
미지급이자				10,000		10,000				10,000
감가상각누계액				48,000		48,000				48,000
감가상각비			48,000		48,000		48,000			
소 모 품 비			30,000		30,000		30,000			
			208,000	208,000	1,468,000	1,468,000				
						소계	258,000	370,000	1,210,000	1,098,000
						당기순이익	112,000			112,000
							370,000	370,000	1,210,000	1,210,000

문제 6 장부의 마감, 재무상태표 및 포괄손익계산서 작성

[문제 5]의 ㈜나무 20×6년 12월 31일 장부를 마감하고 재무상태표와 포괄손익계산서를 작성하시오.

해답 및 해설

(1) 포괄손익계산서계정의 마감

	차변 계정	금액		대변 계정	금액
(차)	매출	250,000	(대)	집합손익	370,000
	임대료	120,000			
(차)	집합손익	258,000	(대)	광고선전비	20,000
				급여	100,000
				이자비용	60,000
				감가상각비	48,000
				소모품비	30,000
(차)	집합손익	112,000	(대)	이익잉여금	112,000

소모품비

차변		대변	
12/31 소모품	30,000	집합손익	30,000
	30,000		30,000

매출

차변		대변	
집합손익	250,000	4/10 매출채권	150,000
		9/10 현금	100,000
	250,000		250,000

광고선전비

차변		대변	
3/10 현금	20,000	집합손익	20,000
	20,000		20,000

임대료

차변		대변	
12/31 선수임대료	120,000	7/1 현금	240,000
집합손익	120,000		
	240,000		240,000

급여

차변		대변	
10/3 현금	100,000	집합손익	100,000
	100,000		100,000

이자비용

차변		대변	
12/30 현금	50,000	집합손익	60,000
12/31 미지급이자	10,000		
	60,000		60,000

감가상각비

차변		대변	
12/31 감가상각누계액	48,000	집합손익	48,000
	48,000		48,000

집합손익

일자	계정	금액	일자	계정	금액
12/31	광고선전비	20,000	12/31	매 출	250,000
12/31	급 여	100,000	12/31	임 대 료	120,000
12/31	이 자 비 용	60,000			
12/31	감가상각비	48,000			
12/31	소 모 품 비	30,000			
12/31	이익잉여금	112,000			
합 계		370,000	합 계		370,000

(2) 재무상태표계정의 마감

현 금

일자	계정	금액	일자	계정	금액
	전 기 이 월	50,000	2/ 5	소 모 품	50,000
1/ 1	차 입 금	300,000	3/10	광고선전비	20,000
7/ 1	임 대 료	240,000	5/15	비 품	30,000
9/10	매 출	100,000	10/30	급 여	100,000
			12/30	이 자 비 용	50,000
				차 기 이 월	440,000
합 계		690,000	합 계		690,000

차입금

차변	금액	대변	금액
차기이월	500,000	전 기 이 월	200,000
		1/ 1 현 금	300,000
	500,000		500,000

매출채권

차변	금액	대변	금액
전기이월	120,000	차 기 이 월	270,000
4/10 매 출	150,000		
	270,000		270,000

비 품

차변	금액	대변	금액
전기이월	150,000	차 기 이 월	200,000
5/15 현 금	30,000		
5/15 미지급금	20,000		
	200,000		200,000

소모품

차변	금액	대변	금액
2/5 현 금	50,000	12/31소모품비	30,000
		차 기 이 월	20,000
	50,000		50,000

미지급금

차변	금액	대변	금액
차기이월	70,000	전 기 이 월	50,000
		5/15 비 품	20,000
	70,000		70,000

선수임대료

차변	금액	대변	금액
차기이월	120,000	12/31임대료	120,000
	120,000		120,000

미지급이자

차변	금액	대변	금액
차기이월	10,000	12/31이자비용	10,000
	10,000		10,000

건 물

차변	금액	대변	금액
전기이월	280,000	차 기 이 월	280,000
	280,000		280,000

감가상각누계액

차기이월	48,000	12/31감가상각비	48,000
	48,000		48,000

자본금

차기이월	200,000	전기이월	200,000
	200,000		200,000

이익잉여금

차기이월	262,000	전기이월	150,000
		12/31집합손익	112,000
	262,000		262,000

(3) 재무상태표의 작성

재무상태표

㈜나무 20×6. 12. 31

현 금	₩440,000	미 지 급 금	₩70,000
매 출 채 권	270,000	선 수 임 대 료	120,000
소 모 품	20,000	미 지 급 이 자	10,000
건 물	280,000	차 입 금	500,000
감가상각누계액	(28,000)	자 본 금	200,000
비 품	200,000	이 익 잉 여 금	262,000
감가상각누계액	(20,000)		
합 계	₩1,162,000	합 계	₩1,162,000

(4) 포괄손익계산서의 작성

포괄손익계산서

㈜나무 20×6. 1. 1 ~ 20×6. 12. 31

광 고 선 전 비	₩20,000	매 출	₩250,000
급 여	100,000	임 대 료	120,000
이 자 비 용	60,000		
감 가 상 각 비	48,000		
소 모 품 비	30,000		
당 기 순 이 익	112,000		
합 계	₩370,000	합 계	₩370,000

문제 7 기초재무상태표 작성과 기중거래의 분개

다음은 ㈜나무와 관련된 20×6년의 자료이다. ㈜나무의 회계연도는 1월 1일부터 12월 31일까지이다.

(1) 1/ 1 현금 ₩500,000을 주주로부터 출자받아서 ㈜나무를 설립하였다.
(2) 1/ 2 교육사업에 필요한 건물 임차계약을 하고 임차보증금 ₩200,000을 건물주에게 현금으로 지급하였다.
(3) 2/10 강의실을 만들기 위하여 집기비품 ₩80,000을 외상으로 구입하였다.
(4) 2/20 신규개설강의 홍보를 위하여 ₩30,000의 광고비를 현금으로 지급하였다.
(5) 3/ 2 신규수강생을 모집하여 ₩900,000의 수강료를 현금으로 받았다.
동 강의의 종료일은 20×6년 6월 30일이다.
(6) 4/25 직원에 대한 급여 ₩110,000을 현금으로 지급하다.
(7) 6/25 건물에 대한 6개월분 임차료 ₩240,000을 현금으로 지급하다.
(8) 6/30 강사에 대한 강사료 ₩350,000을 현금으로 지급하다.
(강사료는 매출원가라는 비용 계정과목을 사용하기로 한다.)
(9) 7/ 1 ㈜나무는 여유자금 ₩100,000을 은행에 예금하였다. 동 예금의 이자는 20×7년 6월 30일에 현금수령하기로 되어 있고 연이자율은 12%이다.
(10) 8/30 2월 10일에 외상으로 구입했던 집기비품대금 ₩80,000을 현금으로 지급하다.
(11) 10/ 1 신규수강생을 모집하여 ₩500,000의 수강료를 현금으로 받았다. 동 강의의 종료일은 20×7년 3월 31일이다.
(12) 12/25 10월 1일 모집한 강의에 대한 20×6년 귀속 강사료 ₩125,000(3개월분)을 현금으로 지급하다.

물음

1. 위의 자료를 이용하여 20×6년 1월 1일의 재무상태표를 작성하시오.
2. ㈜나무의 20×6년 기중거래를 분개하시오.

해답 및 해설

1. 기초재무상태표 작성

재무상태표

㈜나무			20×6. 1. 1
현 금	₩500,000	자 본 금	₩500,000
합 계	₩500,000	합 계	₩500,000

2. 기중거래의 분개

	일 자	회계처리					
(1)	1/ 1	(차)	현 금	500,000	(대)	자 본 금	500,000
(2)	1/ 2	(차)	임차보증금	200,000	(대)	현 금	200,000
(3)	2/10	(차)	비 품	80,000	(대)	미 지 급 금	80,000
(4)	2/20	(차)	광고선전비	30,000	(대)	현 금	30,000
(5)	3/ 2	(차)	현 금	900,000	(대)	매 출	900,000
(6)	4/25	(차)	급 여	110,000	(대)	현 금	110,000
(7)	6/25	(차)	임 차 료	240,000	(대)	현 금	240,000
(8)	6/30	(차)	매 출 원 가	350,000	(대)	현 금	350,000
(9)	7/ 1	(차)	은 행 예 금	100,000	(대)	현 금	100,000
(10)	8/30	(차)	미 지 급 금	80,000	(대)	현 금	80,000
(11)	10/ 1	(차)	현 금	500,000	(대)	매 출	500,000
(12)	12/25	(차)	매 출 원 가	125,000	(대)	현 금	125,000

문제 8 기말수정분개와 당기순이익 계산

[결산수정사항]
(1) 당기 비품에 대한 감가상각비는 ₩15,000이다.
(2) 20×6년 하반기 6개월에 대한 임차료 ₩240,000이 미지급상태이다.
(3) 10월 초에 수령한 수강료는 6개월 수강료를 선수한 것이다. ㈜나무는 수강료 수령시 매출로 전액 기록한 후 기말에 20×7년 귀속 수강료를 선수금으로 대체하기로 하였다.

[문제 7]에서 작성한 분개와 위의 정보를 이용하여 기말수정분개를 행하고 ㈜나무의 20×6년도 당기순이익을 계산하고 20×6년 말 재무상태표에 표시될 기말자본금액을 계산하시오.

해답 및 해설

1. 기말수정분개

(1) 감가상각

(차)	감 가 상 각 비	15,000	(대) 감가상각누계액	15,000

(2) 미지급임차료

(차)	임 차 료	240,000	(대) 미지급임차료	240,000

(3) 선수금

(차)	매 출	250,000	(대) 선 수 금	250,000

* 수강료선수액 : ₩500,000×3월/6월=₩250,000

(4) 미수이자

(차)	미 수 이 자	6,000	(대) 이 자 수 익	6,000

* 미수이자 : ₩100,000×12%×6월/12월=₩6,000

2. 20×6년 당기순이익

(1) 기말수정분개전	당 기 순 이 익	₩545,000*
(2) 기말수정사항 :	감 가 상 각	(15,000)
	임 차 료	(240,000)
	선 수 금	(250,000)
	이 자 수 익	6,000
(3) 수정분개후	당 기 순 이 익	₩46,000

* 2/20	광고선전비	₩(30,000)
3/ 2	매 출	900,000
4/25	급 여	(110,000)
6/25	임 차 료	(240,000)
6/30	매출원가	(350,000)
10/ 1	매 출	500,000
12/25	매출원가	(125,000)
	계	₩545,000

3. 20×6년 말 자본

(1) 20×6년 초 자본	₩500,000
(2) 20×6년 당기순이익	46,000
(3) 20×6년 말 자본	₩546,000

Chapter

03

상기업의 결산

7판

IFRS 회계원리

Chapter 03 상기업의 결산

ACCOUNTING PRINCIPLES

제 1 절 상품매매거래의 의의

앞 장에서는 서비스업을 영위하는 기업의 결산과정에 대해서 살펴보았는데 이번 장에서는 상품매매업을 영위하는 기업의 결산과정에 대해서 살펴보겠다. 상기업의 회계처리는 기본적으로는 서비스업의 회계처리와 차이가 없지만 상품매매거래가 추가적으로 나타나게 된다. 상품매매거래에 대한 회계처리는 다소 복잡하므로 본 장에서 자세히 살펴보도록 하겠다. 상품을 판매하고 이익을 얻은 경우에 경영성과를 어떻게 포괄손익계산서에 보고할 것인지에 대해 살펴보자. 이를 위해 ₩600,000의 상품을 ₩1,000,000의 현금을 받고 판매한 경우를 생각해 보자. 상기업의 경우 상품을 판매하는 것이 주요한 영업활동이므로 이 거래로 인한 경영성과를 구분해 보면 다음과 같다.

수 익 (매 출)	₩1,000,000	→ 영업활동을 수행하여 번 돈
비 용 (매 출 원 가)	600,000	→ 수익창출과정에서 지출한 원가
상 품 매 출 이 익	₩400,000	→ 총수익에서 총비용을 차감한 금액

이와 같은 경영성과를 포괄손익계산서에 보고하는 방법에는 ① 상품매출이익만을 표시하는 방법과 ② 매출과 매출원가를 모두 표시하는 방법이 있다.

상품매출이익만을 표시하는 방법

포괄손익계산서에 상품매출이익만이 표시되도록 하려면 이 거래를 다음과 같이 분개해서 총계정원장에 전기해야 한다.

(차)	현 금	1,000,000	(대)	상 품	600,000
				상 품 매 출 이 익	400,000

이 분개에 따라 포괄손익계산서를 작성하면 상품매출이익만이 포괄손익계산서에 표시되고 매출과 매출원가에 대한 정보는 포괄손익계산서에 나타나지 않는다.

매출과 매출원가를 모두 표시하는 방법

포괄손익계산서에 매출과 매출원가를 모두 표시하기 위해서는 매출과 매출원가를 별도의 거래로 구분해서 다음과 같이 분개하고 총계정원장에 전기해야 한다.

(차)		(대)	
현 금	1,000,000	매 출	1,000,000
매 출 원 가	600,000	상 품	600,000

이 분개를 기초로 포괄손익계산서를 작성하면 매출 ₩1,000,000이 수익으로 표시되고 매출원가 ₩600,000이 비용으로 표시되어 그 차이로 매출총이익 ₩400,000을 나타낸다. 이처럼 두 가지 방법에 따라 회계처리를 한 경우 포괄손익계산서에 표시되는 정보의 내용이 달라지는데 그 내용을 구체적으로 포괄손익계산서에 표시해보면 다음과 같다.

〈상품매출이익만을 표시〉
포괄손익계산서

비 용		수 익	
⋮	⋮	상품매출이익	400,000
			⋮
이 익			
상품매출이익	400,000		
합 계		합 계	

〈매출과 매출원가를 모두 표시〉
포괄손익계산서

비 용		수 익	
매 출 원 가	600,000	매 출	1,000,000
	⋮		⋮
이 익			
매출총이익	400,000		
합 계		합 계	

두 가지 포괄손익계산서를 살펴보면 매출과 매출원가를 모두 표시하는 방법이 수익창출활동에 대한 자세한 정보를 제공하는 것을 알 수 있다. 그 이유는 상품판매를 통해서 얻은 총수익(매출)과 그 과정에서 지출된 총비용(매출원가)이 모두 나타나고 그 차이로 이익(매출총이익)을 표시하기 때문이다. 반면에 상품매출이익만을 표시하는 방법을 이용하는 경우에는 총수익에서 총비용을 차감한 이익(순액)정보만을 표시하므로 정보이용자가 기업의 영업활동에 대한 충분한 정보를 얻을 수 없다. 따라서 상품매매거래를 회계처리 할 때는 매출과 매출원가를 모두 표시하는 방법을 사용한다.

제 2 절 상품매매거래의 기장방법

앞 절에서 살펴본 바와 같이 상품매매거래는 매출과 매출원가를 모두 표시할 수 있도록 회계처리해야 하는데 그 방법에는 계속기록법과 실지재고조사법이 있다. 계속기록법은 상품판매거래가 발생할 때마다 철저하게 장부에 기록하는 방법이고 실지재고조사법은 기말에 남아있는 재고를 파악하여 이를 기초로 매출원가와 관련된 분개를 한번만 실시하는 방법인데 이에 대해 자세히 살펴보도록 하자.

1. 계속기록법

계속기록법(perpetual inventory method)은 상품을 구입할 때마다 상품계정에 기록하며 상품을 판매하는 경우에 판매시점마다 매출액만큼을 수익으로 기록하고 동시에 상품원가를 매출원가로 기록하는 방법이다.

계속기록법을 사용하는 경우에 상품계정의 차변에는 기초상품과 당기매입한 상품이 계속적으로 기록되고 상품계정의 대변에는 상품이 판매될 때마다 계속적으로 매출원가로 전기되므로 특정시점의 상품계정잔액은 해당시점의 상품재고액[1)]을 나타낸다. 이를 T계정에 나타내보면 다음과 같다.

상 품(계속기록법 적용)

차변	대변
기 초 상 품 (= 기초재고)	판매된 상품의 원가 (= 매출원가)
당기매입상품원가 (= 당기매입액)	기 말 상 품 (= 기말재고)

다음 예제를 기초로 계속기록법으로 상품을 분개하는 경우에 상품계정과 매출원가계정이 어떻게 표시되는지 살펴보자.

1) 계속기록법을 통해서 상품계정에 나타나는 상품재고액은 장부재고금액이다. 따라서, 그 시점에 창고에 가서 재고실사를 했을 때 파악되는 실지재고금액과는 차이가 존재할 수 있다. 특정시점에 장부재고금액보다 실지재고금액이 더 작을 때 이 차이금액을 재고자산감모손실이라고 하는데 여기에 대해서는 제5장에서 자세하게 설명한다.

예제 3-1

계속기록법

나무회사는 20×1년 1월 1일에 ₩200,000의 상품을 보유하고 있으면서 다음과 같은 영업활동을 수행하였다.

2월 5일 ₩400,000의 상품을 현금지급하고 매입하다.
3월 10일 ₩300,000의 상품을 ₩600,000의 현금을 받고 판매하다.
4월 15일 ₩200,000의 상품을 ₩350,000의 현금을 받고 판매하다.
6월 20일 ₩200,000의 상품을 현금을 지급하고 매입하다.

요구사항

1. 거래를 분개하시오.
2. 상품계정과 관련된 분개의 내용을 T계정에 전기하시오.

해답

1. 분 개

일 자	회계처리					
2월 5일	(차)	상품	400,000	(대)	현금	400,000
3월 10일	(차)	현금	600,000	(대)	매출	600,000
		매출원가	300,000		상품	300,000
4월 15일	(차)	현금	350,000	(대)	매출	350,000
		매출원가	200,000		상품	200,000
6월 20일	(차)	상품	200,000	(대)	현금	200,000

2. 전 기

상 품

차변		대변	
1/ 1 기초상품	200,000	3/10 매출원가	300,000
2/ 5 현금	400,000	4/15 매출원가	200,000
6/20 현금	200,000		

매출원가

차변		대변
3/10 상품	300,000	
4/15 상품	200,000	

예제에서 살펴본 바와 같이 계속기록법을 적용하면 상품계정은 어느 시점에서든 해당 시점의 상품잔액으로 표시된다. 즉, 계속기록법을 적용하면 매출원가금액이 먼저 결정되고 판매가능상품(기초상품+당기매입액)에서 매출원가를 차감해서 기말상품재고액이 결정되며 기말에 별도의 수정분개는 필요하지 않다. 계속기록법에서 기말재고를 계산하는 방법을 공식으로 표시하면 다음과 같다.

기말재고 계산공식

판매가능상품	−	판매된 상품원가	=	기말상품재고액
기초상품 + 당기매입액		매출원가		

예제의 매출원가를 T계정을 이용하지 않고 이 공식을 이용해서 계산하면 다음과 같이 ₩500,000이 되며 기말상품재고액은 ₩300,000이 된다.

판매가능상품	−	판매된 상품원가	=	기말상품재고액
₩200,000 + 600,000		₩300,000 + 200,000		₩300,000

한편, 계속기록법은 매 시점마다 재고자산을 파악할 수 있는 장점이 있지만, 실무에서 사용하려면 매일매일 수많은 상품판매가 일어날 때마다 상품금액을 파악하고 분개를 해야 하므로 적용하기가 어렵다. 따라서 고가의 미술공예품상이나 귀금속상처럼 거래가 빈번하지 않은 상품을 판매하는 경우에만 제한적으로 사용된다.

2. 실지재고조사법

오늘날 많은 기업들은 취급하는 상품의 품목도 많고 상품판매거래도 빈번하게 이루어지므로 계속기록법을 적용하는 경우 매번 판매한 상품의 원가를 파악하는 것도 어렵고 매입액의 총규모도 파악하기 어렵다. 이런 문제를 해소할 수 있도록 상품계정을 의미있게 구분해서 회계처리하는 방법에 실지재고조사법이 있다. 실지재고조사법(physical inventory method)은 상품을 판매하는 시점에는 매출만 기록하고 매출원가는 회계연도말의 결산시점에 파악하여 한 번에 기록하는 방법이다.

실지재고조사법의 회계처리

실지재고조사법을 적용하면 회계기간 중에는 상품을 판매하는 시점에는 매출원가를 기록하지 않고 상품을 매입하는 경우에만 회계처리를 한다. 이때에도 상품계정에 바로 기록하지 않고 매입계정(purchase)을 별도로 설정해서 총매입액을 파악할 수 있도록 한다. 기말시점에는 창고에 보유하고 있는 재고를 확인해서 판매가능상품(기초상품+당기매입액)에서 기말상품재고액을 제외한 나머지 금액을 매출원가로 처리한다. 즉, 실지재고조사법에서는 기말상품재고액을 먼저 파악한 뒤에 판매가능상품에서 기말재고를 차감해서 가장 마지막에 매출원가를 계산한다.

매출원가 계산공식

판매가능상품		기말재고실사		매출원가
기초상품 + 당기매입액	−	기말상품재고액	=	

이와 같은 방법으로 상품과 매출원가를 관리하는 실지재고조사법을 적용하는 경우에도 기말상품재고액과 매출원가금액은 계속기록법과 동일하다. 실지재고조사법에 따라 거래가 일어나는 시점별로 수행해야 하는 분개를 살펴보면 다음과 같다.

① 상품매입시점

(차)	매 입	×××	(대)	현 금	×××

② 상품판매시점

(차)	현 금	×××	(대)	매 출	×××

③ 기말수정분개

(차)	상 품(기말)	×××	(대)	상 품(기초)	×××
	매 출 원 가	×××		매 입	×××

다음 예제를 기초로 실지재고조사법으로 상품을 분개하는 경우에 상품계정과 매출원가계정이 어떻게 표시되는지 살펴보자.

예제 3-2
실지재고조사법

[예제 3-1]의 자료를 이용하시오. 기말에 창고에 보관되어 있는 상품재고를 확인한 결과 ₩300,000에 상당하는 상품이 보관되어 있었다.

요구사항

1. 결산시점의 수정분개를 포함해서 거래를 분개하시오.
2. 상품계정과 관련된 분개의 내용을 T계정에 전기하시오.

해답

1. 분 개

일 자	회계처리			
2월 5일	(차) 매 입	400,000	(대) 현 금	400,000
3월 10일	(차) 현 금	600,000	(대) 매 출	600,000
4월 15일	(차) 현 금	350,000	(대) 매 출	350,000
6월 20일	(차) 매 입	200,000	(대) 현 금	200,000
결산시점	(차) 상 품(기말)	300,000	(대) 상 품(기초)	200,000
	매 출 원 가	500,000*	매 입	600,000

* 매출원가 : ₩200,000 (기초상품) + 600,000 (매 입) − 300,000 (기말상품) = ₩500,000

2. 전 기

상 품

차변		대변	
1/ 1기초상품	200,000	12/31매출원가	200,000
12/31매출원가	300,000		

매출원가

차변		대변	
12/31기초상품	200,000	12/31기말상품	300,000
12/31매 입	600,000		

매 입

차변		대변	
2/ 5현 금	400,000	12/31매출원가	600,000
6/20현 금	200,000		

예제에서 살펴본 바와 같이 실지재고조사법을 적용하면 상품을 판매하는 시점에는 매출액만을 수익으로 기록하고 매출원가는 계산하지 않는다. 상품을 매입하는 시점에 매입이라는 별도계정에 상품매입액을 기록한다. 따라서 회계기간 중에는 상품계정에 전기할 금액이 없어서 결산시점까지 상품계정은 기초상품금액으로 기록되어 있다. 그리고 결산시점에 기초상품과 매입액을 모두 매출원가에 가산한 뒤에 기말상품재고금액을 차감해서 매출원가를 계산한다. 실지재고조사법을 사용하더라도 매출원가 ₩500,000과 기말상품재고금액 ₩300,000은 계속기록법과 동일하다.

	계속기록법	실지재고조사법
상품매입시점	(차) 상　품 ××× (대) 현　금 ×××	(차) 매　입 ××× (대) 현　금 ×××
상품판매시점	(차) 현　금 ××× (대) 매　출 ××× (차) 매출원가 ××× (대) 상　품 ×××	(차) 현　금 ××× (대) 매　출 ××× * 매출원가 분개는 없다.
기말결산시점	별도의 기말수정분개가 없다.	(차) 상품(기말) ××× (대) 상품(기초) ××× 매출원가 ××× 매　입 ×××

참고로 실지재고조사법의 기말수정분개를 기초상품과 당기매입액 및 기말상품을 구분해서 3개의 분개로 나누어 회계처리하는 경우도 있는데 예제 2의 기말수정분개를 3개의 분개로 구분해서 회계처리하면 다음과 같다.

① 기초상품의 매출원가 가산

(차) 매 출 원 가	200,000	(대) 상 품 (기 초)	200,000

② 당기매입액의 매출원가 가산

(차) 매 출 원 가	600,000	(대) 매 입	600,000

③ 기말상품의 매출원가 차감

(차) 상 품 (기 말)	300,000	(대) 매 출 원 가	300,000

위의 회계처리를 결합해 보면 다음과 같다.

(차) 매 출 원 가	200,000	(대) 상 품 (기 초)	200,000
(차) 매 출 원 가	600,000	(대) 매 입	600,000
(차) 상 품 (기 말)	300,000	(대) 매 출 원 가	300,000

매출원가계정 금액을 순액으로 기록하면 차변에 ₩500,000만 나타나게 된다. 이는 예제 2의 기말수정분개와 일치함을 알 수 있다. 본 서에서는 매출원가를 순액으로 기록한 예제 2의 방법으로 기말수정분개를 수행할 것임을 부언해 둔다.

제 3 절 상기업 결산사례

지금까지 상기업의 상품매매거래에 대한 회계처리를 살펴보았다. 실무에서 대부분의 상기업은 실지재고조사법에 따라 상품매매거래를 회계처리한다. 이번 절에는 실지재고조사법을 적용하는 경우 결산의 전체과정을 이해할 수 있도록 예제를 이용해서 결산과정을 살펴보도록 하겠다.

1. 기중회계처리

실지재고조사법을 사용하는 경우 회계기간 중에는 매출원가를 계산하지 않는다. 상품을 판매하는 경우에 매출만 기록하고 매출원가를 별도로 분개하지 않으며 상품을 매입하는 경우에도 매입계정에 기록한다. 이와 같은 회계기간 중의 회계처리를 다음 종합예제를 이용해서 살펴보자.

예제 3-3
상기업의 기중회계처리

다음은 나무회사의 20×2년 1월 1일의 재무상태표이며 12월 31일까지 발생한 거래는 다음과 같다. 회사는 실지재고조사법으로 상품회계처리를 하고 있다.

재무상태표

20×2. 1. 1

자 산		부 채	
현 금	₩200,000		₩0
상 품	300,000	자 본	
보 증 금	200,000	자 본 금	600,000
토 지	100,000	이익잉여금	200,000
합 계	₩800,000	합 계	₩800,000

2월 10일 ₩400,000의 현금을 받고 상품을 판매하다.
4월 12일 ₩200,000의 상품을 현금지급하고 매입하다.
6월 25일 ₩350,000의 현금을 받고 상품을 판매하다.
8월 20일 ₩150,000의 상품을 현금지급하고 매입하다.

요구사항

1. 거래를 분개하시오.
2. 상품, 매입, 매출원가 및 매출계정을 T계정에 전기하시오.

해답

1. 분 개

일 자	회 계 처 리					
2월 10일	(차) 현	금	400,000	(대) 매	출	400,000
4월 12일	(차) 매	입	200,000	(대) 현	금	200,000
6월 25일	(차) 현	금	350,000	(대) 매	출	350,000
8월 20일	(차) 매	입	150,000	(대) 현	금	150,000

2. 전 기

상 품

차변	대변
1/ 1 기초상품 300,000	

매출원가

차변	대변

매 입

차변	대변
4/12 현 금 200,000	
8/20 현 금 150,000	

매 출

차변	대변
	2/10 현 금 400,000
	6/25 현 금 350,000

예제에서 알 수 있는 것처럼 실지재고조사법은 회계기간 중에 매출원가를 계산하지 않으므로 회계처리가 간편해지고 기중 총매입금액도 파악할 수 있다.

2. 기말수정분개

실지재고조사법을 적용하는 경우에 기말에는 상품계정과 관련된 기말수정분개를 해야 한다. 즉, 기초상품재고액과 당기매입액을 매출원가에 가산하여 판매가능상품금액을 파악하고 기말상품재고액을 매출원가에서 차감하여 실제로 판매된 금액이 매출원가계정에 남도록 하는 분개를 해야 한다.

Chapter 3

예제 3-4
기말수정분개

[예제 3-3]의 자료를 이용하시오. 단, 기말상품재고금액은 창고에서 확인한 결과 ₩250,000이었다.

요구사항

1. [예제 3-3]의 내용을 기초로 기말수정분개를 하시오.
2. 수정분개를 전기하여 상품, 매입, 매출원가 및 매출계정을 T계정에 전기하시오.

해답

1. 기말수정분개

	차변	금액		대변	금액
(차)	상품(기말)	250,000	(대)	상품(기초)	300,000
	매출원가	400,000		매입	350,000

2. 전 기

상 품

1/ 1기초상품 300,000	12/31매출원가 300,000
12/31매출원가 250,000	

매출원가

12/31기초상품 300,000	12/31기말상품 250,000
12/31매 입 350,000	

매 입

4/12현 금 200,000	12/31매출원가 350,000
8/20현 금 150,000	

매 출

	2/10현 금 400,000
	6/25현 금 350,000

3. 정산표와 재무제표

일반적인 결산절차를 통해서 재무상태표와 포괄손익계산서가 작성되는 과정은 다소 복잡하므로 간단히 정산표를 작성해서 상기업에서 재무상태표와 포괄손익계산서가 만들어지는 절차를 살펴보자. 우선 정산표에 수정전시산표를 기록하고 수정분개를 반영하여 수정후시산표를 만들고 나면 재무상태표계정을 모아서 재무상태표를 작성하고 포괄손익계산서계정을 모아서 포괄손익계산서를 작성한다.

예제 3-5
정산표의 작성

[예제 3-3]과 [예제 3-4]의 자료를 이용하시오.

요구사항

1. 10위식 정산표를 작성하시오.
2. 20×2년 12월 31일의 재무상태표와 20×2년도 포괄손익계산서를 작성하시오.

해답

1. 정산표

(단위 : 천원)

계정과목	수정전시산표		기말수정분개		수정후시산표		포괄손익계산서		재무상태표	
	차 변	대 변	차 변	대 변	차 변	대 변	차 변	대 변	차 변	대 변
현 금	600				600				600	
상 품	300		250	300	250				250	
보 증 금	200				200				200	
토 지	100				100				100	
자 본 금		600				600				600
이익잉여금		200				200				200
매 출		750				750		750		
매 입	350			350						
합 계	1,550	1,550								
매 출 원 가			400		400		400			
		합 계	650	650	1,550	1,550				
						소 계	400	750	1,150	800
						당기순이익	350[*1]			350[*2]
							750	750	1,150	1,150

*1. 포괄손익계산서의 차변(비용)합계와 대변(수익)합계의 차이로 계산
2. 재무상태표계정의 차변(자산)합계와 대변(부채와 자본)합계의 차이로 계산

2. 포괄손익계산서와 재무상태표

포괄손익계산서
20×2. 1. 1 ~ 12. 31

비 용		수 익	
매출원가	400,000	매 출	750,000
이 익			
당기순이익	350,000*1		
합 계	750,000	합 계	750,000

재무상태표
20×2. 12. 31

자 산		부 채	
현 금	600,000		0
상 품	250,000	자 본	
보증금	200,000	자본금	600,000
토 지	100,000	이익잉여금	550,000*2
합 계	1,150,000	합 계	1,150,000

*1. 당기순이익 : ₩750,000(수 익) − 400,000(비 용) = ₩350,000

2. 기말이익잉여금 : ₩200,000(기초이익잉여금) + 350,000(당기순이익) = ₩550,000

제 4 절 순매출액과 순매입액

지금까지는 매출과 매입관련 조정항목에 대해서는 살펴보지 않았다. 실무에서는 매출과 관련하여 매출환입, 매출에누리, 매출할인과 같은 조정항목이 발생하고 매입과 관련하여 매입환출, 매입에누리, 매입할인과 같은 조정항목이 발생한다. 본 절에서는 이들 조정항목의 성격을 살펴보고 순매출액과 순매입액 계산방법을 정리하도록 하겠다.

1. 순매출액

포괄손익계산서에 계상되는 매출액은 순매출액이다. 순매출액은 다음과 같이 계산한다.

> 순매출액 = 총매출액 − 매출환입 − 매출에누리 − 매출할인

여기서 '매출환입(sales returns)'은 결함이나 규격미달인 상품을 매입자로부터 반품을 받은 것을 말하고, '매출에누리(sales allowances)'는 제품의 결함이나 불량 등으로 매입자에게 가격을 깎아 주는 것을 말하며, '매출할인(sales discount)'은 외상으로 판매한 매출채권을 조기에 결제하는 경우에 대금의 일부를 면제해 주는 것을 말한다.

(1) 매출에누리와 매출환입

매출에누리와 매출환입이 발생할 경우 매출 계정을 직접 감소시킬 수도 있고 매출에누리와 매출환입이라는 별도의 계정을 설정하여 기록할 수도 있다. 또는 매출에누리와 매출환입을 합하여 매출에누리와환입이라는 계정을 설정하여 기록할 수도 있다. 일반적으로 실무에서는 총계정원장에 매출에누리와환입이라는 별도의 계정을 설정하여 관리하고 포괄손익계산서에 공시할 때 총매출액에서 매출에누리와환입을 차감하여 순매출액으로 공시한다.

예제 3-6
매출에누리와환입

㈜나무는 매출액과 관련해서 다음과 같은 거래가 발생하였다.

12월 1일 상품을 거래처에 외상으로 ₩200,000에 판매하였다.
12월 5일 상품에 하자가 있어서 ₩20,000의 상품이 반품되었다.
12월 10일 상품 중 일부가 파손되어 상품대금 중에서 ₩10,000을 깎아주었다.

요구사항

1. 매출에누리와환입계정을 사용하지 않는 경우에 각 날짜별로 회계처리를 하시오.
2. 매출에누리와환입계정을 사용하는 경우에 각 날짜별로 회계처리를 하시오.

해답

1. 매출에누리와환입계정을 사용하지 않는 경우

일 자	회계처리			
12월 1일	(차) 매 출 채 권	200,000	(대) 매 출	200,000
12월 5일	(차) 매 출	20,000	(대) 매 출 채 권	20,000
12월 10일	(차) 매 출	10,000	(대) 매 출 채 권	10,000

2. 매출에누리와환입계정을 사용하는 경우

일 자	회계처리			
12월 1일	(차) 매 출 채 권	200,000	(대) 매 출	200,000
12월 5일	(차) 매출에누리와환입	20,000	(대) 매 출 채 권	20,000
12월 10일	(차) 매출에누리와환입	10,000	(대) 매 출 채 권	10,000

예제에서 살펴본 바와 같이 매출에누리와환입계정을 사용하지 않는 경우에는 매출액계정이 총매출액에서 매출에누리와환입을 차감한 순액이 남아서 포괄손익계산서의 매출액으로 표시된다. 반면에 매출에누리와환입계정을 사용하면 매출액계정은 총매출액이 집계되어 있고 매출에누리와환입 금액은 별도의 계정으로 집계된다. 따라서 포괄손익계산서에 표시할 때는 매출액계정의 잔액에서 매출에누리와환입계정의 잔액을 차감한 순매출액을 포괄손익계산서에 표시해야 한다. 결론적으로 어느 방법을 사용하든 포괄손익계산서에는 순매출액이 표시된다. 예제에서도 포괄손익계산서에 매출액은 ₩170,000(₩200,000－20,000－10,000)으로 표시된다.

(2) 매출할인

'매출할인'은 외상으로 판매한 매출채권을 조기에 결제하는 경우에 대금의 일부를 면제해 주는 것을 말한다. 외상거래의 매출할인의 조건은 다음과 같다.

- 2/10, n/30

  외상거래일로부터 10일 이내에 대금을 지급하는 경우에는 2%를 할인해주고 그 후로는 할인은 없으며 외상거래일로부터 30일 이내에는 대금을 지급하는 조건이다.

- 2/10, n/EOM

  외상거래일로부터 10일 이내에 대금을 지급하는 경우에는 2%를 할인해주고 그 후로는 할인은 없으며 판매한 달의 월말(end of month)까지 대금을 지급하는 조건이다. 이와 같은 조건에 따라 매출할인을 제공하는 경우에 매출할인을 회계처리하는 방법에는 총액법과 순액법이 있다.

  ① 총액법

  매출시점에 매출할인을 고려하지 않고 총액으로 매출과 매출채권을 기록하는 방법이다. 이 방법에 의하면 매출할인이 발생하는 경우에 매출할인을 기록하고 매출액에서 차감하는 방법이다.

  ② 순액법

  매출시점에 총매출액에서 매출할인액을 제외한 순매출액으로 매출과 매출채권을 기록하는 방법이다. 이 방법에 의하면 매출할인이 발생하지 않는 경우에 매출할인 대상금액을 이자수익으로 기록한다. 경영관리상 이자수익을 할인기간경과이익이라는 별도의 계정으로 관리할 수도 있다.

총액법과 순액법이 어떻게 회계처리 되는지를 이해하기 위해서 다음 예제를 살펴보자.

예 제 3-7

매출할인의 회계처리-총액법과 순액법

㈜나무는 다음과 같이 상품을 판매하고 대금을 회수하였다.

1월 10일 상품 ₩200,000을 2/10, n/30의 조건으로 외상판매하였다.
1월 15일 매출채권의 50%를 회수하면서 ₩98,000의 현금을 수령하였다.
1월 25일 매출채권의 50%를 회수하면서 ₩100,000의 현금을 수령하였다.

요구사항

일자별로 총액법과 순액법에 따라 회계처리하시오.

해답

	총 액 법	순 액 법
1/10	(차)매출채권 200,000 (대)매　　출 200,000	(차)매출채권 196,000 (대)매　　출 196,000 * ₩200,000×98%=₩196,000
1/15	(차)현　　금 98,000 (대)매출채권 100,000 매출할인 2,000	(차)현　　금 98,000 (대)매출채권 98,000
1/25	(차)현　　금 100,000 (대)매출채권 100,000	(차)현　　금 100,000 (대)매출채권 98,000 이자수익 2,000

기업회계기준에서는 총액법으로 해야 하는지 순액법으로 해야 하는지에 대한 명시적인 규정이 없고 매출할인 또는 매입할인의 용어만 언급되고 있다. 저자의 견해로는 매출할인 또는 매입할인의 용어가 언급되고 있고 현행 실무에서 총액법으로 더 많이 회계처리하고 있는 점 등을 감안해 보았을 때 총액법으로 회계처리하는 것이 더 타당하다고 판단된다.

(3) 순매출액의 산정

앞에서 살펴본 바와 같이 총계정원장에는 매출에누리와환입, 매출할인과 같은 매출 관련 조정항목을 구분하여 관리한다. 따라서 기말에 포괄손익계산서에 순매출액을 공시하기 위해서는 다음과 같은 기말수정분개가 필요하다.

(차) 매 출	×××	(대) 매출에누리와환입	×××
		매 출 할 인	×××

순매출액을 산정하는 방법은 다음의 예제를 이용해서 살펴보도록 하자.

예제 3-8 순매출액의 산정

㈜나무는 다음과 같이 상품을 판매하고 대금을 회수하였다. 매출할인은 총액법을 사용하고 있으며 경영관리를 위해서 매출에누리와환입 계정 및 매출할인 계정을 사용하고 있다.

12월 10일 상품을 ₩240,000을 2/10, n/30의 조건으로 외상판매하였다.
12월 12일 상품에 하자가 있어서 ₩25,000의 상품이 반품되었다.
12월 14일 상품 중 일부가 파손되어 상품대금 중에서 ₩15,000을 깎아주었다.
12월 18일 매출채권 중에서 ₩100,000을 매출할인을 제외한 금액으로 회수하였다.
12월 25일 남아있는 매출채권 전액을 회수하면서 ₩100,000의 현금을 수령하였다.

요구사항

1. 회계기간 중의 거래를 일자별로 회계처리를 하시오.
2. 12월 31일에 순매출액을 산정하기 위한 기말수정분개를 하시오.

해답

1. 회계기간 중의 거래

일 자	회 계 처 리			
12월 10일	(차) 매 출 채 권	240,000	(대) 매 출	240,000
12월 12일	(차) 매출에누리와환입	25,000	(대) 매 출 채 권	25,000
12월 14일	(차) 매출에누리와환입	15,000	(대) 매 출 채 권	15,000
12월 18일	(차) 현 금	98,000 *	(대) 매 출 채 권	100,000
	매 출 할 인	2,000		
	* 현금수령액 : ₩100,000 − 100,000 × 2% = ₩98,000			
12월 25일	(차) 현 금	100,000	(대) 매 출 채 권	100,000

2. 순매출액 산정을 위한 기말수정분개

일 자	회 계 처 리			
12월 31일	(차) 매 출	42,000	(대) 매출에누리와환입	40,000
			매 출 할 인	2,000

예제에서 살펴본 바와 같이 매출계정에 매출에누리와환입계정 및 매출할인계정의 잔액을 차감해서 순매출액을 계산한 후에 포괄손익계산서는 순매출액으로 공시한다. 각 계정의 잔액이 어떻게 기록되는지는 다음의 T계정을 살펴보면 보다 명확하게 이해할 수 있다.

매출에누리와환입

12/12	25,000	12/31	40,000
12/14	15,000		
합 계	40,000	합 계	40,000

매 출

12/31	40,000	12/10	240,000
12/31	2,000		

매출할인

12/18	2,000	12/31	2,000
합 계	2,000	합 계	2,000

2. 순매입액

포괄손익계산서에서 매출원가를 계산하기 위한 산식은 다음과 같다.

> 매출원가 = 기초상품재고금액 + 당기상품매입액 − 기말상품재고금액

여기서 당기상품매입액은 순매입액을 말한다. 순매입액은 다음과 같이 계산한다.

> 순매입액 = 총매입액 − 매입환출 − 매입에누리 − 매입할인

매입액의 차감적 조정항목인 매입환출, 매입에누리, 매입할인에 대해서 자세하게 살펴보도록 하자.

(1) 매입에누리와 매입환출

'매입에누리(purchase allowance)'는 매입한 재고자산에 결함이나 규격과의 불일치 등으로 불만족스러운 부분이 있어서 매입액을 깎아 주는 것을 말하고 '매입환출(purchase return)'은 매입한 재고자산의 하자로 인해서 판매자에게 되돌려 보낸 것을 말한다.

예 제 3-9
매입에누리와환출

㈜나무에 다음과 같은 거래가 발생하였다.

11월 10일 ₩300,000의 상품을 거래처에서 외상으로 매입하였다.
11월 12일 상품에 하자가 있어서 ₩60,000의 상품을 반품하였다.
11월 20일 상품 중 일부가 파손되어 거래처에서 상품대금 중에서 ₩40,000을 깎아 주었다.

요구사항

각 거래에 대해 필요한 분개를 하시오. 단, ㈜나무는 실지재고조사법을 사용한다.

해답

일 자	회계처리			
11월 10일	(차) 매 입	300,000	(대) 매 입 채 무	300,000
11월 12일	(차) 매 입 채 무	60,000	(대) 매입에누리와환출	60,000
11월 20일	(차) 매 입 채 무	40,000	(대) 매입에누리와환출	40,000

예제에서 살펴본 것처럼 매입에누리와환출을 별도의 계정에 집계하며 결산시점에 매입액에서 차감한다. 예제의 경우 순매입액은 매입에누리와환출을 제외한 ₩200,000이 된다.

(2) 매입할인

'매입할인(purchase discount)'은 재고자산을 구입하고 매입채무를 조기에 결제해서 대금의 일부를 감액 받은 것을 말한다. 매입할인을 회계처리하는 방법에도 앞에서 살펴본 매출할인과 마찬가지로 총액법과 순액법이 있다.

예 제 3-10
매입할인의 회계처리 – 총액법과 순액법

㈜나무에 다음과 같은 거래가 발생하였다. ㈜나무는 실지재고조사법을 사용한다.

11월 10일 ₩200,000의 상품을 거래처에서 외상으로 매입하였다.(매입조건 2/10, n/30)
11월 15일 10일 이내에 매입채무의 50%를 현금으로 지급하였다.
11월 25일 매입채무의 50%를 현금으로 지급하였다.

요구사항

1. 총액법과 순액법에 따라 각 거래에 대해 필요한 분개를 하시오.
2. 총액법과 순액법에 따라 매입액을 계산하시오.

해답

1. 거래의 분개

거래내용	총 액 법				순 액 법			
11월 10일 외상매입	(차) 매 입	200,000	(대) 매입채무	200,000	(차) 매 입	196,000*	(대) 매입채무	196,000
11월 15일 (할인기간내지급)	(차) 매입채무	100,000	(대) 현 금	98,000	(차) 매입채무	98,000	(대) 현 금	98,000
			매입할인	2,000				
11월 25일 (할인기간후지급)	(차) 매입채무	100,000	(대) 현 금	100,000	(차) 매입채무	98,000	(대) 현 금	100,000
					이자비용	2,000		

* 순매입액 ₩200,000×(1−0.02)=₩196,000

2. 매입액
   (1) 총액법 ₩200,000 − 2,000 = ₩198,000
   (2) 순액법 ₩196,000(이자비용 ₩2,000)

포괄손익계산서에 미치는 영향은 총액법과 순액법이 동일하다.

3. 종합사례 – 순매출액과 순매입액의 산정

다음 예제를 통해서 지금까지 살펴본 내용을 정리해 보도록 한다.

예제 3–11
상기업의 결산

다음은 ㈜나무의 약식 잔액시산표와 결산조정사항이다.

수정전시산표

⋮		⋮	
상 품	₩80,000	⋮	
⋮		⋮	
매 입	600,000	매 출	₩1,000,000
⋮		⋮	
매출에누리와환입	100,000	매입에누리와환출	80,000
매 출 할 인	50,000	매 입 할 인	10,000

〈결산조정사항〉

㈜나무는 실지재고조사법을 사용하고 있으며 기말 재고실사결과 실지재고금액은 ₩100,000이다.

요구사항

1. ㈜나무의 상품관련 기말수정분개를 하시오.
2. ㈜나무의 수정후시산표를 작성하시오.
3. ㈜나무의 상품관련 부분 재무상태표와 매출총이익관련 부분 포괄손익계산서를 작성하시오.

해답

1. 기말수정분개

(1) 순매입액

(차)	매입에누리와환출	80,000	(대)	매입	90,000
	매입할인	10,000			

(2) 매출원가

(차)	상품(기말)	100,000	(대)	상품(기초)	80,000
	매출원가	490,000		매입	510,000

(3) 순매출액

(차)	매출	150,000	(대)	매출에누리와환입	100,000
				매출할인	50,000

2. 수정후시산표

수정후시산표

⋮		⋮	
상품	₩100,000	⋮	
⋮		매출	₩850,000
매출원가	490,000	⋮	

3. 부분 재무제표

부분 재무상태표

⋮		⋮	
상품	₩100,000	⋮	

부분 포괄손익계산서[2)]

매 출 액			₩850,000
매 출 원 가			(490,000)
	기초상품재고액	₩80,000	
	당기상품매입액	510,000	
	기말상품재고액	(100,000)	
매 출 총 이 익			360,000
⋮			

2) 이와 같은 형식의 포괄손익계산서를 보고식이라고 한다. 앞에서는 계정식으로 포괄손익계산서를 작성한 것이다. 여기에 대한 자세한 설명은 제4장을 참고하라.

보론 매입계정을 이용한 매출원가계산방법

실지재고조사법을 적용하는 경우에 매출원가계정을 별도로 설정하지 않고 매입계정을 이용해서 매출원가를 계산하는 방법도 있다. 이 방법을 사용하는 경우에는 기말 결산시점에 다음과 같은 수정분개를 해야 한다.

① 기초상품을 매입계정에 가산

(차)	매 입	×××	(대)	상 품(기초)	×××

② 기말상품을 매입계정에서 차감

(차)	상 품(기말)	×××	(대)	매 입	×××

이와 같은 수정분개를 기말시점에 매입계정에 전기하면 매입계정잔액은 매출원가금액이 되며 상품계정에는 기말상품금액이 기록된다. 이 방법을 사용하는 경우에 매출원가와 기말상품금액이 어떻게 계산되는지에 대해서 다음의 예제를 이용해서 살펴보도록 하자.

보론예제
매입계정을 이용한 결산절차

종합예제의 자료를 이용하시오(단, 기말상품재고금액은 창고에 확인한 결과 ₩250,000이었다).

요구사항

1. 매입계정으로 매출원가를 계산하도록 기말수정분개를 하시오.
2. 수정분개를 전기하여 상품, 매입, 매출계정을 T계정에 전기하시오.
3. 10위식 정산표를 작성하시오.

해답

1. 매입계정을 이용한 기말수정분개

① 기초상품	(차)	매 입	300,000	(대)	상 품(기초)	300,000
② 기말상품	(차)	상 품(기말)	250,000	(대)	매 입	250,000

2. 전 기

상 품			
1/ 1 기초상품	300,000	12/31 매 입	300,000
12/31 매 입	250,000		

매출원가	

매 입			
4/12 현 금	200,000	12/31 기말상품	250,000
8/20 현 금	150,000		
12/31 기초상품	300,000		

매 출			
		2/10 현 금	400,000
		6/25 현 금	350,000

이와 같이 전기하면 매출원가계정에는 아무 금액도 기록되지 않는 대신에 매입계정에 매출원가 금액이 집계된다. 즉, 매입계정의 차변에 있는 당기매입액에 기초상품을 가산해서 판매가능상품이 집계되고 대변에 기말상품이 차감되어 있으므로 매입계정잔액은 ₩400,000으로 매출원가금액이 남게 된다.

3. 10위식 정산표

계정과목	수정전시산표		기말수정분개		수정후시산표		포괄손익계산서		재무상태표	
	차 변	대 변	차 변	대 변	차 변	대 변	차 변	대 변	차 변	대 변
현 금	600				600				600	
상 품	300		③ 250	① 300	250				250	
보 증 금	200				200				200	
토 지	100				100				100	
자 본 금		600				600				600
이익잉여금		200				200				200
매 출		750				750		750		
매 입	350		① 300	② 250	400		400			
합 계	1,550	1,550	550	550	1,550	1,550				
						소 계	400	750	1,150	800
						당기순이익	350			350
							750	750	1,150	1,150

보론예제에서 살펴본 바와 같이 매입계정을 이용하는 방법의 결과와 본문에서 설명한 방법의 결과는 차이가 없으며 매입계정과 매출원가계정에 기록하는 방법만 차이가 나는 것이다.

Chapter 3

객관식 문제

Chapter 3

1 다음은 상품매매거래에 대한 회계처리방법으로서 계속기록법에 대한 설명이다. 옳지 않은 것을 고르시오.

① 회계기간 어느 시점에서든 해당시점의 상품잔액을 알 수 있다.
② 상품을 판매하는 시점에서 상품의 수량과 판매한 상품의 원가를 계산해야만 한다.
③ 고가의 미술품이나 귀금속상처럼 거래가 빈번하지 않은 상품에 적당한 방법이다.
④ 상품의 회계처리에 관한 기록을 유지하는데 시간과 비용이 비교적 적게 소비된다.

2 다음은 실지재고조사법에 관한 설명이다. 틀린 것을 고르시오.

① 계속기록법과는 달리 기말수정분개를 필요로 한다.
② 판매한 상품의 원가를 회계기간 말에 계산하는 방법이다.
③ 매입계정을 별도로 설정하여 판매하는 시점에서 원가를 계산한다.
④ 실제로 창고조사를 통하여 기말시점에서의 재고의 수량과 원가를 파악한다.

3 ㈜나무의 20×6년도 상품관련 자료이다. 12월 31일 매출원가를 산출하면 얼마인가?

20×6년 상 품 매 출 액	₩1,500,000	20×6년 상 품 매 입 액	₩1,000,000
20×6년 기초상품재고액	300,000	20×6년 기말상품재고액	400,000

① ₩600,000　　② ₩800,000
③ ₩900,000　　④ ₩1,100,000

[4~5] 다음은 ㈜나무상사의 20×6년 거래내역이다.

> 1/1 전기이월상품의 수량은 100개이고 단가는 ₩2,500이다.
> 3/1 상품 500개를 ₩2,500에 매입하였다
> 5/1 거래처에 상품 400개를 ₩3,000에 판매하였다.
> 8/1 상품 100개를 ₩2,500에 외상매입하였다.

4 ㈜나무상사의 20×6년의 매출원가는 얼마인가?

① ₩500,000
② ₩1,000,000
③ ₩1,250,000
④ ₩1,500,000

5 ㈜나무상사의 20×6년의 매출총이익은 얼마인가?

① ₩100,000
② ₩200,000
③ ₩300,000
④ ₩400,000

6 다음 자료를 이용하여 실지재고조사법을 사용하는 ㈜나무의 기말수정분개로 옳은 것은? 단, 기말실지재고수량은 100개라고 한다.

> • 기초재고액 : 200개 × ₩100 = ₩20,000
> • 당기매입액 : 500개 × ₩100 = ₩50,000
> • 당기매출액 : 600개 × ₩200 = ₩120,000

①	(차) 매출원가	50,000	(대)	매입	50,000
②	(차) 매출원가	50,000	(대)	상품(기초)	20,000
	상품(기말)	10,000		매입	40,000
③	(차) 매출원가	60,000	(대)	상품(기초)	10,000
				매입	50,000
④	(차) 매출원가	60,000	(대)	상품(기초)	20,000
	상품(기말)	10,000		매입	50,000

해답 및 해설

1	2	3	4	5	6				
④	③	③	②	②	④				

1 계속기록법은 상품을 판매할 때마다 원가를 계산해야 하므로 실지재고조사법에 비하여 기록을 유지하는데 시간과 비용이 비교적 많이 소비되는 경향이 있다.

2 실지재고조사법은 기말재고조사를 통하여 당기 거래된 상품의 원가를 계산하므로 상품이 판매되는 시점에서는 원가를 계산하지 않는다.

3 매출원가 = 기초재고액 + 당기매입액 − 기말재고액

(기초재고액 + 당기매입액: 판매가능상품)

= ₩300,000 + ₩1,000,000 − ₩400,000

= ₩900,000

4 1) 기초재고액 : 100개 × ₩2,500 = ₩250,000

2) 당기매입액 : (500개 + 100개) × ₩2,500 = ₩1,500,000

3) 기말재고수량 : 100개(기초) + 600개(당기매입) − 400(판매) = 300개

4) 기말재고액 : 300개 × ₩2,500 = ₩750,000

매출원가 = 기초재고액 + 당기매입액 − 기말재고액

= ₩250,000 + ₩1,500,000 − ₩750,000

= ₩1,000,000

5 매출총이익 = 매출액 − 매출원가

= ₩1,200,000 − ₩1,000,000

= ₩200,000

6 실지재고조사법의 기말수정분개를 3개의 분개로 표시해 보면 다음과 같다.

(차)	매출원가	20,000	(대)	상품(기초)	20,000
	매출원가	50,000		매입	50,000
	상품(기말)	10,000		매출원가	10,000

Chapter 3

주관식 문제

문제 1 계속기록법과 실지재고조사법

다음은 ㈜나무상사의 거래내역이다.

(1) 단가 ₩100인 상품 100개를 외상으로 매입하다.
(2) 회사는 상품 80개를 개당 ₩150에 외상판매하다.
(3) 단가 ₩100인 상품 120개를 현금으로 구입하다.
(4) 회사는 상품 100개를 개당 ₩200에 현금판매하다.
(5) 외상판매분 중 40개분인 ₩6,000을 현금회수하다.

㈜나무상사의 기초상품재고 수량은 20개이고 단가는 ₩100이라고 할 때 다음 요구사항에 답하시오.

물음

1. ㈜나무상사가 계속기록법을 사용할 경우
   (1) 거래내역을 분개하시오.
   (2) 상품계정과 매출원가계정의 분개를 T계정에 전기하시오.
   (3) 매출원가와 기말상품재고액을 구하시오.
2. ㈜나무상사가 실지재고조사법을 사용할 경우
   (1) 거래내역을 분개하고 기말수정분개를 행하시오.
   (2) 상품계정, 매입계정, 매출원가계정 분개를 T계정에 전기하시오.
   (3) 매출원가와 기말상품재고액(실지재고수량 60개)을 구하시오.

해답 및 해설

1. 계속기록법

(1) 분 개

1)	(차) 상품	10,000	(대) 매입채무	10,000
2)	(차) 매출채권	12,000	(대) 매출	12,000
	매출원가	8,000	상품	8,000
3)	(차) 상품	12,000	(대) 현금	12,000
4)	(차) 현금	20,000	(대) 매출	20,000
	매출원가	10,000	상품	10,000
5)	(차) 현금	6,000	(대) 매출채권	6,000

(2) 전 기

상품

기초상품	2,000	2) 매출원가	8,000
1) 매입채무	10,000	4) 매출원가	10,000
3) 현금	12,000		

매출원가

2) 상품	8,000		
4) 상품	10,000		

(3) 매출원가와 기말상품재고액

1) 매출원가 : ₩8,000(2) + 10,000(4) = ₩18,000

2) 기말상품 : ₩2,000(기초상품) + 22,000(당기매입) − 18,000(매출원가) = ₩6,000

2. 실지재고조사법

(1) 분 개

1)	(차) 매입	10,000	(대) 매입채무	10,000
2)	(차) 매출채권	12,000	(대) 매출	12,000
3)	(차) 매입	12,000	(대) 현금	12,000
4)	(차) 현금	20,000	(대) 매출	20,000
5)	(차) 현금	6,000	(대) 매출채권	6,000

6) 기말수정분개

(차) 매출원가	18,000	(대) 상품(기초)	2,000
상품(기말)	6,000	매입	22,000

(2) 전　기

상	품		
기 초 상 품	2,000	6) 매출원가	2,000
6) 매출원가	6,000		

매출원가			
6) 상품(기초)	2,000	6) 상품(기말)	6,000
6) 매　　입	22,000		

매	입		
1) 매입채무	10,000	6) 매출원가	22,000
3) 현　　금	12,000		

(3) 매출원가와 기말상품재고액

1) 매출원가 : ₩2,000(기초상품) + 22,000(매입) − 6,000(기말상품) = ₩18,000

2) 기말상품 : ₩6,000

문제 2 매출원가, 매출총이익, 순이익

다음은 회사 a, b, c의 포괄손익계산서이다.

구 분	a	b	c
매 출	₩60,000	₩42,500	₩36,000
매 출 원 가			
기 초 상 품	6,000	17,050	7,500
당 기 매 입	36,000	b－1	c－2
기 말 상 품	a－1	(2,700)	(9,000)
매 출 원 가	(34,050)	(15,900)	c－1
매 출 총 이 익	a－2	b－2	3,750
기 타 비 용	(9,000)	(10,650)	(12,150)
순 이 익	a－3	15,950	(8,400)

위의 빈칸들에 들어갈 금액을 계산하시오.

해답 및 해설

기본공식 : 매출원가 = 기초상품 + 당기매입 － 기말상품
매출총이익 = 매출액 － 매출원가
순이익 = 매출총이익 － 기타비용

1. (1) a－1(기말) = ₩6,000(기초) + 36,000(당기) － 34,050(매출원가) = ₩7,950
   (2) a－2(매출총이익) = ₩60,000(매출) － 34,050(매출원가) = ₩25,950
   (3) a－3(순이익) = ₩25,950(매출총이익) － 9,000(기타비용) = ₩16,950

2. (1) b－1(당기매입) = ₩2,700(기말) + 15,900(매출원가) － 17,050(기초) = ₩1,550
   (2) b－2(매출총이익) = ₩42,500(매출) － 15,900(매출원가) = ₩26,600

3. (1) c－1(매출원가) = ₩36,000(매출) － 3,750(매출총이익) = ₩32,250
   (2) c－2(당기매입) = ₩32,250(매출원가) + 9,000(기말) － 7,500(기초) = ₩33,750

문제 3 수정후시산표작성

다음은 실지재고조사법을 사용하는 ㈜종로의 20×6년 수정전시산표이다.

수정전시산표

현 금	₩12,500	매 입 채 무	₩3,000
매 출 채 권	10,000	차 입 금	8,600
상 품(기초)	5,600	자 본 금	9,400
소 모 품	2,400	매 출	50,000
매 입	40,000		
이 자 비 용	500		
합 계	₩71,000	합 계	₩71,000

〈추가자료〉

(1) 12월 31일 현재 상품의 기말재고는 ₩7,000이다.

(2) 12월 31일 현재 소모품 미사용액은 ₩1,000이다.

(3) 12월 31일 현재 추가로 인식해야 하는 이자비용은 ₩360이다.

물음

1. ㈜종로 20×6년 12월 31일 기말수정분개를 하시오.
2. 다음 빈칸에 들어갈 금액을 구하시오.

수정후시산표

현 금	₩12,500	매 입 채 무	₩3,000
매 출 채 권	10,000	미 지 급 이 자	360
상 품(기말)	(1)	차 입 금	8,600
소 모 품	(2)	자 본 금	9,400
매 출 원 가	(3)	매 출	50,000
이 자 비 용	(4)		
소 모 품 비	1,400		
합 계	₩71,360	합 계	₩71,360

해답 및 해설

1. 기말수정분개

(1)	(차) 매 출 원 가	38,600	(대) 상 품(기초)	5,600
	상 품(기말)	7,000	매 입	40,000
(2)	(차) 소 모 품 비	1,400	(대) 소 모 품	1,400
(3)	(차) 이 자 비 용	360	(대) 미 지 급 이 자	360

2. 수정후시산표에 들어갈 금액은 수정전시산표의 금액을 기본으로 하여 기말수정분개를 반영시켜 계산한 금액이 들어가게 된다.
   (1) 상품(기말) = ₩7,000
   (2) 소 모 품 = ₩2,400(수정전) − 1,400(기말수정분개) = ₩1,000
   (3) 매 출 원 가 = ₩5,600 + 40,000 − 7,000(기말수정분개) = ₩38,600
   (4) 이 자 비 용 = ₩500(수정전) + 360(기말수정분개) = ₩860

문제 4 상기업의 결산

다음은 ㈜나무의 약식 잔액시산표와 결산조정사항이다.

수정전시산표

⋮		⋮	
상품	₩500,000	⋮	
⋮		⋮	
매입	5,000,000	매출	₩8,000,000
⋮		⋮	
매출할인	200,000	매입에누리	100,000
⋮		⋮	
운반비	400,000		

〈결산조정사항〉

㈜나무는 실지재고조사법을 사용하고 있으며 기말 재고실사결과 실지재고금액은 ₩600,000이다.

물음

1. ㈜나무의 상품관련 기말수정분개를 하시오.
2. ㈜나무의 수정후시산표를 작성하시오.
3. ㈜나무의 상품관련 부분 재무상태표와 매출총이익관련 부분 포괄손익계산서를 작성하시오.

해답 및 해설

1. 기말수정분개

(1) 순매입액

(차)	매입에누리	100,000	(대) 매입	100,000

(2) 매출원가

(차)	상품(기말)	600,000	(대) 상품(기초)	500,000
	매출원가	4,800,000	매입	4,900,000

(3) 순매출액

(차)	매출	200,000	(대) 매출할인	200,000

2. 수정후시산표

수정후시산표

⋮		⋮	
상품	₩600,000	⋮	
⋮		⋮	
매출원가	4,800,000	매출	₩7,800,000
⋮		⋮	
운반비	400,000		

3. 부분 재무제표

부분 재무상태표

⋮		⋮	
상품	600,000	⋮	

부분 포괄손익계산서

매출액			₩7,800,000
매출원가			(4,800,000)
	기초상품재고액	₩500,000	
	당기상품매입액	4,900,000	
	기말상품재고액	(600,000)	
매출총이익			3,000,000
⋮			
운반비			(400,000)
⋮			

문제 5 상기업의 재무제표작성

다음은 ㈜나무의 20×1년 말 수정전시산표와 결산조정사항이다.

수정전시산표

㈜나무 20×1. 12. 31

차변 계정	금액	대변 계정	금액
현금	₩3,810,000	미지급금	₩800,000
상품	500,000	장기차입금	4,000,000
건물	5,000,000	감가상각누계액	2,000,000
매입	6,000,000	자본금	1,000,000
매출환입	500,000	이익잉여금	200,000
매출에누리	250,000	매출	10,000,000
매출할인	80,000	매입환출	300,000
급여	1,500,000	매입에누리	100,000
복리후생비	600,000	매입할인	50,000
운반비	210,000		
합계	₩18,450,000	합계	₩18,450,000

〈결산조정사항〉

(1) ㈜나무는 실지재고조사법을 사용하고 있으며 기말 재고실사결과 실지재고금액은 ₩800,000이다.

(2) 건물에 대한 당기 감가상각비 금액은 ₩300,000이다.

(3) 장기차입금은 20×1년 4월 1일에 차입한 것으로서 상환시점은 20×4년 3월 31일이다. 연이자율 10%로 차입하였고, 이자는 매년 3월 31일에 후급하기로 되어 있다.

물음

1. ㈜나무의 20×1년 말 기말수정분개를 하시오.
2. ㈜나무의 20×1년도 수정후시산표를 작성하시오.
3. ㈜나무의 20×1년도 재무상태표와 포괄손익계산서를 작성하시오.

해답 및 해설

1. 기말수정분개

(1) 순매입액

(차)	매입환출	300,000	(대) 매입	450,000
	매입에누리	100,000		
	매입할인	50,000		

(2) 매출원가

(차)	상품(기말)	800,000	(대) 상품(기초)	500,000
	매출원가	5,250,000	매입	5,550,000

(3) 순매출액

(차)	매출	830,000	(대) 매출환입	500,000
			매출에누리	250,000
			매출할인	80,000

(4) 건물 감가상각

(차)	감가상각비	300,000	(대) 감가상각누계액	300,000

(5) 장기차입금 미지급이자

(차)	이자비용	300,000	(대) 미지급비용	300,000

* ₩4,000,000×10%×9/12=₩300,000

2. 수정후시산표

수정후시산표

㈜나무 20×1. 12. 31

차변	금액	대변	금액
현금	₩3,810,000	미지급금	₩800,000
상품	800,000	미지급비용	300,000
건물	5,000,000	장기차입금	4,000,000
매출원가	5,250,000	감가상각누계액	2,300,000
급여	1,500,000	자본금	1,000,000
복리후생비	600,000	이익잉여금	200,000
운반비	210,000	매출	9,170,000
감가상각비	300,000		
이자비용	300,000		
합계	₩17,770,000	합계	₩17,770,000

3. 재무상태표와 포괄손익계산서

재무상태표

㈜나무 20×1. 12. 31.

현 금		₩3,810,000	미 지 급 금	₩800,000
상 품		800,000	미 지 급 비 용	300,000
건 물	5,000,000		장 기 차 입 금	4,000,000
감가상각누계액	(2,300,000)	2,700,000	자 본 금	1,000,000
			이 익 잉 여 금	1,210,000
합 계		₩7,310,000	합 계	₩7,310,000

포괄손익계산서

㈜나무 20×1. 1. 1 ~ 20×1. 12. 31

매 출 액			₩9,170,000
매 출 원 가			(5,250,000)
	기 초 상 품 재 고 액	₩500,000	
	당 기 상 품 매 입 액	5,550,000	
	기 말 상 품 재 고 액	(800,000)	
매 출 총 이 익			3,920,000
급 여			(1,500,000)
복 리 후 생 비			(600,000)
운 반 비			(210,000)
감 가 상 각 비			(300,000)
이 자 비 용			(300,000)
당 기 순 이 익			₩1,010,000

Chapter

04

회계의 이론체계

제1절 회계의 분류

제2절 일반적으로 인정된 회계원칙과 국제회계기준

제3절 재무보고를 위한 개념체계

제4절 재무제표

▶ 객관식문제

▶ 주관식문제

7판

IFRS 회계원리

Chapter

04 회계의 이론체계

ACCOUNTING PRINCIPLES

Chapter 4

제 1 절 회계의 분류

제1장에서 살펴본 바와 같이 회계는 단순히 장부에 기록하는 부기와는 다른 전문화된 정보시스템으로서, 그 목적은 한 조직의 과거와 현재 및 미래 경영활동과 관련되는 경제적 정보를 경영자나 투자자, 채권자, 정부기관과 같은 다양한 정보이용자가 활용할 수 있도록 제공하는 것이다.

따라서 회계정보이용자가 누구인가에 따라 필요한 정보의 내용과 보고방식이 달라지므로 정보이용자의 유형에 따라 회계는 재무회계와 관리회계로 구분해서 발전하여 왔다.

1. 재무회계

'재무회계(financial accounting)'는 주주나 채권자 및 정부와 같은 외부정보이용자의 경제적 의사결정에 유용한 회계정보를 제공하는 것을 목적으로 하는 회계를 말한다. 그런데 외부정보이용자의 정보이용목적은 다양하다. 예를 들어 주주가 특정 기업의 주식을 투자하려고 할 때 필요한 정보와 채권자가 대출여부를 판단할 때 필요한 정보는 서로 다를 것이다. 이처럼 외부정보이용자의 모든 이용목적에 적합한 정보를 보고하는 것은 불가능한 일이다.

따라서 재무회계는 광범위한 외부정보이용자의 다양한 이용목적 중에서 공통적인 목적을 충족시킬 수 있는 일반적인 재무정보를 외부정보이용자에게 보고하도록 발전하여 왔다. 또한 정보제공자와 다양한 이용자가 동일한 방식으로 재무정보를 작성하고 해석할 수 있도록 회계처리의 원칙을 정해서 객관적으로 검증가능한 경제적 거래를 기초로 재무정보를 작성한다.

2. 관리회계

'관리회계(managerial accounting)'는 기업의 내부이해관계자인 경영자가 기업과 관련된 경제적 의사결정을 할 때 유용한 정보를 제공하는 것을 목적으로 하는 회계를 말한다. 기업의 경영자는 회계정보를 작성하는 회계담당자와 직접 의사소통을 할 수 있으므로 경영자의 특수한 요구에 적합한 회계보고서를 작성하여 제공할 수 있다. 또한 내부정보 이용자에게 제공하는 회계정보는 외부기준을 적용하지 않아도 되기 때문에 회계처리의 원칙에 제한을 받지 않고 경영자의 의사결정에 적절히 활용할 수 있도록 예측정보를 포함한 주관적인 요소도 포함해서 회계정보를 산출한다.

이와 같이 재무회계와 관리회계는 여러 가지 차이점을 가지고 있는데 이를 요약하면 다음의 표와 같다.

그림 4-1 재무회계와 관리회계의 비교

구 분	재무회계	관리회계
목 적	외부정보이용자의 경제적 의사결정에 유용한 정보제공	내부정보이용자의 경제적 의사결정에 유용한 정보제공
보고대상	외부정보이용자 (주주, 채권자, 소비자, 정부 등)	내부정보이용자 (최고경영자나 부문경영자)
준거기준	일반적으로 인정된 회계원칙	의사결정에 목적적합한 방법 (일반적 기준이 없다.)
보고수단	재무제표	일정한 형식이 없다.
특 징	과거정보의 집계와 보고	미래와 관련된 정보 위주

이상에서 살펴본 것처럼 회계는 재무회계와 관리회계로 구분할 수 있는데 본 서에서 논의하는 내용은 재무회계의 기초적인 부분에 해당하므로 이후 논의는 재무회계를 중심으로 회계의 이론체계에 대한 기본적인 내용을 설명하고 재무회계의 세부적인 내용은 중급회계와 고급회계 교과서로, 관리회계의 내용은 관리회계 교과서로 설명을 미룬다.

제 2 절 일반적으로 인정된 회계원칙

재무회계는 외부정보이용자에게 유용한 정보를 전달하는 것을 목적으로 한다. 외부정보이용자에게 제공되는 회계정보는 통일된 지침과 규칙에 따라서 작성되어야 하고, 일정 수준 이상의 충분한 정보를 제공할 필요가 있다. 이 때 회계정보 작성 및 공시과정에서 준거해야 할 지침 또는 규칙을 일반적으로 인정된 회계원칙(GAAP : Generally Accepted Accounting Principles)이라고 한다. 본 절에서는 일반적으로 인정된 회계원칙의 특징을 정리하고 우리나라의 일반적으로 인정된 회계원칙은 무엇인지 살펴보고자 한다.

1. 일반적으로 인정된 회계원칙의 특징

일반적으로 인정된 회계원칙(GAAP)은 재무제표를 작성하는 지침이다. GAAP이 필요한 이유는 기업이 임의로 재무제표를 작성하면 회계정보이용자의 이해가능성이 낮아지고 기업간 비교가능성이 나빠지며 신뢰성도 없기 때문에 정보로서의 유용성이 없어지므로 기업이 재무제표를 작성함에 있어 준거해야 할 지침이 필요하기 때문이다.

GAAP은 독립적인 제3자가 제정하는 것이 바람직하다. 따라서 국제회계기준은 국제회계기준위원회(IASB)라는 독립적인 기구에서 제정작업을 하고 있다. 우리나라의 경우에도 한국회계기준위원회(KASB)가 독립적인 회계기준제정기구로 2000년부터 우리나라 회계기준 제정작업을 하고 있다. 그리고 GAAP은 경제환경의 변화에 따라 지속적으로 개정 또는 제정되는 가변적인 특성을 가지고 있다.

GAAP은 회계기준제정기구가 일방적으로 제정하여 기업들에게 강제로 이를 이행하도록 하는 것이 아니다. GAAP은 제정과정에서 공개초안을 이해관계자들에게 공표하여 의견수렴하는 과정을 반드시 거치게 되어 있다. 이러한 과정을 거쳐야만 회계정보의 공급자와 이용자 모두로부터 광범위한 지지를 받을 수 있기 때문이다. 일반적으로 인정된 회계원칙에서 '일반적으로 인정된'이라는 수식어는 다수의 합의(consensus) 또는 권위 있는 지지가 있었음을 의미하는 것이다.

2. 우리나라의 일반적으로 인정된 회계원칙

2011년부터 우리나라의 상장기업[1]들은 한국채택국제회계기준(K-IFRS)[2]을 의무적으로 적용하게 되었다. 우리나라 모든 기업들이 국제회계기준을 적용할 필요는 없기 때문에 한국채택국제회계기준(K-IFRS)을 적용하지 않는 비상장기업을 위하여 KASB에서 일반기업회계기준[3]을 제정하였다. 한국채택국제회계기준이나 일반기업회계기준은 모두 공인회계사의 외부감사를 받는 기업들이 적용하는 회계기준이다. 외부감사를 받지 않는 소규모 기업은 일반기업회계기준을 적용하면 되겠지만, 회계시스템이나 인력이 제대로 갖추어지지 않은, 외부감사 대상이 아닌 소규모 기업에게 일반기업회계기준을 적용하도록 요구하는 것은 현실적으로 실무 부담이 크다. 따라서 그러한 기업들을 위하여 법무부에서 2013년에 중소기업회계기준을 제정하였으며, 2014년 초부터 시행하기 시작하였다. 따라서 우리나라 회계기준은 크게 한국채택국제회계기준, 일반기업회계기준, 그리고 중소기업회계기준으로 구성되어 있다. 이를 정리하면 아래 표와 같다.

그림 4-2 우리나라의 GAAP

회계기준	적용기업	근거 법률
한국채택국제회계기준	상장기업 및 금융회사, 공기업 등	주식회사 외부감사에 관한 법률
일반기업회계기준	외부감사대상 주식회사	주식회사 외부감사에 관한 법률
중소기업회계기준	외부감사대상이 아닌 주식회사	상 법

1) 한국채택국제회계기준(K-IFRS)을 의무적으로 적용해야 하는 기업은 주권상장법인뿐만 아니라 상장예정법인, 비상장금융회사, 일부 공기업 등이 포함된다.

2) 국제회계기준(IFRS)를 한글로 번역한 것을 한국채택국제회계기준(K-IFRS)이라고 부르는 것이다. 따라서, 이 두 용어는 같은 것을 의미하는 것으로 이해하면 된다.

3) 일반기업회계기준은 주로 비상장기업이 적용할 회계기준이 될 것이므로 지금까지 한국에서 적용하여 오던 기업회계기준 및 기업회계기준서와 각종 준칙의 내용을 유지하면서 한국채택국제회계기준(K-IFRS)의 내용을 상당부분 반영하여 KASB가 제정한 것이다.

제 3 절 재무보고를 위한 개념체계

일반적으로 인정된 회계원칙을 일관성 있게 제정하기 위해서는 재무회계의 이론적 틀을 제정할 필요가 있다. 회계기준제정기구가 회계기준을 제정하거나 개정함에 있어 일관성 있는 지침으로서 사용하도록 이론적 틀을 정립해 놓은 것을 '개념체계'라고 한다. 국제회계기준위원회가 제정한 재무보고를 위한 개념체계는 모두 8개의 장으로 구성되는데, 각 장의 내용은 다음과 같다.

그림 4-3 재무보고를 위한 개념체계의 구조

1장 일반목적재무보고의 목적
2장 유용한 재무정보의 질적 특성
3장 재무제표와 보고기업
4장 재무제표의 요소
5장 인식과 제거
6장 측정
7장 표시와 공시
8장 자본 및 자본유지개념

본서에서는 1장, 2장, 4장, 6장의 내용만 소개한다. 자세한 내용은 중급회계 교재를 참고하기 바란다.

1. 일반목적 재무보고의 목적

일반목적 재무보고의 목적은 정보이용자의 의사결정에 도움이 되는 유용한 정보를 제공하는 것이다. 정보이용자가 요구하는 정보는 의사결정의 대상이 되는 기업의 미래 현금 창출능력에 대한 정보와 경영진의 수탁책임에 대한 평가를 위한 정보이다. 이러한 기업의 미래 현금 창출능력에 대한 평가와 경영진의 수탁책임에 대한 평가는 기업의 재무상태, 경영성과 및 재무상태변동에 관한 정보를 제공함으로써 이루어질 수 있다. 즉, 재무제표를 작성하여 정보이용자에게 제공함으로써 재무보고의 목적을 달성하게 되는 것이다.

2. 유용한 재무정보의 질적 특성

질적 특성(qualitative characteristics)이란 재무제표를 통해 제공되는 정보가 이용자에게 유용하기 위해 갖추어야 할 속성을 말한다. '개념체계'에서는 재무정보가 의사결정에 유용하기 위해서는 목적적합성과 충실한 표현의 두 가지 질적 특성을 갖추어야 하며, 비교가능성, 검증가능성, 적시성 그리고 이해가능성은 목적적합하고 충실하게 표현된 정보의 유용성을 보강시킨다고 언급하고 있다. 이를 도식화하면 다음과 같다.

그림 4-4 유용한 재무정보의 질적 특성

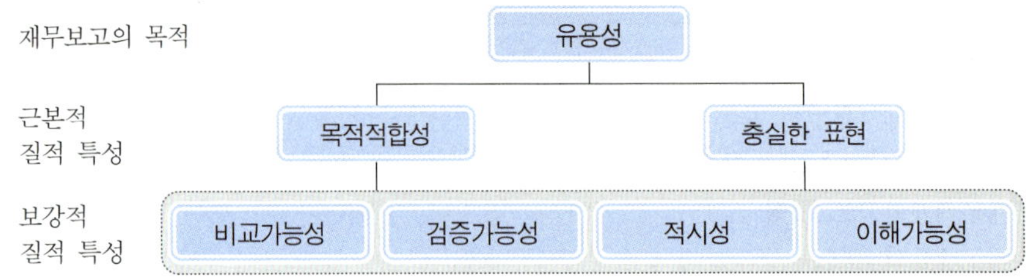

근본적 질적 특성인 목적적합성과 충실한 표현의 내용은 아래와 같다.

① 목적적합성

목적적합성이란 정보이용자의 의사결정에 차이가 나도록 하는 재무정보의 질적 특성을 말한다. 재무정보에 예측가치, 확인가치 또는 이 두 가지 모두가 있다면 그 재무정보는 의사결정에 차이가 나도록 할 수 있다.

② 충실한 표현

재무정보가 유용하기 위해서는 목적적합성뿐만 아니라 나타내고자 하는 현상을 충실하게 표현해야 한다. 완벽하게 충실한 표현을 하기 위해서는 서술이 완전하고, 중립적이며, 오류가 없어야 한다.

보강적 질적 특성의 내용은 아래와 같다.

① 비교가능성

비교가능성은 정보이용자가 항목 간의 유사점과 차이점을 식별하고 이해할 수 있게 하는 질적 특성이다. 다른 질적 특성과는 달리 비교가능성은 단 하나의 항목에 관련된 것이 아니며, 비교하려면 최소한 두 항목이 필요하다.

② 검증가능성

검증가능성은 합리적인 판단력이 있고 독립적인 서로 다른 관찰자가 어떤 서술이 충실한 표현이라는 데, 비록 반드시 완전히 일치하지는 못하더라도, 의견이 일치할 수 있다는 것을 의미한다.

③ 적시성

적시성은 의사결정에 영향을 미칠 수 있도록 의사결정자가 정보를 제때에 이용가능하게 하는 것을 의미한다.

④ 이해가능성

정보가 유용하기 위해서는 이용자가 이해가능해야 한다. 정보를 명확하고 간결하게 분류하고, 특징지으며, 표시하면 이해가능하게 된다.

3. 재무제표 요소의 정의

재무제표는 거래나 그 밖의 사건의 재무적 영향을 경제적 특성에 따라 대분류하여 나타내는데, 이러한 대분류를 재무제표의 요소(elements of financial statements)라고 한다. 재무상태표에서의 요소는 자산, 부채 및 자본이며, 포괄손익계산서의 요소는 수익과 비용이다. 자본변동표나 현금흐름표는 일반적으로 재무상태표 요소의 변동과 포괄손익계산서 요소를 반영하므로 별도의 요소를 식별하지 않는다.

① 자 산

자산(asset)은 과거사건의 결과로 기업이 통제하는 현재의 경제적자원이다.

② 부 채

부채(liability)는 과거사건의 결과로 기업이 경제적자원을 이전해야 하는 현재의무이다.

③ 자 본

자본(equity)은 기업의 자산에서 모든 부채를 차감한 후의 잔여지분이다.

④ 수　익

> 수익(income)은 자산의 증가 또는 부채의 감소로서 자본의 증가를 가져오며, 자본청구권 보유자의 출자와 관련된 것을 제외한다.

⑤ 비　용

> 비용(expenses)은 자산의 감소 또는 부채의 증가로서 자본의 감소를 가져오며, 자본청구권 보유자에 대한 분배와 관련된 것을 제외한다.

4. 재무제표 요소의 측정

측정(measurement)이란 재무제표에 인식되고 평가되어야 할 요소의 화폐금액을 결정하는 과정이다. 따라서 인식을 위해서는 사전에 측정절차가 필요하며, 여기에는 아래에서 설명하는 특정 측정기준(basis of measurement)의 선택과정을 포함한다. 재무제표 작성을 위한 측정기준은 [그림 4-5]와 같다.

그림 4-5 재무제표 작성을 위한 측정기준의 종류

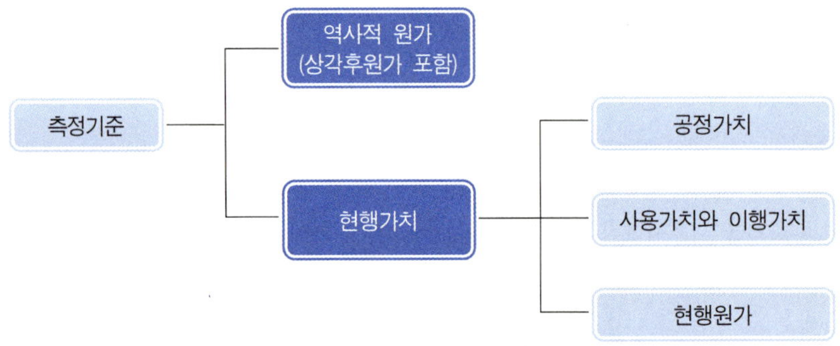

(1) 역사적 원가(historical cost)

자산을 취득하거나 창출할 때의 역사적 원가는 자산의 취득 또는 창출에 발생한 원가의 가치로서, 자산의 취득 또는 창출을 위하여 지급한 대가와 거래원가를 포함한다. 부채가 발생하거나 인수할 때의 역사적 원가는 발생시키거나 인수하면서 수취한 대가에서 거래원가를 차감한 가치이다.

(2) 현행가치(current value)

현행가치 측정치는 측정일의 조건을 반영하기 위해 갱신된 정보를 사용하여 자산, 부채 및 관련 수익과 비용의 화폐적 정보를 제공한다. 이러한 갱신에 따라 자산과 부채의 현행가치는 이전 측정일 이후의 변동, 즉 현행가치에 반영되는 현금흐름과 그 밖의 요소의 추정치의 변동을 반영한다. 역사적 원가와는 달리, 자산이나 부채의 현행가치는 자산이나 부채를 발생시킨 거래나 그 밖의 사건의 가격으로부터 부분적으로라도 도출되지 않는다. 현행가치 측정기준에는 공정가치, 사용가치와 이행가치, 그리고 현행원가가 포함된다.

① 공정가치(fair value)

공정가치는 측정일에 시장참여자 사이의 정상거래에서 자산을 매도할 때 받거나 부채를 이전할 때 지급하게 될 가격을 말한다. 공정가치는 기업이 접근할 수 있는 **시장의 참여자 관점**을 반영한다. 즉, 시장참여자가 경제적으로 최선의 행동을 한다면 자산이나 부채의 가격을 결정할 때 사용할 가정과 동일한 가정을 사용하여 그 자산이나 부채를 측정한다.

② 사용가치와 이행가치(value in use and fulfilment value)

사용가치는 기업이 자산의 사용과 궁극적인 처분으로 얻을 것으로 기대하는 현금흐름 또는 그 밖의 경제적효익의 **현재가치**이며, 이행가치는 기업이 부채를 이행할 때 이전해야 하는 현금이나 그 밖의 경제적자원의 **현재가치**이다.

③ 현행원가(current cost)

자산의 현행원가는 측정일에 동등한 자산의 원가로서 측정일에 지급할 대가와 그 날에 발생할 거래원가를 포함한다. 또한 부채의 현행원가는 측정일에 동등한 부채에 대해 수취할 수 있는 대가에서 그 날에 발생할 거래원가를 차감한다. 현행원가는 역사적 원가와 마찬가지로 유입가치(entry value)이다. 이는 기업이 자산을 취득하거나 부채를 발생시킬 시장에서의 가격을 반영한다. 이런 이유로 현행원가는 유출가치(exit value)인 공정가치, 사용가치 또는 이행가치와 다르다. 그러나 현행원가는 역사적 원가와 달리 측정일의 조건을 반영한다.

제 4 절 재무제표

재무회계의 목적인 유용한 정보전달을 달성하기 위해서는 재무제표를 작성하여야 한다. 한국채택국제회계기준[4]에서는 재무제표의 종류로서 재무상태표, 포괄손익계산서, 자본변동표, 현금흐름표를 언급하고 있다. 그리고 재무제표에는 주석[5]이 포함되는 것으로 하고 있다. 본 절에서는 재무제표 작성과 관련된 일반사항을 정리하고 재무상태표와 포괄손익계산서에 대해서 자세하게 살펴보도록 하고 자본변동표는 제10장, 현금흐름표는 제13장에서 설명하도록 한다.

1. 재무제표 작성과 관련된 일반사항

아래에서는 한국채택국제회계기준에서 언급하고 있는 재무제표 작성과 관련한 일반사항을 정리하도록 한다.

① 공정한 표시와 한국채택국제회계기준의 준수

재무제표는 기업의 재무상태, 경영성과 및 현금흐름을 공정하게 표시(fair presentation)해야 한다. 공정한 표시를 위해서는 앞에서 설명한 '재무회계개념체계'에서 정한 자산, 부채, 수익 및 비용에 대한 정의와 인식요건에 따라 거래, 그 밖의 사건과 상황의 효과를 충실하게 표현해야 한다. 한국채택국제회계기준에 따라 작성된 재무제표는 공정하게 표시된 재무제표로 본다.

② 계속기업

경영진은 재무제표를 작성할 때 계속기업(going concern)으로서의 존속가능성을 평가해야 한다. 계속기업의 가정이 적절한지의 여부를 평가할 때 경영진은 적어도 보고기간말로부터 향후 12개월 기간에 대하여 이용가능한 모든 정보를 고려한다.

---

4) 우리나라는 국제회계기준을 전면도입하기로 하면서 국제회계기준을 원문 그대로 번역작업을 하였다. 한글로 번역된 국제회계기준을 한국채택국제회계기준(K-IFRS)이라고 부른다.

5) 주석이란 재무상태표 등 기본적인 재무제표에 표시하는 정보에 추가하여 제공된 정보로서, 재무제표에 표시된 항목을 구체적으로 설명하거나 세분화하며, 재무제표 인식요건을 충족하지 못하는 항목에 대한 정보를 제공한다.

③ 발생기준 회계

기업은 현금흐름 정보를 제외하고는 발생기준 회계(accrual basis of accounting)를 사용하여 재무제표를 작성하며, 각 항목이 '재무회계개념체계'의 정의와 인식요건을 충족할 때 자산, 부채, 자본, 수익 및 비용으로 인식한다.

④ 중요성과 통합표시

유사한 항목은 중요성(materiality) 분류에 따라 재무제표에 구분하여 표시하고, 상이한 성격이나 기능을 가진 항목은 구분하여 표시한다. 다만, 중요하지 않은 항목은 성격이나 기능이 유사한 항목과 통합하여 표시할 수 있다.

⑤ 상 계

한국채택국제회계기준에서 요구하거나 허용하지 않는 한 자산과 부채 그리고 수익과 비용은 상계(offsetting)하지 않는다. 이들 항목을 상계표시하면 발생한 거래, 그 밖의 사건과 상황을 이해하고 기업의 미래현금흐름을 분석할 수 있는 재무제표이용자의 능력을 저해할 수 있다. 그러나 재고자산에 대한 재고자산평가충당금과 매출채권에 대한 대손충당금(손실충당금)과 같은 평가충당금을 차감하여 관련 자산을 순액으로 측정하는 것은 상계표시에 해당하지 않는다.

⑥ 보고빈도

전체 재무제표(비교정보를 포함)는 적어도 1년마다 작성한다. 보고기간종료일을 변경하여 재무제표의 보고기간이 1년을 초과하거나 미달하는 경우 재무제표 해당 기간뿐만 아니라 보고기간이 1년을 초과하거나 미달하게 된 이유와 재무제표에 표시된 금액이 완전하게 비교가능하지는 않다는 사실을 추가로 공시한다.

⑦ 비교정보

한국채택국제회계기준이 허용하거나 달리 요구하는 경우를 제외하고는 당기 재무제표에 보고되는 모든 금액에 대해 전기 비교정보를 공시한다. 당기 재무제표를 이해하는 데 목적적합하다면 서술형 정보의 경우에도 비교정보를 포함한다.

2. 재무상태표

재무상태표(a statement of financial position)는 특정 시점 현재 기업의 자산, 부채 및 자본의 잔액을 보고하는 재무제표로서 일반기업회계기준에서 규정하는 대차대조표(balance sheet)와 동일한 재무제표이다. 재무상태표는 기업의 재무구조, 유동성과 지급능력, 영업 환경변화에 대한 적응능력을 평가하는데 필요한 정보를 제공한다. 아래에서 재무상태표 작성과 관련된 일반사항을 살펴보고 재무상태표 양식을 간략하게 제시해 보도록 하겠다.

① 재무상태표에 표시되는 정보

일반기업회계기준에서는 구체적으로 대차대조표의 형식을 제시하고, 대차대조표에 표시되는 개별 항목을 상세하게 예시하고 있으나, 한국채택국제회계기준에서는 재무상태표의 양식을 제시하지 않으며, 재무상태표에 포함할 최소한의 항목을 대분류 수준에서만 언급하고 있다. 따라서 기업마다 재무상태표 양식 및 포함할 항목을 재량적으로 결정할 수 있다. 한국채택국제회계기준에서 언급하고 있는 재무상태표에 표시되어야 할 최소한의 항목은 다음과 같다.[6]

㉮ 유형자산 (제6장)
㉯ 무형자산 (제6장)
㉰ 금융자산 (제7장)
㉱ 재고자산 (제5장)
㉲ 매출채권 및 기타 채권 (제7장)
㉳ 현금및현금성자산 (제7장)
㉴ 매입채무 및 기타 채무 (제9장)
㉵ 충당부채 (제9장)
㉶ 금융부채 (제8장)
㉷ 소유주에게 귀속되는 납입자본과 적립금 (제10장)

② 유동과 비유동의 구분

일반기업회계기준에서는 대차대조표의 자산과 부채를 유동과 비유동으로 구분하고, 유동성이 큰 항목부터 배열하도록 규정하고 있다. 반면에 한국채택국제회계기준에 따르면 다음과 같은 구분표시방법 중 한 가지를 선택할 수 있다.

---

6) 중급회계나 고급회계 교과서에서 설명되는 항목은 제외하고 본 서에서 설명하는 항목만 열거하였다. 따라서 생략된 항목은 중급회계나 고급회계 교과서를 참조하기 바란다.

㉮ 유동성/비유동성 구분법
㉯ 유동성 배열법 (유동성/비유동성 구분법보다 신뢰성 있고 더욱 목적적합한 정보를 제공하는 경우)
㉰ 두 가지 혼합표시 방법 (혼합표시가 신뢰성 있고 더욱 목적적합한 정보를 제공하는 경우)

③ 유동자산

자산은 다음의 경우에 유동자산(current assets)으로 분류하며, 그 밖의 모든 자산은 비유동자산(non-current assets)으로 분류한다.

㉮ 기업의 정상영업주기[7] 내에 실현될 것으로 예상하거나, 정상영업주기 내에 판매하거나 소비할 의도가 있다.
㉯ 주로 단기매매 목적으로 보유하고 있다.
㉰ 보고기간 후 12개월 이내에 실현될 것으로 예상한다.
㉱ 현금이나 현금성자산[8]으로서, 교환이나 부채 상환 목적으로의 사용에 대한 제한 기간이 보고기간 후 12개월 이상이 아니다.

④ 유동부채

부채는 다음의 경우에 유동부채(current liabilities)로 분류하며, 그 밖의 모든 부채는 비유동부채(non-current liabilities)로 분류한다.

㉮ 정상영업주기 내에 결제될 것으로 예상하고 있다.
㉯ 주로 단기매매 목적으로 보유하고 있다.
㉰ 보고기간 후 12개월 이내에 결제하기로 되어 있다.
㉱ 보고기간 후 12개월 이상 부채의 결제를 연기할 수 있는 무조건의 권리를 가지고 있지 않다.

⑤ 계정식 재무상태표와 보고식 재무상태표

이제까지 작성해 본 재무상태표는 계정식 재무상태표이다. 계정식 재무상태표가 학습목적으로는 작성이 편리하다. 하지만 기업실무에서는 정보이용자에게 보고할 때 보고식 재무상태표를 작성한다. 이를 비교해 보면 다음과 같다.

---

7) 영업주기는 영업활동을 위한 자산의 취득시점부터 그 자산이 현금이나 현금성자산으로 실현되는 시점까지 소요되는 기간이다. 정상영업주기(normal operating cycle)를 명확히 식별할 수 없는 경우에는 그 기간이 12개월인 것으로 가정한다.

8) 현금성자산은 유동성이 매우 높은 단기 투자자산으로서 확정된 금액의 현금으로 전환이 용이하고 가치변동의 위험이 중요하지 않은 자산을 말한다. 제7장 '금융자산'의 설명을 참조하라.

계정식 재무상태표

㈜나무			20×1. 12. 31.
자 산		부 채	
유동자산	₩100,000	유동부채	₩100,000
유형자산	300,000	비유동부채	200,000
무형자산	200,000	부 채 합 계	300,000
		자 본	
		자 본 금	200,000
		이익잉여금	100,000
		자본합계	300,000
자 산 합 계	₩600,000	부채와 자본합계	₩600,000

보고식 재무상태표

㈜나무	20×1. 12. 31.
자 산	
유동자산	₩100,000
유형자산	300,000
무형자산	200,000
자 산 합 계	₩600,000
부 채	
유동부채	₩100,000
비유동부채	200,000
자 본	
자 본 금	200,000
이익잉여금	100,000
부채와 자본합계	₩600,000

한국채택국제회계기준에서는 재무상태표의 양식을 제시하지 않고 있지만, 일반기업회계기준 양식을 참고로 하여 다음과 같은 재무상태표 양식(유동성·비유동성 구분법 채택 가정)을 고려해 볼 수 있다.[9)]

9) 한국채택국제회계기준에서의 기본재무제표는 모두 연결재무제표이다. 연결재무제표는 고급회계 교과서에서 배우기 때문에 회계원리 단계에서 이를 학습하기는 어렵다. 따라서 본 서에서는 연결은 고려하지 않은 상태에서 재무제표 양식을 제시하도록 하겠다.

재 무 상 태 표

제×기 20×1년 12월 31일 현재

제×기 20×2년 12월 31일 현재

회사명 (단위 : 원)

과 목	당 기		전 기	
자 산				
유 동 자 산		×××		×××
현금및현금성자산	×××		×××	
단 기 금 융 자 산	×××		×××	
매 출 채 권	×××		×××	
재 고 자 산	×××		×××	
기 타 채 권	×××		×××	
…	×××		×××	
비 유 동 자 산		×××		×××
유 형 자 산	×××		×××	
무 형 자 산	×××		×××	
FVOCI 금융자산	×××		×××	
AC 금 융 자 산	×××		×××	
…	×××		×××	
자산 총계		×××		×××
부 채				
유 동 부 채		×××		×××
단 기 금 융 부 채	×××		×××	
매 입 채 무	×××		×××	
기 타 채 무	×××		×××	
…	×××		×××	
비 유 동 부 채		×××		×××
장 기 금 융 부 채	×××		×××	
ㅇ ㅇ 충 당 부 채	×××		×××	
…	×××		×××	
부채 총계		×××		×××
자 본*				
자 본 금	×××		×××	
자 본 잉 여 금	×××		×××	
자 본 조 정	×××		×××	
기타포괄손익누계액	×××		×××	
이 익 잉 여 금	×××		×××	
자본 총계		×××		×××
부채및자본 총계		×××		×××

* 자본의 분류는 일반기업회계기준에 따라서 정리하는 것이 공부에 편리하기 때문에 일반기업회계기준에 따라서 5가지 항목으로 분류했음을 알아두기 바란다. 자본에 대해서는 제10장에서 자세하게 설명한다.

3. 포괄손익계산서

포괄손익계산서(a statement of recognized income and expense)란 일정 기간 동안 발생한 모든 수익과 비용을 보고하는 재무제표이다. 포괄손익계산서에는 당기순손익 뿐만 아니라 기타포괄손익[10]의 당기 변동액도 표시된다는 점이 일반기업회계기준에서 제시하고 있는 손익계산서(income statement)와 다른 점이다.

① 계정식 포괄손익계산서와 보고식 포괄손익계산서

이제까지 작성해 본 포괄손익계산서는 계정식 포괄손익계산서이다. 계정식 포괄손익계산서가 학습목적으로는 작성이 편리하다. 하지만 기업실무에서는 정보이용자에게 보고할 때 보고식 포괄손익계산서를 작성한다. 이를 비교해 보면 다음과 같다.

계정식 포괄손익계산서

㈜나무 20×1. 1. 1 ~ 12. 31

매출원가	₩300,000	매출액	₩500,000
기타비용	70,000	기타수익	20,000
법인세비용	30,000		
당기순이익	120,000		
계	₩520,000	계	₩520,000

보고식 포괄손익계산서

㈜나무 20×1. 1. 1~12. 31

매출액	₩500,000
매출원가	(300,000)
매출총이익	200,000
기타수익	20,000
기타비용	(70,000)
법인세비용차감전순이익	150,000
법인세비용	(30,000)
당기순이익	₩120,000

② 포괄손익계산서 기본양식

한국채택국제회계기준에서는 포괄손익계산서의 양식을 제시하고 있지 않으나, 일반기업회계기준을 참조하여 포괄손익계산서의 양식을 구체적으로 제시해 보면 다음과 같다.

10) 대부분의 수익과 비용은 당기순손익을 구성하지만, 일부의 항목은 당기순손익을 구성하지 않고 직접 재무상태표의 자본으로 인식하는데, 이를 기타포괄손익(other recognized income and expense)이라고 한다. 기타포괄손익에 대한 자세한 설명은 제10장을 참고하기 바란다.

포 괄 손 익 계 산 서[11]

제×기 20×1년 1월 1일부터 20×1년 12월 31일까지

제×기 20×2년 1월 1일부터 20×2년 12월 31일까지

회사명 (단위 : 원)

과 목	당 기		전 기	
매 출 액		×××		×××
매 출 원 가		×××		×××
매출총이익(또는 매출총손실)		×××		×××
금 융 수 익		×××		×××
기 타 수 익		×××		×××
물 류 원 가		×××		×××
관 리 비		×××		×××
금 융 비 용		×××		×××
기 타 비 용		×××		×××
…		×××		×××
법인세비용차감전순이익		×××		×××
법 인 세 비 용		×××		×××
당 기 순 손 익		×××		
기 타 포 괄 손 익		×××		×××
금융상품평가손익(OCI)	×××		×××	
…	×××		×××	
총 포 괄 손 익		×××		×××

11) 포괄손익계산서에서 비용을 분류할 때 성격별 분류방법과 기능별 분류방법 중 한 가지 방법을 선택할 수 있다. 성격별 분류(nature of expense method)란 당기손익에 포함된 비용을 그 성격(예 : 감가상각비, 원재료의 구입, 운송비, 종업원급여와 광고비 등)별로 통합하는 것으로서, 기능별로 재배분하지 않는다. 반면에 기능별 분류(function of expense method)란 매출원가법(cost of sales method)으로서 비용을 매출원가, 물류원가, 관리활동원가 등과 같이 기능별로 분류하는 방법을 말한다. 본 서에서는 기능별 분류방법으로 포괄손익계산서를 작성하고 있다.

〈참고자료〉

상장기업의 연차보고서, 분기보고서, 사업보고서뿐만 아니라 기타 공표된 정보를 얻으려면 금융감독원의 전자공시시스템(http://dart.fss.or.kr)을 이용하면 된다.

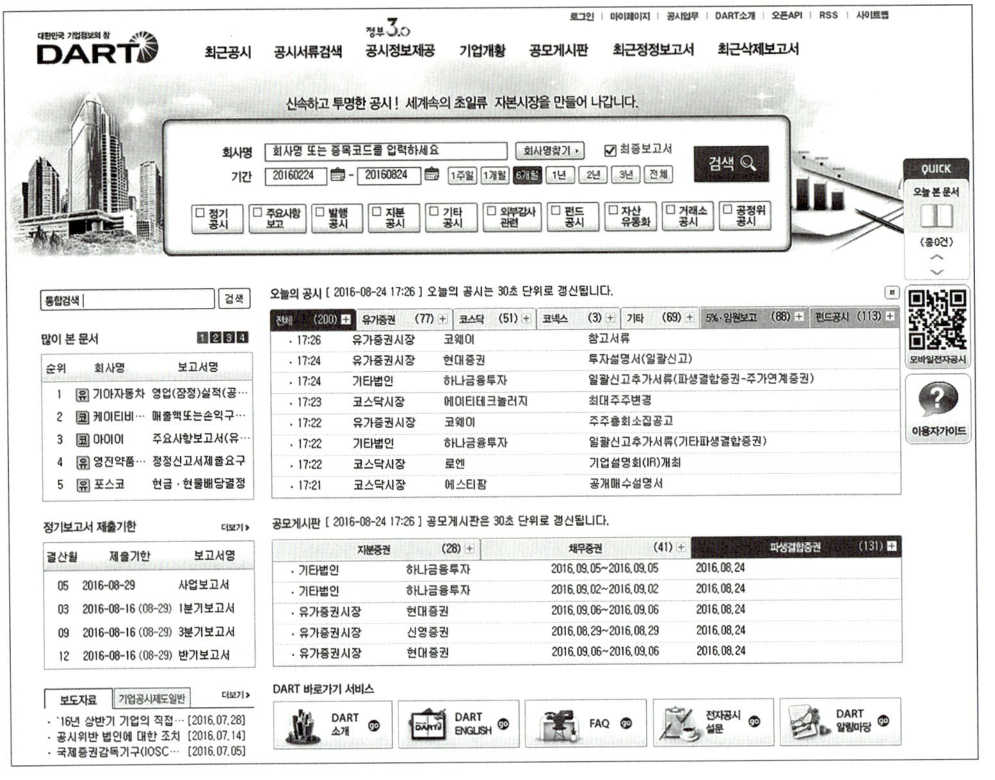

Chapter 4

객관식 문제

1 다음 중 재무회계의 주된 목적으로 가장 옳은 것은?

① 수탁책임의 이행여부 평가
② 경영방침 수립 및 계획
③ 회계정보이용자의 의사결정에 유용한 정보제공
④ 기업의 재무상태와 경영성과 파악

2 다음 중 발생기준을 적용하기 때문에 기록되는 계정과목이 아닌 것은?

① 선급비용　　② 자본금
③ 감가상각누계액　　④ 미지급비용

3 다음 중 회계정보의 보강적 질적 특성이 아닌 것은?

① 비교가능성　　② 이해가능성
③ 적시성　　④ 목적적합성

4 감가상각, 유동성배열, 자산평가 등의 회계처리와 가장 관련성이 많은 회계의 기본가정은?

① 기업실체의 가정　　② 화폐가치 안정의 가정
③ 계속기업의 가정　　④ 발생기준

5 정보이용자가 과거, 현재 또는 미래의 사건을 평가하거나 과거의 평가를 확인 또는 수정하도록 도와 줄 수 있는 정보의 질적특성은 다음 중 어느 것인가?

① 목적적합성 ② 이해가능성

③ 충실한 표현 ④ 비교가능성

6 대부분의 질적 특성은 단 하나의 항목에 관련되어 갖추어야 할 성격을 설명한다. 다른 질적 특성과 달리 단 하나의 항목에 관련된 것이 아닌 성격을 가진 질적 특성으로 맞는 것은?

① 목적적합성 ② 충실한 표현

③ 이해가능성 ④ 비교가능성

7 자산을 취득할 때 취득의 대가로 취득 당시에 지급한 현금 또는 현금성자산이나 그 밖의 대가의 공정가치로 기록하는 것을 의미하는 측정속성으로 맞는 것은?

① 현행원가 ② 순실현가능가치

③ 역사적원가 ④ 현재가치

8 재무회계는 정기적으로 재무제표를 작성하여 정보이용자의 의사결정에 유용한 정보를 제공하여야 한다. 이러한 재무보고서의 작성책임자는 다음 중 누구인가?

① 경영자 ② 최대주주

③ 외부감사인 ④ 기업

해답 및 해설

1	2	3	4	5	6	7	8		
③	②	④	③	①	④	③	①		

1. 재무보고를 위한 개념체계에서는 재무회계의 가장 주된 목적으로 외부정보이용자의 투자와 신용에 대한 의사결정에 유용한 정보를 제공하는 것이라고 규정하고 있다.

2. 자본금은 주주가 출자한 금액을 기록한 계정과목으로서 발생기준에 따라서 기록된 것이 아니다. 발생기준을 적용한 계정과목은 제2장에서 배운 기말수정분개를 떠올리면 쉽게 생각할 수 있을 것이다.

3. 회계정보의 보강적 질적 특성에는 비교가능성, 검증가능성, 적시성, 이해가능성까지 총 4가지가 열거되어 있다. 목적적합성은 근본적 질적 특성으로 분류된다.

4. 계속기업의 가정은 다음의 회계처리에 정당성을 부여한다.
   1. 역사적 원가
   2. 감가상각
   3. 유동성배열

5. 의사결정에 목적적합한 정보란 이용자가 과거, 현재 또는 미래의 사건을 평가하거나 과거의 평가를 확인 또는 수정하도록 도와줄 수 있는 특성을 갖고 있는 정보를 말한다. 즉, 정보가 의사결정에 목적적합하기 위해서는 예측가치와 확인가치를 갖추어야 한다.

6. 비교가능성은 정보이용자가 항목 간의 유사점과 차이점을 식별하고 이해할 수 있게 하는 질적 특성이다. 다른 질적 특성과 달리 비교가능성은 단 하나의 항목에 관련된 것이 아니다. 비교하려면 최소한 두 항목이 필요하다.

7. 자산을 취득할 때 취득의 대가로 취득 당시에 지급한 현금 또는 현금성자산이나 그 밖의 대가의 공정가치로 기록하는 것을 역사적원가라고 한다.

8. 기업실체의 경영자는 기업실체 외부의 이해관계자에게 재무제표를 작성하고 보고할 일차적인 책임을 진다. 경영자는 회계기준에 근거하여 진실되고 적정한 재무제표를 작성하여야 한다. 또한, 회계기준의 허용범위 내에서 적정한 회계처리방법을 선택하여 이를 일관성 있게 적용하고, 합리적인 판단과 추정을 하여야 한다.

Chapter 4

주관식 문제

문제 1 재무상태표의 작성

㈜나무의 20×1년의 12월 31일의 재무상태표계정은 다음과 같다. 다음 자료를 이용하여 재무상태표를 작성하시오.

현 금	₩50,000	건 물	₩670,000
매 입 채 무	40,000	토 지	400,000
미 수 수 익	30,000	감가상각누계액(건물)	150,000
매 출 채 권	180,000	선 수 수 익	80,000
재 고 자 산	240,000	미지급수수료	40,000
장기차입금	500,000	자 본 금	300,000
이익잉여금	?	단 기 차 입 금	120,000

해답 및 해설

재무상태표

㈜나무 20×1년 12월 31일 현재

자 산			부 채 와 자 본		
유 동 자 산			유 동 부 채		
현 금	₩50,000		매 입 채 무	₩40,000	
매 출 채 권	180,000		단 기 차 입 금	120,000	
미 수 수 익	30,000		미지급수수료	40,000	
재 고 자 산	240,000		선 수 수 익	80,000	
유 동 자 산 계		₩500,000	유 동 부 채 계		₩280,000
비 유 동 자 산			비 유 동 부 채		
토 지	400,000		장 기 차 입 금		500,000
건 물	670,000		부 채 총 계		780,000
감가상각누계액	(150,000)		자 본		
비유동자산계		920,000	자 본 금	300,000	
			이 익 잉 여 금	340,000*	
			자 본 총 계		640,000
자산총계		₩1,420,000	부채와 자본총계		₩1,420,000

* 이익잉여금은 자산총계와 부채·자본총계가 같아지도록 하는 대입치로 구한다.

문제 2 포괄손익계산서의 작성

다음은 ㈜나무의 자료이다. 다음 자료에 의하여 20×1년도 포괄손익계산서를 작성하라.

감가상각비	₩8,200	급 여	₩30,000
매 출	860,000	유형자산처분이익	12,000
이 자 수 익	4,200	당기순이익(순손실)	?
이 자 비 용	15,000	임 대 료	8,000
매 출 원 가	540,000	투자부동산처분손실	21,000
임 차 료	70,000	광 고 비	43,000

해답 및 해설

포괄손익계산서

㈜나무 20×1년 1월 1일 ~ 20×1년 12월 31일

매 출	₩860,000
매 출 원 가	(540,000)
매 출 총 이 익	320,000
임 대 료	8,000
이 자 수 익	4,200
유형자산처분이익	12,000
임 차 료	(70,000)
급 여	(30,000)
감 가 상 각 비	(8,200)
광 고 비	(43,000)
이 자 비 용	(15,000)
투자부동산처분손실	(21,000)
당 기 순 이 익	₩157,000

Part 02

재무상태표와 포괄손익계산서

Chapter

05

재고자산

제1절 재고자산의 취득과 회계처리
제2절 기말재고금액의 결정
제3절 추정에 의한 재고자산 평가방법
제4절 재고자산의 감모손실과 평가손실
▶ 객관식문제
▶ 주관식문제

7판

IFRS 회계원리

Chapter 05 재고자산

제 1 절 재고자산의 취득과 회계처리

'재고자산(inventories)'은 기업이 정상적인 영업활동과정에서 판매 또는 제품의 생산을 위해서 보유하고 있는 자산을 말한다. 재고자산은 판매목적으로 보유하는 자산으로 정상적인 영업주기내에 상품이나 제품이 판매될 것으로 예상할 수 있으므로 유동자산으로 분류한다.[1] 특정 자산이 재고자산으로 분류되려면 영업활동과정과 관련이 있어야 한다. 예를 들어 가구회사가 판매목적으로 가구를 만들어 보유하고 있으면 재고자산이지만 생산한 가구를 사무실에서 사용하고 있다면 이 가구는 재고자산이 아니라 유형자산으로 분류되어야 한다.

1. 재고자산의 종류

재고자산의 구성항목은 상품을 구입해서 판매하는 상품매매업과 제품을 제조하는 제조업이 서로 다르다. 상품매매업의 경우 이미 완성된 제품을 구입해서 판매하지만 제조업의 경우에는 원재료를 가공해서 제품으로 만들어서 판매해야 하기 때문에 재고자산의 구성항목이 상품매매업과 다르다. 상품매매업의 재고자산에는 상품, 저장품 등이 있으며, 제조업의 재고자산에는 원재료, 재공품, 반제품, 제품, 저장품 등이 있다. 재고자산의 유형별로 용어의 의미를 살펴보면 다음과 같다.

① 상 품

기업의 정상적인 영업활동과정에서 판매할 목적으로 구입한 재고자산을 말하며, 부동산매매업에 있어서 판매목적으로 소유하고 있는 토지, 건물 기타 이와 유사한 부동산은 상품에 포함하는 것으로 한다.

1) 한국채택국제회계기준에서는 유동자산과 비유동자산을 구분해서 공시하는 방법과 유동자산과 비유동자산을 구분하지 않고 유동성 배열만하는 방법을 모두 인정하고 있다. 유동성/비유동성 구분법을 선택했을 경우 재고자산은 유동자산으로 분류한다.

② 제　품

기업내부에서 판매목적으로 제조한 생산품, 부산물 등으로 한다.

③ 반제품

자가제조한 중간제품과 부분품으로 한다.

④ 재공품

제품 또는 반제품의 제조를 위해서 제조과정에 있는 것을 말한다.

⑤ 원재료

제품을 제조하고 가공할 목적으로 구입한 원료, 재료, 매입부분품, 미착원재료 등으로 한다.

⑥ 저장품

소모품, 수선용 부분품 및 기타 저장품으로 한다.

⑦ 기타의 재고자산

위에 속하지 아니하는 재고자산을 말한다.

2. 재고자산의 취득원가 결정과 순매입액 계산

재고자산의 취득원가는 매입가액에 매입부대비용을 가산해서 결정한다. 여기서 매입부대비용은 운송보험료, 운임과 같은 매입운반비(freight-in), 매입수수료, 매입관련 제세공과금을 포함한다. 매입부대비용을 비용으로 처리하지 않고 재고자산의 취득원가에 가산하는 것은 수익비용대응의 원칙에 따른 것이다. 매입부대비용을 지출해서 얻어지는 수익은 상품을 판매한 매출이므로 매입부대비용은 발생한 시점에는 상품원가에 가산하였다가 상품이 판매되는 시점에 매출원가로 비용화되어 매출과 대응된다.

재고자산 취득원가(총매입액) = 매입가액 + 매입부대비용

이와 같이 계산된 재고자산의 취득원가에서 매입에누리와 환출 및 매입할인을 차감하면 순매입액을 계산할 수 있다. 여기에 대해서는 제3장에서 이미 설명한 바 있다.

재고자산 순매입액 = 총매입액(매입가액 + 매입부대비용) − 매입에누리와 환출 − 매입할인

제 2 절 기말재고금액의 결정

기업에서 재고자산을 판매하는 거래는 주요한 영업활동으로 거래가 매우 많고 재고자산의 입출고가 빈번하여 판매할 때마다 매출원가를 기록하는 것은 번거롭다. 따라서 매출원가를 계산하는 방법은 제3장에서 이미 살펴본 것처럼 기초재고에 당기매입액을 더하고 기말재고자산을 차감해서 계산한다.

기중에 기초재고금액과 당기매입액은 장부기록을 통해 파악하고 있으므로 기말에 매출원가를 파악하는데 있어 핵심은 기말재고금액을 결정하는 것이다. 기말재고자산의 가액을 결정하기 위해서는 우선 ① 기말재고의 수량을 파악해야 하고, ② 기말재고의 단위당 원가를 계산한 후에 이 둘을 곱해서 금액을 결정한다.

기말재고자산

기말재고금액 = 기말재고수량 × 단위당 원가
(기말재고수량: 재고수량파악방법, 단위당 원가: 원가흐름의 가정)

그 과정을 살펴보기 위해서 기말재고자산에 해당하는 범위와 기말재고수량의 파악방법 및 단위당 원가결정방법을 살펴보자.

1. 기말재고자산의 범위

기말재고자산에 포함해야 하는 항목에는 기본적으로 회사소유의 창고에 보관하고 있는 재고자산이 있으며 그 외에도 미착품, 위탁상품, 시송품 등이 있다.

(1) 미착품

'미착상품(goods in transit)'이란 상품을 주문해서 운송 중에 있지만 아직 기업의 창고에 도달하지 못한 상품을 말한다. 미착상품을 구매자의 기말재고자산에 포함시킬 것인지는 미착상품의 소유권이 구매자에게 있는지 여부에 따라 판단한다. 즉, 미착상품에 대한 소유권을 구매자인 기업이 가지고 있는 경우에만 구매자의 기말재고자산에 포함시킨다.

미착상품의 법적 소유권이 구매자에게 있는지는 매매조건에 따라 다른데 그 조건으로는 선적지 인도기준과 도착지 인도기준이 있다.

① 선적지 인도기준(free on board shipping point)

판매자가 선박에 상품을 선적한 시점에 법적소유권이 구매자에게 이전되는 조건이다. 따라서 미착품은 매입자의 재고자산에 포함되어야 하며 매입운임은 매입상품의 원가에 가산해야 한다.

② 도착지 인도기준(free on board destination)

구매자가 상품을 선박에서 인수하는 시점에 법적 소유권이 구매자에게 이전되는 조건이다. 따라서 선박이 운송중인 미착상품은 판매자의 재고자산이며 구매자의 기말재고자산에 포함되지 않는다. 운반비는 판매자가 부담하며 판매자는 운반비를 당기 비용처리한다.

(2) 위탁상품

'위탁상품(consigned goods)'은 회사가 자체판매망이 부족해서 타인(수탁자)에게 상품을 위탁해서 판매할 때 타인의 판매점에 보관되어 있는 상품을 말하며 적송품이라고도 한다. 위탁판매의 경우 위탁자는 수탁자가 위탁품을 제3자에게 판매한 시점에서 수익을 인식한다. 이 경우 수탁자가 위탁상품을 보관하고 있지만 위탁상품에 대한 소유권은 위탁한 회사가 가지므로 위탁자의 재고자산에 포함시켜야 한다.

(3) 시송품

'시용판매(sales on approval)'는 소비자가 일정한 시험사용기간 동안 상품을 사용한 뒤에 매입의 의사표시를 하면 판매가 성립하는 판매방식이다. 시송품은 이런 시용판매과정에서 소비자가 상품을 사용하고 있지만 아직 매입의 의사표시를 하지 않은 상품을 말한다. 시송품은 소비자가 구입의사표시를 하기 전까지는 판매회사의 소유이므로 판매자의 기말재고자산에 포함시켜야 한다.

그림 5-1 기말재고자산 포함항목

회사창고보관 재고자산	회사소유의 창고에 보관 중인 재고자산으로 기본적으로 기말재고자산에 포함되는 재고자산
미 착 품	상품을 주문해서 운송 중이지만 아직 기업창고에 도달하지 못한 재고자산
위 탁 품	수탁자에게 상품을 위탁해서 판매할 때 타인의 판매점에 보관되어 있는 상품
시 송 품	시용판매과정에서 소비자가 사용하고 있으면서 매입의사표시를 하지 않은 상품

2. 재고수량의 파악방법

재고자산의 수량을 결정하는 방법에는 제3장에서 살펴본 것처럼 계속기록법과 실지재고조사법이 있다. 이에 대해 간략히 다시 한번 살펴보면 다음과 같다.

(1) 계속기록법

'계속기록법(perpetual inventory method)'은 재고자산의 입고와 출고를 상품재고장과 같은 장부에 계속적으로 기록해서 상품의 판매수량과 기말재고수량을 파악하는 방법으로 장부재고조사법이라고도 한다. 계속기록법은 상품의 구입이나 판매가 발생하면 그 때마다 수량과 단가를 기록하므로 장부상으로 기말재고수량을 직접 파악하는 것이 가능하다.

$$\underbrace{\text{기초재고수량} + \text{당기매입수량}}_{\text{판매가능수량}} - \text{당기판매수량} = \text{기말재고수량}$$

계속기록법을 사용하면 회계기간 중에도 보유재고를 파악할 수 있는 장점이 있지만 수량을 관리하는 정확한 장부가 필요하고 회계기간 중에 도난이나 파손으로 인해서 발생한 감모수량이 있는 경우에는 실제기말재고수량과 장부상의 기말재고수량이 일치하지 않는 문제가 있다.

(2) 실지재고조사법

'실지재고조사법(physical inventory method)'은 결산시점에 상품의 종류별로 실제로 재고조사를 해서 기말상품재고량을 확정하는 방법이다. 따라서 상품을 구입할 때는 그 내역을 상품재고장에 기록하는 반면에 판매하는 시점에는 매출만을 기록하고 판매수량을 별도로 상품재고장에 기록하지 않는 방법이다.

실지재고조사법을 적용하면 상품재고장부만으로는 기말재고수량과 당기판매수량을 알 수 없다. 따라서 먼저 상품재고장으로부터 기초재고수량과 당기매입수량의 합계량을 파악한 후, 실지조사에 의해 파악한 기말재고수량을 차감해서 당기판매수량을 계산한다.

$$\underbrace{\text{기초재고수량} + \text{당기매입수량}}_{\text{판매가능수량}} - \text{기말재고수량} = \text{당기판매수량}$$

실지재고조사법을 사용하면 회계기간 중에는 상품의 판매시점마다 판매수량을 상품재고장에 기록할 필요가 없으므로 적용이 간편하다. 반면에 회계기간 중에 도난이나 파손으로 발생한 감모수량이 당기판매량에 모두 포함되어 버리는 단점이 있다. 이와 같이 재고수량을 파악하는 방법에는 계속기록법과 실지재고조사법이 있는데 두 방법 모두 재고감모수량을 정확하게 파악할 수 없으므로 실무적으로 계속기록법과 실지재고조사법을 함께 사용한다. 두 방법을 함께 사용하면 계속기록법에 의한 장부상의 기말재고수량과 재고실사를 통한 실제기말재고수량과의 차이가 감모량이 된다.

3. 기말재고단가의 결정방법(원가흐름의 가정)

기말재고금액을 결정하려면 재고수량을 파악한 후 재고의 단위당 원가(unit price)를 결정해야 한다. 그런데 동일한 상품이라도 매입단가는 매입시점마다 다른 경우가 일반적이다. 따라서 기말재고수량에 적용할 단가를 어느 단가로 사용할 것인지가 문제가 된다. 물론 제일 정확한 방법은 구입물량마다 정확한 단가를 별도로 파악하는 것이지만 매일매일 수없이 입출고되는 재고를 실제물량대로 단가를 파악하는 것은 거의 불가능하다.

그러므로 매입상품의 구입단가가 서로 다를 경우에는 판매되는 상품의 원가로 적용될 단가의 순서를 미리 정해서 가상적으로 적용할 수밖에 없다. 즉, 일정한 단가적용순서를 가정하고 그 가정에 따르면 판매상품이나 기말재고상품에 적용되는 매입단가를 자동적으로 결정할 수 있다. 이렇게 재고의 단위당 원가를 결정하는 것을 '원가흐름의 가정(cost flow assumptions)'이라고 한다. 기말재고의 단가를 결정하기 위한 원가흐름의 가정에 여러 가지가 있는데 그 중에서 대표적인 방법이 ① 개별법, ② 선입선출법, ③ 평균법이다.[2)]

Chapter 5

(1) 개별법

'개별법(specific identification method)'은 구입시점마다 상품의 원가를 개별적으로 확인하고 상품별로 가격표를 붙여두었다가 판매되는 상품이나 기말재고상품에 부착된 가격표상의 단가를 적용해서 매출원가와 기말재고금액을 평가하는 방법이다. 개별법은 실제물량흐름(physical flow)을 따르는 것이므로 수익과 비용을 정확하게 대응시키는 장점이 있다. 반면에 상품의 종류와 거래의 수가 많은 경우에는 현실적으로 적용하기가 매우 번거롭다. 또한 판매되는 상품의 단가를 임의로 선택할 수 있어서 이익조작의 여지가 있다는 단점도 있다. 따라서 상품의 종류가 적고 거래가 빈번하지 않은 보석, 골동품 및 미술작품 등의 고가품목에 적용된다.

예제 5-1
기말재고단가의 결정-개별법

㈜나무에서 판매하는 가구 중에서 학생용책상의 20×1년 매입과 매출에 관한 자료는 다음과 같다.

일 자	구 분	입고(수량, 단가)	출고(수량)	재고잔량
1월 1일	기초재고	20개 @100		20개
3월 12일	상품매입	80개 @110		100개
6월 15일	상품판매		80개	20개
9월 20일	상품매입	20개 @120		40개
12월 25일	상품판매		10개	30개

2) 일반기업회계기준에서는 후입선출법이라는 방법도 인정해 주었으나 한국채택국제회계기준에서는 후입선출법을 인정하지 않음에 유의하기 바란다.

요구사항

개별법을 적용하고 있으며 6월 15일에 판매한 상품의 가격표에는 ₩110이 60개, ₩100이 20개가 있었고, 12월 25일 판매한 상품의 가격표에는 ₩120이 10개였다. 매출원가와 기말재고금액을 계산하시오.

해답

(1) 기말재고자산 : 20개 × ₩110 +10개 × ₩120 = ₩3,400

(2) 매출원가 : ₩2,000 + (8,800 + 2,400) − 3,400 = ₩9,800
(₩2,000: 기초재고, (8,800 + 2,400): 당기매입액, 3,400: 기말재고)

상품재고장(개별법 적용)

날짜	적요	입 고			출 고			잔 액		
		수량	단가	금액	수량	단가	금액	수량	단가	금액
1/ 1	기초재고	20	100	2,000				20	100	2,000
3/12	상품매입	80	110	8,800				20	100	2,000
								80	110	8,800
6/15	상품판매				20	100	2,000	20	110	2,200
					60	110	6,600			
9/20	상품매입	20	120	2,400				20	110	2,200
								20	120	2,400
12/25	상품판매				10	120	1,200	20	110	2,200
								10	120	1,200
12/31	기말재고							20	110	2,200
								10	120	1,200
	합 계	120		13,200	90		9,800			

(2) 선입선출법

'선입선출법(first-in, first-out method : FIFO)'은 실제 물량흐름과 관계없이 먼저 입고된 상품이 먼저 판매된다는 원가흐름을 가정하는 방법으로 먼저 매입한 상품의 단가를 매출된 상품의 단가로 적용하는 방법이다. 선입선출법은 매입순서대로 출고된다고 가정하는 것이므로 상품의 일반적인 물량흐름과 일치하여 적용이 비교적 간편하며 기말재고금액이 최근의 원가에 가장 가깝게 계산된다는 장점이 있다. 반면에 인플레이션으로 구입원가가 계속 상승하는 경우에는 기말재고자산이 과대계상되고 매출원가는 과거의 매입원가를 기준으로 과소하게 계상되어 매출총이익이 과대하게 계상되는 것이 단점이다. 다음 예제를 통해서 선입선출법이 계속기록법과 실지재고조사법에서 어떻게 적용되는지에 대해 구체적으로 살펴보자.

예제 5-2

기말재고단가의 결정－선입선출법

[예제 5－1]의 자료를 이용하시오.

요구사항

1. 선입선출법하에서 실지재고조사법에 따라 매출원가와 기말재고자산금액을 결정하시오.
2. 선입선출법하에서 계속기록법에 따라 상품재고장을 작성하고 매출원가와 기말재고자산금액을 결정하시오.

해답

1. 실지재고조사법

(1) 기말재고자산 : 20개 × ₩120* ＋ 10개 × 110 ＝ ₩3,500

* 마지막 구입단가 : 먼저 구입한 단가를 먼저 출고한 것으로 가정하므로 기말재고에는 마지막 구입단가를 적용한다.

(2) 매출원가 : ₩2,000(기초재고) ＋ (8,800 ＋ 2,400)(당기매입액) － 3,500(기말재고) ＝ ₩9,700

2. 계속기록법

(1) 상품재고장

상품재고장(선입선출법－계속기록법 적용)

날 짜	적 요	입 고			출 고			잔 액		
		수량	단가	금액	수량	단가	금액	수량	단가	금액
1/ 1	기초재고	20	100	2,000				20	100	2,000
3/12	상품매입	80	110	8,800				20	100	2,000
								80	110	8,800
6/15	상품판매				20	100*	2,000	20	110	2,200
					60	110*	6,600			
9/20	상품매입	20	120	2,400				20	110	2,200
								20	120	2,400
12/25	상품판매				10	110*	1,100	10	110	1,100
								20	120	2,400
12/31	기말재고							10	110	1,100
								20	120	2,400
	합 계	120		13,200	90		9,700			

* 먼저 구입한 단가를 먼저 출고한다.

(2) 기말재고자산 : 20개 × ₩120 ＋10개 × ₩110 ＝ ₩3,500

(3) 매 출 원 가 : ₩2,000 ＋ 6,600 ＋ 1,100 ＝ 9,700

판매가능상품 ₩13,200

예제에서 살펴본 바와 같이 선입선출법에서는 계속기록법과 실지재고조사법의 기말재고금액이 같게 된다. 왜냐하면 계속기록법을 적용하더라도 먼저 들어온 상품이 먼저 나가기 때문에 결국 최근에 매입된 상품이 재고로 남게 되어 실지재고조사법의 결과와 동일하기 때문이다.

(3) 평균법

'평균법(average cost method)'은 상품판매시 과거에 매입하였던 상품이 골고루 섞여서 평균적으로 팔려나갔다고 가정하고, 판매가능한 상품의 총원가를 총수량을 나누어서 계산한 평균단가로 기말재고금액과 매출원가를 산정하는 방법이다.

평균법은 실지재고조사법을 적용하느냐 아니면 계속기록법을 적용하느냐에 따라 평균화대상이 달라진다. 실지재고조사법에서 사용하는 평균법을 총평균법이라고 하고 계속기록법에서 사용하는 평균법을 이동평균법이라고 한다.

① 총평균법(total weighted average cost method)

기말시점에 회계기간의 총원가를 총재고수량으로 나누어서 총평균단가(total average unit prices)를 산출하고, 이 단가를 기말 재고수량과 당기판매수량에 공통적으로 적용해서 기말재고금액과 매출원가금액을 산정하는 방법이다.

총평균단가

$$\text{총평균단가} = \frac{\text{기초재고액} + \text{당기매입액}}{\text{기초재고수량} + \text{당기매입수량}} = \frac{\text{판매가능총원가}}{\text{판매가능총수량}}$$

② 이동평균법(moving average cost method)

상품을 매입할 때마다 직전의 재고수량 및 재고금액에 새로 매입한 수량과 금액을 가산해서 가중평균단가(unit price of weighted average inventories)를 새롭게 구하고, 다음의 상품을 구입할 때까지 이 단가를 판매한 수량에 대한 단가로 적용하는 방법이다. 따라서 새로운 가격으로 상품을 구입하면 그 후의 판매량에 대한 단가는 그 이전의 단가와 다르게 적용된다. 이동평균법은 회계기간 중에 평균단가를 계산해야 하므로 실지재고조사법에서는 적용할 수 없으며 계속기록법에서만 적용할 수 있다.

이동평균단가

$$\text{이동평균단가} = \frac{\text{직전재고액} + \text{신규매입액}}{\text{직전재고수량} + \text{신규매입수량}}$$

이 두 가지 방법 중에서 이동평균법은 상품을 취득할 때마다 새롭게 가중평균재고단가를 구해야 하는데 이는 매우 번거롭다. 따라서 적용의 편의를 위해 평균매입단가를 월단위로 계산하는 월별이동평균법을 적용하기도 한다.

Chapter 5

예제 5–3
기말재고단가의 결정–총평균법과 이동평균법

[예제 5–1]의 자료를 이용하시오.

요구사항

1. 실지재고조사법에 따라 총평균법을 적용해서 매출원가와 기말재고자산금액을 결정하시오.
2. 계속기록법에 따라 이동평균법을 적용해서 상품재고장을 작성하고 매출원가와 기말재고자산금액을 결정하시오.

해답

1. 실지재고조사법

(1) 총평균단가 : $\frac{₩2{,}000 + (8{,}800 + 2{,}400)}{20\text{개} + 100\text{개}}$ = 단위당 ₩110

(2) 기말재고자산 : 30개 × ₩110 = ₩3,300

(3) 매출원가 : $\underbrace{₩2{,}000}_{\text{기초재고}} + \underbrace{(8{,}800 + 2{,}400)}_{\text{당기매입액}} - \underbrace{3{,}300}_{\text{기말재고}}$ = ₩9,900

2. 계속기록법

(1) 상품재고장

상품재고장(이동평균법-계속기록법 적용)

날 짜	적 요	입 고			출 고			잔 액		
		수량	단가	금액	수량	단가	금액	수량	단가	금액
1/ 1	기초재고	20	100	2,000				20	100	2,000
3/12	상품매입	80	110	8,800				100	108*1	10,800
6/15	상품판매				80	108	8,640	20	108	2,160
9/20	상품매입	20	120	2,400				40	114*2	4,560
12/25	상품판매				10	114	1,140	30	114	3,420
12/31	기말재고							30	114	3,420
	합 계	120		13,200	90		9,780			

* 1. 이동평균단가 (₩2,000 + 8,800) ÷ (20개 + 80개) = 단위당 ₩108
  2. 이동평균단가 (₩2,160 + 2,400) ÷ (20개 + 20개) = 단위당 ₩114

(2) 기말재고자산 : 30개 × ₩114 = ₩3,420

(3) 매 출 원 가 : ₩8,640 + ₩1,140 = ₩9,780

판매가능상품 ₩13,200

이와 같이 기말재고수량의 단가를 결정하기 위한 원가흐름 가정은 ① 개별법, ② 선입선출법, ③ 평균법이 있으며 이를 요약하면 다음과 같다.

그림 5-2 재고자산원가흐름의 가정

원가흐름가정	재고자산의 평가방법	기말재고단가
개 별 법	재고자산에 가격표 등을 붙여 판매상품이나 기말재고상품에 부착된 단가를 적용해서 원가를 계산하는 방법	기말재고에 붙어있는 가격표단가
선입선출법 (FIFO)	먼저 입고된 상품이 먼저 판매된다고 원가흐름을 가정하는 방법	가장 마지막에 구입한 단가
평 균 법	일정기간동안 재고자산원가를 평균한 평균원가로 매출원가와 기말상품재고원가를 계산하는 방법	일정기간동안 평균한 평균원가

4. 원가흐름의 가정의 당기순이익 효과

앞에서 여러 가지 원가흐름의 가정에 대해 살펴보았는데 어떤 원가흐름가정을 적용하는가에 따라 기말재고자산금액과 매출원가금액이 서로 다르다. 즉, 어떤 원가흐름가정을 사용하여 재고자산을 평가하느냐에 따라 당기의 손익이 달라진다. 원가흐름가정이 손익에 어떻게 영향을 미치는지 알아보기 위해서 앞의 예제내용을 정리해 보면 다음과 같다.

	선입선출법	이동평균법	총평균법
매 출 원 가	₩9,700	₩9,780	₩9,900
기 말 재 고 자 산	3,500	3,420	3,300

위의 내용에서 보는 바와 같이 선입선출법의 기말재고금액이 가장 크고 총평균법이 가장 작다. 따라서 선입선출법은 매출원가가 가장 작고 총평균법은 매출원가가 가장 크다. 따라서 예제에서와 같이 매입단가가 상승하는 인플레이션(inflation)에서는 선입선출법이 이익이 가장 크고 총평균법이 가장 작다. 이를 정리해 보면 다음과 같다.

① 선입선출법

기말재고자산에 가장 최근의 높은 단가가 적용되므로 기말재고자산금액이 크게 계산되고 매출원가금액이 작게 계산되어 당기순이익이 가장 크게 계산된다.

② 총평균법

물가상승시에 낮은 단가와 높은 단가를 모두 합하여 총평균단가를 계산하므로 선입선출법에 비해 기말재고자산금액이 작게 계산된다.

③ 이동평균법

이동평균법은 마지막 이동평균단가 계산시 가장 늦게 구입한 단가(물가상승시 높은 단가)의 영향이 크게 작용하여 총평균단가보다 최종 이동평균단가가 일반적으로 더 높다. 따라서 기말재고자산금액이 선입선출법과 총평균법 사이에서 결정된다.

원가흐름가정의 당기순이익 효과(물가상승시)

기 말 재 고 자 산	:	선입선출법	>	이동평균법	>	총평균법
매 출 원 가	:	선입선출법	<	이동평균법	<	총평균법
당 기 순 이 익	:	선입선출법	>	이동평균법	>	총평균법

이와 같이 원가흐름가정에서 어떤 방법을 사용하는가에 따라 기업의 손익에 미치는 영향이 다르기 때문에 한국채택국제회계기준에서는 한 가지 원가흐름가정을 선택하였으면 특별한 사유가 없는 한 그 방법을 변경할 수 없으며 계속 적용하도록 규정해서 자의적으로 원가흐름 가정을 바꾸어 이익을 조작하는 행위를 방지하고 있다.

제 3 절 추정에 의한 재고자산 평가방법

대형할인점이나 백화점에서는 다양한 종류의 재고자산을 판매하고 구입량과 판매량도 대량인 경우가 많다. 이런 경우에 재고자산의 취득단가를 재고자산별로 각각 계산하는 것이 불가능하다. 그리고 화재나 도난 등으로 재고자산이 소실된 경우에는 기말재고를 실사할 수 없으므로 재고자산을 추정해야 한다. 이와 같이 현실적으로 실지재고를 정확하게 파악하기 어려운 경우에 기말재고자산을 추정하는 방법으로는 매출가격환원법과 매출총이익률법이 있다.

1. 매출가격환원법

'매출가격환원법(retail inventory method)'은 회계기간 중에는 각 제품의 금액자료를 매출가격으로 관리하다가 기말시점에는 기말재고의 매출가격에 원가율을 곱해서 기말재고자산의 원가를 계산하는 방법으로 매가환원법 또는 소매재고법이라고 한다. 매출가격환원법을 적용하는 과정은 다음과 같이 크게 3단계로 구분할 수 있다.

• 1단계 : 원가율 계산

기초재고금액과 당기매입금액을 합한 전체원가를 전체 상품의 판매가격총액(total amount)으로 나누어 원가율을 구한다.

원가율

$$원가율 = \frac{전체원가(기초상품재고금액 + 당기상품\ 매입금액)}{판매가격총액(기초상품\ 판매가액 + 당기매입상품\ 판매가액)}$$

• 2단계 : 기말재고의 판매가격총액 계산

기초재고의 판매가액에 당기매입상품의 판매가액을 더하고 당기매출액을 차감해서 기말재고의 판매가격총액을 파악한다.

판매가격기준 기말재고

판매가격기준 기말재고 = 기초재고의 판매가액 + 당기매입상품의 판매가액 − 당기매출

• 3단계 : 기말재고금액과 매출원가계산

판매가격(selling price)으로 평가된 기말재고금액에 원가율을 곱해서 기말재고금액과 매출원가를 계산한다.

Chapter 5

예제 5-4

매출가격환원법

㈜나무할인은 입출고되는 상품의 종류가 너무 많아서 매출가격환원법을 적용하고 있다. 개별상품별로 원가를 집계하지 않고 전체상품의 원가와 판매가격을 다음과 같이 파악하고 있다.

	원 가	판매가
기 초 재 고 금 액	₩80,000	₩120,000
당 기 매 입 금 액	520,000	880,000
	₩600,000	₩1,000,000
당 기 매 출 액		₩800,000

요구사항

1. 원가율을 계산하시오.
2. 기말재고금액과 매출원가금액을 계산하시오.

해답

1. 원가율

$$\frac{₩80,000 + 520,000}{₩120,000 + 880,000} = 60\%$$

2. 기말재고금액과 매출원가

(1) 기말재고자산의 판매가 : ₩120,000(기초재고판매가) + 880,000(당기매입판매가) − 800,000(당기매출) = ₩200,000

(2) 기말재고자산의 원가 : ₩200,000 × 60% = ₩120,000

(3) 매출원가 : ₩80,000(기초재고) + 520,000(당기매입) − 120,000(기말재고) = ₩480,000

2. 매출총이익률법

'매출총이익률법(gross margin method)'은 기업이 과거에 얻은 매출총이익률(=매출총이익/매출액)이 계속 비슷한 수준을 유지할 것이라고 가정하고 기중 매출액에 매출원가율(1 − 매출총이익률)을 곱해서 매출원가를 계산하는 방법이다. 이 방법은 지나치게 추정에 의존하므로 한국채택국제회계기준에서는 인정하지 않는 방법으로 화재나 자연재해로 재고가 소실되고 재고상품의 수불이나 잔액에 대한 자료가 없는 경우에 간접적으로 매출원가와 기말재고자산금액을 추정하는 방법이다.

예제 5-5

매출총이익률법

㈜나무는 수해를 입어서 기말재고자산과 상품재고장이 소실되었다. 매출원가와 기말재고자산금액을 추정하기 위해서 매출총이익률법을 적용하기로 하고 과거의 매출총이익률을 계산한 결과 20%로 계산되었으며 추가적으로 파악할 수 있는 자료를 다음과 같이 집계하였다.

기초재고금액	₩1,200,000
당기매입금액	3,300,000
당기매출금액	5,000,000

요구사항

매출원가 금액과 소실된 재고자산을 계산하시오.

해답

(1) 매출원가 추정액 : ₩5,000,000 × 80% = ₩4,000,000

(2) 소실된 기말재고 : ₩1,200,000(기초재고) + 3,300,000(당기매입) − 4,000,000(매출원가) = ₩500,000

제 4 절 재고자산의 감모손실과 평가손실

기말재고자산금액은 재고수량에 단위당 원가를 곱해서 계산한다. 그런데 기말재고수량이 장부와 다를 수도 있고 기말재고의 판매가격이 단위당 원가보다 낮아져서 단위당 원가로 재고자산을 평가할 수 없는 경우도 있다. 이와 같은 장부상 재고자산금액과 실지재고자산금액과의 차액은 손실에 해당하는데 그 내용에는 재고자산감모손실과 재고자산평가손실이 있다.

1. 재고자산의 감모손실

'재고자산감모손실(losses from inventory shrinkage)'은 기말재고조사를 한 결과 파손·부패·증발 및 도난 등으로 인해서 실제 재고량이 장부상의 재고량보다 부족한 경우를 말한다. 일반기업회계기준에서는 재고자산감모손실 중 원가성이 있다고 판단되는 부분은 매출원가에 가산하고, 원가성이 없다고 판단되는 부분은 영업외비용으로 처리하도록 규정하고 있는 반면, 한국채택국제회계기준에서는 비용의 구분에 대해서 언급하고 있지 않다. 저자의 견해로는 원가성이 없는 감모손실이 구분표시가 필요할 정도로 중요하다면 매출원가 이외의 다른 비용 항목으로 표시할 수 있다고 판단된다. 계속기록법만 사용하면 재고자산감모손실은 기말재고에 포함되고, 실지재고조사법만 사용하면 매출원가에 포함된다. 따라서 재고자산감모손실을 파악하려면 계속기록법과 실지재고조사법을 함께 사용해야 한다.

예제 5-6
재고자산감모손실

㈜나무는 단가결정방법으로 평균법을 적용하고 있으며 재고자산과 관련된 자료는 다음과 같다. ㈜나무는 실지재고조사법을 적용하고 있다.

	수 량	원 가
기 초 재 고	2,000개	₩120,000
당 기 매 입	18,000개	880,000
당 기 판 매	19,000개	

기말에 실지재고를 실사한 결과 800개로 파악되었다.

요구사항

1. 재고자산감모손실을 전액 매출원가에 포함시키는 것으로 결정한 경우 기말수정분개를 하시오.
2. 재고자산감모손실을 전액 매출원가 이외의 비용 항목으로 표시하기로 한 경우 기말수정분개를 하시오.

해답

1. 전액 매출원가에 포함
   (1) 장부상 기말재고량 : 2000개 + 18,000개 − 19,000개 = 1,000개

   (2) 감모수량 : 1,000개 − 800개 = 200개

   (3) 감모손실 : 200개 × ₩50* = ₩10,000

   * 단위당 평균원가(₩120,000 + 880,000) ÷ (2,000개 + 18,000개) = ₩50

   (4) 기말수정분개

(차)	상 품(기말)	40,000*	(대)	상 품(기초)	120,000
	매 출 원 가	960,000		매 입	880,000

* 기말상품금액을 (실지재고수량×단가)인 ₩40,000으로 기록함으로써 자연스럽게 재고자산감모손실 ₩10,000이 매출원가에 포함되어 있다.

2. 전액 매출원가 이외의 비용으로 구분표시

(차)	상 품(기말)	40,000	(대)	상 품(기초)	120,000
	매 출 원 가	960,000		매 입	880,000
(차)	재고자산감모손실 (기타비용)	10,000	(대)	매 출 원 가	10,000*

* 기말상품금액은 ₩40,000으로 기록하여 매출원가금액이 ₩960,000으로 되어 있으므로 감모손실금액 ₩10,000을 매출원가에서 차감하여 매출원가금액은 ₩950,000으로 만들고 ₩10,000은 기타비용으로 대체하는 것이다.

2. 재고자산의 평가손실

재고자산을 평가할 때는 취득원가로 평가한다. 그러나 재고자산이 진부화되어 재고자산의 순실현가능가치가 취득원가보다 하락하였다면 재고자산을 순실현가능가치로 평가해야 한다. 여기서 순실현가능가치(net realizable value : NRV)는 상품의 최종판매가치에서 판매과정에서 발생할 추가비용을 차감한 금액을 말한다. 일반기업회계기준에서는 재고자산평가손실(= 취득원가 − 순실현가능가치)을 매출원가에 포함시키도록 규정하고 있으나, 한국채택국제회계기준에서는 재고자산평가손실의 분류표시에 대해서 언급

하고 있지 않으므로 기업의 판단에 따라 분류해야 할 것이다. 또한, 한국채택국제회계기준에서는 재고자산평가충당금(재고자산의 차감적 평가계정) 계정의 사용에 대해서 구체적인 언급이 없으므로 기업의 판단에 따라서 회계처리하면 될 것이다. 본 서에서는 재고자산평가충당금을 사용하여 회계처리 할 것임을 부언해둔다.

또한 순실현가능가치로 재고자산을 평가한 후에 재고자산의 순실현가능가치가 상승하는 경우에는 본래의 장부금액을 한도로 해서 재고자산금액을 증가시키고 재고자산평가손실환입으로 인식한다.

Chapter 5

그림 5-3 재고자산평가손실의 회계처리

재고자산의 평가시점	비용의 처리
재고자산 순실현가능가치가 취득원가보다 낮아진 시점	재고자산평가손실
재고자산의 순실현가능가치 회복시점(본래의 장부금액까지)	재고자산평가손실환입

예제 5-7
재고자산평가손실

㈜나무는 20×1년도의 기초상품재고액은 ₩100,000이고 당기매입액은 ₩600,000이었다. 기말에 실사를 한 결과 100개의 재고가 있었으며 취득원가는 단위당 ₩800이다. 기말재고자산의 단위당 판매가격은 ₩700이고 상품판매를 위해 추가로 소요되는 비용이 단위당 ₩100이다. ㈜나무는 재고자산평가손실을 전액 매출원가에 포함시키고 재고자산평가손실환입은 전액 매출원가에서 차감하고 있다.

요구사항

1. 장부금액을 기준으로 매출원가를 계산하는 기말수정분개를 하시오.
2. 재고자산평가손실금액을 계산하시오.
3. 재고자산평가손실과 관련된 기말수정분개를 하시오.
4. 20×2년도에 상품의 판매가격이 단위당 ₩1,200으로 인상되었다. 재고자산평가손실환입에 대한 분개를 하시오.

해답

1. 기말수정분개

(차)	상 품(기말)	80,000*	(대) 상 품(기초)	100,000
	매 출 원 가	620,000	매 입	600,000

* 기말재고금액 : 100개 × ₩800 = ₩80,000

2. 재고자산평가손실

100개 × {₩800 − (700 − 100)} = ₩20,000

(₩800: 장부금액, (700 − 100): 순실현가능가치)

3. 재고자산평가손실 기말수정분개

(차)	매 출 원 가 (재고자산평가손실)	20,000	(대) 재고자산평가충당금	20,000

재고자산평가손실은 매출원가에 가산되므로 포괄손익계산서에 표시되는 매출원가는 장부금액을 기준으로 계산한 ₩620,000에 재고자산평가손실 ₩20,000을 가산한 ₩640,000이 된다.

4. 재고자산평가손실환입

(1) 상품의 단위당 순실현가능가치 : ₩1,200 − 100 = ₩1,100

(2) 단위당 재고자산평가손실환입액 : ₩800(본래장부금액 한도) − 600 = ₩200

(3) 기말수정분개

(차)	재고자산평가충당금	20,000	(대) 매 출 원 가 (재고자산평가손실환입)	20,000

참고로 재고자산평가충당금은 재무상태표를 작성할 때 재고자산금액에서 차감하는 형식으로 표시한다. 예제의 20×1년도 재무상태표상에 표시되는 기말재고자산을 살펴보면 다음과 같다.

재무상태표

(단위 : 원)

⋮			
상 품	80,000		
재고자산평가충당금	(20,000)	60,000	
⋮			

저가법 적용

'저가법(lower of cost or market method, LCM method)'이란 순실현가능가치가 단위당 취득원가보다 낮아지는 경우에는 이를 손실로 인식하고 순실현가능가치가 단위당 취득원가보다 높아지는 경우에는 이를 이익으로 인식하지 않는 것이다. 즉, 저가법에서는 단위당 취득원가와 순실현가능가치 중에서 낮은 가격으로 재고자산을 평가한다.

저가법은 재고자산가치가 하락하면 손실을 즉시 인식하지만 재고자산가치가 취득원가보다 높아지는 경우에는 이를 이익으로 바로 인식하지 않고 상품이 판매되어야 이익으로 기록된다. 이렇게 하면 자산과 이익을 과대계상할 가능성이 가장 낮아지는 방식으로 회계처리하는 것이며 저가법은 보수주의의 대표적인 사례이다.

3. 재고자산의 감모손실과 평가손실의 관계

기말에 재고실사를 통해서 실지재고수량과 장부수량을 비교하면 감모손실이 나타날 수 있고 재고자산의 취득원가와 순실현가능가치를 비교하면 평가손실도 함께 나타날 수 있다. 이 경우 재고자산감모손실은 장부재고수량과 실지재고수량의 차이에 단위당 취득원가를 곱해서 계산하며 재고자산평가손실은 실지재고수량에 취득원가와 순실현가능가치의 차이를 곱해서 계산한다.

그림 5-4 재고자산감모손실과 재고자산평가손실

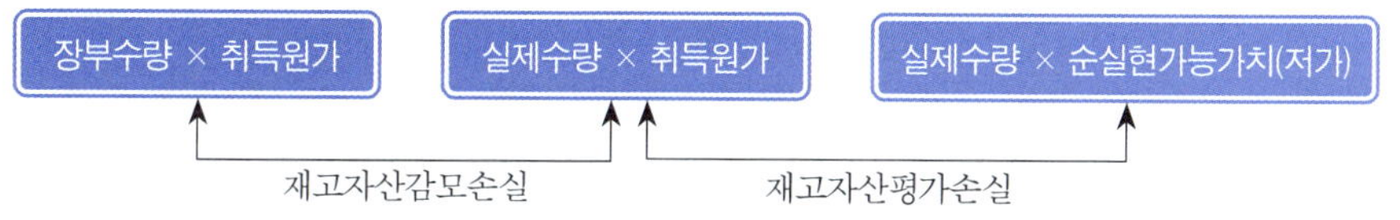

예제 5-8

재고자산감모손실과 평가손실

㈜나무의 20×1년도 기초상품재고액은 ₩100,000이고 당기매입액은 ₩600,000이었다. 장부상 기말재고수량은 200개였고 단위당 취득원가는 ₩800이다.

(1) 재고실사결과 실지재고수량은 100개였다. 감모수량 중 60개는 매출원가에 포함시키기로 하였고 초과수량은 기타비용으로 분류하기로 하였다.

(2) 기말재고자산의 단위당 판매가격은 ₩700이고 상품판매를 위해 추가로 소요되는 비용은 ₩100이다. 재고자산평가손실은 전액 매출원가에 포함시키기로 하였다.

요구사항

1. 실지재고금액(원가)을 기준으로 매출원가를 계산하는 기말수정분개를 하시오.
2. 재고자산감모손실을 계산하고 관련된 기말수정분개를 하시오.
3. 재고자산평가손실을 계산하고 관련된 기말수정분개를 하시오.
4. 재고자산감모손실과 평가손실을 반영한 매출원가는 얼마인지 계산하시오.

해답

1. 기말수정분개

(차)	상 품(기말)	80,000	(대)	상 품(기초)	100,000
	매 출 원 가	620,000		매 입	600,000

* 기말재고금액 : 100개(실지재고수량)×₩800(원가)=₩80,000

2. 재고자산감모손실

(1) 재고자산감모수량 : 200개 − 100개 = 100개

(2)

매출원가포함 감모손실 :	60개 × ₩800 =	₩48,000
매출원가제외 감모손실 :	(100개 − 60개) × ₩800 =	32,000
총감모손실		₩80,000

(3) 재고자산감모손실 기말수정분개

(차)	재고자산감모손실 (기타비용)	32,000	(대)	매 출 원 가	32,000

3. 재고자산평가손실

(1) 100개 × {₩800 − (700 − 100)} = ₩20,000
(₩800: 장부금액, (700 − 100): 순실현가능가치)

재고자산평가손실은 장부상의 재고수량이 아니라 실지재고수량을 기준으로 계산해야 한다. 따라서 장부상의 재고수량 200개가 아니라 실지재고수량 100개를 기준으로 재고자산평가손실을 계산한다.

(2) 재고자산평가손실 수정분개

(차)	매 출 원 가 (재고자산평가손실)	20,000	(대)	재고자산평가충당금	20,000

4. 포괄손익계산서의 매출원가

부분 포괄손익계산서

㈜나무			20×1. 1. 1 ~ 12. 31
매 출 액			×××
매 출 원 가			₩608,000
	기 초 상 품 재 고 액	₩100,000	
	당 기 상 품 매 입 액	600,000	
	기 말 상 품 재 고 액	(80,000)	
	타 계 정 대 체	(32,000)	
	재 고 자 산 평 가 손 실	20,000	
매 출 총 이 익			×××
기 타 비 용			
재고자산감모손실			32,000

예제에서 살펴본 바와 같이 재고자산평가손실은 장부재고수량이 아니라 실지재고수량을 기준으로 계산한다. 재고자산감모손실과 재고자산평가손실이 어떠한 관계를 가지는지에 대해서는 다음의 그림을 보면 보다 잘 이해될 것이다.

그림 5-5 재고자산감모손실과 재고자산평가손실의 관계

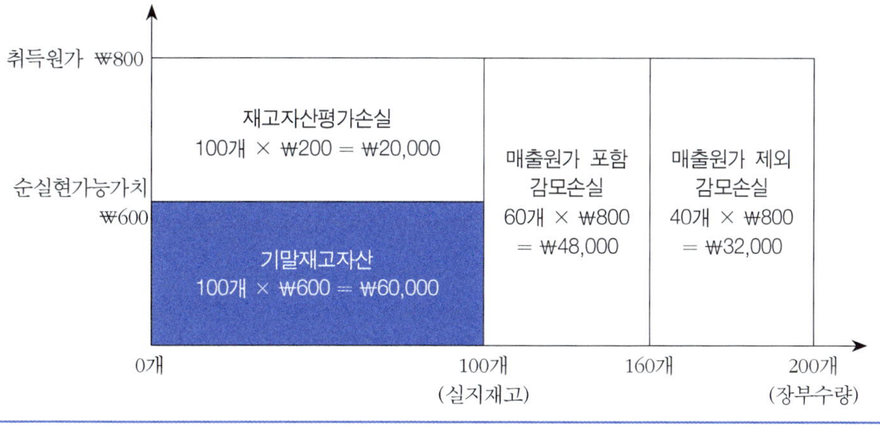

Chapter 5

객관식 문제

1 다음 자료를 이용하여 매출총이익을 계산하면 얼마인가?

기초상품재고액	₩50,000	총 매 입 액	₩300,000
총 매 출 액	510,000	매 입 환 출	30,000
매 입 에 누 리	10,000	매 출 환 입	40,000
매 출 에 누 리	20,000	기말상품재고액	90,000

① ₩190,000 ② ₩210,000
③ ₩230,000 ④ ₩250,000

2 다음의 자료에 기초하여 상품의 당기 순매입액을 계산하면 얼마인가?

(1) 당기에 상품 500개를 개당 ₩1,000에 외상으로 매입하였다.
(2) 매입과정에서 ₩10,000의 운반비가 발생하였다.
(3) 매입한 상품 500개 중 10개가 검수과정에서 적발되어 반품되었고, 20개에 대해서는 개당 ₩800으로 매입단가를 조정하였다.
(4) 외상매입대금을 조기에 지급함으로써 ₩5,000의 매입할인을 받았다.

① ₩510,000 ② ₩501,000
③ ₩495,000 ④ ₩491,000

3 A상품에 관한 다음 거래를 선입선출법으로 기장한 경우 매출원가와 매출총이익은 각각 얼마인가? 단, 회사는 계속기록법으로 장부기록을 하고 있다.

5월 1일	전 월 이 월	50개	@180
10일	매 입	100개	@200
11일	환 출	(10일분 10개)	
20일	매 출	120개	@300
21일	환 입	(20일분 20개)	

① ₩19,000, ₩11,000
② ₩18,000, ₩12,000
③ ₩19,800, ₩16,200
④ ₩23,000, ₩13,000

4 다음 자료를 이용하여 이동평균법에 의한 8월말 재고액을 계산하면 그 금액은?

8/ 5	A상품	매입	40개	@₩500
8/16	A상품	매출	20개	@₩580
8/20	A상품	매입	60개	@₩540
8/31	A상품	매출	20개	@₩600

① ₩41,920
② ₩31,800
③ ₩43,400
④ ₩42,600

5 ㈜나무는 실지재고조사법으로 회계처리하는 회사이다. 동사가 20×6년 말에 외상구입한 상품에 대한 매입기록을 하지 않았으며, 이 상품이 기말재고실사시 누락되었다고 할 때 20×6년 말의 자산, 부채, 자본과 당기순이익에 미치는 영향으로 올바른 것은?

	자 산	부 채	자 본	당기순이익
①	영향없음	과소계상	과대계상	과대계상
②	영향없음	과대계상	과소계상	과소계상
③	과소계상	과소계상	영향없음	영향없음
④	과소계상	영향없음	과소계상	과소계상

6 B기업의 매출총이익률은 순매출액의 40%이다. 이 기업의 상품매매와 관련한 자료가 다음과 같을 때 매출총이익률법에 의해 추정되는 기말재고상품원가는?

총 매 출 액	₩364,000	총 매 입 액	₩256,000
기초재고상품원가	50,000	매 입 할 인	6,000
매출에누리와환입	34,000	매입에누리와환출	8,000

① ₩79,600　② ₩92,000
③ ₩94,000　④ ₩100,000

7 다음은 나무상사의 기말상품 장부재고와 실지재고 및 시가와 관련된 자료이다. 상품감모손실 중 30%는 원가성이 있는 것으로 판명되었다. 원가성이 있는 재고자산감모손실과 재고자산평가손실의 합계금액은 얼마인가?

상 품	장부재고	실지재고	단위원가	추정판매단가	추정판매비
A	800개	750개	₩200	₩250	₩40
B	600	580	180	200	30
C	500	500	300	320	50

① ₩13,600　② ₩20,800
③ ₩24,880　④ ₩30,320

8 다음과 같은 기말상품 재고평가시 옳은 분개는? 단, 회사는 실지재고조사법을 사용하고 재고자산평가손실은 전액 매출원가에 포함시키고 있으며 재고자산평가충당금이라는 차감적 평가계정을 사용하여 회계처리한다.

재고수량	580개	1개당	매입원가	₩4,700
		1개당	순실현가능가치	₩4,200

① (차) 매출원가 290,000 (대) 상 품 290,000
② (차) 매출원가 290,000 (대) 재고자산평가충당금 290,000
③ (차) 재고자산감모손실 290,000 (대) 상 품 290,000
④ (차) 재고자산감모손실 290,000 (대) 재고자산평가충당금 290,000

1	2	3	4	5	6	7	8		
③	④	①	②	③	③	③	②		

1. 순 매 입 액 = ₩300,000 − 30,000 − 10,000 = ₩260,000

매 출 원 가 = ₩50,000 + 260,000 − 90,000 = ₩220,000

매출총이익 = 순매출액 − 매출원가
= (₩510,000 − 20,000 − 40,000) − 220,000 = ₩230,000

2. (1) 총매입액(매입부대비용 포함) = 500개 × ₩1,000 +10,000 = ₩510,000

(2) 매입환출 = 10개 × ₩1,000 = ₩10,000

(3) 매입에누리 = 20개 × (₩1,000 − 800) = ₩4,000

(4) 매입할인 = ₩5,000

(5) 순매입액 = ₩510,000 − 10,000 − 4,000 − 5,000 = ₩491,000

3. 선입선출법은 먼저 매입한 상품을 먼저 출고시키는 방법으로 기말재고는 나중에 매입한 상품이 남게 된다. 100개가 매출되었으며 선입선출법으로 기장한 경우에는 5월 1일분 50개와 10일 매입한 50개가 매출한 것이 된다.

(1) 매 출 원 가 = (50개 × ₩180) + (50개 × ₩200) = ₩19,000

(2) 매출총이익 = 순매출액 − 매출원가
= (100개 × ₩300) − 19,000 = ₩11,000

4.

	구 입	판 매	월말재고		
8/ 5	40개 × @500	−	40개 × @500	=	₩20,000
8/16	−	20개 × @500	20개 × @500	=	₩10,000
8/20	60개 × @540	−	80개 × @530*	=	₩42,400
8/31	−	20개 × @530	60개 × @530	=	₩31,800

* (20개 × @500 + 60개 × @540) ÷ 80개 = @530

5. 기말매입채무가 누락되어 부채는 과소계상되고, 기말재고자산 역시 과소계상되어 자산이 과소되며, 순이익과 자본에는 영향이 없다.

㈜나무가 누락한 분개를 분석해 보면 다음과 같다.

(1) 외상매입누락

(차) 매 입	×××	(대) 매 입 채 무	×××

이 분개를 누락함으로써 부채가 과소되고 비용이 과소하게 계상된다.

(2) 기말재고자산누락

(차) 상 품(기말)	×××	(대) 매 입	×××

이 분개를 누락함으로써 자산이 과소되고 비용이 과대하게 계상된다.

6. (1) 순매입액 = ₩256,000 − 8,000 − 6,000 = ₩242,000

(2) 순매출액 = ₩364,000 − 34,000 = ₩330,000

(3) 매출원가 = ₩330,000 × (1 − 0.4) = ₩198,000

(4) 기말재고상품원가추정

상 품

기 초 재 고	₩50,000	매 출 원 가	₩198,000
순 매 입	242,000	기 말 재 고	94,000
	₩292,000		₩292,000

7. (1) 재고자산감모손실 : 50개 ×₩200 + 20개 × ₩180 = ₩13,600

(2) 재고자산평가손실 : 580개 × ₩10 + 500개 × ₩30 = ₩20,800

(3) 원가성이 있는 재고자산감모손실 : ₩13,600 × 30% = ₩4,080

(4) ₩4,080 + 20,800 = ₩24,880

8. 재고자산평가손실 = 580개 × (₩4,700 − 4,200) = ₩290,000

(차) 매 출 원 가	290,000	(대) 재고자산평가충당금	290,000

Chapter 5

주관식 문제

문제 1 매출액, 매출원가, 매출총이익

다음은 ㈜나무의 20×6년 1분기 매출과 매입에 관한 자료이다.

※ 1월 1일 상품계정의 기초잔액은 ₩100,000이다.
(1) 2월 1일 : ₩615,000의 상품을 거래처에서 외상으로 매입하였고 매입운임 ₩10,000을 현금으로 지급하였다.(매입조건 2/10, n/30)
(2) 2월 5일 : 상품에 하자가 있어 ₩80,000의 상품을 반품하였다.
(3) 2월 9일 : 외상매입금(2/1) 중 ₩500,000을 현금으로 지급하였다.
(4) 3월 10일 : 상품을 ₩500,000에 외상판매하였고, 판매운임으로 ₩8,000을 현금지급하였다.
(5) 3월 25일 : 외상판매대금 전액을 현금으로 회수하였다.

물음

1. 20×6년 1분기 거래를 회계처리하시오. 단, 실지재고조사법을 적용한다.
2. 3월말에 실지재고조사결과 실지재고금액이 ₩235,000이라고 할 때 1분기 매출원가를 구하시오.
3. 다음은 ㈜나무의 1분기 부분 포괄손익계산서이다. 빈 칸에 들어갈 금액을 구하시오.

부분 포괄손익계산서

1. 매출액		(①)
2. 매출원가		(④)
기초재고	₩100,000	
당기매입	(②)	
기말재고	(③)	
3. 매출총이익		(⑤)

해답 및 해설

1.

		(차변)	금액	(대변)	금액
(1)	2/ 1	(차) 매입	625,000	(대) 매입채무	615,000
				현금	10,000

* 상품의 매입과정에서 발생한 매입부대비용(운송비, 운송보험료, 하역비)은 취득원가에 가산한다.

		(차변)	금액	(대변)	금액
(2)	2/ 5	(차) 매입채무	80,000	(대) 매입에누리와환출	80,000
(3)	2/ 9	(차) 매입채무	500,000	(대) 현금	490,000
				매입할인	10,000
(4)	3/10	(차) 매출채권	500,000	(대) 매출	500,000
		운반비	8,000	현금	8,000

* 상품의 판매과정에서 발생한 판매운임은 당기비용으로 계상된다.

		(차변)	금액	(대변)	금액
(5)	3/25	(차) 현금	500,000	(대) 매출채권	500,000

2. 기말상품재고액과 매출원가

(1) 총판매가능상품액 : ₩100,000(기초) + (625,000 − 80,000 − 10,000)(당기매입)
= ₩635,000

(2) 기말상품재고액 : ₩235,000

(3) 매출원가 : ₩635,000(1) − 235,000(2) = ₩400,000

3. 포괄손익계산서 작성

① 매출액 : ₩500,000
② 당기상품매입 : ₩625,000 − 80,000 − 10,000 = ₩535,000
③ 기말상품재고액 : ₩235,000
④ 매출원가 : ₩100,000 + 535,000 − 235,000 =₩400,000
⑤ 매출총이익 : ₩500,000 − 400,000 =₩100,000

문제 2 재고자산의 평가방법(원가흐름의 가정)

다음은 ㈜나무의 20×6년의 매입과 매출에 관한 자료이다.

상품								
		수 량	단가				수 량	단가
기초상품재고	1/ 1	20개	@10	당 기 매 출		6/10	25개	@20
당 기 매 입	3/ 2	20개	@11			12/25	20개	@25
	9/15	30개	@12					

물음

1. ㈜나무가 계속기록법을 사용할 경우 각각의 방법으로 상품재고장을 작성하고 매출원가와 기말재고금액을 구하여라.
   (1) 선입선출법(FIFO)
   (2) 이동평균법

2. ㈜나무가 실지재고조사법을 사용할 경우 각각의 방법으로 기말재고금액과 매출원가를 구하여라.
   (1) 선입선출법(FIFO)
   (2) 총평균법

3. ㈜나무의 경영자의 목표는 당기순이익의 극대화이다. 목표달성을 위해 (1) 계속기록법과 (2) 실지재고조사법 사용시 경영자가 선택해야 하는 재고자산의 평가방법은 무엇인가?

해답 및 해설

1. 계속기록법

(1) 선입선출법

날짜	적요	입 고			출 고			잔 액		
		수량	단가	금 액	수량	단가	금액	수량	단가	금액
1/1	기초재고	20개	@10	₩200				20개	@10	₩200
3/2	매 입	20	11	220				20 20	10 11	200 220
6/10	매 출				20개 5	@10 11	₩200 55	15	11	165
9/15	매 입	30	12	360				15 30	11 12	165 360
12/25	매 출				15 5	11 12	165 60	25	12	300
12/31	기말재고							25	12	300(b)
	합 계	70		780			480(a)			

매출원가(a) = ₩480, 기말재고금액(b) = ₩300

(2) 이동평균법

날짜	적요	입 고			출 고			잔 액		
		수량	단가	금 액	수량	단가	금액	수량	단가	금액
1/1	기초재고	20개	@10	₩200				20개	@10	₩200
3/2	매 입	20	11	220				40	10.5	420
6/10	매 출				25개	@10.5	₩262.5	15	10.5	157.5
9/15	매 입	30	12	360				45	11.5	517.5
12/25	매 출				20	11.5	230	25	11.5	287.5
12/31	기말재고							25	11.5	287.5(b)
	합 계	70		780	45		492.5(a)			

매출원가(a) = ₩492.5, 기말재고금액(b) = ₩287.5

2. 실지재고조사법

(1) 선입선출법

① 기말재고금액 : 25개 × ₩12 = ₩300

② 매 출 원 가 : ₩200(기초) + (220 + 360)(당기매입) − 300(기말) = ₩480

(2) 총평균법

① 총 평 균 단 가 : (₩200 + 220 + 360) ÷ (20개 + 20개 + 30개) = @11.14

② 기말재고금액 : 25개 × ₩11.14 = ₩278.5

③ 매 출 원 가 : ₩200(기초) + 580(당기매입) − 278.5 = ₩501.5

3. 평가방법에 따른 비교분석

구 분	계속기록법		실지재고조사법	
	선입선출법	이동평균법	선입선출법	총평균법
매 출 액	1,000	1,000	1,000	1,000
매 출 원 가	480	492.5	480	501.5
매 출 총 이 익	520	507.5	520	498.5

따라서 경영자의 목표인 당기순이익의 극대화를 위해서는 다른 비용이 동일하다고 가정할 때 우선적으로 매출총이익을 극대화하여야 하며 매출총이익의 극대화를 위해서는 매출원가를 최소화하여야 한다. 결국 경영자가 선택할 재고자산의 평가방법은 선입선출법이다.

(1) 계속기록법 – 선입선출법

(2) 실지재고조사법 – 선입선출법

(참조)

위의 결과를 살펴보면 다음과 같은 사실을 알 수 있다.

① 선입선출법만이 계속기록법과 실지재고조사법의 결과가 동일하다.

② 기말재고자산은 매출원가와 반비례 관계에 있으므로 선입선출법일 때 기말재고자산이 가장 크게 나타난다.

③ 위의 결과는 인플레이션 상황(매입단가가 계속 상승)에서의 결과이고 디플레이션 상황(매입단가의 하락)에서는 반대의 결과가 나타난다.

문제 3 매출가격환원법(소매재고법)

다음은 매출가격환원법을 사용하는 회사의 20×6년 매입과 매출에 관한 자료이다.

구 분	원 가	매 가
기초재고	₩9,000	₩12,000
매입	65,000	82,000
매입환출	4,000	6,500
매출		80,000
매출에누리		5,500

물음

1. 20×6년 기말재고자산(매가)을 구하시오.
2. 20×6년 원가율을 구하시오.
3. 기말재고자산(원가)과 매출원가를 구하시오.

해답 및 해설

1. 기말재고자산(매가)
   ₩12,000(기초) + (82,000 − 6,500)(당기매입) − (80,000 − 5,500)(매출) = ₩13,000

2. 원가율 $= \dfrac{₩9,000 + (65,000 - 4,000)}{₩12,000 + (82,000 - 6,500)} = 80\%$

3. (1) 기말재고자산(원가) : ₩13,000 × 80% = ₩10,400
   (2) 매출원가 : ₩9,000(기초) + (65,000 − 4,000)(당기매입) − 10,400(기말) = ₩59,600

문제 4 매출총이익률법

㈜나무는 20×6년도 수해로 인하여 창고에 보관 중이던 재고자산의 일부가 유실되었다. 유실된 재고자산을 파악하기 위하여 회계장부로부터 다음의 자료를 입수하였다.

기초상품재고액	₩1,000,000	총 매 입 액	₩5,400,000
매 입 에 누 리	200,000	총 매 출 액	6,000,000
매 입 할 인	300,000	매 출 할 인	400,000

20×6년 기말 실지재고조사를 통한 상품재고액이 ₩1,000,000이었고 포괄손익계산서에 의한 매출총이익률이 항상 30%를 유지할 경우 다음 요구사항에 답하시오.

물음

1. 20×6년 매출원가(추정액)를 구하시오.
2. 20×6년 장부상 기말상품재고액을 구하시오.
3. 수해로 인한 ㈜나무의 손실액을 구하시오.

해답 및 해설

1. 매출원가

매출원가 = 매출액 × (1 − 30%)
= (₩6,000,000 − 400,000(매출할인)) × (1 − 30%)
= ₩3,920,000

2. 기말상품재고액

기초상품재고액 + 당기순매입액 = 매출원가 + 기말상품재고액

₩1,000,000 + ₩4,900,000* = ₩3,920,000 + x

* 당기순매입액 = ₩5,400,000 − 200,000 − 300,000 = ₩4,900,000

₩1,000,000 + ₩4,900,000 − ₩3,920,000 = x

따라서 x = ₩1,980,000

3. 유실된 재고자산 금액

₩1,980,000(추정 기말재고) − 1,000,000(실제 기말재고) = ₩980,000

문제 5 재고자산의 감모손실과 평가손실

다음은 ㈜나무의 약식 잔액시산표와 결산조정사항이다.

수정전시산표

⋮		⋮	
상품	₩2,500,000	⋮	
⋮		⋮	
매입	7,440,000	매출	₩10,000,000
⋮		⋮	
매출에누리	300,000	매입환출	150,000
		매입할인	100,000

〈결산조정사항〉

㈜나무의 기말재고자산과 관련된 자료는 다음과 같다. ㈜나무는 재고자산감모손실 중 60%에 해당하는 금액은 매출원가에 포함시키고 나머지는 기타비용으로 분류하고 있다. 재고자산평가손실은 전액 매출원가에 포함시키고 재고자산평가충당금이라는 차감적 평가계정을 사용하여 회계처리하고 있다.

상 품	장부상수량	실지재고수량	단위당 원가	추정판매가격	추정판매비용
A	200개	100개	₩1,000	₩1,200	₩300
B	500	400	2,000	2,500	400
C	700	700	3,000	4,000	1,300

물음

1. ㈜나무의 상품관련 기말수정분개를 하시오.
2. ㈜나무의 수정후시산표를 작성하시오.
3. ㈜나무의 상품관련 부분 재무상태표와 매출총이익관련 부분 포괄손익계산서를 작성하시오.

해답 및 해설

1. 기말수정분개

(1) 순매입액

(차)	매 입 환 출	150,000	(대) 매 입	250,000
	매 입 할 인	100,000		

(2) 매출원가

(차)	상 품(기말)	3,000,000	(대) 상 품(기초)	2,500,000
	매 출 원 가	6,690,000	매 입	7,190,000

* 100개×₩1,000+400개×₩2,000+700개×₩3,000=₩3,000,000

(차)	재고자산감모손실 (기타비용)	120,000	(대) 매 출 원 가	120,000

* (100개×₩1,000+100개×₩2,000)×40%=₩120,000

(차)	매 출 원 가	220,000	(대) 재고자산평가충당금	220,000

* 100개×(₩1,000−900)+700개×(₩3,000−2,700)=₩220,000

(3) 순매출액

(차)	매 출	300,000	(대) 매 출 에 누 리	300,000

2. 수정후시산표

수정후시산표

⋮		⋮	
상 품	₩3,000,000	재고자산평가충당금	₩220,000
⋮		⋮	
매 출 원 가	6,790,000	매 출	9,700,000
⋮			
재고자산감모손실	120,000		

3. 부분 재무제표

부분 재무상태표

⋮			⋮
상 품	3,000,000		⋮
재고자산평가충당금	(220,000)	2,780,000	

부분 포괄손익계산서

매 출 액			₩9,700,000
매 출 원 가			6,790,000
	기초상품재고액	₩2,500,000	
	당기상품매입액	7,190,000	
	기말상품재고액	(3,000,000)	
	타 계 정 대 체	(120,000)	
	재고자산평가손실	220,000	
매 출 총 이 익			2,910,000
⋮			
재고자산감모손실			120,000
⋮			

문제 6 상기업의 재무제표작성

다음은 ㈜나무의 20×1년 말 수정전시산표와 결산조정사항이다.

수정전시산표

㈜나무 20×1. 12. 31

차변	금액	대변	금액
현금	₩710,000	매입채무	₩600,000
상품	350,000	재고자산평가충당금	10,000
건물	4,000,000	감가상각누계액	900,000
매입	3,000,000	자본금	1,000,000
매출환입	200,000	이익잉여금	700,000
매출할인	50,000	매출	5,000,000
		매입에누리	80,000
		매입할인	20,000
합계	₩8,310,000	합계	₩8,310,000

〈결산조정사항〉

(1) ㈜나무의 기말재고자산과 관련된 자료는 다음과 같다. ㈜나무는 재고자산감모손실 중 80%에 해당하는 금액은 매출원가에 포함시키고 나머지는 기타비용으로 분류하고 있다. 재고자산평가손실은 전액 매출원가에 포함시키고 재고자산평가충당금이라는 차감적 평가계정을 사용하여 회계처리하고 있다.

상품	장부상수량	실지재고수량	단위당원가	추정판매가격	추정판매비용
A	300개	270개	₩200	₩190	₩10
B	500	450	300	350	20
C	600	600	400	390	20

(2) 건물에 대한 당기 감가상각비 금액은 ₩300,000이다.

물음

1. ㈜나무의 20×1년 말 기말수정분개를 하시오.
2. ㈜나무의 20×1년도 수정후시산표를 작성하시오.
3. ㈜나무의 20×1년도 재무상태표와 포괄손익계산서를 작성하시오.

해답 및 해설

1. 기말수정분개

(1) 순매입액

(차) 매입에누리	80,000	(대) 매입	100,000
매입할인	20,000		

(2) 매출원가

(차) 상품(기말)	429,000	(대) 상품(기초)	350,000
매출원가	2,821,000	매입	2,900,000

* 270개×₩200+450개×₩300+600개×₩400=₩429,000

(차) 재고자산감모손실	4,200	(대) 매출원가	4,200

* (30개×₩200+50개×₩300)×20%=₩4,200

(차) 매출원가	13,400	(대) 재고자산평가충당금	13,400

* (270개×₩20+600개×₩30)−₩10,000(충당금잔액)=₩13,400

(3) 순매출액

(차) 매출	250,000	(대) 매출환입	200,000
		매출할인	50,000

(4) 건물 감가상각

(차) 감가상각비	300,000	(대) 감가상각누계액	300,000

2. 수정후시산표

수정후시산표

㈜나무 20×1. 12. 31

현금	₩710,000	매입채무	₩600,000
상품	429,000	재고자산평가충당금	23,400
건물	4,000,000	감가상각누계액	1,200,000
매출원가	2,830,200	자본금	1,000,000
재고자산감모손실	4,200	이익잉여금	700,000
감가상각비	300,000	매출	4,750,000
합계	₩8,273,400	합계	₩8,273,400

3. 재무상태표와 포괄손익계산서

재무상태표

㈜나무 20×1. 12. 31.

현 금		₩710,000	매 입 채 무	₩600,000
상 품	429,000		자 본 금	1,000,000
재고자산평가충당금	(23,400)	405,600	이 익 잉 여 금	2,315,600
건 물	4,000,000			
감가상각누계액	(1,200,000)	2,800,000		
합 계		₩3,915,600	합 계	₩3,915,600

포괄손익계산서

㈜나무 20×1. 1. 1 ~ 20×1. 12. 31

매 출 액			₩4,750,000
매 출 원 가			2,830,200
	기 초 상 품 재 고 액	₩350,000	
	당 기 상 품 매 입 액	2,900,000	
	기 말 상 품 재 고 액	(429,000)	
	타 계 정 대 체	(4,200)	
	재 고 자 산 평 가 손 실	13,400	
매 출 총 이 익			1,919,800
재고자산감모손실			4,200
감 가 상 각 비			300,000
당 기 순 이 익			₩1,615,600

Chapter

06

유형자산과 무형자산

7판

IFRS 회계원리

Chapter

06 유형자산과 무형자산

ACCOUNTING PRINCIPLES

Chapter 6

제 1 절 유형자산

1. 유형자산의 의의와 종류

유형자산(property, plant and equipment)은 기업이 재화나 용역의 생산이나 제공, 타인에 대한 임대 또는 관리활동에 사용할 목적으로 보유하는 물리적 형태가 있는 자산으로서 한 회계기간을 초과하여 사용할 것이 예상되는 자산을 의미한다. 유형자산은 물리적 형태가 있는 자산이라는 점에서 무형자산과 다르고, 판매목적이 아닌 영업활동목적으로 소유하고 있다는 점에서 재고자산과도 차이가 있다. 유형자산은 다음과 같은 세 가지 특징을 가지고 있다.

첫째, 유형자산은 '영업활동에 사용할 목적'으로 보유한 자산이다. 판매목적으로 보유한 자산은 유형자산이 아니다. 예를 들어, 아파트 건설회사의 분양용 건물이나 자동차제조회사의 판매용 자동차는 유형자산이 아니라 재고자산으로 분류하여야 한다.

둘째, 유형자산은 '물리적 실체(physical substance)'를 가지고 있는 자산이다. 유형자산은 실물자산으로 구체적 형태를 가지고 있어야 한다. 예를 들어 산업재산권은 물리적 실체가 없으므로 유형자산이 아니라 무형자산이다.

셋째, 해당 자산을 '1년 이상의 장기간에 걸쳐 영업활동에 사용'해야 한다. 유형자산은 장기간에 걸쳐 사용 또는 기간의 경과로 그 가치가 감소되므로 감가상각(depreciation)이라는 절차에 따라 비용화해야 한다.

이와 같은 특징을 가지는 유형자산에는 다양한 종류가 있는데 대표적인 유형자산으로는 토지, 건물, 구축물, 기계장치, 건설중인자산 등이 있다.

① 토지(land)

영업활동에 사용하는 대지를 말한다. 투자목적으로 보유하고 있는 토지는 유형자산의 토지가 아니라 투자부동산으로 분류해야 한다.[1]

② 건물(buildings)

건물, 냉난방, 전기, 통신 및 기타의 건물부속설비를 말한다.

③ 구축물(structures)

건물과는 별개로 마련된 구조물을 말하며 교량, 갱도, 정원설비 등이 구축물에 해당한다.

④ 기계장치(machinery)

기계장치와 기중기와 같은 운송설비 및 기타 부속설비를 말한다.

⑤ 건설중인자산(construction in process)

유형자산의 건설을 위한 재료비, 노무비 및 경비로 하되 건설을 위하여 지출한 도급금액 또는 취득한 기계 등을 포함한다.

⑥ 기타의 유형자산(other tangible assets)

위에 속하지 않는 차량운반구, 선박, 항공기, 집기 및 사무용비품 등을 말한다.

2. 유형자산의 인식

유형자산은 일반적으로 다른 종류의 자산에 비해 취득원가가 크며, 토지를 제외한 유형자산의 취득원가는 미래 여러 회계기간에 걸쳐 감가상각을 통해 비용으로 배분되므로 당기손익에 미치는 영향이 중요하다. 따라서 유형자산의 회계처리에서의 핵심은 ① 취득원가의 인식과 ② 감가상각이다. 여기에서는 유형자산의 인식기준, 최초 원가와 후속원가의 개념, 취득유형별 취득원가 측정방법에 대해서 정리하도록 하겠다. 감가상각에 대해서는 절을 달리하여 설명한다.

---

1) 투자부동산에 대한 회계처리는 중급회계에서 설명한다.

(1) 유형자산의 인식기준

유형자산은 영업상 유사한 성격과 용도에 따라 토지, 건물, 구축물, 기계장치, 차량운반구, 선박, 항공기, 집기 및 사무용비품 등으로 분류한다. 이들을 유형자산으로 인식하기 위해서는 다음과 같은 인식기준을 모두 충족하여야 한다.

> ① 자산으로부터 발생하는 미래경제적효익이 기업에 유입될 가능성이 높다.
> ② 자산의 원가를 신뢰성 있게 측정할 수 있다.

예비부품과 수선용구는 대부분 재고자산으로 분류하고, 사용시점에 당기손익으로 인식한다. 그러나 중요한 예비부품과 대기성 장비로서 한 회계기간 이상 사용할 것이 예상되는 경우에는 이를 유형자산으로 분류한다. 또한 예비부품과 수선용구가 특정 유형자산에만 연계되어 사용될 수 있다면 유형자산으로 분류한다.

(2) 최초 원가 및 후속 원가

유형자산과 관련된 모든 원가는 그 발생시점에 인식원칙을 적용하여 평가한다. 이러한 원가에는 유형자산을 매입하거나 건설할 때 최초로 발생하는 원가뿐만 아니라 후속적으로 증설, 대체 또는 수선·유지와 관련하여 발생하는 원가를 포함한다. 유형자산의 인식기준을 따르면 일상적인 수선·유지와 관련하여 발생하는 원가는 미래경제적효익을 기대하기 곤란하므로 유형자산의 장부금액에 포함하여 인식하지 않고, 발생시점에 당기손익으로 인식한다. 그러나 다음의 [그림 6-1]과 같은 특별한 상황에서 발생하는 원가는 유형자산의 장부금액에 포함한다.[2)]

2) 한국채택국제회계기준에서는 자본적지출이나 수익적지출이라는 표현을 사용하고 있지 않다.

그림 6-1 유형자산의 교체 및 대체에 대한 회계처리

상 황	회계처리
① 주요 부품이나 구성요소의 정기적 교체가 필요한 경우3) ② 반복적이지만 비교적 적은 빈도로 대체되거나, 비반복적으로 대체되는 경우4)	유형자산의 일부 대체시 발생하는 원가가 인식기준을 충족하면 해당 유형자산의 장부금액에 포함. 대체되는 부분의 장부금액은 제거
유형자산의 계속 가동을 위해서 유형자산의 일부 대체에 관계없이 결함에 대한 정기적인 종합검사가 필요한 경우	정기적인 종합검사과정에서 발생하는 원가가 인식기준을 충족하는 경우 유형자산의 일부 대체로 보고 유형자산의 장부금액에 포함. 이 경우 직전에 이루어진 종합검사에서의 원가와 관련되어 남아있는 장부금액 제거

(3) 취득원가의 구성요소

인식하는 유형자산은 원가(cost)로 측정한다. 한국채택국제회계기준에서 원가란 자산을 취득하기 위하여 자산의 취득시점이나 건설시점에서 지급한 현금 또는 현금성자산5)이나 제공한 기타 대가의 공정가치로 정의하고 있다. 이와 같은 원가는 다음과 같은 3가지 요소를 포함한다.

① 관세 및 환급불가능한 취득 관련 세금을 가산하고 매입할인과 리베이트 등을 차감한 구입가격
② 경영진이 의도하는 방식으로 자산을 가동하는데 필요한 장소와 상태에 이르게 하는데 직접 관련되는 원가
③ 자산을 해체, 제거하거나 부지를 복구하는데 소요될 것으로 최초에 추정되는 원가6)

상기 3가지 요소 중 ② '직접 관련되는 원가'에 대해서만 추가적으로 살펴보도록 하자. 경영진이 의도하는 방식으로 자산을 가동하는 데 필요한 장소와 상태에 이르게 하는 데 직접 관련되는 원가의 예는 다음과 같다.

3) 용광로의 내화벽돌, 항공기의 좌석이나 취사실 등의 내부설비를 항공기 동체의 내용연수 동안 여러 번 교체할 수 있다.
4) 건물 인테리어 벽 대체
5) 현금성자산의 개념에 대해서는 제7장에서 설명한다.
6) 복구비용을 취득원가에 가산하는 개념은 중급회계에서 설명하기로 한다.

- 유형자산의 매입 또는 건설과 직접적으로 관련되어 발생한 종업원급여
- 설치장소 준비 원가
- 최초의 운송 및 취급 관련 원가
- 설치원가 및 조립원가
- 유형자산이 정상적으로 작동되는지 여부를 시험하는 과정에서 발생하는 원가. 단, 시험과정에서 생산된 재화(시제품 등)의 순매각금액은 당해 원가에서 차감
- 전문가에게 지급하는 수수료[7]

Chapter 6

(4) 취득유형별 취득원가 측정방법

유형자산은 취득하는 방법이 상당히 다양하다. 취득하는 유형에 따라서 취득원가를 측정하는 방법도 상이하기 때문에 여기에서는 취득유형별로 취득원가를 측정하는 사례를 정리하도록 하겠다.

① 외부구입

유형자산을 취득하는 가장 일반적인 방법으로 외부구입하는 경우의 취득원가는 구입가격에 유형자산이 본래의 목적에 사용되기까지 지출된 구입수수료, 취득세, 등록세, 운반비, 하역비, 시운전비, 토지구획정리비, 배수로설치비 등의 부대비용을 포함한다.

예제 6-1

유형자산의 취득원가-외부구입

(1) ㈜나무는 공장을 확장하기 위하여 토지를 ₩5,000,000에 구입하고, 토지를 정지하는 비용으로 ₩500,000과 부동산중개수수료로 ₩100,000을 현금으로 지급하다.

(2) ㈜나무가 기계장치를 구입하는데 소요된 비용과 설치완료할 때까지의 비용은 다음과 같으며 기계장치매입대금은 월말에 지급하기로 하고 부대비용은 현금으로 지급하다.

구입가격(송장가격)	₩4,000,000	기 타 수 수 료	₩100,000
운 반 비	150,000	설 치 비	50,000
시 운 전 비	250,000		

요구사항

1. 토지취득과 관련된 분개를 하시오.
2. 기계장치취득과 관련된 분개를 하시오.

7) 건설관련 설계용역 수수료, 부동산 매매수수료 등이 포함된다.

해답

1. 토지의 취득

(차) 토 지	5,600,000	(대) 현 금	5,600,000

* ₩5,000,000+500,000+100,000=₩5,600,000

2. 기계장치의 취득

(차) 기 계 장 치	4,550,000	(대) 미 지 급 금	4,000,000
		현 금	550,000

② 일괄구입

'일괄구입(basket purchase, lump-sum purchase)'은 성질이 다른 여러 종류의 유형자산을 한꺼번에 취득하는 경우를 말한다. 일괄구입한 자산들 중에서 개별 유형자산의 취득원가는 일괄구입과 관련된 총취득원가를 취득한 자산들의 공정시장가치비율(rate of fair market value)에 따라 안분(proportion)해서 결정한다.

예제 6-2
유형자산의 취득원가-일괄구입

㈜나무는 본사 사옥으로 건물과 토지 및 구축물을 ₩9,000,000에 취득하고 대금은 현금으로 지급하였다. 구입시점에 이들 자산의 상대적 공정가치 비율은 건물 : 토지 : 구축물 = 4 : 5 : 1이었다.

요구사항

일괄구입과 관련된 분개를 하시오.

해답

(차) 건 물	3,600,000	(대) 현 금	9,000,000
토 지	4,500,000		
구 축 물	900,000		

③ 현물출자

'현물출자(investments in kind)'는 기업이 주식을 발행하여 교부하고 유형자산을 취득하는 경우를 말한다. 이 경우 한국채택국제회계기준에서는 유형자산의 취득원가를 취득한 유형자산의 공정가치로 하도록 하고 있다.

예 제 6-3

유형자산의 취득원가–현물출자

㈜나무는 토지를 취득하고 액면금액 ₩2,000인 보통주식 2,000주를 발행하였다. 토지의 공정가치는 ₩10,000,000이다.

요구사항

현물출자와 관련된 분개를 하시오.

해답

(차) 토 지	10,000,000	(대) 자 본 금	4,000,000
		주식발행초과금	6,000,000

④ 자가건설(건설중인자산의 취득원가)

기업이 영업활동에 필요한 유형자산을 외부에서 구입하지 않고 기업내부에서 자가건설하는 경우가 있다. 이 경우에는 적절한 원가계산방법에 의해 산정된 제조원가를 취득원가로 한다. 유형자산을 건설하기 위해 소요된 재료비, 노무비 등의 비용 발생액은 '건설중인자산'계정에 집계했다가 건설이 완료되면 건설중인자산의 잔액을 건물이나 기계장치와 같은 해당 유형자산계정으로 대체한다. 또한, 유형자산 건설에 직접 사용되었다는 것을 객관적으로 입증할 수 있는 차입금에 대해 해당 자산의 건설완료일까지 발생한 이자비용은 '차입원가'라고 하여 해당 자산의 취득원가에 포함시킨다.[8)]

예 제 6-4

유형자산의 취득원가–자가건설

㈜나무는 본사사옥을 직접 건설하면서 다음과 같은 지출이 발생하였다.

2월 10일 건물 설계비로 ₩500,000을 현금으로 지급하다.
4월 11일 건물 골조공사비로 ₩4,000,000을 현금으로 지급하다.
5월 12일 건물 내부공사비로 ₩1,500,000을 현금으로 지급하다.
9월 20일 건물에 대한 준공검사와 사용승인을 받고 본사 건물로 사용하기 시작하다.

8) 차입원가를 자본화하는 회계처리는 중급회계에서 자세하게 설명한다.

요구사항

건물건설과 관련된 회계처리를 하시오.

해답

일 자	회 계 처 리				
2월 10일	(차) 건설중인자산	500,000	(대) 현	금	500,000
4월 11일	(차) 건설중인자산	4,000,000	(대) 현	금	4,000,000
5월 12일	(차) 건설중인자산	1,500,000	(대) 현	금	1,500,000
9월 20일	(차) 건 물	6,000,000	(대) 건설중인자산		6,000,000

한편, 건설중인자산은 토지와 마찬가지로 감가상각대상이 되지 않는 유형자산이다. 건설중인자산을 감가상각하지 않는 이유는 유형자산이 건설되는 동안에는 수익창출활동에 사용되지 않기 때문이다. 건설중인자산이 완성되어 해당 유형자산으로 대체되면 그 시점부터 감가상각이 시작된다.

지금까지 유형자산의 취득유형별로 취득원가를 결정하는 방법을 자세히 살펴보았는데 이를 요약하면 다음과 같다.

그림 6-2 취득유형별 취득원가

취득유형	취득원가의 결정방법
외부구입	구입가격에 유형자산이 본래의 목적에 사용되기까지 지출된 부대비용(취득세, 등록세, 하역비 등)을 포함한다.
일괄구입	총취득원가를 취득한 자산들의 공정시장가치비율로 안분한 금액
현물출자	주식을 교부하고 유형자산을 취득하는 경우 취득한 유형자산의 공정가치
자가건설	원가계산방법에 따라 산정한 제조원가

제 2 절 유형자산의 감가상각

유형자산 가운데 토지를 제외한 나머지 자산들은 사용가능연수가 유한한 자산으로 일정 기간 동안 이들 자산들을 보유하고 사용하면 그 본래의 효용가치가 점차 감소하게 된다. 유형자산의 가치가 감소하는 원인에는 여러 가지가 있지만 크게 구분하면 물리적인 감가요인과 기능적인 감가요인으로 나눌 수 있다.

① 물리적인 감가요인(physical depreciation)

유형자산을 실제 사용함으로써 발생하는 정상적인 손상이나 마멸에 의해 유형자산의 가치가 감소하는 것과 시간이 경과함에 따라 기계장치가 노후화되어 가치가 감소하는 것을 말한다.

② 기능적 감가요인(functional depreciation)

기업경영환경의 변화로 유형자산이 영업활동 목적에 부적응되거나 진부화되어 자산을 보유하는 것이 경제성이 없어지는 것을 말한다. 여기서 부적응(inadequacy)이란 경영규모의 확장, 공장증설, 시장변화와 같은 경제적, 기능적 이유로 해당 자산을 영업활동에 사용하는 것이 부적절하게 된 것을 말하고 진부화(obsolescence)란 새로운 발명이나 기술적인 진보로 해당 유형자산이 구식화된 것을 말한다.

이상의 두 가지 감가요인으로 유형자산의 가치가 감소하므로 유형자산의 가치감소분을 기업의 수익창출활동에 기여한 기간에 걸쳐 비용으로 인식해야 한다.

이와 같이 일정기간의 손익을 적절하게 계산하기 위해 유형자산의 가치감소분을 사용기간에 걸쳐 인위적으로 배분(allocation)하는 것을 감가상각(depreciation)이라고 하며 감가상각으로 계상되는 비용을 감가상각비(depreciation expenses)라고 한다. 감가상각비를 계상할 때는 감가상각비계정의 차변에 기록하고 감가상각누계액(accumulated depreciation)의 대변에 기록하였다가 재무상태표에 표시할 때는 해당계정과목에서 차감하여 표시한다.

한편, 감가상각과 관련해서 주의할 점은 감가상각은 수익·비용 대응의 원칙에 따라 유형자산의 내용연수동안 합리적이고 체계적인 방법으로 원가를 배분하는 과정이며 유형자산의 가액을 평가하는 과정이 아니라는 것이다. 즉, 회계상으로 매년 기록되는 감가상각비는 유형자산 실제평가액의 가치감소액과 관계없다는 것이다. 예를 들어 건물의 실제가치가 상승하는 회계기간에도 감가상각비는 비용으로 포괄손익계산서에 계상된다.

1. 감가상각의 기본요소

감가상각은 체계적이고 합리적인 배분방법을 사용해서 각 회계기간의 감가상각비를 합리적으로 계산해야 하는데 이를 위해서는 ① 감가상각대상금액, ② 추정내용연수, ③ 감가상각방법 등의 세 가지 기본요소를 결정해야 한다.

(1) 감가상각대상금액

'감가상각대상금액'은 해당 유형자산을 사용하는 기간동안 비용으로 인식할 총금액을 말하는 것으로 유형자산의 취득원가에서 추정잔존가치를 차감해서 계산한다.

감가상각대상금액 = 취득원가 – 추정잔존가치

여기서 '추정잔존가치(estimated residual value)'는 기업이 유형자산을 처분하여 받을 수 있을 것이라 기대되는 금액을 말하며 자산을 처분할 때 철거비 또는 처분비가 있는 경우에는 이를 차감한 금액이다. 실무에서는 세법의 규정을 준용하고 있는 경우가 대부분인데 세법에서는 유형자산의 잔존가치를 영(zero)으로 계산하도록 하고 있다. 단, 정률법에서는 잔존가치가 '0'이 되면 적용이 불가능하므로 취득원가의 5%를 잔존가치로 보도록 규정하고 있다.

(2) 추정내용연수

'추정내용연수(estimated useful life)'는 유형자산이 영업활동에 합리적으로 사용될 것으로 기대되는 기간을 말한다. 추정내용연수는 물리적 사용연수를 의미하는 것이 아니고 기업이 경제적 여건을 고려해서 유형자산을 사용하려고 의도하는 기간을 의미하는 것으로 자산을 취득해서 폐기할 때까지 사용할 것으로 예상되는 경제적 내용연수를 말한다.

그런데 내용연수의 추정이 보는 각도에 따라 얼마든지 달라질 수 있으므로 경제적 내용연수를 합리적으로 정한다는 것은 매우 어렵다. 따라서 기업실무에서 자산의 내용연수를 결정할 때 다음의 요소를 모두 고려하여 신중하게 결정하여야 한다.

① 자산의 예상생산능력이나 물리적 생산량을 토대로 한 자산의 예상사용수준

② 자산을 교대로 사용하는 빈도, 수선·유지계획과 운휴 중 유지보수 등과 같은 가동요소를 고려한 자산의 예상 물리적 마모나 손상

③ 생산방법의 변화, 개선 또는 해당 자산에서 생산되는 제품 및 용역에 대한 시장 수요의 변화로 인한 기술적 또는 상업적 진부화

(3) 감가상각방법

감가상각대상금액과 추정내용연수가 정해지고 나면 내용연수동안 회계연도별로 인식할 감가상각비를 계산해야 한다. 그런데 회계연도별로 실제로 유형자산의 효익이 정확하게 얼마나 감소했는지는 측정할 수 없다. 따라서 일관성과 합리성을 가진 감가상각방법을 이용해서 미래의 회계기간별로 감가상각대상금액을 배분해야 하는데 그 방법으로는 정액법, 체감잔액법, 연수합계법, 생산량비례법 등이 있다.[9] 어떤 감가상각방법을 사용하는가에 따라 매년 비용으로 계상되는 감가상각비는 서로 달라진다. 하지만 내용연수전체에 걸쳐서 비용화되는 총금액은 감가상각대상금액이므로 감가상각방법과 상관없이 일정하다.

2. 감가상각방법의 이해

감가상각방법으로 사용할 수 있는 방법은 다양한데 대표적인 방법으로 ① 정액법, ② 체감잔액법(정률법, 이중체감법, 연수합계법), ③ 생산량비례법이 있다.

(1) 정액법

'정액법(straight line method)'은 시간이 경과에 따라 정비례(proportionally)로 감가상각비가 발생하는 것으로 가정해서 매년 동일한 금액을 상각해 나가는 방법이다. 정액법에 의한 계산공식은 다음과 같다.

정액법 계산공식

$$\text{감가상각비} = \frac{\text{감가상각대상금액 (취득원가} - \text{추정잔존가치)}}{\text{내용연수}}$$

9) 기업은 감가상각방법을 선택할 수 있고 일단 선택한 방법은 예상 소비행태가 변하지 않는 한 매 회계기간에 일관성 있게 적용(계속성의 원칙)하여야 한다.

정액법은 계산이 단순하고 사용하기 간편해서 회계실무에서 많이 사용되고 있다. 유형자산의 가치가 매년 일정하게 감소하고 기능적 진부화가 나타나지 않는 경우에 적절한 방법이다.

예제 6-5

감가상각방법(1)-정액법

㈜나무는 20×1년 1월 1일 기계장치를 구입하였다. 기계장치의 구입가격은 ₩1,000,000이고, 이 기계장치는 4년 동안 사용할 수 있을 것으로 추정되며, 추정잔존가치는 취득원가의 10%로 추정된다. 또한 이 기계장치는 총 100,000개의 제품을 생산할 수 있을 것으로 추정된다.

요구사항

정액법에 따라 각 연도별 감가상각비와 기말장부금액을 계산하시오.

해답

(1) 연간감가상각비 $= \dfrac{₩1,000,000 - 100,000}{4년} = ₩225,000$

(2) 연도별 감가상각비와 기말장부금액

연 도	기초장부금액	감가상각비	상각누계액	기말장부금액
20×1	₩1,000,000	₩225,000	₩225,000	₩775,000
20×2	775,000	225,000	450,000	550,000
20×3	550,000	225,000	675,000	325,000
20×4	325,000	225,000	900,000	100,000

(2) 정률법과 이중체감법

정률법과 이중체감법은 유형자산의 장부금액을 기준으로 일정한 비율을 곱해서 감가상각비를 계산하는 방법이다.

정률법과 이중체감법

감가상각비 = 기초장부금액(취득원가 − 상각누계액) × 감가상각률이 방법을 사용하면 장부금액이 큰 내용연수 초기에는 감가상각비가 많이 계상되고 장부금액이 작은 내용연수 후기에는 감가상각비가 적게 계상되는데, 이러한 방법을 가속상각법 또는 체감잔액법이라고 한다. 체감잔액법의 주장 근거는 다음과 같다. 유형자산의 내용연수 초기에는 수선유지비가 적게 발생하고 사용기간이 경과할수록 수선유지비가 많이 발생한다. 따라서 초기에 감가상각비를 많이 계상하고 기간이 경과할수록 감가상각비를 적게 계상하는 것이 수선유지비와 감가상각비의 합계를 내용연수동안 유사한 수준에서 유지할 수 있어서 수익·비용 대응의 원칙에 부합한다는 것이다.

체감잔액법을 적용하기 위해서는 매년 적용할 일정한 감가상각률을 결정해야 하는데 그 방법으로는 정률법과 이중체감법이 있다.

Chapter 6

정률법

'정률법(fixed-percentage method)'은 체감잔액법의 대표적인 방법으로 감가상각률은 다음과 같이 계산한다.

정률법의 감가상각률

$$\text{연간 감가상각률} = 1 - \sqrt[n]{\frac{\text{잔존가치}}{\text{취득원가}}} \quad (n: \text{내용연수})$$

이와 같이 계산된 정률법의 감가상각률을 내용연수동안 매기 장부금액에 곱해서 감가상각비를 계산하면 기간이 경과함에 따라 연간 감가상각비는 작아지며 동시에 내용연수가 종료되면 장부금액이 잔존가치에 수렴하게 된다.

예제 6-6
감가상각방법(2)−정률법

[예제 6−5]의 자료를 이용하시오.

요구사항

1. 정률법을 적용할 경우에 사용할 감가상각률을 계산하시오.
2. 각 연도별 감가상각비와 기말장부금액을 계산하시오.

해답

(1) 정률법의 연간 감가상각률 : 연간 감가상각률 $= 1 - \sqrt[4]{\frac{₩100,000}{₩1,000,000}} = 0.438$

(2) 연도별 감가상각비와 기말장부금액

연 도	기초장부금액	상각률	감가상각비	상각누계액	기말장부금액
20×1	₩1,000,000	43.8%	₩438,000	₩438,000	₩562,000
20×2	562,000	43.8%	246,156	684,156	315,844
20×3	315,844	43.8%	138,340	822,496	177,504
20×4	177,504	43.8%	77,504*	900,000	100,000

* 단수차이조정

이중체감법

'이중체감법(double declining-balance method)'이란 정액법의 감가상각률을 두 배한 감가상각률을 유형자산의 기초장부금액(취득원가−감가상각누계액)에 곱해서 감가상각비를 계산하는 것으로 정액의 배법(twice straight-line method)이라고도 한다.

이중체감법

$$연간\ 감가상각률 = \frac{1}{내용년수} \times 2$$

예 제 6-7

감가상각방법(3)-이중체감법

[예제 6-5]의 자료를 이용하시오.

요구사항

1. 이중체감법을 적용할 경우에 사용할 감가상각률을 계산하시오.
2. 각 연도별 감가상각비와 기말장부금액을 계산하시오.

해답

(1) 이중 체감법의 연간 감가상각률 : 연간 감가상각률 $= \frac{1}{4} \times 2 = 50\%$

(2) 연도별 감가상각비와 기말장부금액

연 도	기초장부금액	상각률	감가상각비	상각누계액	기말장부금액
20×1	₩1,000,000	50%	₩500,000	₩500,000	₩500,000
20×2	500,000	50%	250,000	750,000	250,000
20×3	250,000	50%	125,000	875,000	125,000
20×4	125,000	50%	25,000*	900,000	100,000

* 잔존가치를 ₩100,000을 남기기 위한 조정임.

(3) 연수합계법

'연수합계법(sum-of-the-year's-digit method)'이란 내용연수의 합계를 분모로 하고 잔여 내용연수를 분자로 해서 매년의 감가상각률을 간편하게 계산한 후에 정액법처럼 감가상각대상금액에 매년의 감가상각률을 곱해서 감가상각비를 계산하는 방법이다.

연수합계법

$$감가상각비 = (취득원가 - 잔존가치) \times \frac{잔여내용연수}{내용연수의\ 합계}$$

연수합계법은 앞에서 설명한 체감잔액법과 같이 초기에 많은 금액이 상각되나 정률법보다는 체감정도가 완만해서 많이 이용되는 방법이다.

예제 6-8

감가상각방법(4)-연수합계법

[예제 6-5]의 자료를 이용하시오.

요구사항

연수합계법에 따라 각 연도별 감가상각비와 기말장부금액을 계산하시오.

해답

연 도	기초장부금액	상각대상금액	상각률	감가상각비	상각누계액	기말장부금액
20×1	₩1,000,000	₩900,000	4/10*	₩360,000	₩360,000	₩640,000
20×2	640,000	900,000	3/10	270,000	630,000	370,000
20×3	370,000	900,000	2/10	180,000	810,000	190,000
20×4	190,000	900,000	1/10	90,000	900,000	100,000

* 20×1년의 감가상각률 $= \frac{4}{1+2+3+4} = \frac{4}{10}$

(4) 생산량비례법

'생산량비례법(units-of-production method)'은 내용연수를 기준으로 감가상각을 하는 것이 아니라 생산량이나 사용량에 비례해서 감가상각을 하는 방법이다. 생산량비례법에 따라 감가상각을 하기 위해서는 우선 유형자산의 추정총생산량이나 추정총사용시간을 파악하고 연간 감가상각비는 추정총생산량에 대한 당기실제생산량의 비율에 감가상각대상금액을 곱해서 계산한다.

생산량비례법

$$\text{감가상각비} = (\text{취득원가} - \text{잔존가치}) \times \frac{\text{당기실제생산량}}{\text{추정총생산량}}$$

생산량비례법은 추정총생산량에 대한 당기의 실제 생산량의 비율을 기준으로 감가상각비를 계산하기 때문에 수익과 비용을 합리적으로 대응시킬 수 있는 것이 장점이다.

예제 6-9
감가상각방법(5) – 생산량비례법

[예제 6-5]의 자료를 이용하시오.

요구사항

20×1년부터 20×4년까지의 생산량이 각각 20,000개, 30,000개, 35,000개, 15,000개라고 할 경우 각 연도별 감가상각비와 기말장부금액을 계산하시오.

해답

연도	기초장부금액	상각대상금액	상각률	감가상각비	기말장부금액
20×1	₩1,000,000	₩900,000	20,000/100,000	₩180,000	₩820,000
20×2	820,000	900,000	30,000/100,000	270,000	550,000
20×3	550,000	900,000	35,000/100,000	315,000	235,000
20×4	235,000	900,000	15,000/100,000	135,000	100,000

지금까지 여러 가지 감가상각방법에 대해서 살펴보았는데 그 내용을 요약해서 정리해보면 다음과 같다.

그림 6-3 감가상각방법의 감가상각비 계산방법

감가상각방법		감가상각비 계산방법
정액법		연간 감가상각비 $= \dfrac{\text{취득원가} - \text{추정잔존가치}}{\text{내용연수}}$
체감잔액법	정률법	연간 감가상각비 = 기초장부금액(취득원가 − 상각누계액) × 감가상각률 연간 감가상각률 $= 1 - \sqrt[n]{\dfrac{\text{잔존가치}}{\text{취득원가}}}$
	이중체감법	연간 감가상각비 = 기초장부금액(취득원가 − 상각누계액) × 감가상각률 연간 감가상각률 $= \dfrac{1}{\text{내용연수}} \times 2$
	연수합계법	연간 감가상각비 $= (\text{취득원가} - \text{잔존가치}) \times \dfrac{\text{잔여내용연수}}{\text{내용연수의 합계}}$
생산량비례법		연간 감가상각비 $= (\text{취득원가} - \text{잔존가치}) \times \dfrac{\text{당기실제생산량}}{\text{추정총생산량}}$

제 3 절 유형자산의 재무보고와 처분

1. 유형자산의 재무보고

유형자산의 당해연도 감가상각비 해당액은 감가상각비라는 과목으로 보고하고 감가상각누계액(accumulated depreciation)계정에 해당자산에 대해 비용화한 감가상각액을 누적해서 집계한다. 그리고 취득원가에서 감가상각누계액을 차감하는 형식으로 보고하도록 해서 유형자산의 취득원가, 감가상각누계액 및 장부금액을 모두 파악할 수 있도록 한다. 유형자산의 공시방법을 아래에 예시하여 보면 취득가액 ₩1,000,000, 상각누계액 ₩400,000 및 장부금액 ₩600,000이 모두 공시되고 있음을 알 수 있다.[10)]

기 계 장 치	1,000,000	
감가상각누계액	(400,000)	600,000

2. 유형자산의 처분 또는 폐기

유형자산의 내용연수가 경과되었거나 아직 내용연수가 남아 있는 경우에도 여러 가지 이유로 처분하거나 다른 자산과 교환하는 경우가 발생한다. 유형자산을 처분하는 경우에는 처분가액과 장부금액을 비교해서 처분가액이 장부금액보다 많은 경우에는 유형자산처분이익(gains on disposition of asset)으로 하여 당기수익으로 처리하고, 처분가액이 장부금액보다 적은 경우에는 유형자산처분손실(losses on disposition of asset)로 하여 당기비용으로 처리한다.

유형자산처분과 관련해서 유의해야 할 점은 회계기간 중에 유형자산을 처분할 경우에는 회계연도 초일부터 처분시점까지 사용한 기간의 감가상각비를 추가로 먼저 인식하고 나서, 유형자산처분손익을 계상해야 한다는 것이다.

---

10) 한국채택국제회계기준에서는 유형자산을 재무상태표에 공시할 때 순액으로 공시하고 감가상각누계액 등 관련된 정보를 주석으로 공시하는 방법을 선택할 수 있도록 하고 있음을 알아두기 바란다.

예제 6-10

유형자산의 처분

㈜나무는 20×1년 초에 ₩1,000,000을 지급하고 기계장치를 취득하였다. 동 기계장치의 내용연수는 3년이고 잔존가치는 취득원가의 10%로 추정하였다. ㈜나무는 20×2년 7월 1일에 동 기계장치를 ₩600,000에 처분하였다.

요구사항

㈜나무가 기계장치와 관련하여 행할 일자별 회계처리를 하시오. 단, 감가상각은 정액법으로 한다.

해답

일 자	회계처리					
20×1. 1. 1	(차)	기계장치	1,000,000	(대)	현금	1,000,000
20×1. 12. 31	(차)	감가상각비	300,000	(대)	감가상각누계액	300,000
	* (₩1,000,000－100,000)×1/3＝₩300,000					
20×2. 7. 1	(차)	감가상각비	150,000	(대)	감가상각누계액	150,000
	* ₩300,000×6/12＝₩150,000					
	(차)	현금	600,000	(대)	기계장치	1,000,000
		감가상각누계액	450,000		유형자산처분이익	50,000

제 4 절 유형자산의 재평가

한국채택국제회계기준에서는 유형자산을 취득하여 회계처리한 이후에는 원가모형이나 재평가모형 중 하나를 회계정책으로 선택해서 유형자산의 분류별로 동일하게 적용하도록 규정하고 있다.

(1) 원가모형

최초 인식 후에 유형자산은 취득원가에서 감가상각누계액을 차감한 금액을 장부금액으로 한다. 앞에서 설명한 감가상각비만을 인식하는 방법은 원가모형에 해당한다.

(2) 재평가모형

재평가모형(revaluation model)은 최초 인식 후에 공정가치를 신뢰성 있게 측정할 수 있는 유형자산을 재평가일의 공정가치로 측정하는 방법을 말한다.

1. 재평가모형의 고려사항

한국채택국제회계기준에서는 재평가모형을 적용하는 경우에 재평가의 빈도 및 유형자산 분류별 재평가 범위 등에 대해서 규정을 하고 있다.

(1) 재평가의 수행빈도

재평가를 얼마나 자주해야 하는지는 재평가되는 유형자산의 공정가치가 얼마나 크게 변동되는가에 따라 달라진다. 공정가치의 변동이 큰 유형자산은 매년 재평가를 해야만 할 수도 있고, 공정가치의 변동이 크지 않은 유형자산은 3년이나 5년마다 재평가하는 것으로 충분할 수도 있다.

(2) 유형자산 분류별 재평가의 범위

유형자산은 영업에서 사용되는 용도가 유사하고 성격이 유사한 유형자산을 구분해서 분류한다. 분류의 예로는 토지, 토지와 건물, 선박, 항공기, 차량운반구, 집기, 사무용 비품 등이 있다. 재평가를 수행하는 유형자산은 해당 자산이 포함되어 있는 유형자산 분류 전체를 재평가해야 한다. 그 이유는 개별자산별로 재평가를 적용하는 경우에는 공정가치가 오른 자산만을 선택적으로 재평가해서 재무제표를 왜곡시킬 수 있기 때문이다.

또한, 동일한 분류 내의 유형자산은 동시에 재평가해야 한다. 이는 동일 분류의 유형자산 평가액에 서로 다른 평가기준일의 금액이 혼재되어 재무보고가 되지 않도록 하기 위해서이다.

2. 재평가모형의 회계처리

본 서에서는 토지와 같은 감가상각이 되지 않는 유형자산에 대해서만 논의하고 감가상각자산의 재평가 회계처리는 중급회계 교재에서 설명하도록 한다.

유형자산을 재평가하는 경우에 유형자산을 최초 재평가하는 시점의 장부금액보다 유형자산의 공정가치가 커서 ① 평가이익이 생기는 경우와 최초 재평가하는 시점의 장부금액보다 유형자산의 공정가치가 작아서 ② 평가손실이 발생하는 경우에 회계처리가 서로 달라진다.

(1) 최초 장부금액보다 공정가치가 큰 경우

최초 장부금액보다 공정가치가 커서 평가증이 나타나고 장부금액을 증가시켜야 하는 경우에는 각 상황별로 다음과 같이 회계처리해야 한다.

① 최초시점 : 최초로 재평가하는 시점의 최초 장부금액보다 공정가치가 큰 경우에는 장부금액을 증가시키는 만큼 재평가잉여금(revaluation surplus)이라는 기타포괄손익(자본)으로 분개한다.

② 최초로 재평가한 시점 이후에 공정가치가 감소되는 경우 : 이 경우에는 유형자산의 장부금액을 감소시키고 이전 회계기간에 인식한 재평가잉여금을 감소시킨다.

③ 유형자산의 공정가치가 크게 낮아져서 재평가잉여금을 모두 감소시키고도 부족한 경우 : 이 경우에는 재평가잉여금을 초과해서 감소된 금액을 재평가손실로 분개한다. 재평가손실은 기타포괄손익이 아니라 당기손익으로 인식한다.

① 최초 재평가시점에 장부금액보다 공정가치가 큰 경우

(차)	유형자산	×××	(대) 재평가잉여금 (기타포괄손익)	×××

② 최초재평가 이후에 공정가치가 감소되는 경우

(차)	재평가잉여금 (기타포괄손익)	×××	(대) 유형자산	×××

③ 최초재평가 이후에 공정가치 감소액이 재평가잉여금을 초과하는 경우

(차)	재평가손실 (당기손익)	×××	(대) 유형자산	×××

(2) 최초 장부금액보다 공정가치가 작은 경우

최초 장부금액보다 공정가치가 작아서 평가감이 나타나고 장부금액을 감소시켜야 하는 경우에는 각 상황별로 다음과 같이 회계처리해야 한다.

① 최초시점 : 최초로 재평가하는 시점의 최초 장부금액보다 공정가치가 작은 경우에는 장부금액을 감소시키는 만큼 재평가손실(당기손익)로 분개한다.

② 최초로 재평가한 시점 이후에 공정가치가 증가되는 경우 : 이 경우에는 유형자산의 장부금액을 증가시키고 이전 회계기간에 인식한 재평가손실을 한도로 재평가이익(당기손익)을 인식한다.

③ 유형자산의 공정가치가 크게 높아져서 재평가손실 인식액을 초과하는 경우 : 이 경우에는 재평가손실로 인식한 금액을 초과하는 금액은 재평가잉여금(revaluation surplus)라는 기타포괄손익(자본)으로 분개한다.

① 최초 재평가시점에 장부금액보다 공정가치가 작은 경우

(차) 재평가손실(당기손익)	×××	(대) 유형자산	×××

② 최초재평가 이후에 공정가치가 증가되는 경우(재평가손실 인식액 한도)

(차) 유형자산	×××	(대) 재평가이익(당기손익)	×××

③ 최초재평가 이후에 공정가치 증가액이 재평가손실 인식액을 초과하는 경우

(차) 유형자산	×××	(대) 재평가잉여금(기타포괄손익)	×××

토지와 같이 감가상각이 되지 않는 자산은 재평가를 하지 않는다면 장부금액이 일정한 금액으로 확정되어 변동되지 않는다. 이와 같은 유형자산을 재평가하는 경우에 회계처리가 어떻게 되는지를 다음 예제를 통해서 살펴보도록 하자.

예제 6-11

토지 재평가의 회계처리–평가증이 있는 경우와 평가감이 있는 경우

㈜나무는 20×1년 7월 1일에 토지를 ₩100,000에 취득해서 재평가모형을 적용하였다.

요구사항

1. 20×1년부터 20×4년까지 매년 말 토지의 공정가치가 다음과 같이 평가된 경우에 각 년도 말의 공정가치 변동액을 계산하고 그 금액에 대한 재평가회계처리를 하시오.

평가시점	20×1년 말	20×2년 말	20×3년 말	20×4년 말
공정가치	₩130,000	₩80,000	₩90,000	₩110,000

2. [요구사항 1]의 20×1년 말과 20×2년 말 시점의 재무상태표에 토지와 관련된 계정이 나타나는 부분 재무상태표를 나타내시오.

3. [요구사항 1]과 관계없이 20×1년부터 20×4년까지 매년 말 토지의 공정가치가 다음과 같이 평가된 경우에 각 년도 말의 공정가치 변동액을 계산하고 그 금액에 대한 재평가회계처리를 하시오.

평가시점	20×1년 말	20×2년 말	20×3년 말	20×4년 말
공정가치	₩80,000	₩60,000	₩90,000	₩110,000

해답

1. 최초 장부금액보다 공정가치가 큰 경우

일 자	회계처리			
20×1년 말	(차) 토지	30,000	(대) 재평가잉여금 (기타포괄손익)	30,000
20×2년 말	(차) 재평가잉여금 재평가손실 (당기손익)	30,000 20,000	(대) 토지	50,000
20×3년 말	(차) 토지	10,000	(대) 재평가이익 (당기손익)	10,000
20×4년 말	(차) 토지	20,000	(대) 재평가이익 (당기손익) 재평가잉여금 (기타포괄손익)	10,000 10,000

2. [요구사항1]의 20×1년 말과 20×2년 말 시점의 부분 재무상태표

(1) 20×1년 말의 부분 재무상태표

부분 재무상태표

20×1. 12. 31

토 지	130,000	자 본	
		재평가잉여금	30,000

재무상태표에 이와 같이 보고하면 토지는 재평가금액인 ₩130,000으로 기록되고 미실현평가이익 재평가잉여금 ₩30,000은 자본항목에 계상되어 있기 때문에 이를 차감하면 ₩100,000 (= ₩130,000 − 30,000)이 되어 토지의 취득원가와 동일함을 알 수 있다.

(2) 20×2년 말의 부분 재무상태표

부분 재무상태표

20×2. 12. 31

토 지	80,000	자 본	
		재평가잉여금	0

재무상태표에 이와 같이 보고하면 토지는 재평가금액인 ₩80,000으로 기록되고 재평가손실 ₩20,000은 당기손익에 반영되고 재무상태표에는 나타나지 않기 때문에 토지의 공정가치가 장부금액보다 낮아진 경우 토지는 공정가치인 ₩80,000으로 재무상태표에 보고된다.

3. 최초 장부금액보다 공정가치가 작은 경우

일 자	회계처리			
20×1년 말	(차) 재평가손실 (당기손익)	20,000	(대) 토 지	20,000
20×2년 말	(차) 재평가손실 (당기손익)	20,000	(대) 토 지	20,000
20×3년 말	(차) 토 지	30,000	(대) 재평가이익 (당기손익)	30,000
20×4년 말	(차) 토 지	20,000	(대) 재평가이익 (당기손익)	10,000
			재평가잉여금 (기타포괄손익)	10,000

제 5 절 무형자산

'무형자산(intangible assets)'은 물리적 실체는 없지만 식별가능한 자산을 말한다. 다시 말해서 무형자산은 물리적 실체(physical substance)는 없지만, ① 식별가능하고, ② 기업이 통제하고 있으며, ③ 미래경제적효익이 있는 비화폐성자산[11]을 말한다. 이와 같은 무형자산의 특징을 자세히 살펴보면 다음과 같다.

Chapter 6

① 식별가능성(identifiability)

다음 중 하나에 해당하는 경우 식별가능성 조건을 충족한 것으로 본다.

> ① 자산이 분리가능(separable)하다. 즉, 기업에서 분리하거나 분할할 수 있고, 개별적으로 또는 관련된 계약, 자산이나 부채와 함께 매각, 이전, 라이선스, 임대, 교환할 수 있다.
> ② 자산이 계약상 권리 또는 기타 법적 권리로부터 발생한다. 이 경우 그러한 권리가 이전가능한지 여부 또는 기업이나 기타 권리와 의무에서 분리가능한지 여부는 고려하지 않는다.

자산이 분리가능하기 위해서는 특정 자산을 다른 자산과 구분하여 타인에게 양도 등 이전이 가능해야 한다. 분리가능성의 관점에서 볼 때 영업권(goodwill)은 무형자산의 정의에 부합되지 않는다. 영업권은 합병 등 사업결합과정에서 피매수회사 순자산의 공정가치보다 더 많은 대가를 지급할 때 그 초과 지급액을 말한다. 영업권은 기업 자체와 분리되어 거래될 수 없기 때문에 분리가능성이 없으며, 무형자산기준서에서 규정하는 무형자산의 정의를 충족하지 못한다.[12] 한편 분리가능하지 않더라도 계약상 권리 또는 기타 법적 권리로부터 발생하는 자산은 식별가능성을 충족한다.

② 자원에 대한 통제

자원에서 유입되는 미래경제적효익을 확보할 수 있고, 그 효익에 대한 제3자의 접근을 통제(control)할 수 있을 때 기업이 그 자산을 통제하고 있는 것으로 본다. 일반적으로 무형자산의 미래경제적효익에 대한 통제능력은 법적 권리에서 나오지만,[13] 권리의 법적

11) 화폐성자산과 비화폐성자산의 개념과 분류에 대해서는 중급회계에서 설명한다.

12) 영업권에 대한 회계처리는 사업결합기준서에서 규정되어 있는데, 고급회계에서 자세하게 설명한다. 영업권을 무형자산기준서에서 규정하지 않고 사업결합기준서에서 규정하고 있는 이유는 자가창설영업권은 인정하지 않고 매입영업권(사업결합에서 발생한 영업권)만 인정하기 때문이다.

13) 예를 들어 신기술에 대한 특허권이 법적으로 등록되어 있다면 등록된 권리증서에 의해 자원에 대한 통제를 증명할 수 있다.

집행가능성이 통제의 필요조건은 아니다.

시장에 대한 지식이나 기술적 지식도 계약상의 제약이나 법에 의한 종업원의 기밀유지 의무 등과 같이 법적 권리에 의해 보호된다면 기업은 그러한 지식으로부터 얻을 수 있는 미래경제적효익을 통제하고 있는 것이다. 그러나 기업이 숙련된 종업원을 보유하고 있고, 숙련된 기술을 계속 이용할 수 있을 것으로 기대하더라도 그러한 종업원으로부터 발생하는 미래경제적효익에 대해서는 충분한 통제 능력을 가지고 있지 않으므로 무형자산의 정의를 충족할 수 없다.

③ 미래경제적효익(future economic benefits)

무형자산을 사용해서 재화를 매출하거나 용역수익을 얻거나 원가를 절감하는 등의 효익을 얻는 것을 말한다.

최근의 경영환경에서는 지적자산의 중요성이 커지면서 기업에서 보유하고 있는 무형자산의 종류도 다양해지고 금액적으로도 중요해지고 있다. 한국채택국제회계기준에서 무형자산으로 포함될 수 있는 예를 다음과 같이 예시하고 있다. 여기서 주의할 점은 이들 항목을 무형자산으로 인식하기 위해서는 앞에서 언급한 3가지 인식조건을 모두 충족해야 한다는 것이다.

> 컴퓨터소프트웨어, 특허권, 저작권, 영화필름, 고객목록, 어업권, 수입할당량, 프랜차이즈, 고객충성도, 시장점유율과 판매권, 개발비, 웹사이트원가

1. 무형자산의 취득과 상각

(1) 무형자산의 취득[14)]

무형자산은 해당 자산을 취득하기 위해 지출한 구입가격에 이용가능한 상태에 이르기까지 직접 관련되어 발생한 각종부대비용(등록비, 법적수수료, 제세공과)을 가산한 금액이다. 한편, 직접 창출한 무형자산은 그 개발을 위해 지출한 원가를 취득원가로 한다. 예를 들어 신제품 개발과 관련하여 개발비가 무형자산의 요건을 충족했다면 개발활동을 위해 지출한 모든 직접비용을 개발비의 취득원가로 한다.

14) 무형자산의 취득유형도 유형자산의 경우와 같이 다양할 수 있다. 여기에 대한 설명은 중급회계에서 하기로 한다.

(2) 무형자산의 상각[15)]

무형자산도 유형자산과 같이 시간이 경과하거나 사용을 통해서 가치가 감소하므로 가치감소액을 합리적인 방법으로 내용연수동안 상각해야 한다.[16)] 무형자산을 상각하는 것은 유형자산의 감가상각(depreciation)과 달리 상각(amortization)이라고 표현하며 상각누계액 계정을 별도로 설정하지 않고 무형자산에서 직접 차감하는 직접법을 사용할 수 있다.

Chapter 6

무형자산의 상각

(차) 무형자산상각비 ×××	(대) 무 형 자 산 ××× (또는 상각누계액)

무형자산의 상각은 유형자산의 감가상각과 약간의 차이가 있는데, 이를 무형자산의 상각대상금액, 내용연수, 상각방법으로 구분해서 살펴보자.

① 상각대상금액

무형자산은 특별한 경우를 제외하고는 잔존가치가 없는 것으로 본다. 따라서 특별한 경우를 제외하고는 무형자산의 상각대상금액은 취득원가 전체가 된다.

② 내용연수

무형자산이 계약상 권리 또는 기타 법적 권리로부터 발생하는 것이라면 내용연수는 계약상 권리 또는 기타 법적 권리의 기간을 초과할 수는 없으나, 자산의 예상사용기간에 따라 더 짧을 수는 있다. 또한 그러한 권리가 중요한 원가 없이 한정된 기간 동안 갱신될 것이 명백한 경우에만 그 갱신기간을 무형자산의 내용연수에 포함한다.

③ 상각방법

무형자산의 경제적 효익을 소비하는 형태를 반영한 합리적인 방법으로 상각한다. 합리적인 상각방법에는 정액법, 체감잔액법(정률법 등), 생산량비례법 등이

15) 무형자산의 경우에도 한국채택국제회계기준에서는 재평가모형을 선택할 수 있도록 허용하고 있다.

16) 무형자산의 경우 내용연수가 유한한 무형자산은 상각하고 내용연수가 비한정인 무형자산은 상각을 하지 않는다. 이 때 내용연수가 비한정인 무형자산이 사업결합에서 발생한 영업권이다. 여기에 대한 설명은 고급회계를 참조하기 바라고 본 서에서는 내용연수가 유한한 경우만을 설명하도록 한다.

있다. 단, 합리적인 상각방법을 정할 수 없는 경우에는 정액법을 사용한다.

예제 6-12
무형자산의 취득과 상각

㈜나무는 20×1년도 1월 1일 외부의 기술연구소에서 ₩6,000,000의 현금을 지급하고 신기술에 대한 특허권을 취득하였으며 등록비와 수수료 등으로 ₩600,000을 현금으로 지급하였다. 특허권의 법적 권리는 10년이며 신기술을 유용하게 생산에 활용할 수 있는 기간은 6년으로 예상하고 있다.

요구사항

1. 특허권의 취득과 관련된 회계처리를 하시오.
2. 20×1년도 12월 31일에 특허권 상각과 관련된 회계처리를 하시오.

해답

1. 무형자산의 취득원가

(차)	산업재산권(특허권)	6,600,000	(대) 현금	6,600,000

2. 무형자산의 상각

(차)	무형자산상각비	1,100,000	(대) 산업재산권	1,100,000

* ₩6,600,000÷6년=₩1,100,000

2. 영업권

'영업권(goodwill)'이란 특정기업이 동종 산업의 유사기업보다 높은 '초과수익력(excess earning power)'을 가지고 있는 경우에 이를 화폐금액으로 인식하는 것이다. 특정기업의 초과수익력은 유리한 입지조건, 좋은 이미지, 건전한 신용상태, 축적된 생산기술이나 생산기법의 우수성으로 얻어진다.

영업권은 경영성과가 좋은 기업이라면 가지고 있는 자산이지만 그 금액을 결정하는 것은 매우 자의적이다. 따라서 한국채택국제회계기준에서는 다른 기업을 합병하거나 영업을 양수하는 과정에서 유상으로 취득한 영업권인 '매입영업권(purchased goodwill)'만을 인정하고 있다. 매입영업권은 기업을 인수하면서 지급한 대가와 인수한 순자산가액의 차이로 인식한다.

예제 6-13
영업권의 취득

㈜나무는 20×1년 1월 1일 희망사를 현금 ₩750,000 지급하고 흡수합병하였다. 합병일 현재 희망사의 순자산장부금액과 공정가치는 다음과 같다.

계정과목	장부금액	공정가치	계정과목	장부금액	공정가치
현 금	₩200,000	₩200,000	매 입 채 무	₩200,000	₩200,000
매 출 채 권	300,000	300,000	장 기 차 입 금	600,000	600,000
재 고 자 산	400,000	350,000	자 본 금	400,000	
토 지	300,000	500,000			
계	₩1,200,000		계	₩1,200,000	

요구사항

1. 영업권을 계산하시오.
2. 사업결합시 회계처리를 하시오.

해답

1. 영업권 계산

이전대가의 공정가치		₩750,000
희망사의 순자산공정가치	₩1,350,000 − 800,000 =	550,000
영 업 권		₩200,000

2. 사업결합시 회계처리

(차)	현 금	200,000	(대)	매 입 채 무	200,000
	매 출 채 권	300,000		장 기 차 입 금	600,000
	재 고 자 산	350,000		현 금	750,000
	토 지	500,000			
	영 업 권	200,000			

3. 개발비

'개발비(development costs)'는 신제품이나 신기술을 개발하면서 발생한 비용으로 개별적으로 식별가능하고 기업이 통제가능하며 미래경제적효익을 확실히 알 수 있는 경우에 무형자산으로 인식하는 금액이다. 개발비는 내부적으로 창출한 무형자산의 대표적인 사례이다.

내부적으로 창출한 무형자산이 인식기준을 충족하는지 평가하기 위해서는 우선 내부 프로젝트를 연구단계(research phase)와 개발단계(development phase)로 구분하여야 한다. 왜냐하면 관련 지출이 어떤 단계에 해당되는지에 따라 무형자산 인식 여부가 다르기 때문이다. 한국채택국제회계기준에서 제시하는 연구활동과 개발활동의 예는 다음의 [그림 6-4]와 같다.

그림 6-4 연구활동과 개발활동의 구분

구 분	사 례
연구활동	① 새로운 지식을 얻고자 하는 활동 ② 연구결과나 기타 지식을 탐색, 평가, 최종 선택, 응용하는 활동 ③ 재료, 장치, 제품, 공정, 시스템이나 용역에 대한 여러 가지 대체안을 탐색하는 활동 ④ 새롭거나 개선된 재료, 장치, 제품, 공정, 시스템이나 용역에 대한 여러 가지 대체안을 제안, 설계, 평가, 최종 선택하는 활동
개발활동	① 생산이나 사용 전의 시제품과 모형을 설계, 제작, 시험하는 활동 ② 새로운 기술과 관련된 공구, 지그, 주형, 금형 등을 설계하는 활동 ③ 상업적 생산 목적으로 실현가능한 경제적 규모가 아닌 시험공장을 설계, 건설, 가동하는 활동 ④ 신규 또는 개선된 재료, 장치, 제품, 공정, 시스템이나 용역에 대하여 최종적으로 선정된 안을 설계, 제작, 시험하는 활동

연구개발 등과 관련하여 발생한 지출은 각 단계별로 다음과 같이 회계처리한다.

연구단계	개발단계	생산단계
발생시점의 비용으로 인식	6가지 사항[17]을 모두 제시할 수 있는 경우에만 무형자산으로 인식하고, 그렇지 않으면 발생기간의 비용 인식	무형자산 상각 등이 제조와 관련 있으면 제조원가에 반영하고, 그렇지 않으면 발생기간의 비용 인식

17) ① 무형자산을 사용하거나 판매하기 위해 그 자산을 완성할 수 있는 기술적 실현가능성
② 무형자산을 완성하여 사용하거나 판매하려는 기업의 의도
③ 무형자산을 사용하거나 판매할 수 있는 기업의 능력
④ 무형자산이 미래경제적효익을 창출하는 방법. 그 중에서도 특히 무형자산의 산출물이나 무형자산 자체를 거래하는 시장이 존재함을 제시할 수 있거나 또는 무형자산을 내부적으로 사용할 것이라면 그 유용성을 제시할 수 있다.
⑤ 무형자산의 개발을 완료하고 그것을 판매하거나 사용하는 데 필요한 기술적, 재정적 자원 등의 입수가능성
⑥ 개발과정에서 발생한 무형자산 관련 지출을 신뢰성 있게 측정할 수 있는 능력

예제 6-14

내부창출 무형자산

다음은 당기 중에 ㈜나무자동차가 차세대 친환경엔진 개발 프로젝트의 수행과 관련하여 발생시킨 비용이다.

비용 내역	연구단계에서 발생	개발단계에서 발생	기 타
연 구 원 급 여	₩30,000	₩80,000	₩10,000
원 재 료 사 용 액	20,000	50,000	
시험기기 감가상각비	40,000	70,000	
외 부 위 탁 용 역 비			80,000
이 자 비 용	10,000	30,000	
계	₩100,000	₩230,000	₩90,000

기타 비용은 연구단계에서 발생하였는지 개발단계에서 발생하였는지 구분이 곤란한 항목이다.

요구사항

상기 자료에서 ㈜나무자동차가 당기에 비용으로 인식해야 할 금액과 무형자산으로 인식해야 할 금액을 각각 계산하시오. 단, 개발단계에서 발생한 지출은 무형자산의 인식조건을 충족한다고 가정하며, 무형자산의 상각은 고려하지 않는다.

해답

당기 비용 인식금액 = ₩100,000(연구단계 발생비용) + 90,000(구분이 곤란한 비용)*

= ₩190,000

* 해당 비용이 연구단계인지 개발단계인지 구분이 곤란한 경우에는 모두 연구단계에서 발생한 것으로 보고 당기 비용으로 인식한다.

무형자산 인식금액 = ₩230,000

Chapter 6

객관식 문제

1 다음 중 유형자산의 취득원가에 해당하지 않는 항목은?

① 토지구획정리비　② 배수로설치비
③ 등록세　④ 재산세

2 ㈜백두는 사업확장을 위하여 영업용으로 사용할 건물을 ₩100,000에 구입하고 구입대금은 다음 지출항목과 함께 현금으로 지급하였다. 취득원가를 계산하고 바르게 전기한 것은?

사용전 수리비	₩10,000	취 득 세	₩20,000	등 기 비 용	₩30,000
등 록 세	20,000	취득후 재산세	40,000	부동산중개수수료	10,000

① 건 물

현 금 180,000	

② 건 물

현 금 190,000	

③ 건 물

현 금 220,000	

④ 건 물

현 금 230,000	

3 "신축중인 영업용 건물 ₩4,500,000(공사계약금액)이 완공되어 인수하고 공사비 잔액 ₩1,000,000과 등기비용 ₩50,000은 현금으로 지급하다"의 올바른 분개는?

① (차)	건 물	5,550,000	(대)	현 금	1,050,000
				건설중인자산	4,500,000
② (차)	건 물	4,550,000	(대)	현 금	1,050,000
				건설중인자산	3,500,000
③ (차)	건 물	4,500,000	(대)	현 금	3,500,000
	수수료비용	50,000		건설중인자산	1,050,000
④ (차)	건 물	1,050,000	(대)	현 금	1,050,000
				건설중인자산	3,500,000

4 유형자산으로 분류하기 위한 조건이 아닌 것은?

① 영업활동에 사용할 목적으로 취득하여야 한다.
② 물리적인 실체가 있어야 한다.
③ 판매목적으로 보유하고 있어야 한다.
④ 장기간 사용할 목적으로 보유하고 있어야 한다.

5 감가상각과 관련된 다음 설명 중 잘못된 것은?

① 수익·비용 대응원칙에 따라 기업의 수익창출 활동에 기여한 기간동안 유형자산의 취득원가를 비용으로 인식하는 것이다.
② 감가상각은 유형자산의 가치감소분을 인식하는 것이 아니라 내용연수에 걸친 취득원가의 비용배분과정이다.
③ 동일한 상황에 처해 있는 기업이라도 감가상각방법을 어떻게 선택하는가에 따라 당기순이익이 달라질 수 있다.
④ 다른 요건이 동일하다면 유형자산 취득 초기에는 정액법에 의한 감가상각비가 정률법에 의한 상각비보다 많다.

6 "취득원가 ₩200,000, 내용연수 10년, 잔존가치가 ₩20,000인 비품을 결산시 정액법으로 감가상각한다(단, 결산은 연 2회)." 알맞은 분개는?

	차변	금액	대변	금액
①	(차) 감가상각비	90,000	(대) 감가상각누계액	90,000
②	(차) 감가상각비	18,000	(대) 감가상각누계액	18,000
③	(차) 감가상각비	9,000	(대) 감가상각누계액	9,000
④	(차) 감가상각비	20,000	(대) 비품	20,000

7 20×3년 1월 1일에 취득한 ₩700,000의 기계장치에 대하여 결산일인 20×4년 12월 31일에 연수합계법에 의한 감가상각비는? (단, 결산은 연 1회, 잔존가치는 취득원가의 10%, 내용연수 4년)

① ₩252,000 ② ₩210,000
③ ₩189,000 ④ ₩126,000

8 20×1년 1월 1일에 신형기계장치를 구입했는데, 취득원가 ₩5,000,000, 내용연수 5년, 감가상각방법 연수합계법, 잔존가치 ₩500,000이다. 이 기계장치를 20×2년 12월 31일에 ₩2,500,000에 처분한 경우 기계장치의 처분손익은 얼마가 되겠는가?

① ₩200,000 이익　　② ₩300,000 이익
③ ₩200,000 손실　　④ ₩300,000 손실

9 영업용 건물을 처분하고 대금 ₩1,800,000을 현금으로 받았다. 영업용 건물의 취득원가는 ₩3,000,000이고 감가상각누계액은 ₩1,500,000이었다면 다음 중 처분시 올바른 회계처리는 무엇인가?

①	(차) 당좌예금	1,800,000	(대)	건물	1,800,000
	감가상각누계액	1,500,000		유형자산처분이익	1,500,000
②	(차) 현금	1,800,000	(대)	건물	1,800,000
③	(차) 현금	1,800,000	(대)	건물	3,000,000
	감가상각누계액	1,500,000		유형자산처분이익	300,000
④	(차) 현금	1,800,000	(대)	건물	3,000,000
	유형자산처분손실	1,200,000			

10 다음 중 무형자산에 대한 설명으로 잘못된 것은?

① 무형자산으로 인식되기 위해서는 식별가능성, 자원에 대한 통제, 미래경제적효익의 존재라는 조건을 모두 충족하여야 한다.
② 무형자산의 잔존가치는 특별한 경우를 제외하고는 없는 것으로 본다.
③ 연구단계에서 발생한 지출액은 발생시점에 비용으로 인식한다.
④ 기업이 내부적으로 창출한 영업권은 무형자산으로 인식한다.

해답 및 해설

1	2	3	4	5	6	7	8	9	10
④	②	②	③	④	③	③	①	③	④

1 재산세는 유형자산을 취득한 이후에 발생하는 비용이므로 취득원가에 가산하지 않는다.

2 일반구입으로 건물을 취득한 경우 취득원가는 구입가격에 부대비용을 가산한 금액으로 한다. 한편, 취득 이후에 발생한 재산세는 당기비용(세금과공과)으로 처리한다.

※ 건물의 취득원가

₩100,000(구입원가) + 10,000(사용전수리비) + 20,000(취득세) + 30,000(등기비용) + 20,000(등록세) + 10,000(중개수수료) = ₩190,000

3 건물의 신축을 의뢰하고 공사착수금 ₩3,500,000(공사계약금액 ₩4,500,000)을 지급했을 때의 분개는 다음과 같다.

(차) 건 설 중 인 자 산	3,500,000	(대) 현 금	3,500,000

건물이 완성된 후 인수하면 건설중인자산을 건물계정으로 대체한다.

4 판매목적으로 보유하는 자산은 유형자산이 아니라 재고자산이다.

5 다른 요건이 동일하다면 취득 초기의 정률법의 감가상각비는 정액법보다 크다.

6 (1) 감가상각대상금액 = 취득원가 − 잔존가치 = ₩200,000 − 20,000 = ₩180,000

(2) 1년 감가상각비 = 감가상각대상금액 ÷ 내용연수 = ₩180,000 ÷ 10년 = ₩18,000

(3) 6개월 감가상각비 = ₩18,000 ÷ 2 = ₩9,000

결산이 연 2회인 6개월 법인의 감가상각비는 6개월분으로 나누어 연 2회 계상한다.

7 연수합계법

20×3년 :	(₩700,000 − 70,000) × 4/10	=	₩252,000
20×4년 :	(₩700,000 − 70,000) × 3/10	=	189,000
20×5년 :	(₩700,000 − 70,000) × 2/10	=	126,000
20×6년 :	(₩700,000 − 70,000) × 1/10	=	63,000
계			₩630,000

8 20×1년 : (₩5,000,000 − 500,000) × 5/15 = ₩1,500,000

20×2년 : (₩5,000,000 − 500,000) × 4/15 = 1,200,000

계 ₩2,700,000

∴ 처분손익 : ₩2,500,000−(5,000,000−2,700,000) = ₩200,000이익

9 유형자산을 처분하는 경우 감가상각누계액을 차변에 기입하여 소멸시키고, 건물은 취득원가로 대변에 기입하며, 차액은 유형자산처분손익으로 처리한다.

10 내부적으로 창출한 영업권은 인정하지 않는다. 즉, 무형자산으로 인식할 수 없다.

Chapter 6

주관식 문제

문제 1 유형자산의 취득원가

㈜나무는 공장건설을 위하여 ₩5,000,000에 토지를 구입하였다. 그 후 토지위에 있던 구건물을 철거하고 새 건물을 신축하였다. 그에 따른 지출은 다음과 같다.

(1) 구건물철거비용 :				₩100,000
(2) 구건물철거시 수거된 폐자재의 처분대가 :				₩50,000
(3) 토지정지비용 :				₩800,000
(4) 토지구입계약과 관련된 소유권조사비용 :				₩50,000
(5) 건물의 건설원가 :				₩8,000,000
(6) 취득세 및 등록세 :	토지분	₩200,000	건물분	₩300,000
(7) 재산세 :	토지분	₩100,000	건물분	₩160,000

물음

㈜나무가 취득한 토지와 건물의 취득원가를 구하시오.

해답 및 해설

	토 지	건 물
	₩5,000,000	
(1) 구건물철거비용	100,000	
(2) 폐자재 처분대가	(50,000)	
(3) 토지정지비용	800,000	
(4) 소유권조사비용	50,000	
(5) 건물의 건설원가		₩8,000,000
(6) 취득세 및 등록세	200,000	300,000
	₩6,100,000	₩8,300,000

토지구입계약과 관련된 소유권조사비용은 토지매입과 관련된 부대비용이므로 토지의 취득원가에 가산된다. 구건물철거비용은 건물의 취득원가가 아닌 토지의 취득원가에 포함됨을 유의하고 그에 따른 폐자재의 처분대가는 비용이 감소된 것이므로 토지의 취득원가에서 차감된다. 재산세는 취득 후 발생한 비용이므로 취득원가에서 제외된다.

문제 2 유형자산의 일괄구입

20×6년 1월 1일 ㈜나무는 기계장치와 비품을 일괄하여 ₩7,000,000에 구입하였다. 기계장치와 비품의 상대적 공정가치 비율은 3 : 1이었다. 기계구입시 운반비 ₩160,000과 설치비 ₩90,000을 지급하였고 기계장치의 내용연수는 5년, 잔존가치는 ₩500,000이다. 감가상각방법으로는 정액법을 채택하고 있고 결산일은 12월말이다.

물음

1. 비품의 취득원가를 구하시오.
2. 기계장치의 취득원가를 구하시오.
3. 20×6년 기계장치의 감가상각비를 구하시오.

해답

1. 비 품

$$₩7,000,000 \times \frac{1}{1+3} = ₩1,750,000$$

2. 기계장치

취득원가 = 일괄구입의 안분가격 + 운반비 + 설치비

$$= ₩7,000,000 \times \frac{3}{1+3} + 160,000 + 90,000 = ₩5,500,000$$

3. 감가상각비

(₩5,500,000 − 500,000) ÷ 5년 = ₩1,000,000

문제 3 감가상각비(1)

다음은 20×1년 1월 1일에 구입한 기계장치 A에 대한 자료이다.

(1) 취득원가 : ₩3,000,000
(2) 잔존가치 : ₩300,000
(3) 추정내용연수 : 3년
(4) 각 연도별 생산량과 작업시간

구 분	생 산 량	작 업 시 간
20×1년	2,000개	5,000시간
20×2년	4,000개	8,000시간
20×3년	4,000개	7,000시간
총생산량(총작업시간)	10,000개	20,000시간

물음

다음의 방법을 적용하여 각 연도별 감가상각비와 기말장부금액을 계산하시오.

1. 정액법
2. 정률법(상각률 : 0.536)
3. 이중체감법
4. 연수합계법
5. 생산량비례법(생산량기준)
6. 작업시간비례법(작업시간기준)

해답 및 해설

1. 정액법

연 도	기초장부금액	감가상각비	감가상각누계액	기말장부금액
20×1년	₩3,000,000	₩900,000*	₩900,000	₩2,100,000
20×2년	2,100,000	900,000	1,800,000	1,200,000
20×3년	1,200,000	900,000	2,700,000	300,000

* 연간 감가상각비 : (₩3,000,000－300,000)÷3년＝₩900,000

2. 정률법

연 도	기초장부금액	상각률	감가상각비	감가상각누계액	기말장부금액
20×1년	₩3,000,000	0.536	₩1,608,000	₩1,608,000	₩1,392,000
20×2년	1,392,000	0.536	746,112	2,354,112	645,888
20×3년	645,888	0.536	345,888*	2,700,000	300,000

* 단수차이조정

3. 이중체감법

연 도	기초장부금액	상각률	감가상각비	감가상각누계액	기말장부금액
20×1년	₩3,000,000	0.667	₩2,001,000	₩2,001,000	₩999,000
20×2년	999,000	0.667	666,333	2,667,333	332,667
20×3년	332,667	0.667	32,667*	2,700,000	300,000

* 잔존가치 ₩300,000을 제외한 나머지 금액을 차감한다.

4. 연수합계법

연 도	기초장부금액	상각대상금액	상각률	감가상각비	감가상각누계액	기말장부금액
20×1년	₩3,000,000	₩2,700,000	3/6*	₩1,350,000	₩1,350,000	₩1,650,000
20×2년	1,650,000	2,700,000	2/6	900,000	2,250,000	750,000
20×3년	750,000	2,700,000	1/6	450,000	2,700,000	300,000

* 20×1년의 감가상각률=3년/(1+2+3년)=3/6

5. 생산량비례법(생산량기준)

연 도	기초장부금액	상각대상금액	상각률	감가상각비	감가상각누계액	기말장부금액
20×1년	₩3,000,000	₩2,700,000	2,000/10,000개	₩540,000	₩540,000	₩2,460,000
20×2년	2,460,000	2,700,000	4,000/10,000개	1,080,000	1,620,000	1,380,000
20×3년	1,380,000	2,700,000	4,000/10,000개	1,080,000	2,700,000	300,000

6. 작업시간비례법(작업시간기준)

연 도	기초장부금액	상각대상금액	상각률	감가상각비	감가상각누계액	기말장부금액
20×1년	₩3,000,000	₩2,700,000	5,000/20,000시간	₩675,000	₩675,000	₩2,325,000
20×2년	2,325,000	2,700,000	8,000/20,000시간	1,080,000	1,755,000	1,245,000
20×3년	1,245,000	2,700,000	7,000/20,000시간	945,000	2,700,000	300,000

문제 4 감가상각비(2) – 기중취득

㈜나무는 다음과 같이 기계장치를 취득하였다.

> 20×1년 4월 1일에 기계장치를 ₩13,000,000에 취득하였다.
> 이 기계장치의 내용연수는 3년이고 잔존가치는 ₩1,000,000이다.

물음

다음의 방법을 적용하여 각 연도별 감가상각비와 기말장부금액을 계산하시오.

1. 정액법
2. 연수합계법
3. 정률법(상각률 : 0.575)

해답 및 해설

1. 정액법

(1) 각 연도별 감가상각비

연 도	계 산 근 거	감가상각비
20×1	(₩13,000,000 − 1,000,000) × 1/3 × 9/12	₩3,000,000
20×2	₩12,000,000 × 1/3	4,000,000
20×3	₩12,000,000 × 1/3	4,000,000
20×4	₩12,000,000 × 1/3 × 3/12	1,000,000
계		₩12,000,000

(2) 각 연도별 기말장부금액

연 도	취 득 원 가	감가상각누계액	기말장부금액
20×1	₩13,000,000	₩3,000,000	₩10,000,000
20×2	13,000,000	7,000,000	6,000,000
20×3	13,000,000	11,000,000	2,000,000
20×4	13,000,000	12,000,000	1,000,000

2. 연수합계법

(1) 각 연도별 감가상각비

연 도	계 산 근 거	감가상각비
20×1	(₩13,000,000 − 1,000,000) × 3/6 × 9/12	₩4,500,000
20×2	₩12,000,000 × 3/6 × 3/12 + 12,000,000 × 2/6 × 9/12	4,500,000
20×3	₩12,000,000 × 2/6 × 3/12 + 12,000,000 × 1/6 × 9/12	2,500,000
20×4	₩12,000,000 × 1/6 × 3/12	500,000
계		₩12,000,000

(2) 각 연도별 기말장부금액

연 도	취 득 원 가	감가상각누계액	기말장부금액
20×1	₩13,000,000	₩4,500,000	₩8,500,000
20×2	13,000,000	9,000,000	4,000,000
20×3	13,000,000	11,500,000	1,500,000
20×4	13,000,000	12,000,000	1,000,000

3. 정률법

(1) 각 연도별 감가상각비

연 도	계 산 근 거	감가상각비
20×1	₩13,000,000 × 0.575 × 9/12	₩5,606,250
20×2	(₩13,000,000 − 5,606,250) × 0.575	4,251,406
20×3	(₩13,000,000 − 9,857,656) × 0.575	1,806,848
20×4	₩13,000,000 − 11,664,504 − 1,000,000	335,496
계		₩12,000,000

(2) 각 연도별 기말장부금액

연 도	취 득 원 가	감가상각누계액	기말장부금액
20×1	₩13,000,000	₩5,606,250	₩7,393,750
20×2	13,000,000	9,857,656	3,142,344
20×3	13,000,000	11,664,504	1,335,496
20×4	13,000,000	12,000,000	1,000,000

문제 5 유형자산의 처분

㈜나무는 20×1년 7월 1일 현금 ₩5,000,000에 취득한 기계장치를 20×3년 10월 1일 ₩2,000,000에 처분하였다. 기계장치의 내용연수는 5년, 잔존가치는 취득원가의 10%일 때 다음 요구사항에 답하시오. 단, ㈜나무의 결산일은 매년 말이다.

물음

1. 정률법 적용시 각 연도 감가상각비와 장부금액을 구하시오(상각률 : 0.369).
2. 20×3년 기계장치의 처분손익을 구하시오.
3. 각 일자별 회계처리를 하시오.

해답 및 해설

1. 각 연도 감가상각비와 장부금액

일 자	기초장부금액	상각률	기 간	감가상각비	감가상각누계액	기말장부금액
20×1년 12월 31일	₩5,000,000	0.369	6/12개월	₩922,500	₩922,500	₩4,077,500
20×2년 12월 31일	4,077,500	0.369	12/12개월	1,504,598	2,427,098	2,572,902
20×3년 10월 1일	2,572,902	0.369	9/12개월	712,051	3,139,149	1,860,851

2. 유형자산처분손익

₩2,000,000 − 1,860,851(20×3년 10월 1일 장부금액) = ₩139,149*(이익)

* 유형자산처분이익으로 계상한다.

3. 회계처리

일 자	회계처리			
20×1년 7월 1일	(차) 기계장치	5,000,000	(대) 현금	5,000,000
20×1년 12월 31일	(차) 감가상각비	922,500	(대) 감가상각누계액	922,500
20×2년 12월 31일	(차) 감가상각비	1,504,598	(대) 감가상각누계액	1,504,598
20×3년 10월 1일	(차) 감가상각비	712,051	(대) 감가상각누계액	712,051
	(차) 현금	2,000,000	(대) 기계장치	5,000,000
	감가상각누계액	3,139,149	유형자산처분이익	139,149

문제 6 산업재산권, 개발비

㈜나무는 20×1년 1월 1일 다른 회사로부터 상표권을 ₩1,400,000에 현금을 지급하여 취득하고 등록비용으로 현금 ₩100,000을 지출하였다. 또한 동일자로 신제품 개발비로 현금 ₩5,000,000을 지출하였으며, 당해 신제품은 미래경제적효익을 확실하게 창출할 수 있을 것으로 기대된다. 상표권의 내용연수는 10년 개발비의 내용연수는 20년으로 추정된다.

물음

1. 20×1년 1월 1일 ㈜나무의 회계처리를 하시오.
2. 20×1년 12월 31일 ㈜나무의 회계처리를 하시오.

해답 및 해설

1. 20×1년 1월 1일

(차)	산업재산권(상표권)	1,500,000	(대) 현금	1,500,000
(차)	개발비	5,000,000	(대) 현금	5,000,000

2. 20×1년 12월 31일

(차)	무형자산상각비	150,000	(대) 산업재산권	150,000

* 상표권상각비 : ₩1,500,000÷10년=₩150,000

(차)	무형자산상각비	250,000	(대) 개발비	250,000

* 개발비상각비 : ₩5,000,000÷20년=₩250,000

문제 7 영업권

㈜나무는 자동차산업에 진출을 결심하고 ㈜현대자동차를 ₩2,500,000에 인수하기로 하였다. 합병일 현재 ㈜현대자동차의 장부금액과 공정가치는 다음과 같다.

구 분	장부금액	공정가치	구 분	장부금액	공정가치
자 산	₩5,000,000	₩7,000,000	부 채	₩3,000,000	₩4,800,000
			자 본 금	2,000,000	
계	₩5,000,000		계	₩5,000,000	

물음

1. ㈜나무가 인식할 영업권을 계산하시오.
2. 만일 ㈜나무가 매년 인식해야 할 영업권상각액을 구하시오.

해답 및 해설

1. 영업권

(1) 이 전 대 가 :		₩2,500,000
(2) 순자산공정가치 :	₩7,000,000 − 4,800,000 =	2,200,000
(3) 영 업 권 :		₩300,000

2. 영업권상각액

한국채택국제회계기준에서는 내용연수가 비한정인 무형자산은 상각을 하지 않는다. 내용연수가 비한정인 무형자산으로 대표적인 것이 영업권이다. 영업권의 회계처리에 대해서는 사업결합기준서에 규정되어 있다. 동 기준서에서는 영업권은 상각하지 않고 매년 말 손상을 검토하여 손상의 회계처리를 하도록 되어 있다. 따라서 ㈜나무가 매년 인식해야 할 영업권상각액은 없다.

문제 8 상기업의 재무제표작성

다음은 ㈜나무의 20×1년 말 수정전시산표와 결산조정사항이다.

수정전시산표

㈜나무 20×1. 12. 31

차변	금액	대변	금액
현금	₩540,000	미지급금	₩2,500,000
상품	350,000	감가상각누계액(건물)	150,000
토지	1,600,000	감가상각누계액(비품)	60,000
건물	2,000,000	자본금	1,000,000
비품	720,000	이익잉여금	500,000
영업권	200,000	매출	5,000,000
매입	3,000,000		
급여	800,000		
합계	₩9,210,000	합계	₩9,210,000

〈결산조정사항〉

(1) ㈜나무는 실지재고조사법을 사용하고 있으며 기말 재고실사결과 실지재고금액은 ₩420,000이다.

(2) 건물은 20×0년 4월 1일에 취득하였고 내용연수는 10년, 잔존가치는 "0", 감가상각방법은 정액법으로 하고 있다.

(3) 비품은 20×0년 10월 1일에 취득하였고 내용연수는 5년, 잔존가치는 "0", 감가상각방법은 연수합계법으로 하고 있다.

(4) 영업권은 ㈜나무가 ㈜종로를 합병하는 과정에서 20×0년에 발생하였고, 20×1년 말 영업권의 회수가능액은 ₩300,000으로 측정되었다.

물음

1. ㈜나무의 20×1년 말 기말수정분개를 하시오.
2. ㈜나무의 20×1년도 수정후시산표를 작성하시오.
3. ㈜나무의 20×1년도 재무상태표와 포괄손익계산서를 작성하시오.

해답 및 해설

1. 기말수정분개

(1) 매출원가

(차)		(대)	
상품(기말)	420,000	상품(기초)	350,000
매출원가	2,930,000	매입	3,000,000

(2) 건물 감가상각

(차) 감 가 상 각 비 200,000 (대) 감 가 상 각 누 계 액 200,000

* ₩2,000,000×1/10=₩200,000

(3) 비품 감가상각

(차) 감 가 상 각 비 228,000 (대) 감 가 상 각 누 계 액 228,000

* ₩720,000×5/15×9/12+720,000×4/15×3/12=₩228,000

(4) 영업권 손상차손

영업권은 내용연수가 비한정인 무형자산으로서 상각하지 않고 매년 손상차손의 인식여부를 검토한다. 20×1년 말에는 회수가능액이 더 높으므로 손상차손을 인식하지 않는다.

Chapter 6

2. 수정후시산표

수정후시산표

㈜나무 20×1. 12. 31

현 금	₩540,000	미 지 급 금	₩2,500,000
상 품	420,000	감가상각누계액(건물)	350,000
토 지	1,600,000	감가상각누계액(비품)	288,000
건 물	2,000,000	자 본 금	1,000,000
비 품	720,000	이 익 잉 여 금	500,000
영 업 권	200,000	매 출	5,000,000
매 출 원 가	2,930,000		
급 여	800,000		
감 가 상 각 비	428,000		
합 계	₩9,638,000	합 계	₩9,638,000

3. 재무상태표와 포괄손익계산서

재무상태표

㈜나무 20×1. 12. 31.

현 금		₩540,000	미 지 급 금	₩2,500,000
상 품		420,000	자 본 금	1,000,000
토 지		1,600,000	이 익 잉 여 금	1,342,000
건 물	2,000,000			
감가상각누계액	(350,000)	1,650,000		
비 품	720,000			
감가상각누계액	(288,000)	432,000		
영 업 권		200,000		
합 계		₩4,842,000	합 계	₩4,842,000

포괄손익계산서

㈜나무 20×1. 1. 1 ~ 20×1. 12. 31

계정과목	세부항목	금액	합계
매 출 액			₩5,000,000
매 출 원 가			(2,930,000)
	기 초 상 품 재 고 액	₩350,000	
	당 기 상 품 매 입 액	3,000,000	
	기 말 상 품 재 고 액	(420,000)	
매 출 총 이 익			2,070,000
급 여			(800,000)
감 가 상 각 비			(428,000)
당 기 순 이 익			₩842,000

Chapter

07

금융자산

7판

IFRS 회계원리

Chapter 07 금융자산

제 1 절 금융자산의 의의

1. 금융자산의 상식적 의미

현대사회를 살아가는 개인이 재산을 관리하는 방법에는 실물자산(비금융자산)에 투자하는 방법과 금융자산으로 보유하는 방법이 있다. 상식적으로 사용하는 실물자산과 금융자산의 의미는 다음과 같다.

① 실물자산의 상식적 의미

실물자산(real assets)은 자동차, 골동품, 보석, 금처럼 실체가 있는 자산을 말한다. 토지나 건물과 같은 부동산이 대표적인 실물자산이고 상품과 같은 재고자산도 실물자산이다. 실물자산(비금융자산)은 그 가치가 화폐금액으로 확정되어 있지 않기 때문에 인플레이션과 같이 화폐의 가치가 변동되더라도 실질가치가 변동되지 않는다.

② 금융자산의 상식적 의미

금융자산(financial assets)은 주식이나 채권, 예금, 대여금 등을 말한다. 개인이 투자하는 금융자산에는 현금이나 은행예금처럼 경제적 가치의 변동이 크지 않은 안전금융자산도 있고, 주식이나 펀드처럼 가치변동이 큰 위험금융자산도 있다. 금융자산은 일반적으로 화폐금액으로 표시되기 때문에 인플레이션이 발생하면 실물자산보다 불리하다.

한편, 실물자산은 금융자산에 해당하지 않는 자산으로 비금융자산으로 부르기도 한다. 회계에서는 금융자산과 비금융자산이라는 용어를 주로 사용한다.

또한, 경제적 거래관계에서 발생하는 금융자산은 경제적 거래의 금융적 청구권을 말한다. 즉, 금융자산은 어떤 사람에게는 자산이 되지만, 다른 사람에게는 금융부채가 되며 사회 전체적으로 보면 서로 상계되어서 사회전체의 부를 증가시키지는 않는다. 예를 들어서 개인 사이에 ₩100,000을 빌려주는 대여거래가 있었다면, 돈을 빌려준 사람은 ₩100,000의 금융자산(대여금)이 생기게 되지만, 돈을 빌린 사람은 ₩100,000의 금융부채(차입금)가 생기게 되며 사회 전체적으로는 부가 증가하는 것이 아니다.

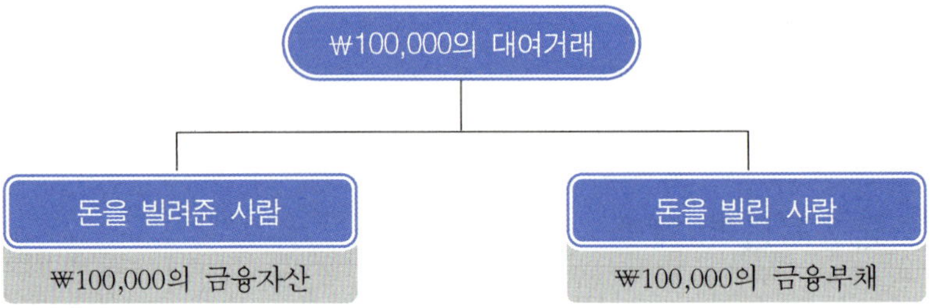

2. 금융상품과 금융자산의 회계적 정의

회계에서는 금융자산을 보다 정확하게 정의하고 있는데, 한국채택국제회계기준에서 정의하고 있는 금융자산을 이해하려면 먼저 금융상품에 대해서 알아야 한다.

한국채택국제회계기준에서는 금융상품(financial instrument)을 거래당사자 일방에게 금융자산(financial asset)을 발생시키고, 동시에 다른 거래상대방에게 금융부채(financial liabilities)나 지분상품(equity instrument)을 발생시키는 모든 계약(contract)으로 정의하고 있다.

금융상품에는 계약에 참여하는 두 당사자가 있게 된다. 금융상품의 계약 당사자들은 이중성을 가져서 한쪽의 계약당사자입장에서는 금융상품으로 경제적 권리인 금융자산이 발생하고, 다른 계약당사자입장에서는 금융상품으로 경제적 의무인 금융부채가 발생하거나 자본인 지분상품이 발생한다. 또한 금융상품의 거래금액은 일반적으로 화폐금액으로 결제하게 된다.

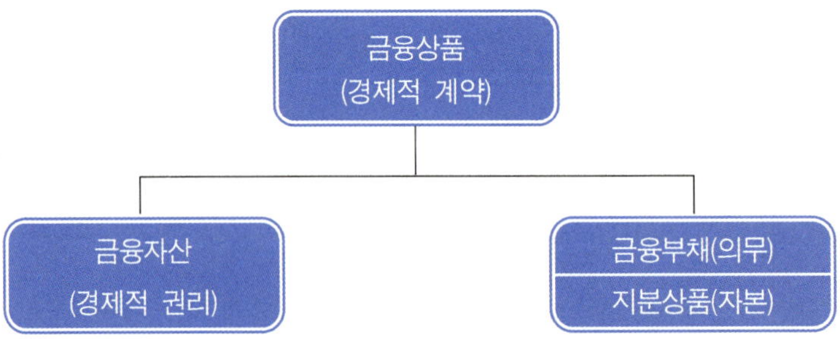

이와 같은 이중성을 가지는 금융상품에서 금융자산은 금융상품을 보유해서 경제적 권리를 가지는 당사자입장에서 정의된다. 즉, 금융자산은 금융상품의 권리자입장에서의 경제적 금액이라고 할 수 있다.

한국채택국제회계기준에서 정의하고 있는 금융자산과 금융부채 및 지분상품은 각각 다음과 같다.[1]

[금융자산]
① 현금
② 다른 기업의 지분상품(예 : 주식, 우선주, 등)
③ 거래상대방에게서 현금 등 금융자산을 수취할 계약상 권리(예 : 매출채권 등)
[금융부채]
거래상대방에게 현금 등 금융자산을 인도하기로 한 계약상 의무(예 : 매입채무 등)
[지분상품]
기업의 자산에서 모든 부채를 차감한 후의 잔여지분을 나타내는 모든 계약

① 현금, 예치금 등

현금은 그 자체가 교환의 수단이므로 금융자산에 해당된다. 은행 등 금융기관에 대한 예치금(예금, 적금 등)은 당해 금융회사에서 현금을 인출하거나 금융부채를 지급하기 위하여 예치된 잔액에 대하여 채권자를 수취인으로 하여 수표 등을 발행할 수 있는 계약상의 권리를 나타내므로 금융자산이다.

② 다른 기업의 지분상품

지분상품은 기업에 자본을 출자한 주주에게 기업의 소유권을 의미하는 증서로 발행한 유가증권을 말하며 주식형 유가증권(equity securities)이라고도 한다. 다른 기업이 발행한 보통주나 우선주, 신주인수권 등의 주주지분과 관련된 권리를 보유한 경우에 금융자산에 포함된다.

③ 금융자산을 수취·인도하기로 한 계약상 권리·의무

매출채권, 받을어음, 대여금, 투자사채 등은 거래상대방에게서 현금 등 금융자산을 수취할 계약상 권리에 해당되므로 금융자산에 포함된다. 이때 거래상대방에게는 매입채무, 지급어음, 차입금, 사채 등 금융부채가 발생한다.

1) 본 장에서는 금융자산에 대해서만 설명하고 금융부채는 제8장에서, 지분상품은 제10장에서 설명하기로 한다.

참고로 금융자산에 해당하지 않는 자산으로는 유형자산, 재고자산, 선급금 등이 있다. 유형자산이나 재고자산은 비금융자산(실물자산)으로 계약에 의해 생기는 금융자산이 아니다. 선급금은 비금융자산인 재고자산을 제공받거나 용역을 제공받기 위해서 미리 지급한 금액으로 금융상품이 아니다. 또한 미지급법인세(부채)는 계약에 의해서 발생하는 부채가 아니므로 금융부채가 아니다.

그림 7-1 금융항목과 비금융항목의 계정과목 사례

구 분	자 산	부 채
금 융 항 목	현금및현금성자산, 매출채권, 대여금, 미수금, 지분상품 및 채무상품 등	매입채무, 미지급금, 차입금, 사채 등
비금융항목	선급금, 선급비용, 재고자산, 유형자산, 무형자산 등	선수금, 선수수익, 미지급법인세, 충당부채 등

제 2 절 금융자산 – 현금및현금성자산

현금(cash)은 유동성이 제일 높은 자산으로 자산을 취득하거나 부채를 상환하기 위해 사용하는 교환수단(a medium of exchange)의 역할을 한다. 여기서 '유동성(liquidity)'은 자금을 현금으로 전환할 수 있는 용이성의 정도를 말하는 것으로 현금은 현금자체이므로 유동성이 제일 높다. 기업이 현금과 같은 목적으로 보유하고 있는 자산들은 모두 '현금및현금성자산'이라는 하나의 계정과목으로 재무상태표에 표시해야 하는데 현금및현금성자산에 포함되는 항목에 대해 먼저 살펴보도록 하겠다.

1. 현금의 구성항목

회계상의 현금은 상식적으로 생각하는 현금보다는 넓은 개념으로 회계상 현금의 범위에 포함되는 항목은 ① 통화, ② 통화대용증권, ③ 요구불예금이 있다.

① 통화(currency)

지폐나 주화를 말하며 원화로 전환이 용이한 외화는 그 환산액을 현금에 포함한다.

② 통화대용증권

현금과 동일하게 통용될 수 있는 것으로 타인발행당좌수표, 금융기관이 발행한 자기앞수표, 송금환, 우편환, 배당금지급통지표, 지급일이 도래한 공사채의 이자표, 기한이 도래한 어음 등을 말한다.

③ 요구불예금(demand deposit)

입출금이 자유로운 예금을 말하며 당좌예금과 보통예금이 이에 해당한다. 요구불예금은 은행에 맡겨놓은 현금(cash in bank)으로 회사가 직접 보유한 현금(cash on hand)인 통화와 동일하게 즉시 사용할 수 있으므로 현금의 범위에 포함한다.

여기서 주의할 점은 통화대용증권과 비슷하지만 통화대용증권에 해당하지 않는 항목을 구분하는 것이다. 예를 들어 우표나 수입인지는 현금처럼 유통될 수 없으므로 소모품이나 선급비용으로 분류하고 직원에 대한 차용증서는 대여금으로 분류하며 선일자수표[2]는 매출채권이나 미수금으로 분류된다.

2. 현금성자산

'현금성자산(cash equivalents)'이란 "큰 거래비용 없이 현금으로 전환이 용이하고, 이자율의 변동에 따른 가치변동의 위험이 중요하지 않은 금융상품으로서 취득당시 만기(또는 상환일)가 3개월 이내에 도래하는 것"을 말한다. 따라서 기업이 보유하고 있는 금융상품을 현금성자산으로 분류하려면 다음의 세 가지 요건을 만족시켜야 한다.

① 금융시장에서 쉽게 매각해서 큰 거래비용 없이 현금으로 전환하는 것이 용이해야 한다.

② 금융상품이 이자율변동에 따라 가격변동이 심하지 않아야 한다.

③ 취득당시 만기(또는 상환일)가 3개월 이내에 도래하는 것이어야 한다.

이와 같은 세 가지 조건을 만족하면 현금성자산으로 판단한다. 현금성자산은 현금수준의 유동성을 가지고 있으며 기업이 이를 보유하는 목적도 현금을 보유하고 있는 목적과 유사하다고 보아 재무상태표에 공시될 때 현금과 합쳐서 보고한다. 이 세 가지 조건을 만족해서 현금성자산으로 판단되는 금융상품의 예는 다음과 같다.

2) 선일자수표 : 수표발행인이 발행당시에는 은행에 예금이 없지만 후일 예금할 예정으로 그 예정일을 발행일로 해서 발행한 수표를 말한다. 법률적으로는 보통수표와 차이가 없지만 발행인과 수취인사이에 수표에 적힌 예정일에 은행에 지급을 요구할 것으로 개인적으로 약속한 것으로 입금예정일이 되어야만 매출채권을 회수할 수 있다.

• 만기가 3개월 이내인 정기적금이나 양도성예금증서
• 취득 당시 만기가 3개월 이내에 도래하는 채무상품
• 3개월 이내의 환매조건을 가진 환매채

이와 같은 현금성자산을 판단할 때 주의할 점은 현금성자산이 되기 위한 조건 중에서 만기가 3개월 이내인지를 판단하는 기준시점은 '취득시점'이라는 것이다. 즉, 취득시점에 만기가 3개월을 초과하였다면 재무상태표의 작성시점에 만기가 3개월 이내가 되었더라도 현금성자산으로 분류할 수 없다. 지금까지 살펴본 현금및현금성자산의 범위를 정리하면 다음과 같다.

그림 7-2 현금및현금성자산의 범위

구 분	적 요	내 역	재무상태표계정
현 금	(1) 통 화	지폐, 주화	현금및현금성자산
	(2) 통화대용증권	타인발행당좌수표, 송금수표 및 우편환증서 등	
	(3) 요구불예금	보통예금, 당좌예금	
현금성자산	금융상품	현금전환이 용이하고, 취득당시 만기가 3개월 이내인 금융상품	

예제 7-1
현금의 구분

㈜나무는 다음과 같은 자산을 보유하고 있다.

지 폐	₩10,000권 20장	자 기 앞 수 표	₩200,000
우 편 환	100,000	우 표	50,000
당 좌 예 금	300,000	선 일 자 수 표	160,000
만기가 2개월인 양도성예금증서			250,000
만기가 6개월인 정기적금			280,000
만기가 3개월인 환매채			210,000

요구사항

재무상태표에 공시될 현금및현금성자산의 금액을 계산하시오.

해답

보 유 자 산	현 금	현금성자산	기 타
지 폐	₩200,000		
자기앞수표	200,000		
우편환	100,000		
우 표			₩50,000 (소모품)
당좌예금	300,000		
선일자수표			160,000 (매출채권)
만기가 2개월인 양도성예금증서		₩250,000	
만기가 6개월인 정기적금			280,000 (단기금융자산)
만기가 3개월인 환매채		210,000	
합 계	₩800,000	₩460,000	

한편, 현금및현금성자산은 재무상태표에 하나의 계정으로 통합해서 표시되지만 그 안에 포함되는 항목들은 거래가 빈번하고 관리가 중요한 항목들이 많다. 따라서 실무적으로는 현금계정, 보통예금계정, 당좌예금계정, 소액현금계정 및 현금성자산계정 등을 각각 별도의 계정으로 구분해서 회계처리 하다가 회계연도 말의 결산시점에 이들 계정의 잔액을 현금및현금성자산이라는 계정으로 통합해서 공시하는 것이 일반적이다.

제 3 절 금융자산 - 대여금 및 수취채권

'수취채권(receivables)'은 기업이 고객에게 상품을 판매하거나 거래상대방에게 자금을 대여하고 나중에 대금을 받기로 한 권리를 말한다. 수취채권은 매출채권과 비매출채권으로 구분할 수 있다.

1. 매출채권

'매출채권(trade receivables)'은 기업이 상품을 고객에게 제공하는 매출과 관련하여 발생한 채권을 말한다. 매출채권은 신용의 형태에 따라 다시 외상매출금과 받을어음으로 구분된다. 외상매출금(account receivables)은 순수한 신용매출로 인한 매출채권을 말하며 받을어음(notes receivables)은 신용매출에 대해 거래처로부터 어음[3])을 수령한 매출채권을 말한다. 실무에서는 총계정원장에 외상매출금과 받을어음을 구분해서 회계처리하지만 재무상태표에 공시할 때는 두 계정을 통합해서 하나의 계정인 매출채권계정으로 표시한다. 본 서에서는 매출채권계정으로 통합해서 사용하도록 하겠다.

2. 비매출채권

'비매출채권(non-trade receivables)'은 상거래가 아닌 기타 거래로 인해서 발생한 수취채권을 말한다. 예를 들어 종업원에게 자금을 대여하였거나 기업에서 사용하던 기계장치를 처분하고 대금을 수령하지 못해 수취채권이 발생하는 경우이다. 비매출채권에는 미수금, 단기대여금, 미수수익 등이 있는데 여기에 대해 살펴보면 다음과 같다.

① 미수금(accounts receivable-other)

기업 본래의 상품 판매활동 이외에서 발생한 단기의 채권을 말한다. 예를 들어 토지, 건물, 유가증권 등을 처분하고 대금을 수령하지 못한 경우에는 미수금계정에 기록한다. 이와 같은 거래에서 어음을 수령하였더라도 미수금계정에 기록해야 한다.

예제 7-2
미수금

㈜나무에 다음과 같은 거래가 발생하였다.

11월 10일 취득원가가 ₩800,000인 업무용 토지를 ₩1,000,000에 외상으로 처분하다.
12월 25일 사용 중이던 기계장치(장부금액 ₩500,000)를 ₩800,000에 처분하고 어음을 받다.

요구사항

각 거래에 대해 필요한 분개를 하시오.

해답

일 자	회계처리			
11월 10일	(차) 미 수 금	1,000,000	(대) 토 지	800,000
			유형자산처분이익	200,000
12월 25일	(차) 미 수 금	800,000	(대) 기 계 장 치	500,000
			유형자산처분이익	300,000

3) 어음 : 어음은 일반적으로 약속어음을 말하는데, 약속어음은 어음의 발행인이 어음에 표시된 금액을 약정한 일자에 어음소지인(수취인)에게 지급할 것을 약속한 증서를 말하며, 보론에서 자세히 살펴보겠다.

② 단기대여금(short-term loan)

거래 상대방에게 차용증서나 어음을 받고 금전을 빌려 주는 경우로서 만기가 1년 이내에 도래하는 경우에 사용하는 계정이다. 기업에서 자금을 대여해 주는 경우는 주주, 임원, 종업원에게 급여를 선급하거나 주택자금을 제공하는 경우도 있고 관계회사에 자금을 융통해 주어서 상호간에 자금의 어려움을 도와주는 경우도 있다. 이런 경우에는 일반적인 상거래에서 발생하는 수취채권이 아니므로 단기대여금으로 기록한다.

자금을 대여하고 어음을 수령하는 경우에도 어음수령의 이유가 자금의 대여인 경우에는 어음수령여부와 관계없이 단기대여금으로 처리한다. 한편, 자금을 대여해 주고 만기가 1년 이상의 장기인 경우에는 장기대여금으로 기록한다.

예 제 7-3
단기대여금과 장기대여금

㈜나무는 다음과 같은 거래를 하였다.

5월 15일 ㈜허영에게 6개월을 기한으로 ₩2,000,000을 현금으로 대여하였다.
7월 20일 ㈜거품에게 만기 3년, 연이자율 10%의 조건으로 ₩3,000,000을 현금으로 대여하였다.

요구사항

각 날짜별로 회계처리를 하시오.

해답

일 자	회계처리				
5월 15일	(차) 단 기 대 여 금	2,000,000	(대) 현	금	2,000,000
7월 20일	(차) 장 기 대 여 금	3,000,000	(대) 현	금	3,000,000

Chapter 7

3. 금융자산이 아닌 기타의 채권

금융항목에 포함되지 않는 기타의 채권에는 선급금, 선급비용, 가지급금, 미결산 등이 있다. 이 항목들에 대해서 간략하게 설명하도록 한다.

① 선급금(advance payments)

거래의 이행을 확실하게 하기 위해 상품이 인도되기 전에 대금의 일부를 계약금 명목으로 선지급한 금액을 말한다. 선급금은 이후에 상품매매거래가 이행되고 나면 감소처리한다.

예제 7-4
선급금

㈜나무에 다음과 같은 거래가 발생하였다.

11월 10일 서울상사에 ₩500,000의 상품을 주문하고 계약금으로 ₩100,000을 현금으로 지급하였다.
12월 15일 서울상사에서 ₩500,000의 상품을 ㈜나무에 입고했으며 나머지 잔액 ₩400,000은 외상으로 하였다.

요구사항

각 거래에 대해 필요한 분개를 하시오. 단, ㈜나무는 실지재고조사법을 사용한다.

해답

일 자	회계처리			
11월 10일	(차) 선 급 금	100,000	(대) 현 금	100,000
12월 15일	(차) 매 입	500,000	(대) 선 급 금	100,000
			매 입 채 무	400,000

② 선급비용(prepaid expenses)

현금지출은 이루어졌지만 그 지출의 효과가 차기 이후에 나타나는 것이므로 당기의 비용과 관련한 지출로 볼 수 없는 것을 말한다. 이는 발생기준 회계처리로 인해 나타나는 것으로 선급비용에는 선급이자, 선급보험료, 선급수수료 및 선급임차료 등이 포함된다. 선급비용을 회계처리하는 방법으로는 자산으로 처리한 뒤에 비용으로 수정하는 방법과 비용으로 처리한 뒤에 자산으로 수정하는 방법이 있다.

선급비용에 대해서는 제2장에서 자세히 설명하였으므로 선급비용을 회계처리하는 두 가지 방법에 대해서만 추가적으로 살펴보도록 하자.

예 제 7-5
선급비용

㈜나무에 다음과 같은 거래가 발생하였다.

10월 1일 화재보험료 1년분 ₩1,200,000을 현금으로 지급하였다.
12월 31일 결산일이 도래해서 미경과분에 대한 기말수정분개를 하였다.

요구사항

1. 자산(선급비용)으로 처리하고 결산일에 수정하는 방법에 따라 필요한 분개를 하시오.
2. 비용으로 처리한 뒤 결산일에 자산으로 수정하는 방법에 따라 필요한 분개를 하시오.

해답

1. 자산(선급비용)으로 처리한 뒤 결산일에 비용으로 수정하는 방법

10월 1일	(차) 선 급 비 용	1,200,000	(대) 현 금	1,200,000
12월 31일	(차) 보 험 료	300,000	(대) 선 급 비 용	300,000

* 당기분 보험료 : ₩1,200,000 × 3개월/12개월 = ₩300,000

2. 비용으로 처리한 뒤 결산일에 자산으로 수정하는 방법

10월 1일	(차) 보 험 료	1,200,000	(대) 현 금	1,200,000
12월 31일	(차) 선 급 비 용	900,000	(대) 보 험 료	900,000

* 선급보험료 : ₩1,200,000×9개월/12개월 = ₩900,000

③ 가지급금(suspense payments)

현금이나 수표 등에 의한 지출은 이미 이루어졌으나 그것을 처리할 계정과목이나 금액이 확정되지 않은 경우에 그 내용이 확정될 때까지 일시적으로 처리하는 계정이다. 가지급금은 대표적인 미결산계정으로 재무상태표에 나타나면 안된다.

가지급금으로 기록되는 항목의 예로는 출장비 등과 같이 업무상의 경비를 가지급한 것이 대표적인데 이 금액은 이후에 업무가 처리되면 금액의 정산과 더불어 해당되는 비용으로 대체된다. 또한 임원이나 종업원 등에 대한 대여금 성격의 지출을 가지급금으로 처리하는 경우도 있는데 이 금액은 단기대여금으로 대체해야 한다.

예 제 7-6

가지급금

㈜나무는 다음과 같은 거래를 하였다.

5월 15일 갑사원을 출장보내기 위해서 여비예상액으로 ₩200,000을 지급하였다.
6월 20일 갑사원이 출장에서 돌아와 여비를 정산한 결과 남은 ₩50,000을 반환하였다.

요구사항

각 날짜별로 회계처리를 하시오.

해답

일 자	회계처리			
5월 15일	(차) 가 지 급 금	200,000	(대) 현 금	200,000
6월 20일	(차) 여 비 교 통 비	150,000	(대) 가 지 급 금	200,000
	현 금	50,000		

④ **미결산계정(suspense account)**

기업의 재무상태에 영향을 미치는 사건이 발생했으나 사건과 관련된 채권이나 채무 금액이 확정되지 않아서 임시로 기록해 놓는 계정이다. 미결산의 대표적인 예로는 보험에 가입한 건물이 소실되었으나 보험회사로부터 받을 보험금이 확정되지 않은 경우가 있다. 이 경우 건물은 이미 소실되었으므로 건물을 장부에서 제거하면서 미결산계정으로 처리했다가 보험금 수령액이 확정되면 해당 계정에 기록한다.

미결산계정은 현금지급이 수반되지 않는다는 점에서는 가지급금과 차이가 있지만 재무상태표에 표시할 때는 확정된 계정과목으로 표시해야 한다는 점에서는 가지급금과 동일하다.

예 제 7-7

미결산

㈜나무는 다음과 같은 거래를 하였다.

5월 15일 취득원가 ₩2,000,000이고 감가상각누계액이 ₩1,500,000인 건물이 소실되어 보험회사에 ₩700,000의 보험금을 지급하도록 청구하였다.
6월 20일 보험회사의 손해사정결과 ₩400,000의 보험금을 수령하는 것으로 통보받았다.

요구사항

각 날짜별로 회계처리를 하시오.

해답

일 자	회 계 처 리			
5월 15일	(차) 감가상각누계액	1,500,000	(대) 건 물	2,000,000
	미 결 산	500,000		
6월 20일	(차) 미 수 금	400,000	(대) 미 결 산	500,000
	재 해 손 실	100,000		

4. 대손(손상)에 관한 회계처리

신용거래로 발생한 매출채권 중에서는 거래처가 파산하거나 재해를 입어서 지급할 능력을 상실함으로써 회수할 수 없게 되는 경우가 발생한다. 이와 같이 매출채권이 회수할 수 없는 상태가 된 것을 '대손(bad debts)'이라고 하며, 대손이 발생하면 이로 인한 자산감소액을 '대손상각비(또는 손상차손)'라는 비용으로 회계처리하는 절차가 필요하다. 대손상각비를 비용으로 회계처리하는 방법에는 직접차감법(direct write-off method)[4]과 충당금설정법(allowance method)이 있다. 한국채택국제회계기준에서는 충당금설정법만을 인정하고 있으므로 본 서에서는 충당금설정법만 설명하도록 하겠다.

① 대손확정시 회계처리

제4장에서 자산의 정의는 '미래경제적효익'이라고 했다. 매출채권 등의 수취채권이 자산으로 인정되는 이유도 미래경제적효익이 있기 때문이다. 수취채권이 미래경제적효익이 있다는 것은 미래에 현금으로 회수가 가능하다는 것이다. 만약, 수취채권의 현금회수가능성이 없어진다면 이는 더 이상 자산으로서 기록할 수 없음을 의미하고 대손이 확정되었다는 표현을 사용한다. 대손이 확정되면 자산으로 기록되어 있던 수취채권을 직접 감액하고 차변에 대손충당금(또는 손실충당금, 충당금 잔액이 부족하면 대손상각비)을 기록한다. 다음의 예제를 통해 이를 살펴보자. 본 서에서는 수취채권 중 매출채권을 중심으로 회계처리 연습을 하겠다.

4) 직접차감법이란 기말에 대손충당금 설정을 하지 않고 실제 대손이 확정되었을 때에만 다음의 회계처리를 하는 방법이다.

(차) 대 손 상 각 비	×××	(대) 매 출 채 권	×××

직접차감법을 사용하면 수익과 비용의 기간대응이 잘 이루어지지 않기 때문에 회계이론상 좋은 방법이 아니다.

예제 7-8
대손확정시 회계처리

㈜나무의 20×1년 초 부분 재무상태표는 다음과 같다.

부분 재무상태표

20×1. 1. 1.

매출채권	1,000,000		
대손충당금	(100,000)	900,000	

요구사항

20×1년 4월 10일 상기 매출채권 중 ₩150,000이 대손확정되었다. ㈜나무가 해야 할 회계처리를 하시오.

해답

일자	회계처리			
4월 10일	(차) 대손충당금	100,000	(대) 매출채권	150,000
	대손상각비	50,000		

② 대손처리한 채권회수시 회계처리

당기에 대손처리한 매출채권을 현금으로 회수한 경우의 회계처리를 살펴보면 다음과 같다.

〈당기 대손확정시〉

	(차) 대손충당금	×××	(대) 매출채권	×××
	대손상각비	×××		

〈당기 현금회수시〉

대손분개 취소:	(차) 매출채권	×××	(대) 대손충당금[5)]	×××
현금회수 분개:	(차) 현금	×××	(대) 매출채권	×××

5) 대손분개를 취소할 때 대변에는 전액 대손충당금 계정을 사용한다. 대손분개시 차변에 대손상각비로 인식했던 금액은 취소분개에서 대변에 대손상각비를 기록해야 한다고 생각할 수 있으나 그렇게 할 필요가 없다. 그 이유는 대손충당금을 대변에 기록하여 대손충당금 잔액을 증가시키면 기말수정분개에서 인식할 대손상각비를 자연스럽게 감소시키는 효과를 가져오게 되어 대손상각비를 직접 감소시킨 것과 동일한 결과를 나타내기 때문이다.

상기 두 분개를 결합해보면 다음과 같다. 앞으로는 대손처리한 채권회수시 아래 분개로 할 것임을 알아두기 바란다.

(차) 현 금	×××	(대) 대 손 충 당 금	×××

한편, 전기이전에 대손처리한 매출채권을 현금으로 회수한 경우의 회계처리는 다음과 같다.

(차) 현 금	×××	(대) 대 손 충 당 금[6)]	×××

예 제 7–9
대손처리한 채권회수

[예제 7–8]의 자료를 이용하여 다음의 요구사항에 답하시오.

요구사항

1. ㈜나무가 20×1년 10월 20일에 대손처리한 매출채권 중 ₩70,000을 현금으로 회수하였을 때 회계처리를 하시오.
2. ㈜나무가 20×2년 5월 6일에 대손처리한 매출채권 중 ₩50,000을 현금으로 회수하였을 때 회계처리를 하시오.

해답

1. 20×1. 10. 20	(차) 현 금	70,000	(대) 대 손 충 당 금	70,000
2. 20×2. 5. 6	(차) 현 금	50,000	(대) 대 손 충 당 금	50,000

6) 이 경우에도 대변에 대손충당금 계정만 사용한다. 그 이유는 전기이전에 대손회계처리시 차변에 대손상각비(당기비용)를 인식했다고 하더라도 전기이전의 손익계정을 당기에 조정할 수 없기 때문이다. 제2장에서 공부한 포괄손익계산서계정의 마감을 참조하기 바란다.

③ 기말수정분개

매출채권과 관련하여 기말에 해야 할 회계처리에는 다음과 같이 두 가지 경우가 있다.

㉮ 기말에 대손확정시

(차) 대 손 충 당 금	×××	(대) 매 출 채 권	×××
대 손 상 각 비	×××		

㉯ 기말 매출채권 잔액 중 대손추정액 인식

(차) 대 손 상 각 비	×××	(대) 대 손 충 당 금	×××*

* 대손추정액－대손충당금 설정전 잔액＝추가 설정액

(차) 대 손 충 당 금	×××*	(대) 대손충당금환입	×××

* 대손충당금 설정전 잔액이 대손추정액보다 더 큰 금액

예제 7－10

대손종합예제

㈜나무의 20×1년 초 부분 재무상태표는 다음과 같다.

부분 재무상태표

20×1. 1. 1

매 출 채 권	1,000,000		
대 손 충 당 금	(100,000)	900,000	

〈20×1년 중 거래〉

4. 10 매출채권 중 ₩150,000이 대손확정되었다.
6. 10 매출채권 중 ₩800,000이 현금회수되었다.
7. 10 거래처에 ₩2,000,000의 외상매출을 하였다.
9. 20 매출채권 중 ₩100,000이 대손확정되었다.
10. 20 4월 10일에 대손처리했던 매출채권 중 ₩70,000이 현금회수되었다.
11. 20 전기이전에 대손처리했던 매출채권 중 ₩50,000이 현금회수되었다.
12. 20 매출채권 중 ₩750,000이 현금회수되었다.
12. 31 매출채권 중 ₩40,000은 대손이 확정되었고 매출채권 잔액 중 미래 현금회수할 것으로 추정된 금액은 ₩1,000,000이다.

요구사항

1. ㈜나무가 해야 할 일자별 회계처리를 하시오.
2. ㈜나무의 20×1년 말 부분 재무상태표를 작성하시오.
3. 20×1년도 포괄손익계산서에 인식되는 대손상각비 금액을 계산하시오.

해답

1. 일자별 회계처리

일 자	회 계 처 리			
4. 10	(차) 대손충당금	100,000	(대) 매출채권	150,000
	대손상각비	50,000		
6. 10	(차) 현금	800,000	(대) 매출채권	800,000
7. 10	(차) 매출채권	2,000,000	(대) 매출	2,000,000
9. 20	(차) 대손상각비	100,000	(대) 매출채권	100,000
10. 20	(차) 현금	70,000	(대) 대손충당금	70,000
11. 20	(차) 현금	50,000	(대) 대손충당금	50,000
12. 20	(차) 현금	750,000	(대) 매출채권	750,000
12. 31	(차) 대손충당금	40,000	(대) 매출채권	40,000
	(차) 대손상각비	80,000	(대) 대손충당금	80,000

* (₩1,160,000−1,000,000)−80,000=₩80,000

2. 부분 재무상태표

부분 재무상태표

20×1. 12. 31

매출채권	1,160,000		
대손충당금	(160,000)	1,000,000	

3. 포괄손익계산서에 인식되는 대손상각비

₩50,000(4. 10) + 100,000(9. 20) + 80,000(12. 31) = ₩230,000

지금까지 살펴본 대손에 관한 회계처리를 정리하면 다음과 같다.

구 분	회계처리
대손확정시(기중)	(차) 대손충당금 ××× (대) 매출채권 ××× 대손상각비 ×××
대손처리한 채권의 회수	(차) 현금 ××× (대) 대손충당금 ×××
결산시	〈대손확정된 채권〉 (차) 대손충당금 ××× (대) 매출채권 ××× 대손상각비 ××× 〈대손추정된 채권〉 (차) 대손상각비 ××× (대) 대손충당금 ××× 또는 (차) 대손충당금 ××× (대) 대손충당금환입 ×××

제 4 절 화폐의 시간가치

금융자산은 가치변동이 크게 나타나는 자산도 많이 포함되어 있기 때문에 금융자산을 측정하는 방법을 이해하기 위해서는 화폐의 시간가치를 알아야 한다.

'화폐의 시간가치(time value of money)'란 동일한 금액의 화폐라고 하더라도 시간에 따라 가치가 달라진다는 것을 말한다. 예를 들어, 오늘 ₩10,000의 현금을 연이자율 10%의 예금에 넣어 둘 수 있다면 1년 후에는 원금 ₩10,000과 이자 ₩1,000을 수령할 수 있으므로 현재의 ₩10,000과 1년 후의 ₩11,000이 가치가 같으며 현재의 ₩10,000이 1년 후의 ₩10,000보다 가치가 크다. 이처럼 화폐는 시간에 따라 가치가 달라지며 동일한 금액이라면 현재시점의 가치가 미래시점의 가치보다 크다.

화폐의 시간가치는 할인율과 기간이라는 요소에 영향을 받는다. 이중에서 할인율은 이자(interest)에 해당하는 것으로 시간과 관련되는 비용에 해당한다. 즉, 대금을 빌려주는 입장에서 이자는 시간가치를 포기하는 것에 대한 수익에 해당하고, 대금을 차입하는 입장에서 이자는 시간가치를 사용하는 것에 대한 비용에 해당한다. 시간가치의 보상에 해당하는 이자를 계산하는 방법에는 단리와 복리가 있다.

(1) 단 리

'단리(single interest)'는 원금에 대해서만 계속 이자를 붙이는 방식으로 매년 이자 발생액이 동일하게 된다. 예를 들어 원금이 ₩100,000이고 이자율이 5%인 3년 만기 정기예금에 가입한 경우에 단리로 이자를 계산하면 수령하는 이자는 다음과 같이 계산된다.

단리이자 계산식

경과연도	이자대상금액	이자수익		기말예금잔액
1차년도	₩100,000	₩100,000 × 5% =	₩5,000	₩105,000
2차년도	100,000	₩100,000 × 5% =	5,000	110,000
3차년도	100,000	₩100,000 × 5% =	5,000	115,000
		합 계	₩15,000	

이와 같이 단리로 이자를 계산하면 원금에만 이자율을 곱하기 때문에 매년 이자수익이 동일한 금액으로 계산된다.

(2) 복 리

'복리(compound interest)'는 원금에 이자가 발생하면 이자금액에 원금을 합쳐서 그 합계액에 다시 이자율을 곱해서 이자를 붙이는 방식으로 이 방법을 사용하면 기간이 경과함에 따라 이자발생액이 증가해 간다. 예를 들어 원금이 ₩100,000이고 이자율이 5%인 3년만기 정기예금에 가입한 경우에 복리로 이자를 계산하면 수령하는 이자는 다음과 같이 계산된다.

Chapter 7

복리이자 계산식

경과연도	이자대상금액	이자수익		기말예금잔액
1차년도	₩100,000	₩100,000 × 5% =	₩5,000	₩105,000
2차년도	105,000	₩105,000 × 5% =	5,250	110,250
3차년도	110,250	₩110,250 × 5% =	5,513*	115,763
		합 계	₩15,763	

* 소수점 아래에서 반올림하였음.

이와 같이 복리로 이자를 계산하면 원금에 이자를 합한 금액에 이자율을 곱해서 이자금액을 계산하므로 매년 이자수익이 증가한다.
일반적으로 금융기관에서는 복리를 적용해서 이자를 계산한다. 따라서 본 서에서 이자를 계산할 때는 복리를 사용하도록 하겠다.

1. 일시금(목돈)의 미래가치와 현재가치

일시금(lump-sum money)이란 미래에 한번만 지급하거나 수령하는 금액을 말하는 것으로 목돈이라고도 한다. 일시금과 관련해서는 일시금의 미래가치와 현재가치를 계산할 수 있어야 한다.

(1) 일시금의 미래가치

'일시금의 미래가치(future value : FV)'란 현재 일시금으로 지급한 금액에 복리를 적용한 이자를 합한, 미래에 받을 원리금 합계액을 말한다. 예를 들어 ₩100,000의 현금을 5%의 정기예금에 가입하면 1년 후의 미래가치는 원금인 ₩100,000에 이자 ₩5,000(₩100,000×5%)을 합한 금액이 된다. 그러면 이자율 5%인 정기예금의 2년 후의 미래가치는 어떻게 될까? 2년 후의 미래가치는 다음과 같이 계산된다.

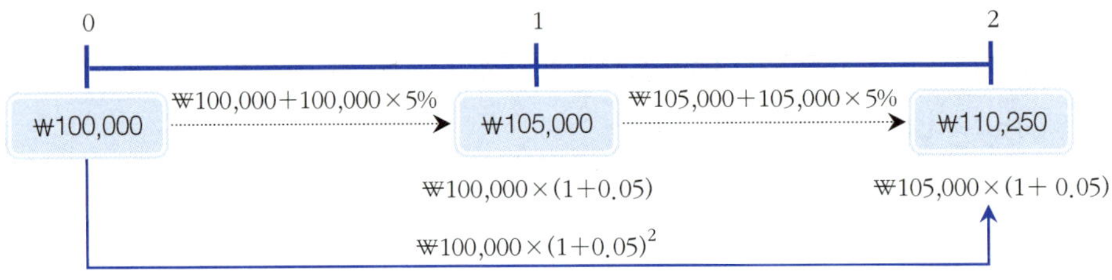

이와 같이 2년 후의 미래가치는 원금 ₩100,000에 (1 + 0.05)를 두 번 곱해서 계산한다. 즉, ₩100,000 × $(1 + 0.05)^2$을 계산한 ₩110,250이 된다. 이를 일반화하면 일시금(목돈) PV를 복리이자율 r로 계산한 n기간 말의 미래가치 FV_n을 계산하는 다음과 같은 공식으로 표시할 수 있다.

$$FV_1 = PV \times (1+r)^1$$

$$FV_2 = PV \times (1+r) \times (1+r) = PV \times (1+r)^2$$

$$\vdots \qquad \vdots$$

$$FV_n = PV \times (1+r) \times (1+r) \cdots = PV \times (1+r)^n$$

$$FV_n = PV \times (1+r)^n$$

미래가치를 계산하는 공식에 기초해서 현재일시금(PV) ₩1에 대하여 다양한 기간과 이자율을 적용해서 일일이 미래가치를 계산해서 표로 만들어 놓은 것을 '₩1의 복리이자표'라고 하며 다음의 표는 복리이자표의 일부를 발췌해서 표시한 것이다.

그림 7-3 ₩1의 복리이자표(미래가치)

기간(n) \ 이자율(r)	5%	6%	7%	8%	9%	10%
1	1.05000	1.06000	1.07000	1.08000	1.09000	1.10000
2	1.10250	1.12360	1.14490	1.16640	1.18810	1.21000
3	1.15762	1.19102	1.22504	1.25971	1.29503	1.33100
4	1.21551	1.26248	1.31080	1.36049	1.41158	1.46410
5	1.27628	1.33823	1.40255	1.46933	1.53862	1.61051

이와 같은 복리이자표를 이용하면 특정금액의 미래가치를 쉽게 계산할 수 있다. 예를 들어 ₩100,000의 원금을 연이자율 8%, 만기 5년의 정기예금에 가입했다면 미래가치는 다음과 같이 계산한다.

• 미래가치(FV_5) = ₩100,000 × $(1 + 0.08)^5$ = ₩146,933

또는 • 미래가치(FV_5) = ₩100,000 × 1.46933 = ₩146,933 (1.46933: 5년, 8%, 미래가치)

이와 같이 미래가치를 계산할 때 복리이자표에서 ₩1의 8%, 5년만기 복리이자인 1.46933에 원금 ₩100,000을 곱해서 미래가치를 계산하면 간편하다.

(2) 일시금의 현재가치

'일시금의 현재가치(present value : PV)'란 미래가치의 반대개념으로 미래 일시에 받을 금액에서 복리를 적용한 이자를 차감해서 현시점의 가치로 환산한 금액을 말한다. 예를 들어 5%의 이자율에서 2년 후에 받을 ₩110,250의 현재시점의 가치는 미래가치를 계산하는 과정을 반대로 다음과 같이 적용하면 된다.

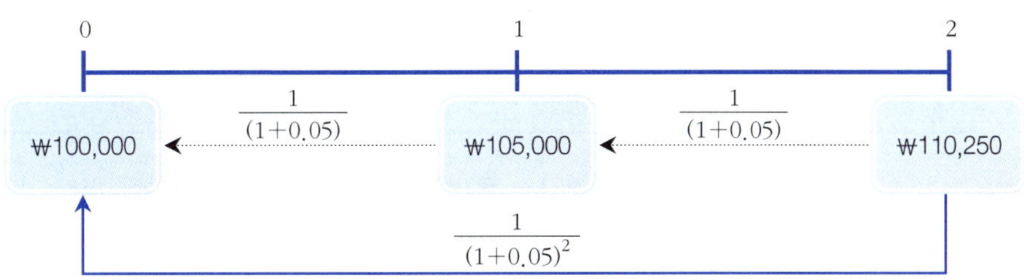

이와 같이 2년 후에 수령하는 ₩110,250의 현재가치는 미래수령액 ₩110,250을 $(1+0.05)^2$으로 나누어 계산한 ₩100,000이 된다. 2년 후의 미래가치가 $(1+0.05)^2$을 곱하는 것과 반대로 2년 후 금액의 현재가치는 $(1+0.05)^2$으로 나누어 계산하는 것이다. 이를 일반화하면 미래에 수령하는 n기간 말의 일정금액 FV_n을 복리이자율 r로 계산한 현재가치 PV는 다음과 같은 공식으로 표시할 수 있다.

$$FV_n = PV \times (1+r)^n \qquad \therefore\ FV_n \times \frac{1}{(1+r)^n} = PV$$

현재가치 : $PV = FV_n \times \dfrac{1}{(1+r)^n}$

현재가치 공식에 기초해서 미래일시금(FV_n) ₩1에 대하여 다양한 기간과 이자율을 적용해서 일일이 현재가치를 계산해서 표로 만들어 놓은 것을 '₩1의 현가표'라고 하며 다음의 표는 '₩1의 현가표'의 일부를 발췌해서 표시한 것이다.

그림 7-4 ₩1의 현가표(현재가치)

기간(n) \ 이자율(r)	5%	6%	7%	8%	9%	10%
1	0.95238	0.94340	0.93458	0.92593	0.91743	0.90909
2	0.90703	0.89000	0.87344	0.85734	0.84168	0.82645
3	0.86384	0.83962	0.81630	0.79383	0.77218	0.75131
4	0.82270	0.79209	0.76290	0.73503	0.70843	0.68301
5	0.78353	0.74726	0.71299	0.68058	0.64993	0.62092

이와 같은 '₩1의 현가표'를 이용하면 미래 특정금액의 현재가치를 쉽게 계산할 수 있다. 예를 들어 8% 이자율하에서 5년 후에 수령하는 ₩100,000의 현재가치는 다음과 같이 계산한다.

• 현재가치 (PV) = ₩100,000 × $\dfrac{1}{(1+0.08)^5}$ = ₩68,058

또는 • 현재가치 (PV) = ₩100,000 × 0.68058 = ₩68,058
(5년, 8%, 현재가치)

이와 같이 현재가치를 계산할 때 '₩1의 현가표'에서 ₩1의 8%, 5년의 현재가치인 0.68058에 미래수령액 ₩100,000을 곱해서 현재가치를 계산하면 간편하다.

예 제 7-11
일시금의 미래가치와 현재가치

현재의 정기예금 이자율은 10%이며 앞에 있는 '₩1의 복리이자표'와 '₩1의 현가표'의 자료를 이용하시오.

요구사항

1. 현재 ₩1,000,000을 정기예금에 가입하면 5년 후에 수령하게 될 금액을 계산하시오.
2. 5년 후에 ₩1,000,000을 수령하는 정기예금에 가입한다면 현재 예입해야 할 금액을 계산하시오.

해답

1. 일시금의 미래가치

미래가치(FV_5) = ₩1,000,000 × $(1+0.1)^5$ = ₩1,610,510 또는

미래가치(FV_5) = ₩1,000,000 × 1.61051 = ₩1,610,510
5년, 10%, 미래가치

2. 일시금의 현재가치

현재가치 (PV) = ₩1,000,000 × $\frac{1}{(1+0.1)^5}$ = ₩620,920 또는

현재가치(PV) = ₩1,000,000 × 0.62092 = ₩620,920
5년, 10%, 현재가치

2. 연금의 현재가치

'연금(annuity)'이란 매년 일정한 금액의 현금을 지급하거나 받는 것을 말한다. 연금과 유사하게 매년 일정액을 지급하거나 수령하는 거래가 회계에서 많이 발생하므로 연금의 현재가치를 계산하는 방법에 대해서 추가적으로 살펴보도록 하자.

연금의 현재가치를 이해하기 위해서 이자율이 10%이고 1년 후부터 3년간 매년 ₩100,000씩 유입되는 연금의 현재가치를 계산해보자.

수령시점	현 재 가 치		현재가치 (현가표이용)	
1년후	$₩100,000 \times \frac{1}{(1+0.1)} =$	₩90,909	₩100,000 × 0.90909 =	₩90,909
2년후	$₩100,000 \times \frac{1}{(1+0.1)^2} =$	82,645	₩100,000 × 0.82645 =	82,645
3년후	$₩100,000 \times \frac{1}{(1+0.1)^3} =$	75,131	₩100,000 × 0.75131 =	75,131
	₩100,000 3년 연금의 현재가치	₩248,685	₩100,000 3년 연금의 현재가치	₩248,685

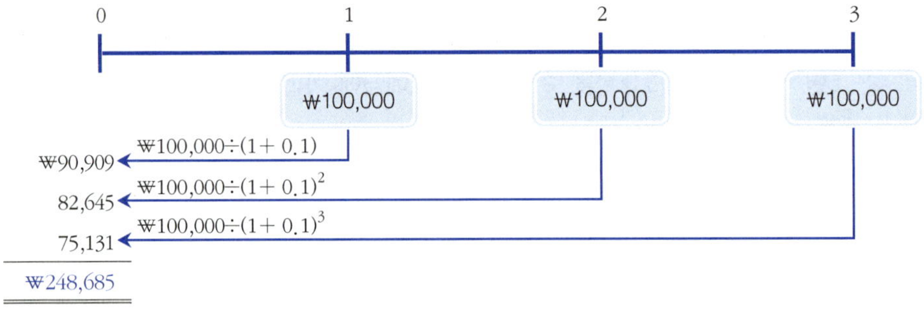

이와 같이 3년간 유입되는 연금의 현재가치를 하나의 식으로 계산하면 다음과 같은 식이 된다.

$$\text{연금의 현재가치 } (PV) = \frac{₩100,000}{(1+0.1)} + \frac{₩100,000}{(1+0.1)^2} + \frac{₩100,000}{(1+0.1)^3} = ₩248,685$$

$$\text{또는 } (PV) = ₩100,000 \times \left\{ \frac{1}{(1+0.1)^1} + \frac{1}{(1+0.1)^2} + \frac{1}{(1+0.1)^3} \right\} = ₩248,685$$

$$\text{이를 정리하면 } (PV) = ₩100,000 \times \{0.90909 + 0.82645 + 0.75131\} = ₩248,685$$

이처럼 연금의 현재가치는 각 연금수령액의 목돈의 현재가치를 찾아서 합계한 금액에 해당한다. 따라서 각 목돈의 현가표상의 현가를 더한 연금현가에 연간 수령액을 곱해서 계산할 수도 있다.

이와 같은 연금의 현재가치개념에 기초해서 연금 ₩1에 대해서 다양한 기간과 이자율을 적용해서 일일이 연금의 현재가치를 계산해서 표로 만들어 놓은 것을 '₩1의 연금현가표'라고 하며 다음의 표는 '₩1의 연금현가표'의 일부를 발췌해서 표시한 것이다.

그림 7-5 ₩1의 연금현가표(현재가치)

기간(n) \ 이자율(r)	5%	6%	7%	8%	9%	10%
1	0.95238	0.94340	0.93458	0.92593	0.91743	0.90909
2	1.85941	1.83339	1.80802	1.78326	1.75911	1.73554
3	2.72325	2.67301	2.62432	2.57710	2.53129	2.48685
4	3.54595	3.46511	3.38721	3.31213	3.23972	3.16987
5	4.32948	4.21236	4.10020	3.99271	3.88965	3.79079

'₩1의 연금현가표'를 이용하면 연금의 현재가치를 쉽게 계산할 수 있다. 예를 들어 8% 이자율에서 5년 동안 수령하는 ₩100,000의 현재가치는 다음과 같이 계산한다.

$$(PV) = ₩100{,}000 \times \left\{ \frac{1}{(1+0.08)^1} + \frac{1}{(1+0.08)^2} + \frac{1}{(1+0.08)^3} + \frac{1}{(1+0.08)^4} + \frac{1}{(1+0.08)^5} \right\}$$

$$= ₩100{,}000 \times \underbrace{3.99271}_{\text{5년, 8\%, 연금현가}} = ₩399{,}271$$

이와 같이 연금의 현재가치를 계산할 때 '₩1의 연금현가표'에서 ₩1의 8%, 5년의 연금현가인 3.99271에 연간 연금 ₩100,000을 곱해서 현재가치를 계산하면 간편하다.

3. 현재가치의 회계처리방법

앞에서 현재가치개념과 계산방법에 대해서 살펴보았다. 아래에서는 회계실무에서 볼 수 있는 사례를 이용하여 현재가치평가를 회계처리에 적용하는 것을 살펴보도록 한다.

예제 7-12

장기대여금의 현재가치(1)

㈜나무는 20×1년 초에 ㈜종로에게 ₩1,000,000을 장기대여하였다. 동 장기대여금의 만기는 20×3년 말이고 매년 말에 10%의 이자를 수령하기로 하였다. 20×1년 초의 시장이자율은 10%이다.

요구사항

1. 20×1년 초 장기대여금의 현재가치를 계산하시오.
2. 20×1년부터 20×3년 말까지 ㈜나무의 회계처리를 하시오. 단, 유동성대체는 생략한다.
3. ㈜종로의 입장에서 [요구사항 2]에 답하시오.

해답

1. 장기대여금의 현재가치

원 금:	₩1,000,000 × 0.75131(3년, 10%, 현가계수) =	₩751,310
이 자:	₩100,000 × 2.48685(3년, 10%, 연금현가계수) =	248,690*
계		₩1,000,000

* 현재가치 금액은 ₩1,000,000에 맞추기 위해 단수차이 조정하였음.

2. ㈜나무의 회계처리

일 자	회 계 처 리			
20×1. 1. 1	(차) 장 기 대 여 금	1,000,000	(대) 현 금	1,000,000
20×1. 12. 31	(차) 현 금	100,000	(대) 이 자 수 익	100,000
20×2. 12. 31	(차) 현 금	100,000	(대) 이 자 수 익	100,000
20×3. 12. 31	(차) 현 금	100,000	(대) 이 자 수 익	100,000
	(차) 현 금	1,000,000	(대) 장 기 대 여 금	1,000,000

3. ㈜종로의 회계처리

일 자	회 계 처 리			
20×1. 1. 1	(차) 현 금	1,000,000	(대) 장 기 차 입 금	1,000,000
20×1. 12. 31	(차) 이 자 비 용	100,000	(대) 현 금	100,000
20×2. 12 .31	(차) 이 자 비 용	100,000	(대) 현 금	100,000
20×3. 12. 31	(차) 이 자 비 용	100,000	(대) 현 금	100,000
	(차) 장 기 차 입 금	1,000,000	(대) 현 금	1,000,000

상기 예제에서 ㈜나무는 ㈜종로에게 대여당시 적정한 시장이자율에 근거하여 액면이자를 수령하고 있다. 이와 같이 시장이자율과 액면이자율이 동일하면 장기대여금의 현재가치 금액이 대여금액(명목상의 금액)과 동일하게 된다. 그리고 ㈜나무는 액면이자 금액만 이자수익으로 인식한다.[7]

7) 이와 같은 사례가 제8장 금융부채에서 사채의 액면발행에 해당한다. 제8장 내용을 비교해보기 바란다.

예제 7-13

장기대여금의 현재가치(2)

㈜나무는 20×1년 초에 ㈜종로에게 ₩751,310을 장기대여하였다. 동 장기대여금의 만기는 20×3년 말이고 만기에 ₩1,000,000을 수령하고 액면이자는 수령하지 않기로 하였다. 20×1년 초의 시장이자율은 10%이다.

요구사항

1. 20×1년 초 장기대여금의 현재가치를 계산하시오.
2. 유효이자율법[8]으로 현재가치할인차금상각표를 작성하시오.
3. 20×1년부터 20×3년 말까지 ㈜나무의 회계처리를 하시오. 단, 유동성대체는 생략한다.
4. ㈜종로의 입장에서 [요구사항 3]에 답하시오. 단, 현재가치할인차금 계정을 사용한다.

해답

1. 장기대여금의 현재가치

원　금 : ₩1,000,000 × 0.75131(3년, 10%, 현가계수) = ₩751,310

2. 현재가치할인차금상각표

상 각 표

일　자	유효이자(10%)	액면이자(0%)	상각액	장부금액
20×1. 1. 1				₩751,310
20×1. 12. 31	₩75,131	₩0	₩75,131	826,441
20×2. 12. 31	82,644	0	82,644	909,085
20×3. 12. 31	90,915*	0	90,915	1,000,000
	₩248,690	₩0	₩248,690	

* 단수차이 조정

3. ㈜나무의 회계처리

일　자	회　계　처　리			
20×1. 1. 1	(차) 장 기 대 여 금	1,000,000	(대) 현　　　금	751,310
			현재가치할인차금	248,690
20×1. 12. 31	(차) 현재가치할인차금	75,131	(대) 이 자 수 익	75,131
20×2. 12. 31	(차) 현재가치할인차금	82,644	(대) 이 자 수 익	82,644
20×3. 12. 31	(차) 현재가치할인차금	90,915	(대) 이 자 수 익	90,915
	(차) 현　　　금	1,000,000	(대) 장 기 대 여 금	1,000,000

8) 유효이자율법에 대한 자세한 설명은 제8장을 참조하라.

위와 같이 장기대여금의 명목상의 금액(₩1,000,000)과 현재가치(₩751,310)의 차이가 발생했을 경우 상기 분개처럼 현재가치할인차금(차감적 평가계정)을 사용해서 회계처리 할 수도 있고 아래 분개처럼 장기대여금 계정금액을 순액(현재가치금액)으로 회계처리 할 수도 있다. 중요한 사실은 어떻게 회계처리하든 결과는 동일하다는 것이다. 따라서 기업실무에서는 회사의 선택에 따라 회계처리방법을 결정하면 되는 것이다.

일 자	회 계 처 리			
20×1. 1. 1	(차) 장 기 대 여 금	751,310	(대) 현 금	751,310
20×1. 12. 31	(차) 장 기 대 여 금	75,131	(대) 이 자 수 익	75,131
20×2. 12. 31	(차) 장 기 대 여 금	82,644	(대) 이 자 수 익	82,644
20×3. 12. 31	(차) 장 기 대 여 금	90,915	(대) 이 자 수 익	90,915
	(차) 현 금	1,000,000	(대) 장 기 대 여 금	1,000,000

4. ㈜종로의 회계처리

일 자	회 계 처 리			
20×1. 1. 1	(차) 현 금	751,310	(대) 장 기 차 입 금	1,000,000
	현재가치할인차금	248,690		
20×1. 12. 31	(차) 이 자 비 용	75,131	(대) 현재가치할인차금	75,131
20×2. 12. 31	(차) 이 자 비 용	82,644	(대) 현재가치할인차금	82,644
20×3. 12. 31	(차) 이 자 비 용	90,915	(대) 현재가치할인차금	90,915
	(차) 장 기 차 입 금	1,000,000	(대) 현 금	1,000,000

[예제 7－13]의 경우에서 보듯이 현재가치에 대한 회계처리를 할 때 현재가치할인차금을 사용할 수도 있고 사용하지 않을 수도 있다. 한국채택국제회계기준에서는 현재가치할인차금을 사용할 것인지에 대해 회사의 선택에 맡기고 있다. 그러나 일반기업회계기준에서는 계정과목마다 그 사용여부를 규정하고 있다. 이를 정리해 보면 다음과 같다.

구 분	일반기업회계기준	한국채택국제회계기준
장기채권, 장기채무	현재가치할인차금 사용	선택가능
사채 투자자	순액으로 회계처리	
사채 발행자[9]	사채할인발행차금 사용	

9) 사채 발행자 입장의 회계처리는 제8장에서 설명한다.

예제 7-14

장기대여금의 현재가치(3)

㈜나무는 20×1년 초에 ㈜종로에게 다음과 같은 조건으로 현금을 장기대여하기로 결정하고 ₩950,258을 지급하였다. 20×1년 초의 시장이자율은 10%이다.

(1) 액면금액(만기수령액) : ₩1,000,000
(2) 만　　기 : 20×3년 말
(3) 액면이자율 : 8%(매년 말 수령)

요구사항

1. 20×1년 초 장기대여금의 현재가치를 계산하시오.
2. 유효이자율법으로 현재가치할인차금상각표를 작성하시오.
3. 20×1년부터 20×3년 말까지 ㈜나무의 회계처리를 하시오. 단, 유동성대체는 생략하고 현재가치할인차금 계정을 사용한다.
4. ㈜종로의 입장에서 [요구사항 3]에 답하시오.

해답

1. 장기대여금의 현재가치

원　금 :	₩1,000,000 × 0.75131(3년, 10%, 현가계수) =	₩751,310
이　자 :	₩80,000 × 2.48685(3년, 10%, 연금현가계수) =	198,948
계		₩950,258

2. 현재가치할인차금상각표

상 각 표

일 자	유효이자(10%)	액면이자(8%)	상각액	장부금액
20×1. 1. 1				₩950,258
20×1. 12. 31	₩95,026	₩80,000	₩15,026	965,284
20×2. 12. 31	96,528	80,000	16,528	981,812
20×3. 12. 31	98,188*	80,000	18,188	1,000,000
	₩289,742	₩240,000	₩49,742	

* 단수차이 조정

3. ㈜나무의 회계처리

일 자	회 계 처 리			
20×1. 1. 1	(차) 장 기 대 여 금	1,000,000	(대) 현 금	950,258
			현재가치할인차금	49,742
20×1. 12. 31	(차) 현 금	80,000	(대) 이 자 수 익	95,026
	현재가치할인차금	15,026		
20×2. 12. 31	(차) 현 금	80,000	(대) 이 자 수 익	96,528
	현재가치할인차금	16,528		
20×3. 12. 31	(차) 현 금	80,000	(대) 이 자 수 익	98,188
	현재가치할인차금	18,188		
	(차) 현 금	1,000,000	(대) 장 기 대 여 금	1,000,000

4. ㈜종로의 회계처리

일 자	회 계 처 리			
20×1. 1. 1	(차) 현 금	950,258	(대) 장 기 차 입 금	1,000,000
	현재가치할인차금	49,742		
20×1. 12. 31	(차) 이 자 비 용	95,026	(대) 현 금	80,000
			현재가치할인차금	15,026
20×2. 12. 31	(차) 이 자 비 용	96,528	(대) 현 금	80,000
			현재가치할인차금	16,528
20×3. 12. 31	(차) 이 자 비 용	98,188	(대) 현 금	80,000
			현재가치할인차금	18,188
	(차) 장 기 차 입 금	1,000,000	(대) 현 금	1,000,000

[예제 7-14]는 제8장에서 설명하는 사채의 할인발행 경우와 동일한 사례이다. 제8장의 내용과 비교해 보면서 정리하면 도움이 될 것이다.

제 5 절 금융자산의 분류

현금및현금성자산 그리고 대여금 등 수취채권을 제외한 나머지 금융자산은 그 경제적 특징에 따라 주식과 같은 지분상품과 채권과 같은 채무상품으로 구성되지만 회계에서 분류할 때는 경제적인 실질이 아니라 자산을 보유한 목적에 따라서 분류해야 한다. 본 절에서는 회계에서 금융자산을 보유목적에 따라 어떻게 구분하는지 살펴보도록 하겠다.

Chapter 7

1. 금융자산의 분류

한국채택국제회계기준에서는 금융자산을 보유목적에 따라서 ① 상각후원가측정 금융자산, ② 기타포괄손익－공정가치측정 금융자산 ③ 당기손익－공정가치측정 금융자산으로 구분한다.

(1) 상각후원가측정 금융자산

기업이 금융상품의 계약에 명시된 현금흐름을 수령하는 것을 목적으로 해서 금융자산을 취득했다고 판단되는 경우에는 상각후원가측정 금융자산(A financial assets measured at amortised cost)으로 분류한다. 본 교재에서는 상각후원가측정(amortised cost : AC) 금융자산은 'AC 금융자산'으로 간단히 나타내도록 하겠다.

AC 금융자산은 보유목적이 금융상품의 계약에 명시된 현금흐름을 수취하는 것이므로 보유기간 중 공정가치로 평가하지 않고, 유효이자율법에 따라 상각후원가로 금융자산을 평가한다.

예를 들어 사채를 만기까지 보유하면서 사채계약조건에 명시된 원금과 이자의 현금흐름을 수취하는 것이 보유목적으로 판단되는 경우를 생각해 보자. 이 경우 사채는 AC 금융자산으로 분류하고, 유효이자율법에 따라서 이자수익을 인식하면서 장부가액(상각후원가)으로 금융자산을 측정하는 것이 유용한 정보가 된다.

(2) 당기손익－공정가치측정 금융자산

기업이 금융상품의 계약에 명시된 현금흐름을 수령하는 것을 목적으로 하는 것이 아니라 금융자산을 처분해서 차익을 얻는 것을 목적으로 금융자산을 취득했다고 판단되는 경우에 당기손익－공정가치측정 금융자산(A financial assets measured fair value through profit or loss)으로 분류한다. 본 교재에서는 당기손익－공정가치측정(fair value through profit or loss : FVPL) 금융자산은 'FVPL 금융자산'으로 간단히 나타내도록 하겠다.

FVPL 금융자산은 보유목적이 계약에 명시된 현금흐름을 수령하는 것이 아니므로 금융자산의 가격이 오른 시점에 처분해서 단기간의 매매차익을 얻을 목적으로 취득한 경우가 많을 것이다. 따라서 FVPL 금융자산은 공정가치로 금융자산을 평가하고 공정가치가 변동되어 발생하는 손익은 당기손익으로 인식한다.

예를 들어 주가가 오를 것으로 예상되는 주식을 단기매매차익을 얻을 목적으로 취득한 경우를 생각해 보자. 이 경우 주식은 FVPL 금융자산으로 분류하고 회계기말에 주가가 올랐다면 기말시점의 주가로 FVPL 금융자산을 평가하고 그 평가이익은 해당기간의 당기이익으로 인식하는 것이 유용한 정보가 된다.

(3) 기타포괄손익－공정가치측정 금융자산

기업이 금융상품의 계약에 명시된 현금흐름을 수령하는 목적도 가지면서 동시에 금융자산을 처분해서 차익을 얻는 것도 목적으로 가지는 금융자산을 취득했다고 판단되는 경우에 기타포괄손익－공정가치측정 금융자산(A financial assets measured fair value through other comprehensive income)으로 분류한다. 본 교재에서는 기타포괄손익－공정가치측정(fair value through other comprehensive income : FVOCI) 금융자산은 'FVOCI 금융자산'으로 간단히 나타내도록 하겠다.

FVOCI 금융자산은 보유목적이 ⓐ 계약에 명시된 현금흐름을 수령하는 목적과 ⓑ 매도 목적 모두를 가지고 있다고 판단되는 금융자산이다. 따라서 FVOCI 금융자산은 현금흐름을 수취하는 목적에 맞도록 유효이자율법에 따라 수익을 인식하는 것도 중요하지만, 공정가치를 정확하게 평가해서 공정가치의 변동에 대한 정보를 제공하는 것도 중요하다. 이 두 가지 목적을 모두 달성할 수 있도록 각 회계기간별 손익은 AC 금융자산과 동일하게 유효이자율법에 따라 인식하고, 기말에 금융자산은 공정가치로 평가하면서, 공정가치의 변동에 따른 평가손익은 당기손익에 반영하지 않고 기타포괄손익에 포함시킨다. 이렇게 하면 FVOCI 금융자산은 AC 금융자산과 동일하게 당기손익은 인식하고, 재무상태표에는 FVPL 금융자산과 동일하게 공정가치로 표시된다.

2. 금융자산의 분류방법

회계에서는 금융자산을 보유목적에 따라 구분하는데, 한국채택국제회계기준에서는 금융자산을 ① 계약상 현금흐름의 특성과 ② 사업모형에 근거해서 다음과 같이 분류한다.

(1) 계약상 현금흐름의 특성

계약상 현금흐름의 특성(contractual cash flow characteristics)은 계약 조건에 따라서 원금과 이자를 지급하는 날짜가 확정되는 특징을 말한다. 즉, 금융계약의 조건에 의해서 미래에 수취할 현금흐름의 크기와 시기가 명확하게 확정되어 있는 특징이 있는지를 판단하는 것이다. 예를 들어 대여금이나 채권과 같은 금융자산은 계약상 현금흐름의 특성을 갖는다. 반면에 주식과 같은 지분상품은 계약상 현금흐름의 특성을 가지고 있지 않다.

AC 금융자산은 금융상품의 계약에 명시된 현금흐름을 수령하는 것을 목적으로 하므로 계약상 현금흐름의 특성을 가지고 있어야 한다. 따라서 계약상 현금흐름의 특성이 없으면 AC 금융자산은 될 수가 없다. 주식은 계약상 현금흐름의 특성이 없으므로 AC 금융자산에 해당하지 않는다. 따라서 주식과 같이 계약상 현금흐름의 특성을 가지고 있지 않은 금융상품은 현금흐름의 수취가 목적이 아니라 공정가치의 변동에 따라 금융자산을 매도해서 차익을 얻는 목적으로 취득한 것으로 판단해서 기본적으로 FVPL 금융자산으로 분류한다.

(2) 사업모형

계약상 현금흐름의 특성조건을 가지는 금융자산의 경우에는 ⓐ 계약에 명시된 현금흐름을 수령하는 목적과 ⓑ 매도 목적 모두를 가질 수 있기 때문에 기업이 금융자산을 보유한 사업모형(business model)이 무엇인가에 따라 금융자산의 분류를 다르게 한다. 여기서 사업모형은 다음의 세 가지 모형으로 구분할 수 있다.

① 계약상 현금흐름을 수취하기 위해 금융자산을 보유하는 것이 목적인 사업모형
② 계약상 현금흐름의 수취와 금융자산의 매도 둘 다를 통해 목적을 이루는 사업모형
③ 기타의 사업모형(예 : 금융자산의 매도를 통한 현금흐름 실현이 목적인 사업모형)

사업모형은 계약상 현금흐름의 특성조건이 있는 경우에만 검토한다. 주식과 계약상 현금흐름의 특성조건이 없는 금융자산은 현금흐름이 확정되지 않아서 현금흐름 수취하는 사업모형에 해당하지 않는다.

계약상 현금흐름의 특성조건이 있는 경우에는 사업모형이 무엇인가에 따라 금융자산은 다음과 같이 구분된다.

① 계약상 현금흐름 수취가 목적인 사업모형

이 사업모형의 경우에는 당해계약의 원금과 이자를 회수하는 것이 목적인 사업에 해당하므로 금융자산을 공정가치에 따라 매도할 가능성이 낮기 때문에 공정가치의 변동을 인식하지 않고 AC 금융자산으로 분류한다.

② 계약상 현금흐름 수취와 금융자산 매도차익이 모두 목적인 사업모형

이 사업모형의 경우에는 금융자산의 보유목적이 ⓐ 계약에 명시된 현금흐름을 수령하는 목적과 ⓑ 매도 목적 모두를 가지고 있으므로 FVOCI 금융자산으로 분류한다. 즉, 각 회계기간별 손익은 AC 금융자산과 동일하게 유효이자율법에 따라 인식하고, 기말에 금융자산은 공정가치로 평가하면서, 공정가치의 변동에 따른 평가손익은 당기손익에 반영하지 않고 기타포괄손익에 포함시킨다.

③ 기타 사업모형

이 사업모형의 경우에는 금융자산의 보유목적이 ⓐ 계약에 명시된 현금흐름을 수령하는 목적도 아니고, ⓐ 계약에 명시된 현금흐름을 수령하는 목적과 ⓑ 매도 목적 모두를 가지고 있는 경우도 아닌 기타의 사업모형에 해당한다. 이 경우에는 FVPL 금융자산으로 분류한다. 즉, 금융자산의 매도가 필수적이고, 현금흐름의 수취가 부수적인 경우이거나, 금융자산이 현금흐름의 특성을 가지고 있지 않는 경우에는 단기간에 매도차익을 얻으려고 하거나 금융자산의 공정가치 변동을 성과측정의 척도로 사용하려는 경우가 대부분이므로 금융자산의 공정가치 변동을 당기손익에 반영하는 방식으로 평가한다.

(3) 금융자산의 선택과 지정

① FVPL 금융자산의 FVOCI 금융자산 선택

FVPL 금융자산으로 분류되는 지분상품 중에서 단기매매목적이 아닌 지분상품은 주로 장기투자목적으로 보유한 지분상품에 해당할 것이다. 여기에 해당하는 지분상품은 장기적으로 주가가 올랐을 때 처분할 목적이므로 보유기간 중에 공정가치변동을 당기손익으로 인식하는 것은 보유목적에 맞게 수익을 인식하는 것이 아니다. 따라서 단기매매목적이 아닌 지분상품은 FVPL 금융자산이 아니라 FVOCI 금융자산으로 분류하는 것을 선택할 수 있다. 단, 이와 같은 선택은 최초 인식시점에만 가능하고 그 이후에는 취소할 수 없다.

② AC 금융자산과 FVOCI 금융자산의 FVPL 금융자산 지정

AC 금융자산과 FVOCI 금융자산으로 분류되는 금융자산 중에서 특정한 조건을 충족하는 금융자산은 FVPL 금융자산으로 지정(designate)할 수 있다. 이에 대한 설명은 중급회계교재에서 하도록 하겠다. 단, 이와 같은 선택은 최초 인식시점에만 가능하고 그 이후에는 취소할 수 없다.

그림 7-6 금융자산의 분류 및 측정

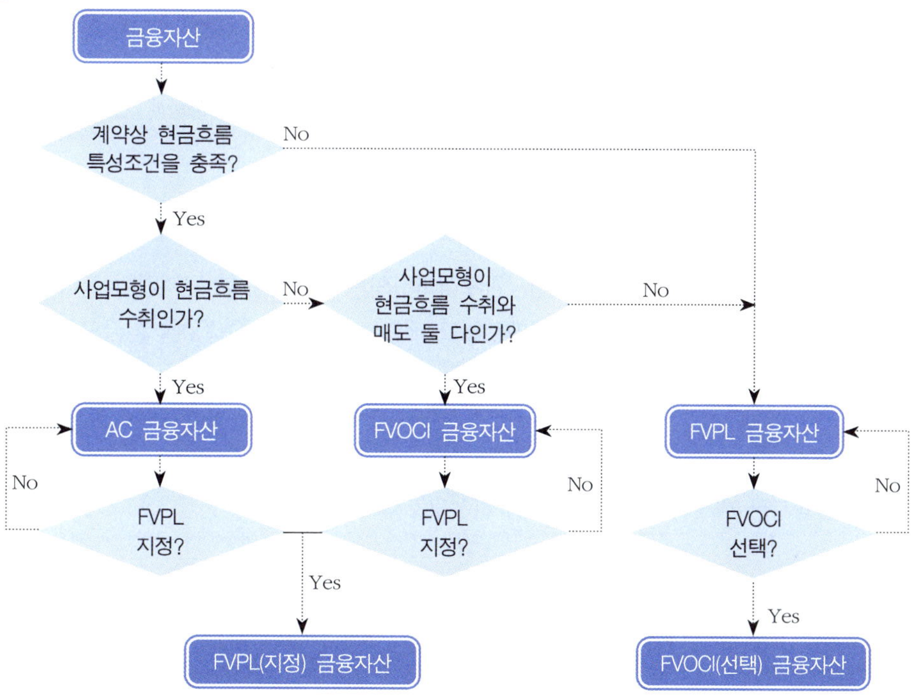

Chapter 7

제 6 절 금융자산 - FVPL 금융자산(당기손익-공정가치측정 금융자산)

'당기손익-공정가치측정(fair value through profit or loss : FVPL) 금융자산'은 주로 단기간 내에 매각하거나 재매입할 목적으로 취득하는 지분상품을 말한다. 본 서에서는 FVPL 금융자산으로 분류되는 지분상품에 대해서만 설명하기로 하고 FVPL 금융자산으로 지정되는 채무상품에 대해서는 중급회계 교재에서 설명하기로 한다.

1. FVPL 금융자산의 취득

FVPL 금융자산은 취득 당시 FVPL 금융자산의 공정가치로 측정한다. FVPL 금융자산의 취득과 관련되는 거래비용은 취득원가에 가산하지 않고 당기비용으로 인식한다.

FVPL 금융자산의 경우에는 기말에 공정가치 평가를 하여 평가손익을 당기손익으로 인식한다. 따라서 거래원가를 FVPL 금융자산의 취득원가에 가산하더라도 기말에 공정가치 평가를 통해 당기손익으로 인식될 것이므로, 거래비용이 발생하는 취득시점에 당기비용으로 인식하는 것이다.

예를 들어 7월 1일에 공정가치 ₩100에 취득한 FVPL 금융자산에 거래원가로 ₩10을 지출하였고 기말에 FVPL 금융자산의 공정가치가 ₩100이라고 생각해보자. 거래원가 ₩10을 취득원가에 가산하면 FVPL 금융자산 장부금액은 ₩110이 되고 기말에 금융자산평가손실 ₩10이 인식되어 결국 ₩10은 당기비용으로 인식됨을 알 수 있다.

예제 7-15

FVPL 금융자산의 취득

㈜나무는 증권거래소에 상장되어 있는 성균관주식회사의 주식 100주를 단기매매 목적으로 주당 ₩20,000 (액면가 @₩10,000)에 현금매입하고 매입부대비용 ₩20,000을 현금으로 지급하였다.

요구사항

FVPL 금융자산 취득과 관련된 분개를 하시오.

해답

(차)			(대)	
FVPL 금융자산	2,000,000		현금	2,020,000
지급수수료	20,000			

2. FVPL 금융자산의 기말평가

FVPL 금융자산은 기말에 공정가치로 측정한다. 여기서 '공정가치(fair value)'란 합리적인 판단력과 거래의사가 있는 독립된 당사자 간에 거래될 수 있는 교환가격을 말하는 것으로 시장성 있는 유가증권의 경우에는 시장가격이 공정가치에 해당한다. 그리고 FVPL 금융자산을 공정가치로 평가할 때 발생하는 평가손익은 당기손익에 반영하여야 한다.

FVPL 금융자산의 시장가격 상승시

(차)	FVPL 금융자산	×××	(대) 금융자산평가이익	×××

FVPL 금융자산의 시장가격 하락시

(차)	금융자산평가손실	×××	(대) FVPL 금융자산	×××

예제 7-16

FVPL 금융자산의 평가

㈜나무의 20×1년 12월 31일 현재의 FVPL 금융자산계정에 대한 내용이다.

종 목	취득원가	공정가치	평가손익
A 회사	₩1,000,000	₩1,500,000	₩500,000
B 회사	2,500,000	2,300,000	(200,000)

요구사항

FVPL 금융자산을 종목별로 평가하여 회계처리하시오.

해답

(차)	FVPL 금융자산(A)	500,000	(대) 금융자산평가이익	500,000
(차)	금융자산평가손실	200,000	(대) FVPL 금융자산(B)	200,000

3. FVPL 금융자산의 처분과 배당금수익

FVPL 금융자산을 처분하면 FVPL 금융자산의 매도가액에서 거래수수료 및 거래세 등을 차감한 순처분가액에 해당하는 대금을 수령하게 된다. 이 순처분가액과 장부상의 가액을 비교해서 처분가액이 장부금액보다 크면 금융자산처분이익으로 처리하고, 작으면 처분손실로 처리한다. 금융자산처분이익이 발생하는 경우의 회계처리를 구체적으로 살펴보면 다음과 같다.

(차)	현 금	×××	(대)	FVPL 금융자산	×××
				금융자산처분이익	×××

한편, FVPL 금융자산을 보유하는 기간 중에 발행회사로부터 현금배당금을 수령하는 경우가 있다. 현금배당을 받았을 때는 대변에 배당금수익계정을 기록한다.

예제 7-17
FVPL 금융자산의 처분과 배당금수익

㈜나무는 20×1년에 FVPL 금융자산과 관련해서 다음과 같은 거래를 하였다.

4월 10일 보유중인 FVPL 금융자산의 발행회사로부터 현금배당 ₩50,000을 받았다.
5월 15일 보유 중이던 FVPL 금융자산을 ₩800,000에 처분하고 수수료 ₩7,000을 차감한 ₩793,000을 현금으로 수령하였다. FVPL 금융자산의 장부금액은 ₩750,000이었다.

요구사항

FVPL 금융자산과 관련된 거래를 회계처리하시오.

해답

일 자	회계처리					
4월 10일	(차)	현 금	50,000	(대)	배 당 금 수 익	50,000
5월 15일	(차)	현 금	793,000*	(대)	FVPL 금융자산	750,000
					금융자산처분이익	43,000

* 순처분가액 : ₩800,000(처분가액) − 7,000(처분비용) = ₩793,000

한편, 한 회계기간 동안 한 종류의 주식을 여러 번 취득해서 단위당 취득원가가 서로 다른 경우에는 재고자산과 마찬가지로 원가흐름의 가정이 필요하다. 개별법, 총평균법, 이동평균법 또는 다른 합리적인 방법을 사용하되 동일한 방법을 매기 계속 적용하여야 한다. 지금까지 살펴본 FVPL 금융자산의 회계처리방법을 요약해서 정리하면 다음과 같다.

비 고	회계처리방법
취 득 시 점	취득시점의 공정가치를 취득원가로 처리 – 거래비용은 당기비용으로 인식
결 산 시 점	(차) F V P L 금 융 자 산 ××× (대) 금 융 자 산 평 가 이 익 ×××
배당금수령	현금배당금 수령액만큼 배당금수익으로 처리 (차) 현 금 ××× (대) 배 당 금 수 익 ×××
처 분 시 점	처분가액과 장부금액과의 차액을 처분손익으로 처리 (차) 현 금 ××× (대) F V P L 금 융 자 산 ××× 금 융 자 산 처 분 이 익 ×××

제 7 절 FVOCI 금융자산(기타포괄손익-공정가치측정 금융자산)

기타포괄손익－공정가치측정(fair value through other comprehensive income : FVOCI) 금융자산은 보유목적이 ⓐ 계약에 명시된 현금흐름을 수령하는 목적과 ⓑ 매도 목적 모두를 가지고 있다고 판단되는 금융자산이다.

FVOCI 금융자산의 경우 FVOCI 금융자산으로 지정한 지분상품(FVOCI 선택 금융자산)과 채무상품(FVOCI 금융자산)이 있을 수 있다. 본 서에서는 우선 FVOCI 금융자산으로 지정한 지분상품(FVOCI 선택 금융자산)에 대해서만 설명하겠다.

1. FVOCI 선택 금융자산의 취득

FVOCI 선택 금융자산은 취득당시 FVOCI 선택 금융자산의 공정가치로 측정한다. FVOCI 선택 금융자산의 취득과 관련되는 거래원가는 취득원가에 가산한다.

예 제 7-18

FVOCI 선택 금융자산의 취득

㈜나무는 증권거래소에 상장되어 있는 서강주식회사의 주식 100주를 주당 ₩20,000(액면가 @ ₩10,000)에 장기투자목적으로 현금매입하고 매입부대비용 ₩20,000을 현금으로 지급하였다. 해당 주식은 장기간 보유할 목적으로 취득하여서 취득시점에 FVOCI 금융자산으로 선택하였다.

요구사항

FVOCI 금융자산 취득과 관련된 분개를 하시오.

해답

(차) FVOCI 선택 금융자산	2,020,000	(대) 현 금	2,020,000

* 100주×₩20,000+20,000=₩2,020,000

2. FVOCI 선택 금융자산의 기말평가

FVOCI 선택 금융자산은 기말에 공정가치로 측정한다. FVOCI 선택 금융자산을 공정가치로 평가할 때 발생하는 평가손익은 당기손익으로 인식하지 않고 기타포괄손익으로 인식한다. FVOCI 선택 금융자산은 공정가치가 변동되더라도 단기간 내에 실현될 가능성이 낮기 때문에 굳이 이를 당기손익에 반영할 필요가 없으므로 자본항목으로 처리하는 것이다.

예 제 7-19

FVOCI 선택 금융자산의 기말평가

㈜나무의 지분상품 취득과 평가 관련 거래는 다음과 같다.

20×1. 7. 1 타사 지분상품을 ₩950,000에 취득하고 거래원가 ₩50,000을 포함하여 ₩1,000,000을 지급하였고, 이를 FVOCI 금융자산으로 선택하였다.

20×1. 12. 31 FVOCI 선택 금융자산의 공정가치는 ₩1,100,000이다.

20×2. 12. 31 FVOCI 선택 금융자산의 공정가치는 ₩900,000이다.

20×3. 12. 31 FVOCI 선택 금융자산의 공정가치는 ₩1,200,000이다.

20×4. 12. 31 FVOCI 선택 금융자산의 공정가치는 ₩1,500,000이다.

요구사항

1. ㈜나무의 일자별 회계처리를 하시오.
2. ㈜나무의 20×4년 말 부분 재무상태표를 작성하시오.

해답

1. 일자별 회계처리

일 자	회 계 처 리			
20×1. 7. 1	(차) FVOCI 선택 금융자산	1,000,000	(대) 현 금	1,000,000
20×1. 12. 31	(차) FVOCI 선택 금융자산	100,000	(대) 금융자산평가이익 (기타포괄손익)	100,000
20×2. 12. 31	(차) 금융자산평가이익 금융자산평가손실	100,000 100,000	(대) FVOCI 선택 금융자산	200,000
20×3. 12. 31	(차) FVOCI 선택 금융자산	300,000	(대) 금융자산평가손실 금융자산평가이익	100,000 200,000
20×4. 12. 31	(차) FVOCI 선택 금융자산	300,000	(대) 금융자산평가이익	300,000

2. 부분 재무상태표

부분 재무상태표

20×4. 12. 31

FVOCI 선택 금융자산	1,500,000	자 본	
		금융자산평가이익	500,000

결국, FVOCI 선택 금융자산은 20×4년 말 공정가치 금액인 ₩1,500,000으로 기록되어있으나 미실현이익인 금융자산평가이익 ₩500,000이 자본항목으로 계상되어 있기 때문에 이를 차감하면 ₩1,000,000(= ₩1,500,000 − 500,000)이 되어 FVOCI 선택 금융자산의 취득원가와 동일함을 알 수 있다.

3. FVOCI 선택 금융자산의 처분과 배당금수익

FVOCI 선택 금융자산을 처분하면 처분시점에 공정가치 평가를 통해 금융자산평가손익을 기타포괄손익으로 먼저 인식하고 처분의 회계처리를 한다. 따라서 FVOCI 선택 금융자산을 처분하면 금융자산처분손익(당기손익)은 발생하지 않는다.

(차) FVOCI 선택 금융자산	×××	(대) 금융자산평가이익(OCI)	×××
(차) 현 금	×××	(대) FVOCI 선택 금융자산	×××

한편, FVOCI 선택 금융자산을 보유하는 기간 중에 발행회사로부터 현금배당금을 수령하는 경우가 있다. 현금배당을 받았을 때는 대변에 배당금수익계정을 기록한다.

예제 7-20

FVOCI 선택 금융자산의 처분

[예제 7-19]의 자료에서 연결되는 자료이다.

20×5. 3. 20 현금배당 ₩50,000을 수령하였다.
20×5. 7. 1 FVOCI 선택 금융자산을 ₩2,000,000에 모두 처분하였다.

요구사항

㈜나무의 일자별 회계처리를 하시오.

해답

일 자	회계처리					
20×5. 3. 20	(차)	현 금	50,000	(대)	배 당 금 수 익	50,000
20×5. 7. 1	(차)	FVOCI 선택 금융자산	500,000	(대)	금융자산평가이익(OCI)	500,000
	(차)	현 금	2,000,000	(대)	FVOCI 선택 금융자산	2,000,000

지금까지 살펴본 FVOCI 선택 금융자산의 회계처리방법을 요약해서 정리하면 다음과 같다.

비 고	회계처리방법
취 득 시 점	공정가치에 거래원가를 가산하여 취득원가로 처리
결 산 시 점	공정가치와 장부금액과의 차액을 자본항목인 금융자산평가손익(기타포괄손익)으로 처리 (차) FVOCI 선택 금융자산 ××× (대) 금융자산평가이익 ××× (기타포괄손익)
배당금수령	현금배당금 수령액만큼 배당금수익으로 처리 (차) 현 금 ××× (대) 배 당 금 수 익 ×××
처 분 시 점	처분시점까지 공정가치 평가를 통해 금융자산평가손익(OCI) 인식 후 처분 회계처리 (차) FVOCI 선택 금융자산 ××× (대) 금융자산평가이익(OCI) ××× (차) 현 금 ××× (대) FVOCI 선택 금융자산 ×××

제 8 절 금융자산 - AC 금융자산(상각후원가측정 금융자산)

상각후원가측정(amortised cost : AC) 금융자산은 금융상품의 계약에 명시된 현금흐름을 수취하는 것이므로 보유기간 중 공정가치로 평가하지 않고, 유효이자율법에 따라 상각후원가로 금융자산을 평가한다. AC 금융자산으로 분류되는 금융상품은 일반적으로 채무상품이다. 아래에서 AC 금융자산으로 분류되는 채무상품에 대해서 설명할 것인데, 제8장에서 설명하는 사채 회계처리와 비교해서 공부하면 이해하기 쉬울 것이다.

1. AC 금융자산의 취득

AC 금융자산의 취득원가는 당해 채무상품의 공정가치이며, 특정 시점의 채무상품의 공정가치는 특정 시점 이후 당해 채무상품으로부터 발생하는 미래 현금흐름(이자 및 원금)을 특정 시점 현재의 유효이자율로 할인한 현재가치로 결정된다.

2. AC 금융자산의 기말평가

AC 금융자산인 채무상품은 유효이자율법을 사용하여 상각후원가로 측정한다. 여기서 상각후원가란 금융자산의 최초인식시점의 측정금액에서 상환된 원금을 차감하고, 최초인식금액과 만기금액의 차액에 유효이자율법을 적용하여 계산된 상각누계액을 가감한 금액을 말한다.

예제 7-21
AC 금융자산 회계처리

㈜나무는 ㈜종로가 발행한 다음과 같은 조건의 사채를 20×1년 초에 현금흐름을 수취하는 사업모형을 가지고 취득하였다.

(1) 사채 액면금액 : ₩1,000,000
(2) 액면이자율 : 8%(매년 말 이자지급)
(3) 만　　기 : 20×3년 말

요구사항

1. 20×1년 초 시장이자율이 8%일 때 채무상품의 공정가치를 계산하시오.
2. [요구사항 1]의 경우 ㈜나무가 해야 할 20×1년부터 20×3년 말까지 회계처리를 하시오.
3. 20×1년 초 시장이자율이 10%일 때 채무상품의 공정가치를 계산하시오.
4. [요구사항 3]의 경우 유효이자율법에 따른 상각표를 작성하시오.
5. [요구사항 3]의 경우 ㈜나무가 해야 할 20×1년부터 20×3년 말까지 회계처리를 하시오.

해답

1. 20×1년 초 채무상품의 공정가치

액면금액 :	₩1,000,000 × 0.79383(3년, 8%, 현가계수) =	₩793,830
액면이자 :	₩80,000 × 2.57710(3년, 8%, 연금현가계수) =	206,170*
계		₩1,000,000

* 단수차이를 조정하였음.

2. 일자별 회계처리

일 자	회계처리					
20×1. 1. 1	(차)	AC금융자산	1,000,000	(대)	현금	1,000,000
20×1. 12. 31	(차)	현금	80,000	(대)	이자수익	80,000
20×2. 12. 31	(차)	현금	80,000	(대)	이자수익	80,000
20×3. 12. 31	(차)	현금	80,000	(대)	이자수익	80,000
	(차)	현금	1,000,000	(대)	AC금융자산	1,000,000

3. 20×1년 초 채무상품의 공정가치

액면금액 :	₩1,000,000 × 0.75131(3년, 10%, 현가계수) =	₩751,310
액면이자 :	₩80,000 × 2.48685(3년, 10%, 연금현가계수) =	198,948
계		₩950,258

4. 유효이자율법에 따른 상각표

상 각 표

일 자	유효이자(10%)	액면이자(8%)	상각액	장부금액
20×1. 1. 1				₩950,258
20×1. 12. 31	₩95,026	₩80,000	₩15,026	965,284
20×2. 12. 31	96,528	80,000	16,528	981,812
20×3. 12. 31	98,188*	80,000	18,188	1,000,000
	₩289,742	₩240,000	₩49,742	

* 단수차이 조정

5. 일자별 회계처리

일 자	회 계 처 리			
20×1. 1. 1	(차) AC금융자산	950,258	(대) 현 금	950,258
20×1. 12. 31	(차) 현 금	80,000	(대) 이 자 수 익	95,026
	AC금융자산	15,026		
20×2. 12. 31	(차) 현 금	80,000	(대) 이 자 수 익	96,528
	AC금융자산	16,528		
20×3. 12. 31	(차) 현 금	80,000	(대) 이 자 수 익	98,188
	AC금융자산	18,188		
	(차) 현 금	1,000,000	(대) AC금융자산	1,000,000

제 9 절 금융자산의 분류 방법별 후속측정 비교

금융자산의 분류방법에 따라 후속측정방법이 서로 크게 다르다. 금융자산의 분류방법별로 공정가치를 어떻게 인식하는가를 기준으로 방법별 차이를 정리해 보면 다음과 같다.

분류방법	공정가치변동의 인식방법	이자수익의 인식
AC 금융자산	인식하지 않음	유효이자율법 적용
FVOCI (선택) 금융자산	기타포괄손익 인식	채무상품은 유효이자율법 지분상품은 해당사항 없음
FVPL 금융자산	당기손익 인식	지분상품은 해당사항 없음

1. 지분상품-FVPL 금융자산과 FVOCI 선택 금융자산의 선택방법별 비교

지분상품은 FVPL 금융자산으로 분류되지만 FVOCI 금융자산으로 선택할 수도 있다. 지분상품은 FVPL 금융자산으로 분류되는 경우와 FVOCI 선택 금융자산으로 분류되는 경우에는 보유기간동안에 회계연도별로 당기손익은 서로 다르게 인식된다. 다음 예제를 이용해서 당기손익이 어떻게 연도별 차이가 발생하는지를 살펴보도록 하겠다.

예 제 7-22

지분상품-FVPL 금융자산과 FVOCI 선택 금융자산의 선택방법별 비교

㈜나무의 금융자산 관련 거래는 다음과 같다.

20×1. 7. 1	증권거래소에서 거래되는 상장주식을 ₩950,000에 취득하고 거래원가 ₩50,000을 포함하여 ₩1,000,000을 지급하였다.
20×1. 12. 31	금융자산의 공정가치는 ₩1,100,000이다.
20×2. 12. 31	금융자산의 공정가치는 ₩900,000이다.
20×3. 1. 20	금융자산을 ₩1,050,000에 처분하였다.

요구사항

1. 금융자산의 분류방법별로 ㈜나무의 20×2년 12월 31일까지의 일자별 회계처리를 하시오.
   (1) FVPL 금융자산으로 분류한 경우
   (2) FVOCI 선택 금융자산으로 분류한 경우
2. 금융자산의 분류방법별로 ㈜나무의 20×2년 말 부분 재무상태표를 작성하시오.
   (1) FVPL 금융자산으로 분류한 경우
   (2) FVOCI 선택 금융자산으로 분류한 경우
3. 금융자산의 분류방법별로 ㈜나무의 20×3년 1월 20일의 회계처리를 하시오.
   (1) FVPL 금융자산으로 분류한 경우
   (2) FVOCI 선택 금융자산으로 분류한 경우

해답

1. 일자별 회계처리

(1) FVPL 금융자산으로 분류한 경우

일 자	회계처리			
20×1. 7. 1	(차) FVPL 금융자산	950,000	(대) 현 금	1,000,000
	지급수수료	50,000		
20×1. 12. 31	(차) FVPL 금융자산	150,000	(대) 금융자산평가이익 (당기손익)	150,000
20×2. 12. 31	(차) 금융자산평가손실 (당기손익)	200,000	(대) FVPL 금융자산	200,000

(2) FVOCI 선택 금융자산으로 분류한 경우

일 자	회계처리			
20×1. 7. 1	(차) FVOCI 선택 금융자산	1,000,000	(대) 현 금	1,000,000
20×1. 12. 31	(차) FVOCI 선택 금융자산	100,000	(대) 금융자산평가이익 (기타포괄손익)	100,000
20×2. 12. 31	(차) 금융자산평가이익 금융자산평가손실 (기타포괄손익)	100,000 100,000	(대) FVOCI 선택 금융자산	200,000

2. 부분 재무상태표

(1) FVPL 금융자산으로 분류한 경우

부분 재무상태표

20×2. 12. 31

F V P L 금 융 자 산	900,000		

(2) FVOCI 선택 금융자산으로 분류한 경우

부분 재무상태표

20×2. 12. 31

FVOCI 선택 금융자산	900,000	금융자산평가손실(OCI)	(100,000)

결국, FVOCI 선택 금융자산은 20×2년 말 공정가치 금액인 ₩900,000으로 기록되어있으나 미실현손실인 금융자산평가손실 ₩100,000이 자본항목으로 계상되어 있기 때문에 이를 가산하면 ₩1,000,000(= ₩900,000 + 100,000)이 되어 FVOCI 선택 금융자산의 취득원가와 동일함을 알 수 있다.

3. 처분시점의 회계처리

(1) FVPL 금융자산으로 분류한 경우

일 자	회계처리			
20×3. 1. 20	(차) 현 금	1,050,000	(대) F V P L 금융자산 금융자산처분이익	900,000 150,000

(2) FVOCI 선택 금융자산으로 분류한 경우

일 자	회계처리			
20×3. 1. 20	(차) FVOCI 선택 금융자산	150,000	(대) 금융자산평가손실(OCI) 금융자산평가이익(OCI)	100,000 50,000
	(차) 현 금	1,050,000	(대) FVOCI 선택 금융자산	1,050,000

예제에서 살펴본 바와 같이 지분상품은 FVPL 금융자산으로 분류되는 경우와 FVOCI 선택 금융자산으로 분류되는 경우에는 보유기간동안에 회계연도별로 당기손익은 서로 다르게 인식된다.

일 자	FVPL 금융자산인 경우	FVOCI 선택 금융자산인 경우
20×1년 매매수수료	₩(50,000)	₩0
20×1년 공정가치 평가손익	150,000	0
20×2년 공정가치 평가손익	(200,000)	0
20×3년 금융자산 처분이익	150,000	0
	₩50,000	₩0

보론 어음의 회계처리와 당좌예금

신용으로 상품을 구입하고 추후 대금지급을 약속하는 어음을 제공하면 어음에 약속한 일정 시점에 대금을 결제한다. 어음에는 약속어음과 환어음이 있다. 약속어음(promissory notes)은 어음의 발행인이 일정 금액을 일정한 일자에 수취인에게 지급하기로 약속한 증서를 말하며, 환어음(notes of exchange)은 발행인이 제3의 지급인으로 하여금 일정한 일자에 일정 금액을 수취인에게 지급하도록 위탁하는 증서이다. 보론에서는 기업실무에서 주로 사용하는 약속어음에 대해서 살펴보도록 하겠다. 그리고 어음거래와 관련하여 당좌예금에 대해서도 정리하고 은행계정조정표의 작성방법에 대해서 설명하도록 하겠다.

Chapter 7

1. 약속어음의 의의

'약속어음(promissory notes)'이란 어음의 발행인이 일정한 일자(지급일)에 어음의 수취인에게 일정한 금액을 지급할 것을 약속한 증서를 말한다. 어음의 발행인은 어음상의 채무자가 되며 어음의 수취인은 어음상의 채권자가 된다.

예를 들어 20×1년 1월 1일 ㈜나무가 상품 ₩1,000,000을 ㈜종로에 판매하고 지급일이 20×1년 3월 31일인 약속어음을 받았다면 ㈜종로는 어음발행인으로 채무자이며 ㈜나무는 어음수령인으로 채권자가 된다. ㈜종로의 거래은행이 국민은행인 경우 ㈜나무가 수령하는 약속어음을 약식으로 표시하면 다음과 같다.

보론그림 1 약속어음 사례

<table>
<tr><td colspan="2" align="center">약 속 어 음   마가 02262181</td></tr>
<tr><td colspan="2" align="center">주식회사 나무   귀하</td></tr>
<tr><td>금 일백만원 정</td><td align="right">₩1,000,000</td></tr>
<tr><td colspan="2">위의 금액을 귀하 또는 귀하의 지시인에게 이 약속어음과 상환하여 지급하겠습니다.</td></tr>
<tr><td>지급기일 : 20×1년 3월 31일
지 급 지 : 서울특별시
지급장소 : 국민은행 서린동지점</td><td>발 행 일 : 20×1년 1월 1일
발 행 자 : 주식회사 종로
발 행 인 : 대표이사 홍길동</td></tr>
</table>

이와 같은 약속어음은 만기일이 되면 소지인이 자신의 거래은행에 제시하고 추심을 의뢰해서 발행인이 약속한 지급은행(지급장소)에서 결제를 받게 된다. 여기서 '추심'이란 어음소지인이 자신의 거래은행에 의뢰해서 거래은행으로 하여금 어음의 지급인에게 어음을 제시해서 지급하도록 하는 일을 말한다.

㈜나무의 당좌예금 거래은행이 신한은행인 경우에 위에 보이는 약속어음을 거래은행에 추심의뢰해서 대금을 결제 받아 당좌예금에 입금되는 과정을 그림으로 살펴보면 다음과 같다.

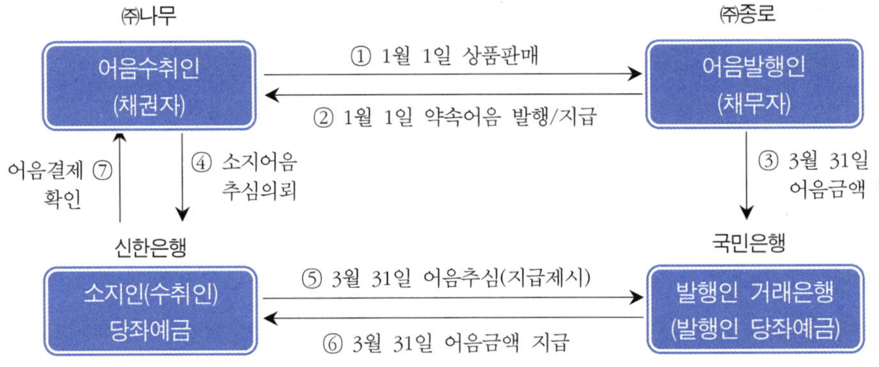

이와 같은 과정을 거쳐서 대금이 결제되는 어음의 회계처리에 대해 자세히 살펴보도록 하자.

2. 어음의 수령

매출을 하고 어음을 수령한 경우에는 어음상의 채권이 발생하는데 이를 받을어음(notes receivable)이라고 하며 매출채권에 해당한다. 상품을 구입하고 발생한 어음상의 채무는 지급어음(notes payable)이라고 하며 매입채무에 해당한다. 따라서 받을어음을 수령하면 매출채권계정에 기록하고 어음을 발행하면 매입채무에 기록한다. 실무적으로는 매출채권과 별도로 받을어음이라는 계정을 사용해서 어음을 별도로 관리하는 경우가 많다. 이 경우에도 재무상태표에 공시할 때는 외상매출금잔액과 받을어음잔액을 합쳐서 매출채권이라는 하나의 계정으로 표시해야 한다. 매입채무의 경우에도 지급어음계정을 별도로 관리할 경우, 지급어음과 외상매입금을 합쳐서 매입채무계정으로 재무상태표에 표시한다.

한편, 기업이 어음을 받는 경우는 상품을 판매하고 받기도 하지만 토지나 비품을 처분하고 받기도 하고 자금을 대여해 주고받기도 한다. 여기서 상품판매로 어음을 받은 경우에는 매출채권에 포함되어야 하며 토지나 비품을 처분한 경우에는 미수금으로, 자금을 대여해 준 경우에는 대여금으로 기록해야 한다.

보론예제 1
어음의 회계처리-어음의 수령

㈜나무에 다음과 같은 거래가 발생하였다.

12월 10일 상품을 ₩240,000에 판매하고 약속어음을 받았다.
12월 12일 상품을 ₩300,000에 외상으로 판매하였다.
12월 14일 장부금액 ₩200,000의 토지를 ₩300,000에 처분하고 어음을 받았다

요구사항

각 거래에 대해 필요한 분개를 하시오.

해답

일 자	회계처리			
12월 10일	(차) 매출채권	240,000	(대) 매출	240,000
12월 12일	(차) 매출채권	300,000	(대) 매출	300,000
12월 14일	(차) 미수금	300,000	(대) 토지	200,000
			유형자산처분이익	100,000

3. 어음의 배서

'어음의 배서(endorsement)'란 어음의 뒷면에 양도의사를 표시하고 서명날인해서 어음상의 권리를 타인에게 이전하는 것을 말한다. 타인에게 양도한 어음이 만기일에 정상적으로 결제가 이루어진다면 어음의 배서인은 추가적인 의무가 없다. 그러나 만약 어음이 부도가 나면 배서를 한 배서인은 거래처(피배서인)에게 어음상의 금액을 대신 상환해야 한다.[10] 따라서 어음의 배서인은 그 어음이 만기일에 정상적으로 결제될 때까지 어음의 결제에 대한 불확실한 채무를 지게 되며 이와 같이 미래의 불확실한 상황을 우발상황(contingencies)이라고 한다.

10) 어음거래의 경우에는 어음소지인이 상환청구권을 가지고 있는 경우가 일반적이다. 여기서 상환청구권이란 어음소지인이 어음의 발행인 또는 배서인에게 어음금액의 지급을 청구할 수 있는 권리를 말한다.

보론예제 2

어음의 회계처리-어음의 배서

㈜나무에 다음과 같은 거래가 발생하였다.

11월 10일 비품을 ₩400,000에 구입하고 보유 중인 타인발행약속어음을 배서해 주다.
12월 15일 배서한 약속어음이 정상적으로 결제되다.

요구사항

각 거래에 대해 필요한 분개를 하시오.

해답

일 자	회 계 처 리			
11월 10일	(차) 비 품	400,000	(대) 매 출 채 권	400,000
12월 15일	- 회계처리 없음 -			

4. 어음의 할인

기업은 자금이 부족한 경우에 어음의 만기일이 되기 전에 금융기관에서 선이자를 공제하고 어음대금을 받을 수 있는데 이렇게 할인받은 어음을 '할인어음(discounted notes)'이라 한다. 할인어음은 배서어음과 동일하게 어음이 만기일에 지급되지 않는 경우에 상환의무가 있는 우발상황이 존재한다.

어음을 할인한 경우 매출채권 등에 대한 위험과 보상이 양도인과 분리되어 실질적으로 양수인에게 이전되는 경우에는 매출채권의 매각거래로 회계처리하고, 실질적으로 이전되지 않은 경우에는 현금의 차입거래로 회계처리한다.

보론예제 3

어음의 회계처리-어음의 할인

㈜나무에 다음과 같은 거래가 발생했다.

4월 1일 매출채권의 대금으로 받은 무이자부 약속어음 ₩1,000,000(만기 5개월)을 2개월이 경과한 후 은행에서 연 12% 할인율로 할인받았다.
7월 1일 할인한 약속어음이 정상적으로 결제되었다.

요구사항

어음의 할인을 다음의 경우로 구분하여 일자별로 분개를 하시오.

1. 매출채권에 대한 위험과 보상이 실질적으로 이전된 경우(매각거래)
2. 매출채권에 대한 위험과 보상이 실질적으로 이전되지 않은 경우(차입거래)

해답

1. 매각거래

일자		차변	금액		대변	금액
4월 1일	(차)	현 금	970,000*	(대)	매 출 채 권	1,000,000
		매출채권처분손실	30,000			

* ₩1,000,000－1,000,000×12%×3/12＝₩970,000

7월 1일 － 회계처리 없음 －

2. 차입거래

일자		차변	금액		대변	금액
4월 1일	(차)	현 금	970,000	(대)	단 기 차 입 금	1,000,000
		이 자 비 용	30,000			
7월 1일	(차)	단 기 차 입 금	1,000,000	(대)	매 출 채 권	1,000,000

5. 어음의 부도

'부도어음(dishonored bills)'은 어음이 만기가 되어 지급을 청구하였으나 지급불능이 되어 버린 어음을 말한다. 회사의 매출채권이나 미수금에 포함되어 있는 부도어음은 부도 자체만으로는 별도의 회계처리를 하지 않는다. 다만, 결산시점에 부도어음의 회수가능성을 적절히 고려해서 대손예상액을 추정할 때 반영한다.

반면에 타인에게 배서양도 했거나 금융기관에 할인한 어음이 부도가 나서 소급청구를 당한 경우에는 우발상황이 확정되어 확정채무를 기록해야 한다.

보론예제 4

어음의 회계처리－어음의 부도

㈜나무에 다음과 같은 거래가 발생하였다.

11월 10일 보유 중인 약속어음 ₩200,000이 부도처리되다.

12월 20일 상품을 판매하고 수령한 타인발행 약속어음 ₩300,000을 종로은행에서 할인하였는데 부도처리되어 종로은행으로부터 상환청구를 받고 현금으로 지급하다.

요구사항

각 거래에 대해 필요한 분개를 하시오.

해답

일 자	회 계 처 리				
11월 10일	- 회계처리 없음 -				
12월 20일	(차) 단 기 차 입 금	300,000	(대) 현	금	300,000

6. 금융어음

어음을 발행하는 목적에는 통상적인 영업활동에서 대금을 결제할 목적이 일반적이지만 자금을 차입할 목적으로 상거래 없이 어음을 발행하는 경우도 있다. 이와 같이 자금을 융통할 목적으로 발행하는 약속어음을 금융어음 또는 융통어음(accommodation bill)이라고 한다. 금융어음과 비교해서 어음의 본래 취지대로 상거래의 결제과정에서 발행하는 어음은 상업어음(commercial bill)이나 진성어음이라고 한다.

자금을 대여하고 어음을 수령하는 경우는 차용증서를 수령하는 경우보다 여러 가지 면에서 간편하다. 대금을 수령할 때도 은행에 지급제시만 하면 되고 대금이 지급되지 않는 경우에는 간편하게 어음소송을 제기할 수 있다.

이런 이유로 자금을 대여하거나 차입하는 과정에서 어음을 수령하거나 발행하게 되는데 금융어음은 상업어음과는 성격이 다르므로 금융어음상의 채권은 매출채권으로 기록해서는 안 되며 단기대여금으로 기록해야 한다.

보론예제 5

금융어음

㈜나무는 5월 1일에 ㈜종로에게 현금으로 자금을 대여하고 이자율 연 10%, 90일 만기(연 360일 기준), ₩1,000,000의 약속어음을 수령하였다. 그리고 이 어음이 만기가 되어 추심을 통해 ㈜나무의 당좌예금으로 원금과 이자가 입금되었다.

요구사항

어음의 수령시점과 만기수령시점의 회계처리를 하시오.

해답

1. 어음수령시점

(차) 단기대여금	1,000,000	(대) 현금	1,000,000

2. 어음만기시점

(차) 당좌예금	1,025,000	(대) 단기대여금	1,000,000
		이자수익	25,000

* 이자수익 : ₩1,000,000×10%×90일/360일=₩25,000

Chapter 7

7. 당좌예금과 당좌차월

'당좌예금(checking account)'이란 기업과 은행이 당좌계약을 맺고서 은행에 현금을 예입하고 필요에 따라 당좌수표를 발행하여 인출할 수 있는 예금으로서, 예입은 현금 등으로 할 수 있고, 인출은 당좌수표의 발행에 의해서 할 수 있는 요구불예금이다. 당좌차월(bank overdraft)은 은행과 당좌차월에 관한 약정을 체결해서 약정상에 허용된 한도내에서 당좌예금 잔액을 초과해서 수표를 발행하여 사용할 수 있도록 하는 제도이다. 당좌차월은 당좌예금 잔액을 초과해서 수표를 발행하고 사용하게 함으로써 자동적으로 차입의 효과를 얻을 수 있도록 하는데 당좌예금잔액을 초과해서 수표를 발행할 수 있는 한도를 '당좌차월한도'라고 한다. 당좌차월금액은 당좌차월 한도내에서는 회사가 자유롭게 활용할 수 있지만 은행으로부터 얻은 신용차입금의 일종이므로, 결산시에 부(−)의 당좌예금은 다른 당좌예금계정의 잔액과 상계시키면 안되며 반드시 '단기차입금계정'에 대체하여 계상하여야 한다. 즉, 당좌예금은 현금및현금성자산으로, 당좌차월은 단기차입금으로 각각 계상하여야 한다.

보론예제 6
당좌예금과 당좌차월의 회계처리

다음은 ㈜나무의 당좌예금과 관련된 거래내용이다.

12월 3일 ㈜나무는 종로은행과 당좌차월한도를 ₩1,000,000으로 해서 당좌거래계약을 체결하고 현금 ₩1,000,000을 예입하다.
12월 10일 외상매입대금을 지급하기 위하여 ₩500,000의 수표를 발행하다.
12월 15일 회사가 보관하고 있던 보신각회사 발행의 수표 ₩200,000을 당좌예입하다.
12월 20일 기계장치를 취득하고 ₩800,000의 수표를 발행해서 지급하다.

요구사항

1. 각 날짜별로 회계처리를 하시오.
2. 당좌예금계정을 전기하고 12월 31일에 ㈜나무의 당좌예금잔액을 재무상태표에 어떻게 표시해야 하는지 설명하시오.

해답

1. 날짜별 회계처리

일 자	회 계 처 리			
12월 3일	(차) 당 좌 예 금	1,000,000	(대) 현 금	1,000,000
12월 10일	(차) 매 입 채 무	500,000	(대) 당 좌 예 금	500,000
12월 15일	(차) 당 좌 예 금	200,000	(대) 현 금	200,000
12월 20일	(차) 기 계 장 치	800,000	(대) 당 좌 예 금	800,000

2. 당좌예금의 전기와 당좌차월의 공시방법

(1) 당좌예금계정

당 좌 예 금

12/ 3	현 금	1,000,000	12/10	매 입 채 무	500,000
12/15	현 금	200,000	12/20	기 계 장 치	800,000

(2) 당좌차월의 공시방법

12월 31일 현재 당좌예금잔액은 대변에 잔액이 ₩100,000이 남아 있으므로 당좌차월상태이며 이를 재무상태표에 공시할 때는 다른 당좌예금이나 보통예금과 상계하지 않고 단기차입금으로 공시해야 한다.

재무상태표

	유 동 부 채	
	단 기 차 입 금	100,000
		⋮

8. 은행계정조정표

회사측의 당좌예금계정 잔액은 거래하는 은행측의 당좌예금계정잔액과 항상 일치되어야 하지만 여러 가지 이유로 일치하지 않는 경우가 일반적이다. 그러므로 회사는 거래은행에서 당좌예금잔액증명서를 발급 받아 증명서상의 잔액과 회사의 총계정원장에 기록된 잔액을 하나하나 검토해서 불일치되는 원인을 파악해서 당좌예금잔액이 정확하게 기록되고 있는지를 확인해야 하며 이를 위해 은행계정조정표를 작성한다.

'은행계정조정표(bank reconciliation statement)'는 회사측의 장부잔액과 은행측의 당좌예금계정잔액사이의 차이항목을 열거해서 두 금액사이에 차이가 나는 원인을 규명하면서 작성하는 명세표를 말한다. 회사에서 기말시점에 결산을 할 때 정확한 당좌예금계정의 잔액을 확인하기 위해서 은행계정조정표를 작성하는 것은 필수적인 절차이다. 은행계정조정표가 어떻게 작성되는지를 살펴보기 위해 우선 회사측의 당좌예금잔액과 은행측의 당좌예금잔액이 일치하지 않는 대표적인 원인을 살펴보고 은행계정조정표의 작성방법을 살펴보도록 하겠다.

(1) 은행계정조정표의 불일치원인

회사측의 당좌예금잔액과 은행측의 당좌예금잔액이 일치하지 않는 이유는 은행측 잔액에는 기록되었으나 회사측 잔액에 반영되어 있지 않은 항목과 회사의 장부에는 반영이 되어 있으나 은행측 잔액에는 기록되어 있지 않은 항목으로 구분할 수 있다.

은행측 잔액에는 기록되었으나 회사측 잔액에 반영되지 않은 항목

은행측의 당좌예금잔액에는 반영이 되어 있지만 회사측의 장부잔액에는 반영되어 있지 않은 항목으로 ① 추심어음, ② 예금이자수익, ③ 부도어음과 부도수표, ④ 은행수수료, ⑤ 무통장입금 등이 있다. 이와 같은 차이항목은 회사측에서 알았다면 장부에 반영해야 하는 항목이므로 회사측 잔액을 수정하는 분개가 필요하다.

① 추심어음

은행이 만기가 도래한 어음을 추심(take back)하여 회사의 당좌예금계좌에 입금처리했으나 회사는 아직 이 사실을 통보 받지 못하였을 경우 회사의 당좌예금계정잔액에 반영되지 않을 수 있다.

② 예금이자수익

당좌예금으로 다른 계좌의 이자수익 등이 이체되어 있는 경우에 회사의 당좌예금잔액에 이 금액이 반영되지 않을 수 있다.

③ 부도어음과 부도수표

회사가 은행에 추심의뢰한 어음이나 예입한 수표가 부도(dishonoured)가 되어 은행에서는 이를 당좌예금계정에서 차감처리 하였는데 회사에서 아직 그 사실을 통보를 받지 못해서 이를 차감처리하지 않은 경우에 회사의 당좌예금잔액에 이 금액이 반영되지 않을 수 있다.

④ 은행수수료

은행에서는 기업에 어음추심 등의 서비스를 제공하고 그 수수료를 은행측 당좌예금잔액에서 차감하였으나 회사에서는 아직 그 내용을 몰라 기입하지 않았을 경우 회사의 당좌예금잔액에 이 금액이 반영되지 않을 수 있다.

⑤ 무통장입금

거래처에서 기업에 통보하지 않고 온라인으로 외상매출금 등을 송금한 경우 회사의 당좌예금잔액에 이 금액이 반영되지 않을 수 있다.

이상의 차이사항들은 은행측의 장부잔액에는 반영이 되어 있지만 회사측의 장부잔액에는 반영이 되어 있지 않은 항목으로 은행계정조정표를 작성해서 이와 같은 조정항목이 파악되면 회사의 장부에 이 금액들을 반영하도록 수정분개를 해야 한다.

회사측 잔액에는 기록되었으나 은행측 잔액에 반영되지 않은 항목

회사측의 장부잔액에는 반영이 되어 있지만 은행측의 당좌예금잔액에는 반영되어 있지 않은 항목으로 ① 기발행미인출수표와 ② 미기입예금 등이 대표적인 항목이다.

① 기발행미인출수표(outstanding checks)

회사에서는 수표를 발행하면 발행시점에 해당금액을 당좌예금에서 인출한 것으로 간주하고 회계처리를 한다. 그런데 그 수표를 받은 수령자는 은행에서 바로 인출할 수도 있지만 인출하지 않고 가지고 있을 수도 있다. 수표수령자가 기말 현재까지 은행에 수표금액을 인출하지 않아 은행에 아직도 해당금액이 예금잔액으로 남아 있는 경우에 회사측의 장부잔액에는 적절히 반영되어 있더라도 은행측의 당좌예금잔액과 일치하지 않을 수 있다.

② 미기입예금(deposits in transit)

다른 회사로부터 회사의 당좌계정에 일정금액을 예입하였다는 통지를 받고 회사는 당좌예금계정에 입금으로 처리하였으나, 이 입금액이 은행 정상 영업시간 후에 입금(마감후 입금)된 경우에 은행에서는 당좌예금계정에 입금처리를 하지 않는데 이런 항목을 미기입예금이라고 한다.

이상의 차이사항들은 회사측의 장부잔액에는 반영이 되어 있지만 은행측의 장부잔액에는 반영이 되어 있지 않은 항목으로 은행계정조정표를 작성하는 과정에서 은행계정의 잔액을 조정해야 한다. 한편, 은행이나 회사 모두 분개장, 총계정원장 등에 기입하는 과정에서 누락이나 오류가 나타날 수 있다. 이로 인해서 오류를 일으킨 측의 장부잔액이 다른 측의 잔액과 일치하지 않을 수 있다. 오류로 인해서 차이가 발생하는 경우에는 오류를 발생시킨 측의 잔액을 조정해야 한다.

(2) 은행계정조정표 작성과 수정분개

이상에서 살펴본 여러 차이항목들을 파악하고 회사측 장부잔액을 정확하게 조정하도록 수정분개를 하려면 은행계정조정표를 작성해야 한다. 은행계정조정표를 작성할 때는 회사측 잔액을 조정할 항목과 은행측 잔액을 조정할 항목을 구분해서 수정 후 잔액을 파악할 수 있도록 작성한다.

회사측 잔액 조정항목		은행측 잔액 조정항목	
차 이 항 목	잔액조정방법	차 이 항 목	잔액조정방법
① 추심어음	가 산	① 기발행미인출수표	차 감
② 예금이자수익	가 산	② 미기입예금	가 산
③ 부도어음과 부도수표	차 감		
④ 은행수수료	차 감		
⑤ 무통장입금	가 산		

이와 같이 차이항목을 조정하는 은행계정조정표의 작성방법은 다음 예제를 이용해서 살펴보자.

보론예제 7
은행계정조정표

㈜나무는 20×1년 12월 31일 현재 총계정원장의 당좌예금계정의 잔액이 ₩500,000으로 파악되었다. 거래은행인 종로은행으로부터 당좌예금잔액증명서를 발급 받아 증명서상의 잔액을 확인한 결과 ₩529,000으로 파악되었다. 두 잔액의 차이에 원인으로 판단되는 항목을 조사해서 다음과 같은 자료를 얻었다.

(1) 기발행미인출수표(#401)	₩30,000
(2) 12월 31일의 현재 마감 후 예금입금액	10,000
(3) 12월 26일의 어음추심금액(광화문상사)	20,000
(4) 어음추심수수료 계상금액	5,000
(5) 매출채권(받을어음) 부도 발생금액	6,000

요구사항

1. ㈜나무의 20×1년 12월 31일 현재의 은행계정조정표를 작성하시오.
2. 회사측 잔액을 정확하게 조정하기 위한 기말수정분개를 하시오.

해답

1. 은행계정조정표

은행계정조정표

20×1. 12. 31 현재

회사측 잔액 조정항목		은행측 잔액 조정항목	
차이항목	잔액조정방법	차이항목	잔액조정방법
수정전 장부금액	₩500,000	수정전 장부금액	₩529,000
가산 : ③ 추심어음	20,000	가산 : ② 미기입예금	10,000
차감 : ④ 은행수수료	(5,000)	차감 : ① 기발행미인출수표	(30,000)
⑤ 부도어음	(6,000)		
수정후 당좌예금 잔액	₩509,000	수정후 당좌예금 잔액	₩509,000

2. 회사측 기말수정분개

(3)	(차) 당좌예금	20,000	(대) 매출채권	20,000
(4)	(차) 수수료비용	5,000	(대) 당좌예금	5,000
(5)	(차) 매출채권	6,000	(대) 당좌예금	6,000

은행계정조정표의 작성이 종료되고 나면, 회사측에서는 자기회사측의 수정내용에 대한 수정분개를 반드시 해야 한다. 즉, 회사 측의 장부에 누락이 있었던 항목을 회사측 장부에 가산하거나 차감하는 회계처리를 해야만 회사의 당좌예금계정을 정확하게 조정할 수 있다.

Chapter 7

객관식 문제

1 ㈜나무는 다음과 같은 조건으로 20×1년 초에 ㈜종로에게 자금을 대여하였다. 대여당시 시장이자율이 10%이었기 때문에 ₩950,258을 ㈜종로에게 지급하였다.

> (1) 만기 상환금액 : ₩1,000,000 (20×3년 말 만기)
> (2) 액면이자율 : 8% (매년 말 이자수령)

㈜나무가 20×2년 포괄손익계산서에 인식할 이자수익 금액은 얼마인가? 단, ㈜나무의 결산일은 매년 말이며, 3년, 10%, 현가계수는 0.75131, 3년, 10%, 연금현가계수는 2.48685이다.

① ₩80,000　　② ₩95,026
③ ₩96,528　　④ ₩98,188

2 다음 중에서 현금및현금성자산으로 분류되지 않는 항목은 무엇인가?

① 당좌예금, 보통예금
② 결산일 당시 만기가 3개월 이내에 도래하는 채무상품
③ 취득당시 만기가 3개월 이내인 양도성예금증서
④ 취득당시 3개월 이내의 상환조건인 환매채

3 20×1년 12월 31일 현재 ㈜나무의 현금 및 금융기관 관련자산은 다음과 같다. ㈜나무의 20×1년 12월 31일 재무상태표상의 현금및현금성자산으로 보고해야 할 금액은 얼마인가?

현금시재액	₩250,000
타인발행당좌수표	100,000
보통예금	5,000
정기적금(만기 : 20×2년 4월 15일)	120,000
(단, 차입금 관련 담보로 제공되어 있다)	
정기예금(만기 : 20×2년 5월 31일)	200,000

① ₩350,000　　② ₩355,000
③ ₩555,000　　④ ₩855,000

4 20×1년 6월 30일 현재 은행계정 잔액을 확정하기 위해 파악된 자료는 다음과 같다. 6월 30일 현재 은행계정의 정확한 잔액은?

거래은행으로부터 확인된 6월 30일 은행잔액	₩900,000
6월 30일 현재 은행 미기입예금	45,000
6월 30일 현재 은행이 확인한 부도수표	33,000
6월 30일 현재 기발행미인출수표	20,000
6월 30일 현재 은행이 확인한 은행수수료	1,200

① ₩890,000　　② ₩912,000
③ ₩925,000　　④ ₩945,000

5 대손충당금 과소설정이 재무제표에 미치는 영향으로 옳은 것은?

① 자산의 과소계상　　② 부채의 과소계상
③ 부채의 과대계상　　④ 당기순이익의 과대계상

6 전기에 대손처리하였던 을상사의 외상매출금 ₩300,000을 현금으로 회수하였다. 다만, 대손처리시 대손충당금 잔액이 ₩180,000일 때, 옳은 분개는?

① (차)	현 금	300,000	(대)	잡 이 익	300,000
② (차)	현 금	300,000	(대)	대 손 충 당 금	300,000
③ (차)	현 금	300,000	(대)	대 손 상 각 비	300,000
④ (차)	현 금	300,000	(대)	대 손 충 당 금	180,000
				대 손 상 각 비	120,000

7 ㈜나무의 20×6년 1월 1일 대손충당금잔액은 ₩140이다. 동년 2월에 ₩65의 대손이 발생하였으며, 5월에 위 대손처리한 채권 중 ₩10이 다시 회수되었다. 그리고 기말결산시 ₩90의 대손충당금이 추가계상 될 경우 동년 12월말 대손충당금계정의 잔액은 얼마인가?(단, ㈜나무의 결산은 연 1회, 결산일은 12월 31일이다.)

① ₩165　　② ₩175

③ ₩155　　④ ₩185

8 다음 분개를 추정한 거래에 해당하는 것은?

(차)	현 금	900,000	(대)	매 출 채 권	1,000,000
	매출채권처분손실	100,000			

① 소유어음의 만기일에 어음대금을 회수한 경우

② 추심의뢰한 어음이 추심되었다는 통지를 받은 경우

③ 할인한 어음이 만기일에 추심되었다는 통지를 받은 경우

④ 소유어음을 만기일 이전에 은행에서 할인한 경우

9 ㈜나무가 90일 만기 액면가 ₩100,000의 무이자부어음을 30일이 경과한 후에 15%의 할인율로 할인한 경우 실제로 수령하는 금액은 얼마인가? 단, 1년을 360일로 한다.

① ₩97,500　　② ₩98,000

③ ₩98,500　　④ ₩99,000

10 다음은 ㈜한국이 보유하고 있는 FVPL 금융자산 관련 자료이다. ㈜한국이 20×5년 결산시(12월 31일) 인식해야 할 FVPL 금융자산평가손익은 얼마인가?

20×4. 10. 10	주식취득	매입가 ₩2,000,000(매입수수료 ₩20,000)
20×4. 12. 31	공정가치	₩2,100,000
20×5. 12. 31	공정가치	₩2,500,000

① 금융자산평가이익 ₩500,000
② 금융자산평가이익 ₩300,000
③ 금융자산평가이익 ₩400,000
④ 금융자산평가손실 ₩100,000

11 다음 FVPL 금융자산을 기말에 한국채택국제회계기준에 의한 공정가치법으로 평가할 경우 옳은 분개는?

구 분	취득원가	공정가치
주식 A	₩350,000	₩200,000
주식 B	900,000	850,000

① (차) 금융자산평가손실 150,000 (대) FVPL 금융자산 150,000
② (차) FVPL 금융자산 50,000 (대) 금융자산평가이익 50,000
③ (차) 금융자산평가손실 200,000 (대) FVPL 금융자산 200,000
④ (차) 금융자산평가손실 100,000 (대) FVPL 금융자산 100,000

12 주식 100주(액면 @6,000)를 ₩6,500에 단기매매목적으로 매입하고 이 중 40주를 ₩7,000에 현금으로 매각하였다. FVPL 금융자산 처분시 올바른 분개는?

① (차) 현 금 280,000 (대) FVPL 금융자산 260,000
 금융자산처분이익 20,000
② (차) 현 금 280,000 (대) FVPL 금융자산 240,000
 금융자산처분손실 40,000
③ (차) 현 금 280,000 (대) FVPL 금융자산 240,000
 금융자산처분이익 40,000
④ (차) 현 금 280,000 (대) FVPL 금융자산 260,000
 금융자산처분손실 20,000

해답 및 해설

1	2	3	4	5	6	7	8	9	10
③	②	②	③	④	②	②	④	①	③
11	**12**								
③	①								

1. (1) 20×1년 초 장기대여금의 현재가치

① 원금의 현재가치 : ₩1,000,000 × 0.75131(3년, 10%현가) = ₩751,310

② 이자의 현재가치 : ₩80,000 × 2.48685(3년, 10%연금현가) = 198,948

③ 현재가치 ₩950,258

(2) 유효이자율법에 따른 상각표

일 자	유효이자(10%)	액면이자(8%)	상각액	장부금액
20×1. 1. 1				₩950,258
20×1. 12. 31	₩95,026	₩80,000	₩15,026	965,284
20×2. 12. 31	96,528	80,000	16,528	981,812
20×3. 12. 31	98,188*	80,000	18,188*	1,000,000
계	₩289,742	₩240,000	₩49,742	

* 단수차이조정

2. 현금성자산은 취득당시 만기가 3개월 이내인 금융상품이다. 따라서 결산일로부터 만기가 3개월 이내인 채무상품은 취득시점이 제시되어 있지 않기 때문에 현금성자산으로 분류할 수 없다.

3. 현금및현금성자산 = 시재액 + 타인발행당좌수표 + 보통예금
= ₩250,000 + ₩100,000 + ₩5,000
= ₩355,000

해 설

정기적금과 정기예금은 취득당시 만기가 3개월이내의 조건을 만족하지 못하기 때문에 현금성자산으로 분류할 수 없다.

4. 은행계정조정표 중 은행측잔액 조정항목을 따로 작성해보면 다음과 같다.

은행측 장부잔액	₩900,000
가 산 : 미기입예금	45,000
차 감 : 기발행미인출수표	(20,000)
수정후 당좌예금 잔액	₩925,000

5. 대손충당금 과소설정 ⇨ 대손상각비 과소계상 ⇨ 당기순이익의 과대계상
매출채권 과대계상 ⇨ 자산의 과대계상

6. 전기에 대손처리했던 외상매출금이 회수되었다면, 대손충당금잔액과 상관없이 전액을 대손충당금으로 처리해준다.

7. 기초(₩140) − 대손(65) + 회수(10) + 설정(90) = 기말대손충당금(₩175)

8. 매출채권처분손실이 발생하는 경우는 만기일 이전에 은행에서 할인한 경우이다.

9. 어음할인시 매출채권에 대한 위험과 보상이 양수인에게 이전되었다고 가정했을 경우 아래와 같이 회계처리한다.

(차) 현 금	97,500	(대) 매 출 채 권	100,000
매출채권처분손실	2,500		

* ₩100,000 − ₩100,000 × 15% × 60/360 = ₩97,500

10. 공정가치(₩2,500,000) − 장부금액(₩2,100,000) = 평가이익 ₩400,000

11. FVPL 금융자산의 취득원가는 ₩1,250,000이고 공정가치는 ₩1,050,000이므로 금융자산평가손실 ₩200,000이 발생된다.

12. FVPL 금융자산의 처분시 취득원가(₩6,500 × 40주 = ₩260,000)를 FVPL 금융자산계정의 대변에 기입하고 처분가액(₩7,000 × 40주 = ₩280,000)과 장부금액(₩260,000)과의 차액은 금융자산처분이익으로 처리한다.

Chapter 7

주관식 문제

문제 1 현금및현금성자산에 포함되는 항목

다음은 ㈜나무 결산자료의 일부이다.

현금보관액	₩30,000	배당금지급통지표	₩54,000
타인발행수표	120,000	만기가 도래한 국채이자표	76,000
수입인지	5,000	환매채(90일 환매조건)	150,000
우편환증서	200,000	직원에 대한 차용증서	120,000
선일자수표	50,000	우표	5,000

㈜나무의 재무상태표에 표시될 현금및현금성자산을 구하시오.

해답 및 해설

1. 현금의 구성항목
   (1) 통화 : 지폐나 주화
   (2) 통화대용증권 : 타인발행당좌수표, 자기앞수표, 송금환, 우편환, 배당금지급통지표, 지급기일이 도래한 공사채 이자표, 기한이 도래한 어음 등
   (3) 요구불예금 : 당좌예금, 보통예금

2. 현금및현금성자산
   ₩30,000(현금보관액) + 54,000(배당금지급통지표) + 120,000(타인발행수표) + 76,000(만기가 도래한 국채이자표) + 150,000(환매채) + 200,000(우편환증서) = ₩630,000

참고

우표나 수입인지는 현금처럼 유통될 수 없으므로 소모품이나 선급비용으로 분류하고 직원에 대한 차용증서는 대여금으로 분류하며 선일자수표는 매출채권 또는 미수금으로 분류된다.

문제 2 은행계정조정표(1)

다음은 20×6년 10월 31일 현재 당좌예금 잔액을 확정하기 위해 파악된 자료는 다음과 같다.

(1) 거래은행으로부터 확인된 10월 31일 당좌계좌 잔액은 ₩2,000,000이다.
(2) 10월 31일 현재 회사는 거래처로부터 받은 수표 ₩140,000을 예입하였으나 은행측에선 아직 입금처리가 되지 않았다.
(3) 회사가 추심의뢰한 거래처 받을어음 ₩480,000과 그에 대한 이자 ₩9,000이 당좌예금에 이체되었으나 회사는 아직 통지받지 못했다.
(4) 회사는 외상매입금을 갚기 위해 발행한 수표 ₩450,000이 10월 31일 현재 은행에서 인출되지 않았다.
(5) 회사가 예입한 수표 중 ₩309,000이 부도처리 되었다.
(6) 회사측 장부상 확인된 10월 31일 당좌예금 잔액은 ₩1,510,000이다.

물음

1. 은행계정조정표를 작성하시오.
2. 회사측 잔액을 조정하기 위한 수정분개를 하시오.

해답 및 해설

1. 은행계정조정표

20×6. 10. 31 현재

회사측 잔액 조정항목		은행측 잔액 조정항목	
차이항목	잔액조정방법	차이항목	잔액조정방법
수정전 장부금액	₩1,510,000	수정전 장부금액	₩2,000,000
가 산: ③ 추심어음	480,000	가 산: ② 미기입예금	140,000
이자수익	9,000		
차 감: ⑤ 부도수표	(309,000)	차 감: ④ 기발행미인출수표	(450,000)
수정후 당좌예금 잔액	₩1,690,000	수정후 당좌예금 잔액	₩1,690,000

2. 회사측 수정분개

(차) 당 좌 예 금	489,000	(대) 매 출 채 권	480,000
		이 자 수 익	9,000
(차) 매 출 채 권 (부도수표)	309,000	(대) 당 좌 예 금	309,000

문제 3 은행계정조정표(2)

다음은 ㈜나무의 당좌예금계정잔액 조정사항에 대한 정보이다.

(1)	미기입예금	₩370,000
(2)	회사가 통지받지 못한 예금	130,000
(3)	어음추심액	620,000
(4)	기발행미인출수표	530,000
(5)	은행수수료	20,000
(6)	은행측의 입금과대계상 오류	130,000

㈜나무의 20×1년 9월 30일 현재 총계정원장상 당좌예금계정의 잔액이 ₩3,150,000일 때 은행측 당좌계좌의 조정전 잔액을 구하시오.

해답 및 해설

1. 은행계정조정표

20×1. 9. 30 현재

회사측 잔액 조정항목		은행측 잔액 조정항목	
차이항목	잔액조정방법	차이항목	잔액조정방법
수정전 장부금액	₩3,150,000	수정전 장부금액	x
가 산 : ② 미통지예금	130,000	가 산 : ① 미기입예금	370,000
③ 추 심 어 음	620,000	④ 미인출수표	(530,000)
차 감 : ⑤ 은행수수료	(20,000)	차 감 : ⑥ 기 장 오 류	(130,000)
수정후 당좌예금 잔액	₩3,880,000	수정후 당좌예금 잔액	₩3,880,000

2. 은행측 당좌계좌의 조정전 잔액

   x + ₩370,000 − 530,000 − 130,000 = ₩3,880,000

   ∴ x = ₩4,170,000

해설

우선적으로 회사측 잔액이 주어졌으므로 회사측 조정사항을 분류하여 수정후 정확한 잔액을 산출한다. 그리고 수정후 잔액과 은행측 조정사항을 이용하여 은행측 조정전 잔액을 구할 수 있다.

문제 4 매출, 매출에누리와 환입, 매출할인

다음은 ㈜나무의 20×6년 9월의 거래내역이다.

9/ 1	상품 ₩150,000을 3/15, n/30의 조건으로 외상판매하였다.
9/ 5	상품 ₩50,000을 현금으로 판매하였다.
9/10	상품에 하자가 있어서 ₩8,400의 상품이 반품되었다. 이것은 9월 1일에 외상판매한 것으로 아직 대금이 회수되지 않았다.
9/14	외상판매분(9/1) 중 ₩100,000이 매출할인을 제외한 금액으로 회수되었다.
9/20	현금판매한 상품(9/5) 중 일부가 파손되어 판매가격 ₩1,600을 인하하였다

물음

1. ㈜나무의 9월 거래를 회계처리하시오.
2. 12월 31일 순매출액 산정을 위한 수정분개를 하시오.
3. 다음계정에 대하여 총계정원장에 전기하시오.
   (1) 매 출
   (2) 매출에누리와 환입
   (3) 매출할인
4. 20×6년 9월의 포괄손익계산서상 매출액으로 계산될 금액을 구하시오.
5. 매출액 중 현금으로 회수된 현금총액을 구하시오.

해답 및 해설

1. 회계처리

일 자	회 계 처 리			
9/ 1	(차) 매 출 채 권	150,000	(대) 매 출	150,000
9/ 5	(차) 현 금	50,000	(대) 매 출	50,000
9/10	(차) 매출에누리와환입	8,400	(대) 매 출 채 권	8,400
9/14	(차) 현 금	97,000	(대) 매 출 채 권	100,000
	매 출 할 인	3,000		
9/20	(차) 매출에누리와환입	1,600	(대) 현 금	1,600

2. 기말수정분개

12/31	(차) 매 출	13,000	(대) 매출에누리와환입	10,000
			매 출 할 인	3,000

3. 총계정원장에 전기

매 출

12/31	매출에누리와환입	10,000	9/ 1	매 출 채 권	150,000
12/31	매 출 할 인	3,000	9/ 5	현 금	50,000

매출에누리와환입

9/10	매 출 채 권	8,400	12/31	매 출	10,000
9/20	현 금	1,600			

매출할인

9/14	매 출 채 권	3,000	12/31	매 출	3,000

4. 매출액 : ₩150,000(외상판매)+50,000(현금판매)−13,000(매출환입, 매출할인) = ₩187,000

5. 현금회수액 : ₩50,000(매출) + 97,000(매출채권회수) − 1,600(매출에누리) = ₩145,400

문제 5 매출채권

다음은 ㈜나무의 매출채권과 관련된 자료이다.

(1) 기초매출채권잔액 : ₩100,000
(2) 당기매출채권 회수액 : ₩600,000
(3) 당기상품매입액 : ₩500,000
(4) 기초상품재고액 : ₩50,000
(5) 기말상품재고액 : ₩60,000
(6) ㈜나무의 상품판매가격은 매출원가에 20%의 이익을 가산하여 책정하며, 현금 판매는 없다고 가정한다.

물음

1. ㈜나무의 매출원가를 구하시오.
2. ㈜나무의 매출액을 구하시오.
3. 매출채권의 기말잔액을 구하시오.

해답 및 해설

1. 매출원가 = 기초재고액 + 당기매입액 − 기말재고액
= ₩50,000 + ₩500,000 − ₩60,000
= ₩490,000

2. 매출액 = 매출원가 + 매출원가 × 20%
= ₩490,000 + ₩490,000 × 20%
= ₩588,000

3. 매출채권 기말잔액 (T계정 분석법)

매출채권

기초	100,000	회수액	600,000
매출액	588,000	기말잔액	88,000
	688,000		688,000

해설

현금판매는 없으므로 매출은 모두 매출채권으로 계상하였다.
기초매출채권 +매출액 − 현금회수액 = 기말매출채권
따라서 매출채권 기말잔액은 ₩88,000이다.

문제 6 대손회계처리

㈜나무의 20×1년 초 부분 재무상태표는 다음과 같다.

부분 재무상태표

20×1. 1. 1

매 출 채 권	500,000		
대 손 충 당 금	(40,000)	460,000	

〈20×1년 중 거래〉

2. 10 전기에 매출한 ₩20,000의 매출채권이 대손확정되었다.
3. 10 당기에 매출한 ₩7,000의 매출채권이 대손확정되었다.
7. 10 전기에 대손처리한 매출채권 ₩5,000이 회수되었다.
9. 10 2월 10일에 대손처리한 매출채권 중 ₩10,000이 회수되었다.
12. 31 기말현재 매출채권 잔액은 ₩700,000이며, 매출채권의 미래 현금회수 할 금액 추정치는 ₩680,000이다.

물음

1. ㈜나무의 20×1년 일자별 회계처리를 하시오.
2. ㈜나무의 20×1년 말 부분 재무상태표를 작성하시오.

해답 및 해설

1. 일자별 회계처리

일 자	회계처리			
2. 10	(차) 대 손 충 당 금	20,000	(대) 매 출 채 권	20,000
3. 10	(차) 대 손 충 당 금	7,000	(대) 매 출 채 권	7,000
7. 10	(차) 현 금	5,000	(대) 대 손 충 당 금	5,000
9. 10	(차) 현 금	10,000	(대) 대 손 충 당 금	10,000
12. 31	(차) 대 손 충 당 금	8,000	(대) 대손충당금환입	8,000

* (₩700,000−680,000)−28,000=₩(8,000)

2. 부분 재무상태표

부분 재무상태표

20×1. 12. 31.

매 출 채 권	700,000		
대 손 충 당 금	(20,000)	680,000	

문제 7 어음의 할인

다음을 읽고 요구사항에 답하시오.

> ㈜나무는 20×6년 6월 1일 ㈜과거로부터 매출대금으로 액면 ₩1,000,000(만기 6개월)의 무이자부어음을 수취하였다. 그리고 동년 8월 1일 ㈜나무는 동 어음을 은행에 할인하고 할인액을 차감한 금액을 수령하였다. 은행의 할인율은 연 12%이다.

물음

1. 매출채권에 대한 위험과 보상이 양수인에게 이전된 경우 ㈜나무의 일자별 회계처리를 하시오.
   (1) 6월 1일
   (2) 8월 1일
   (3) 12월 1일
2. 매출채권에 대한 위험과 보상이 양수인에게 이전되지 않은 경우 ㈜나무의 일자별 회계처리를 하시오.
   (1) 6월 1일
   (2) 8월 1일
   (3) 12월 1일

해답 및 해설

1. 매각거래

(1) 6월 1일

(차)		(대)	
매출채권	1,000,000	매출	1,000,000

(2) 8월 1일

(차)		(대)	
현금	960,000*	매출채권	1,000,000
매출채권처분손실	40,000		

* ₩1,000,000－₩1,000,000×12%×4/12＝₩960,000

(3) 12월 1일

－ 회계처리 없음 －

2. 차입거래

(1) 6월 1일

(차)		(대)	
매출채권	1,000,000	매출	1,000,000

(2) 8월 1일

(차)		(대)	
현금	960,000	단기차입금	1,000,000
이자비용	40,000		

(3) 12월 1일

(차)		(대)	
단기차입금	1,000,000	매출채권	1,000,000

문제 8 FVPL 금융자산

㈜나무는 20×1년 7월 1일에 단기자금을 운용하기 위해 시장성 있는 삼송전자의 주식 100주를 주당 ₩4,700에 매입하고 매입수수료 ₩3,500을 지급하였다. 20×1년 12월 31일 삼송전자의 시가는 주당 ₩6,000으로 상승하였고, ㈜나무는 20×2년 2월 1일에 주당 ₩5,300의 가격으로 주식 50주를 처분하였다. 그리고 20×2년 12월 31일 삼송전자의 주식은 주당 ₩5,000으로 하락하였다.

물음

1. 20×1년 7월 1일 주식의 취득원가를 구하시오.
2. 20×1년 12월 31일 포괄손익계산서에 보고될 FVPL 금융자산평가손익을 구하시오.
3. 20×2년 2월 1일 FVPL 금융자산처분손익을 구하시오.
4. 각 일자별 회계처리를 하시오.

해답 및 해설

1. 취득원가 : ₩4,700 × 100주 = ₩470,000

   * FVPL 금융자산의 거래원가(매입수수료 등)는 당기비용으로 처리함에 유의하여야 한다.

2. 금융자산평가이익 : (₩6,000 × 100주) − 470,000 = ₩130,000

3. 금융자산처분손실 : ₩600,000 × 50% − (5,300 × 50주) = ₩35,000

4. 회계처리

(1) 20×1년 7월 1일

(차)	FVPL 금융자산	470,000	(대) 현금	473,500
	지급수수료	3,500		

(2) 20×1년 12월 31일

(차)	FVPL 금융자산	130,000	(대) 금융자산평가이익	130,000

(3) 20×2년 2월 1일

(차)	현금	265,000	(대) FVPL 금융자산	300,000
	금융자산처분손실	35,000		

(4) 20×2년 12월 31일

(차)	금융자산평가손실	50,000	(대) FVPL 금융자산	50,000

* ₩300,000(장부금액) − 50주 × ₩5,000 = ₩50,000

문제 9 FVOCI 선택 금융자산

다음은 ㈜나무의 투자주식에 관련된 거래내역이다.

(1) 20×1년 8월 1일에 장기투자의 목적으로 ㈜과거의 주식 500주를 주당 ₩2,000에 매입하였다.
(2) 20×2년 3월 2일에 ㈜과거로부터 주당 ₩200의 배당금을 받았다.
(3) 20×2년 5월 10일에 ㈜과거의 주식 중 300주를 주당 ₩1,500에 매도하였다.

물음

㈜과거의 주식이 시장성이 있는 주식이고 주당 공정가치가 다음과 같을 경우 20×1년과 20×2년에 행할 회계처리를 하시오. 단, ㈜나무는 ㈜과거의 주식을 FVOCI 금융자산으로 분류(선택)하였다.

구 분	20×1년 말 공정가치	20×2년 말 공정가치
㈜과거	₩2,500	₩1,000

해답 및 해설

(1) 20×1년

8/ 1	(차) FVOCI 선택 금융자산	1,000,000	(대) 현 금	1,000,000
12/31	(차) FVOCI 선택 금융자산	250,000	(대) 금융자산평가이익(OCI)	250,000

(2) 20×2년

3/ 2	(차) 현 금	100,000	(대) 배 당 금 수 익	100,000
	* 배당금수익 : 500주×₩200=₩100,000			
5/10	(차) 금융자산평가이익(OCI)	250,000	(대) FVOCI 선택 금융자산	300,000*
	금융자산평가손실(OCI)	50,000		
	* 300주×(₩2,500−1,500)=₩300,000			
	(차) 현 금	450,000	(대) FVOCI 선택 금융자산	450,000
12/31	(차) 금융자산평가손실(OCI)	300,000	(대) FVOCI 선택 금융자산	300,000
	* 200주×(₩2,500−1,000)=₩300,000			

문제 10 채무상품(AC 금융자산)

㈜나무는 20×1년 1월 1일에 다음과 같은 사채를 발행하였다.

• 액 면 가 액 : ₩500,000	• 표시이자율 : 8%
• 만 기 : 3년	• 시장이자율 : 10%
• 이자지급일 : 매년 12월 31일	

사채발행과 동시에 ㈜종로가 사채전액을 취득하였고 20×1년 말 사채의 공정가치는 ₩470,000이다. (3년 10% 현가 : 0.75131, 3년 10% 연금현가 : 2.48685)

물음

1. 20×1년 초 채무상품의 공정가치를 구하시오.
2. 채무상품의 유효이자율법에 따른 상각표를 작성하시오.
3. ㈜종로가 위의 사채를 계약에 명시된 현금흐름을 수령하는 것을 목적으로 취득한 경우 20×1년부터 20×3년 말까지 회계처리를 하시오.

해답 및 해설

1. 채무상품의 공정가치

(1) 공정가치

① 원금의 현재가치 :	₩500,000 × 0.75131(3년, 10%현가) =	₩375,655
② 이자의 현재가치 :	₩40,000 × 2.48685(3년, 10%연금현가) =	99,474
계		₩475,129

2. 상각표

일 자	유효이자(10%)	액면이자(8%)	상각액	장부금액
20×1. 1. 1				₩475,129
20×1. 12. 31	₩47,513	₩40,000	₩7,513	482,642
20×2. 12. 31	48,264	40,000	8,264	490,906
20×3. 12. 31	49,094*	40,000	9,094*	500,000
계	₩144,871	₩120,000	₩24,871	

* 단수차이조정

3. AC 금융자산 회계처리

일 자	회계처리			
20×1. 1. 1	(차) AC 금융자산	475,129	(대) 현 금	475,129
20×1. 12. 31	(차) 현 금	40,000	(대) 이 자 수 익	47,513
	AC 금융자산	7,513		
20×2. 12. 31	(차) 현 금	40,000	(대) 이 자 수 익	48,264
	AC 금융자산	8,264		
20×3. 12. 31	(차) 현 금	40,000	(대) 이 자 수 익	49,094
	AC 금융자산	9,094		
	(차) 현 금	500,000	(대) AC 금융자산	500,000

문제 11 상기업의 재무제표작성

다음은 ㈜나무의 20×1년 말 수정전시산표와 결산조정사항이다.

수정전시산표

㈜나무 20×1. 12. 31

차변	금액	대변	금액
현금	₩99,742	매입채무	₩1,560,000
당좌예금	400,000	대손충당금	50,000
매출채권	600,000	자본금	1,000,000
상품	350,000	이익잉여금	500,000
FVPL 금융자산	700,000	매출	5,000,000
FVOCI 선택 금융자산	1,200,000	배당금수익	80,000
AC 금융자산	950,258	이자수익	10,000
금융자산평가손실(OCI)	100,000		
매입	3,000,000		
급여	800,000		
합계	₩8,200,000	합계	₩8,200,000

〈결산조정사항〉

(1) 기말 현재 거래은행의 당좌예금 잔액을 조회한 결과 ₩480,000이었다. 조사결과 차이 원인은 다음과 같이 확인되었다.

① 발행수표 중 12월 31일까지 은행에서 인출되지 않은 기발행미인출수표가 ₩50,000이다.

② 거래처로부터 송금해 온 외상매출금 ₩30,000이 당좌이체 되었으나 회사에서는 기말현재 모르고 있었다.

(2) 매출채권 잔액에 대해 거래처 분석을 한 결과 미래 현금회수할 것으로 추정된 금액은 ₩500,000이다.

(3) ㈜나무는 실지재고조사법을 사용하고 있으며 기말 재고실사결과 실지재고금액은 ₩400,000이다.

(4) FVPL 금융자산은 20×1년 12월 1일에 A회사 주식 100주를 주당 ₩7,000에 취득한 것이다. 기말 현재 A회사 주식의 공정가치는 주당 ₩8,000이다.

(5) FVOCI 선택 금융자산은 20×0년 4월 1일에 B회사 주식 200주를 주당 ₩6,500에 취득한 것이다. 20×0년 말 B회사 주식의 공정가치는 주당 ₩6,000이었고, 20×1년 말에는 공정가치가 회복되어 주당 ₩8,000이 되었다.

(6) 20×1년 4월 1일 ㈜나무는 ㈜종로가 발행한 다음과 같은 조건의 사채를 계약에 명시된 현금흐름을 수령하는 것을 목적으로 취득하였다. 취득당시 시장이자율은 10%이다.

① 사채 액면금액 : ₩1,000,000

② 액면이자율 : 8% (매년 3월 31일 이자지급)

③ 만 기 : 20×4년 3월 31일

물음

1. ㈜나무의 20×1년 말 기말수정분개를 하시오.
2. ㈜나무의 20×1년도 수정후시산표를 작성하시오.
3. ㈜나무의 20×1년도 재무상태표와 포괄손익계산서를 작성하시오.

해답 및 해설

1. 기말수정분개

(1) 당좌예금에 대한 은행계정조정표

〈은행계정조정표〉

	회사측 잔액	은행측 잔액
수정전 잔액	₩400,000	₩480,000
① 기발행미인출수표		(50,000)
② 회사미기입예금	30,000	
정확한 잔액	₩430,000	₩430,000

〈회사측 수정분개〉

(차) 당좌예금	30,000	(대) 매출채권	30,000

(2) 매출채권에 대한 대손충당금 설정

(차) 대손상각비	20,000	(대) 대손충당금	20,000

* 기말현재 매출채권 잔액 : ₩600,000－30,000＝	₩570,000
기말현재 회수가능한 추정금액	(500,000)
대손충당금 기말현재 잔액	70,000
설정전 잔액	(50,000)
추가 설정액	₩20,000

(3) 매출원가

(차) 상품(기말)	400,000	(대) 상품(기초)	350,000
매출원가	2,950,000	매입	3,000,000

(4) FVPL 금융자산 기말평가

(차) FVPL 금융자산	100,000	(대) 금융자산평가이익(PL)	100,000

* 100주×₩8,000－700,000＝₩100,000

(5) FVOCI 선택 금융자산 기말평가

(차) FVOCI 선택 금융자산	400,000	(대) 금융자산평가손실(OCI)	100,000
		금융자산평가이익(OCI)	300,000

* 200주×₩8,000－1,200,000＝₩400,000

(6) AC금융자산 이자수익

(차) 미 수 이 자	60,000	(대) 이 자 수 익	71,270
A C 금 융 자 산	11,270		

* ₩950,258×10%×9/12=₩71,270

(7) 현금및현금성자산 대체

(차) 현금및현금성자산	529,742	(대) 현 금	99,742
		당 좌 예 금	430,000

2. 수정후시산표

수정후시산표

㈜나무 20×1. 12. 31

현금및현금성자산	₩529,742	매 입 채 무	₩1,560,000
매 출 채 권	570,000	대 손 충 당 금	70,000
미 수 이 자	60,000	자 본 금	1,000,000
상 품	400,000	금융자산평가이익(OCI)	300,000
FVPL 금융자산	800,000	이 익 잉 여 금	500,000
FVOCI 선택 금융자산	1,600,000	매 출	5,000,000
A C 금 융 자 산	961,528	배 당 금 수 익	80,000
매 출 원 가	2,950,000	이 자 수 익	81,270
급 여	800,000	금융자산평가이익	100,000
대 손 상 각 비	20,000		
합 계	₩8,691,270	합 계	₩8,691,270

3. 재무상태표와 포괄손익계산서

재무상태표

㈜나무 20×1. 12. 31.

현금및현금성자산		₩529,742	매 입 채 무	₩1,560,000
매 출 채 권	570,000		자 본 금	1,000,000
대 손 충 당 금	(70,000)	500,000	금융자산평가이익(OCI)	300,000
미 수 수 익		60,000	이 익 잉 여 금	1,991,270
상 품		400,000		
FVPL 금융자산		800,000		
FVOCI 선택 금융자산		1,600,000		
A C 금융자산		961,528		
합 계		₩4,851,270	합 계	₩4,851,270

포괄손익계산서

㈜나무			20×1. 1. 1 ~ 20×1. 12. 31
매 출 액			₩5,000,000
매 출 원 가			(2,950,000)
	기초상품재고액	₩350,000	
	당기상품매입액	3,000,000	
	기말상품재고액	(400,000)	
매 출 총 이 익			2,050,000
배 당 금 수 익			80,000
이 자 수 익			81,270
금융자산평가이익			100,000
급 여			(800,000)
대 손 상 각 비			(20,000)
당 기 순 이 익			1,491,270
금융자산평가손실	(감소분)		100,000
금융자산평가이익	(증가분)		300,000
총 포 괄 이 익			₩1,891,270

Chapter

08

금융부채

7판

IFRS 회계원리

Chapter

08 금융부채

제 1 절 금융부채의 의의와 분류

1. 금융부채의 의의

'금융부채(financial liabilities)'는 거래상대방에게 현금 등 금융자산을 인도하기로 한 계약상 의무를 말한다.

2. 금융부채의 분류

제7장에서 금융자산은 계약상 현금흐름 특성조건과 사업모형에 따라 분류를 달리하였다. 반면에 금융부채는 최초 인식시점에서는 공정가치로 측정하지만 후속적으로 ① 상각후원가로 측정하는 금융부채와 ② 상각후원가로 측정하지 않고 별도의 후속측정기준을 적용하는 금융부채로 분류하고, ③ 당기손익-공정가치 측정 금융부채로 지정하는 경우도 있다. 금융부채의 분류를 그림으로 표시하면 다음과 같다.

그림 8-1 금융부채의 분류

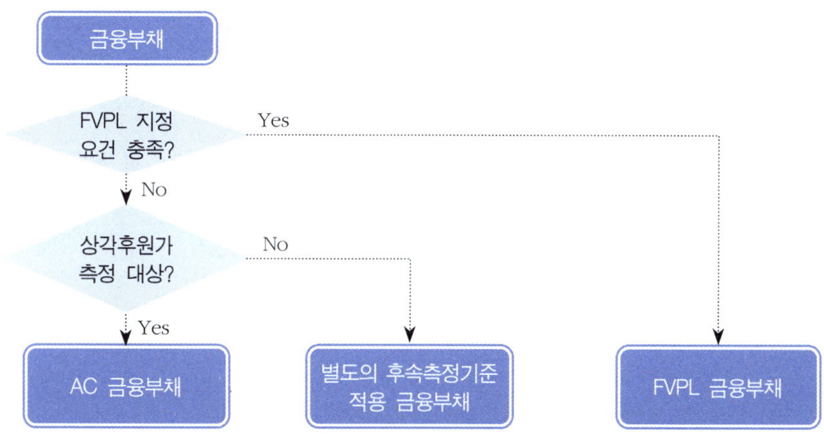

FVPL 금융부채와 별도의 후속측정기준 적용 금융부채는 중급회계 교재에서 정리하기로 하고 본 서에서는 AC 금융부채만 설명하기로 한다. 제2절에서 정리할 사채의 회계처리가 대표적인 AC 금융부채의 회계처리이다.

3. 금융부채와 지분상품의 구분

특정 금융상품이 금융부채와 지분상품 중 어느 쪽에 속하는지 결정하는 것은 매우 중요한 문제이다. 그 이유는 금융부채로 분류되면 부채에 기록되고 지분상품으로 분류되면 자본에 기록되기 때문이다. 본 장에서는 금융부채로 분류된 경우를 설명할 것이고 지분상품으로 분류되는 경우는 제10장에서 설명할 것이다.

금융부채와 지분상품을 구분하는 가장 중요한 특징은 계약상 의무를 결제하기 위하여 현금 등 금융자산의 인도를 회피할 수 있는가의 여부이다. 만일 기업이 금융자산의 인도를 회피할 수 없다면 금융부채로 분류하고, 회피할 수 있는 권리를 가지고 있다면 지분상품으로 분류한다. 예를 들어, 기업이 상환할 의무를 가지고 있거나 우선주의 보유자가 상환을 청구할 권리를 가지고 있는 상환우선주는 기업의 금융자산의 인도를 회피할 수 없으므로 금융부채로 분류한다.

4. 복합금융상품

자본요소와 부채요소를 모두 가지고 있는 복합금융상품(compound financial instruments)의 발행자는 실질에 따라 각 요소를 구분하여 금융부채 또는 지분상품으로 분류한다. 예를 들어 전환사채 또는 신주인수권부사채를 발행한 경우 발행자의 관점에서 이러한 금융상품은 금융부채의 요소와 지분상품의 요소로 구성된다. 따라서 복합금융상품의 경우 부채요소와 자본요소를 분리하여 재무상태표에 표시한다. 본 서에서는 지분상품의 요소가 포함되지 않은 일반사채의 경우만을 설명하고 지분상품의 요소가 포함되어 있는 전환사채, 신주인수권부사채에 대한 회계처리는 중급회계 교재에서 설명한다.

제 2 절 사채(AC 금융부채)

'사채(corporate bonds)'는 주식회사가 다수의 일반투자자로부터 거액의 장기자금을 조달하기 위하여 발행하는 유가증권이다. 사채는 주식(stock)과 다음과 같은 점에서 서로 다르다.

① 사채를 보유한 투자자는 회사입장에서 채권자이지만 주식을 소유한 투자자는 회사입장에서 주주이다.

② 사채에 대해서는 회사의 재무상태와 관계없이 일정한 '이자(interest)'를 지급하고 만기에는 원금을 상환해야 하는 반면에 주식은 이익이 발생하는 경우에만 '배당(dividend)'을 하고 주금상환 의무는 없으며 잔여재산에 대한 분배청구권만 있다.

③ 사채를 소유한 투자자는 회사의 경영에 참가할 수 없지만 주주는 경영에 참가해서 의결권을 행사할 수 있다.

1. 사채의 발행

사채를 발행하기 위해서는 사채의 권면(at par)에 표시할 액면금액, 만기지급일, 이자지급일, 이자율 등을 결정해야 한다. 이 중에서 사채발행회사가 미래에 상환할 의무를 정하는 액면금액과 액면이자율에 대해 살펴보도록 하자.

① 액면금액(par value)

사채의 표면에 만기일에 상환하기로 기재한 금액을 말한다. 사채를 발행한 회사는 사채의 만기일에 액면금액에 해당하는 현금을 사채투자자에게 지급할 의무가 있다.

② 액면이자율(stated interest rate)

사채를 발행한 회사가 이자지급일에 지급하기로 사채의 표면에 표시한 이자율을 말하며 표시이자율이라고도 한다. 액면금액에 액면이자율을 곱한 이자금액은 회사의 실적과 무관하게 사채투자자에게 지급할 의무가 있다.

이와 같이 사채의 권면에 표시할 액면금액, 만기지급일, 이자율, 이자지급일이 결정되면 사채를 발행한 회사는 사채투자자에게 미래에 지급할 현금지급의무가 확정된다. 다음 예제를 이용해서 사채의 발행조건에 따라 사채를 발행한 회사의 현금지급의무가 어떻게 확정되는지 살펴보도록 하자.

예제 8-1

사채의 발행조건과 현금지급액 결정

㈜나무는 20×1년 1월 1일 사채의 액면이 ₩1,000,000이고 액면이자율이 8%이며 만기가 3년이고 이자지급일이 매년 12월 31일인 사채를 발행하기로 결정하였다.

요구사항

㈜나무가 사채를 발행하고 미래에 지급해야 할 현금의무를 나타내시오.

해답

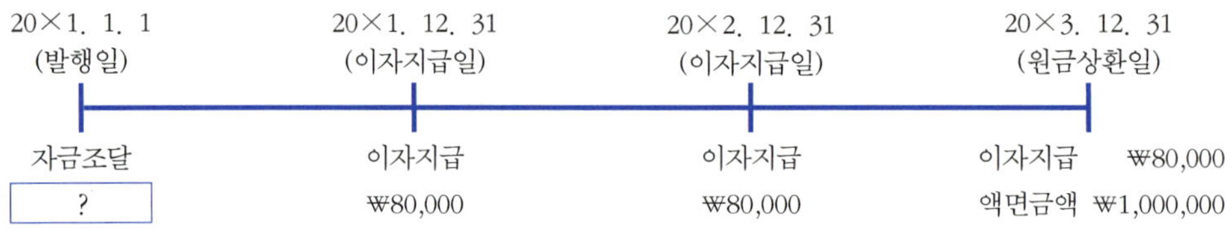

예제에서 살펴본 바와 같이 사채발행조건이 결정되면 사채발행을 통해서 발생하는 미래의 현금흐름이 결정된다. 그런데 사채의 액면이자율은 기업에서 임의로 결정한 이자율일 뿐이며 사채에 자금을 투자할 투자자들이 받기를 원하는 이자율은 액면이자율과 다를 수 있다. 이 경우 투자자들이 원하는 이자율을 시장이자율이라고 한다. 여기서 '시장이자율(market interest rate)'은 일반투자자들이 사채에 투자하는 대신에 다른 곳에 돈을 빌려주고 받을 수 있는 이자율을 말한다. 이 시장이자율이 사채발행자가 실질적으로 부담하는 이자율이 되므로 회계에서는 이를 '유효이자율(effective interest rate)'이라고 부른다.

액면이자율과 시장이자율이 다른 경우에는 사채의 액면금액과 발행시점에 투자자로부터 조달할 수 있는 자금(발행가액)이 달라지게 된다. 사채는 권면에 표시된 액면이자율과 시장이자율과의 비교에 따라 ① 액면발행, ② 할인발행 및 ③ 할증발행의 세 가지 유형으로 구분된다.

① **액면발행**

액면이자율과 시장이자율이 같을 경우에 액면금액으로 사채를 발행하는 것을 말한다.

② **할인발행**

액면이자율보다 시장이자율이 더 높은 경우에 액면금액보다 할인된 금액으로 사채를 발행하는 것을 말한다.

③ 할증발행

액면이자율보다 시장이자율이 더 낮은 경우에 액면금액보다 할증된 금액으로 사채를 발행하는 것을 말한다.

그림 8-2 사채발행의 유형

이 자 율	사채발행
① 액면이자율 = 시장이자율	액면발행
② 액면이자율 < 시장이자율	할인발행
③ 액면이자율 > 시장이자율	할증발행

이와 같이 액면이자율과 시장이자율이 달라지면 사채발행가액이 달라지게 되는데 이에 대해서는 다음 예제를 이용해서 살펴보도록 하겠다.

예제 8-2
사채발행가액의 결정

㈜나무는 20×1년 1월 1일 사채의 액면이 ₩1,000,000이고 액면이자율이 8%이며 만기가 3년이고 이자지급일이 매년 12월 31일인 사채를 발행하기로 결정하였다.

요구사항

1. 시장이자율이 8%인 경우에 사채의 발행가액을 결정하시오. 단, 3년, 8%, 연금현가는 2.577100이고 3년, 8%, 현가는 0.793830이다.
2. 시장이자율이 10%인 경우에 사채의 발행가액을 결정하시오. 단, 3년, 10%, 연금현가는 2.486850이고 3년, 10%, 현가는 0.751310이다.
3. 시장이자율이 6%인 경우에 사채의 발행가액을 결정하시오. 단, 3년, 6%, 연금현가는 2.673010이고 3년, 6%, 현가는 0.839620이다.

(1) **액면발행**(issued at par)

액면이자율과 시장이자율이 같은 경우에는 사채의 만기에 상환하기로 표시한 액면금액으로 사채가 발행되어 투자자로부터 자금을 조달할 수 있다. 사채에 투자하는 투자자는 시장이자율만큼의 수익률을 얻어야 하므로 사채발행조건에 제시된 미래

현금흐름을 시장이자율로 할인한 현재가치 금액만큼 투자하게 되는데 시장이자율이 액면이자율과 같기 때문에 발행조건의 현재가치가 액면금액과 일치하게 된다. 예제에서 시장이자율이 8%인 경우에 액면에 표시된 현금흐름을 8%의 이자율로 할인해서 현재가치를 계산하면 액면금액과 동일해짐을 알 수 있다.

그림 8-3 액면발행시 발행가액의 계산

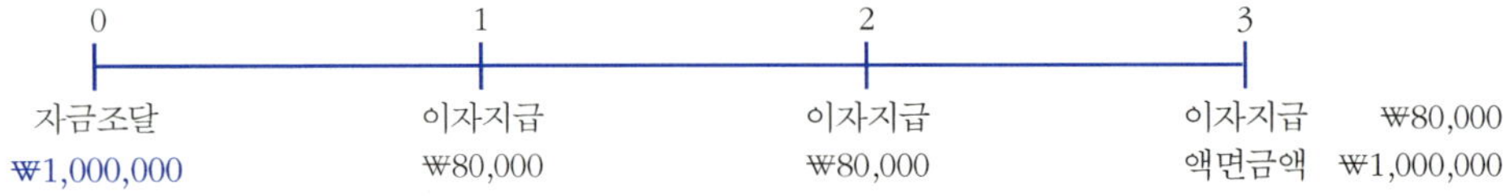

		현재가치
액면금액의 현재가치 :	₩1,000,000 × 0.79383(3년, 8%, 현 가) =	₩793,830
액면이자의 현재가치 :	₩80,000 × 2.57710(3년, 8%, 연금현가) =	206,170*
	사채투자자의 투자액(발행가액) =	₩1,000,000

* 단수차이를 조정하여 현재가치 금액이 액면금액과 동일하게 조정함

(2) 할인발행(issued at discount)

액면이자율보다 시장이자율이 높은 경우에는 사채의 액면금액보다 할인된 금액으로 사채를 발행해서 자금을 조달할 수밖에 없다. 예제에서 액면이자율이 8%인 반면에 시장이자율이 10%라면 일반투자자는 수익률이 높은 시장이자율을 가지는 다른 곳에 자금을 빌려주고 회사의 사채에는 투자하지 않을 것이다. 따라서 투자자를 유인하기 위해서는 액면금액보다 낮은 금액으로 사채를 발행해야 하는데 이를 할인발행이라고 한다. 사채에 투자하는 투자자는 시장이자율만큼의 수익률을 얻어야 하므로 사채액면조건에 제시된 미래현금흐름을 시장이자율로 할인해서 현재가치금액을 계산하고 그 금액을 투자하게 된다. 따라서 예제에서 시장이자율이 10%인 경우에 액면에 표시된 현금흐름을 10%의 이자율로 할인해서 계산한 현재가치금액이 시장의 투자자들이 시장이자율만큼의 수익률을 얻기 위해 사채에 투자할 수 있는 투자액이며, 이 금액이 사채의 발행가액에 해당한다.

그림 8-4 할인발행시 발행가액의 계산

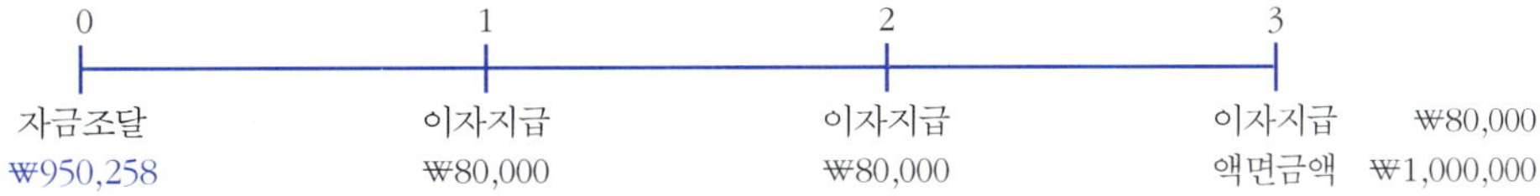

		현재가치
액면금액의 현재가치 :	₩1,000,000 × 0.75131 (3년, 10%, 현　　가) =	₩751,310
액면이자의 현재가치 :	₩80,000 × 2.48685 (3년, 10%, 연금현가) =	198,948
	사채투자자의 투자액(발행가액) =	₩950,258

(3) 할증발행(issued at premium)

액면이자율에 비해 시장이자율이 낮은 경우에는 사채의 액면금액보다 할증된 금액으로 사채를 발행해서 자금을 조달할 수 있다. 예제에서 액면이자율이 8%인 반면에 시장이자율이 6%밖에 안 된다면 일반투자자들은 시장이자율보다 수익률이 높은 사채에 서로 투자하려고 할 것이다. 따라서 투자자들 사이의 경쟁으로 액면금액보다 높은 금액으로 사채를 발행할 수 있는데 이를 할증발행이라고 한다. 사채에 투자하는 투자자는 시장이자율만큼의 수익률을 얻어야 하므로 사채발행조건에 제시된 미래현금흐름을 시장이자율로 할인해서 현재가치금액을 계산하고 그 금액을 투자하게 된다. 따라서 예제에서 시장이자율이 6%인 경우에 액면에 표시된 현금흐름을 6%의 이자율로 할인해서 계산한 현재가치금액이 시장의 투자자들이 시장이자율만큼의 수익률을 얻기 위해 사채에 투자할 수 있는 투자액이며, 이 금액이 발행가액에 해당한다.

그림 8-5 할증발행시 발행가액의 계산

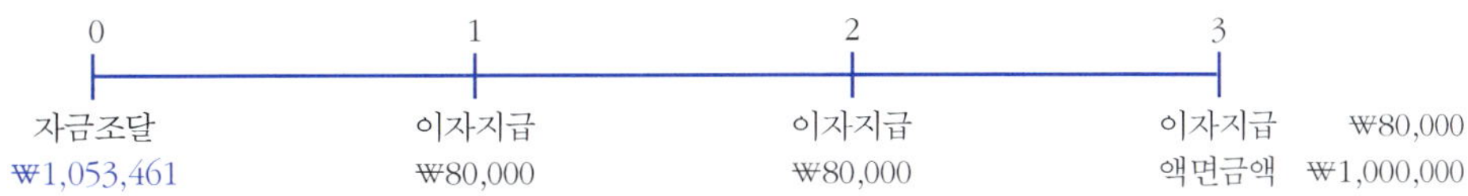

		현재가치
액면금액의 현재가치 :	₩1,000,000 × 0.83962(3년, 6%, 현　　가) =	₩839,620
액면이자의 현재가치 :	₩80,000 × 2.67301 (3년, 6%, 연금현가) =	213,841
	사채투자자의 투자액(발행가액) =	₩1,053,461

(4) 사채발행시점의 회계처리

사채는 액면이자율과 시장이자율의 차이에 따라 액면발행, 할인발행, 할증발행이 있다. 사채계정은 어느 경우라도 사채의 액면금액으로 대변에 기록한다. 그리고 할인발행인 경우에는 액면금액과 발행가액과의 차이를 사채할인발행차금계정의 차변에 기록하고 할증발행인 경우에는 액면금액과 발행가액과의 차이를 사채할증발행차금계정의 대변에 기록한다.[1] [예제 8-2]에서 살펴본 세 가지 유형의 발행가액을 회계처리하면 다음과 같다.

① 액면발행

(차) 현　　　금	1,000,000	(대) 사　　　채	1,000,000

② 할인발행

(차) 현　　　금	950,258	(대) 사　　　채	1,000,000
사채할인발행차금	49,742		

③ 할증발행

(차) 현　　　금	1,053,461	(대) 사　　　채	1,000,000
		사채할증발행차금	53,461

사채할인발행차금은 재무상태표에 표시될 때 사채를 차감하는 형식으로 표시되며 사채할증발행차금은 사채에 가산하는 형식으로 표시된다. 예제의 사채가 재무상태표에 표시될 때 어떻게 공시되는지를 살펴보면 다음과 같다.

할인발행한 경우

	⋮	
⋮	사　　　채	1,000,000
	사채할인발행차금	(49,742)
		950,258
	⋮	

할증발행한 경우

	⋮	
⋮	사　　　채	1,000,000
	사채할증발행차금	53,461
		1,053,461
	⋮	

1) 한국채택국제회계기준에서는 사채발행차금 사용에 대한 구체적인 언급이 없으므로 현재가치금액(순액)으로 사채계정에 기록해도 무방할 것이다. 하지만 일반기업회계기준에서는 사채발행차금을 사용하도록 규정하고 있기 때문에 본 서에서는 사채발행차금을 사용하는 것으로 설명하도록 하겠다.

2. 사채의 이자비용 계산과 회계처리

사채의 액면에는 액면이자율이 있으므로 현금으로 지급되는 이자비용은 결정되어 있다. 하지만 할인발행이나 할증발행이 이루어진 경우에는 액면금액과 발행가액의 차이금액을 고려해야 하므로 이자비용을 계산하는 것이 복잡해지는데 각 유형별로 실제로 부담하는 이자비용을 분석해 보면 다음과 같다.

① 액면발행

현금으로 지급하는 이자비용과 실제로 부담하는 이자비용이 동일하다.

② 할인발행

투자자가 투자한 발행가액보다 많은 금액을 만기에 액면금액으로 상환하므로 그 차액(사채할인발행차금)만큼은 추가로 지급한 이자비용에 해당한다. 따라서 실제로 부담하는 이자비용은 현금으로 지급하는 이자비용에 사채할인발행차금을 합한 금액이 된다.

③ 할증발행

투자자가 투자한 발행가액보다 적은 금액을 만기에 액면금액으로 상환하므로 그 차액(사채할증발행차금)만큼은 현금으로 지급한 이자비용 중에서 돌려받은 금액에 해당한다. 따라서 실제로 부담하는 이자비용은 현금으로 지급하는 이자금액에서 사채할증발행차금을 차감한 금액이 된다.

예제의 세 가지 사채발행 유형별로 실제로 부담하는 이자총액은 다음과 같다.

발행유형별 실질 총이자비용

발행유형	액면이자액(현금지급)	액면금액 – 발행가액 (상환금액 – 조달금액)	실질총이자비용
액면발행	₩80,000 × 3년 = ₩240,000	₩0	₩240,000
할인발행	₩80,000 × 3년 = ₩240,000	₩49,742	₩289,742
할증발행	₩80,000 × 3년 = ₩240,000	₩(53,461)	₩186,539

Chapter 8

이와 같이 할인발행이나 할증발행의 경우에는 사채의 액면이자율에 따라 현금으로 지급하는 이자비용과 발행회사가 실제로 부담하는 이자비용이 다르므로 매년도의 액면이자비용에 사채할인(할증)발행차금을 가감해서 실제로 부담하는 이자비용이 계상되도록 해야 하는데 그 과정을 사채할인(할증)발행차금 상각이라고 한다.

(1) 사채할인(할증)발행차금의 상각방법

매년도의 액면이자비용에 사채할인(할증)발행차금을 가감해서 실질이자비용이 계상되도록 상각하는 방법으로는 ① 정액법과 ② 유효이자율법이 있다.

① 정액법(straight line method)

이 방법은 사채할인(할증)발행차금을 사채의 발행일부터 만기일까지의 기간에 균등하게 상각하는 방법이다. 정액법은 계산이 간편하다는 장점이 있으나 매기의 실질이자비용을 정확하게 반영하지 못한다는 단점이 있는 방법이다. 정액법을 산식으로 표현해보면 다음과 같다.

$$\text{사채할인(할증)발행차금 상각액} = \text{총사채할인(할증)발행차금} \times \frac{\text{해당월수}}{\text{사채기간 총월수}}$$

사채이자비용 = 이자지급액 ± 사채할인(할증)발행차금상각액

② 유효이자율법(effective interest method)

이 방법은 사채의 기초장부금액에 유효이자율을 곱해서 계산된 유효이자와 현금으로 지급되는 사채의 액면이자의 차이를 사채할인(할증)발행차금의 상각대상금액으로 처리하는 방법이다. 사채할인(할증)발행차금 상각해당금액을 이자비용에 가산하거나 차감해서 회계처리한다. 유효이자율법을 산식으로 표현해보면 다음과 같다.

사채이자비용(유효이자) = 사채의 기초장부금액* × 유효이자율

* 사채의 기초장부금액=액면금액±미상각사채할인(할증)발행차금

사채할인발행차금상각액 = 유효이자 − 액면이자(사채이자지급액)

사채할증발행차금상각액 = 액면이자(사채이자지급액) − 유효이자

정액법과 유효이자율법이 어떻게 적용될 수 있는지에 대해서는 다음의 예제를 이용해서 살펴보도록 하자.

예제 8-3
사채의 이자비용 계산-정액법과 유효이자율법

㈜나무는 20×1년 1월 1일 사채의 액면이 ₩1,000,000이고 액면이자율이 8%이며 만기가 3년이고 이자지급일이 매년 12월 31일인 사채를 발행하기로 결정하였다.

요구사항

1. 시장이자율이 8%이며 액면으로 발행한 경우에 매년 사채이자비용을 계산하고 관련되는 분개를 하시오.
2. 시장이자율이 10%이며 발행가액이 ₩950,258로 할인발행한 경우에 정액법과 유효이자율법에 따라 매년 사채이자비용을 계산하고 관련되는 분개를 하시오.
3. 시장이자율이 6%이며 발행가액이 ₩1,053,461로 할증발행한 경우에 정액법과 유효이자율법에 따라 매년 사채이자비용을 계산하고 관련되는 분개를 하시오.

(2) 액면발행

사채를 액면으로 발행한 경우에는 사채할인(할증)발행차금이 발생하지 않기 때문에 액면이자금액이 실제부담이자비용이 된다. 따라서 정액법과 유효이자율법 사이에 차이가 없으며 액면이자금액이 사채발행회사가 부담하는 이자비용으로 포괄손익계산서에 표시된다.

① 연간이자비용 : ₩1,000,000 × 8% = ₩80,000

② 이자비용의 회계처리

(차) 이 자 비 용	80,000	(대) 현 금	80,000

매년 이자비용이 동일하므로 매년 이자비용을 인식하는 분개가 동일하다.

(3) 할인발행

사채를 할인발행하는 경우에는 사채할인발행차금이 발생하며 이 금액에 액면이자금액을 합한 합계액이 총이자비용이 된다. 따라서 할인발행의 경우 매년의 액면이자금액에 사채할인발행차금의 상각액을 가산해야 실제로 부담하는 이자비용을 포괄손익계산서에 계상할 수 있다. 이와 같이 사채할인발행차금을 상각하는 방법으로 정액법과 유효이자율법이 있으며 예제의 [요구사항 2]에 있는 할인발행조건을 이 두 방법에 적용해서 매년도에 포괄손익계산서에 인식할 이자비용을 계산하면 다음과 같다.

① 정액법

사채할인발행차금 총액 : ₩1,000,000 − 950,258 = ₩49,742

매년 사채할인발행차금 상각액 : ₩49,742 × 12개월/36개월 = ₩16,581

매년 사채의 실질이자비용 : ₩80,000 + 16,581 = ₩96,581

이와 같이 정액법으로 사채할인발행차금을 상각하면 매년 상각액이 ₩16,581으로 일정하고 실질이자비용도 ₩96,581으로 일정하다. 다만, 마지막 연도에는 단수차이로 인해 상각액이 ₩16,580이 된다.

② 유효이자율법

사채할인발행차금 상각표(유효이자율법)

일 자	유효이자(10%)	액면이자(8%)	상각액	장부금액
20×1. 1. 1				₩950,258
20×1. 12. 31	₩95,026	₩80,000	₩15,026	965,284
20×2. 12. 31	96,528	80,000	16,528	981,812
20×3. 12. 31	98,188*	80,000	18,188	1,000,000
계	₩289,742	₩240,000	₩49,742	

* 단수차이조정

정액법과 유효이자율법에 따라 매년 계상되어야 하는 이자비용과 사채할인발행차금 상각액을 인식하는 분개를 살펴보면 다음과 같다.

정 액 법		유효이자율법	
1차년도(20×1년 12월 31일)		1차년도(20×1년 12월 31일)	
(차) 이 자 비 용	96,581	(차) 이 자 비 용	95,026
(대) 현 금	80,000	(대) 현 금	80,000
사채할인발행차금	16,581	사채할인발행차금	15,026
2차년도(20×2년 12월 31일)		2차년도(20×2년 12월 31일)	
(차) 이 자 비 용	96,581	(차) 이 자 비 용	96,528
(대) 현 금	80,000	(대) 현 금	80,000
사채할인발행차금	16,581	사채할인발행차금	16,528
3차년도(20×3년 12월 31일)		3차년도(20×3년 12월 31일)	
(차) 이 자 비 용	96,580	(차) 이 자 비 용	98,188
(대) 현 금	80,000	(대) 현 금	80,000
사채할인발행차금	16,580	사채할인발행차금	18,188

(4) 할증발행

사채를 할증발행하는 경우에는 사채할증발행차금이 발생하며 액면이자금액에서 사채할증발행차금을 차감한 순액이 총이자비용이 된다. 따라서 할증발행의 경우 매년의 액면이자비용에서 사채할증발행차금의 상각액을 차감해야 실제로 부담하는 이자비용을 포괄손익계산서에 계상할 수 있다. 이와 같이 사채할증발행차금을 상각하는 방법으로 정액법과 유효이자율법이 있으며 예제의 [요구사항 3]에 있는 할증발행 조건을 이 두 방법에 적용해서 매년도에 포괄손익계산서에 인식할 이자비용을 계산하면 다음과 같다.

① 정액법

사채할증발행차금 총액 : ₩1,053,461 − 1,000,000 = ₩53,461

매년 사채할증발행차금 상각액 : ₩53,461 × 12개월/36개월 = ₩17,820

매년 사채의 실질이자비용 : ₩80,000 − 17,820 = ₩62,180

이와 같이 정액법으로 사채할증발행차금을 상각하면 매년 상각액이 ₩17,820으로 일정하고 실질이자비용도 ₩62,180으로 일정하다. 다만, 마지막 연도에는 단수차이로 인해 상각액이 ₩17,821이 된다.

② 유효이자율법

사채할증발행차금 상각표(유효이자율법)

일 자	유효이자(6%)	액면이자(8%)	상각액	장부금액
20×1. 1. 1				₩1,053,461
20×1. 12. 31	₩63,208	₩80,000	₩16,792	1,036,669
20×2. 12. 31	62,200	80,000	17,800	1,018,869
20×3. 12. 31	61,131*	80,000	18,869	1,000,000
계	₩186,539	₩240,000	₩53,461	

* 단수차이조정

유효이자율법에 따라 사채할증발행차금을 상각하면 사채의 장부금액이 상각액만큼 감소하므로 실제로 부담하는 이자비용도 기간이 경과함에 따라서 감소해 간다.

정액법과 유효이자율법에 따라 매년 계상되어야 하는 이자비용과 사채할증발행차금 상각액을 인식하는 분개를 살펴보면 다음과 같다.

정 액 법		유효이자율법	
1차년도(20×1년 12월 31일)		1차년도(20×1년 12월 31일)	
(차) 이 자 비 용	62,180	(차) 이 자 비 용	63,208
사채할증발행차금	17,820	사채할증발행차금	16,792
(대) 현 금	80,000	(대) 현 금	80,000
2차년도(20×2년 12월 31일)		2차년도(20×2년 12월 31일)	
(차) 이 자 비 용	62,180	(차) 이 자 비 용	62,200
사채할증발행차금	17,820	사채할증발행차금	17,800
(대) 현 금	80,000	(대) 현 금	80,000
3차년도(20×3년 12월 31일)		3차년도(20×3년 12월 31일)	
(차) 이 자 비 용	62,179	(차) 이 자 비 용	61,131
사채할증발행차금	17,821	사채할증발행차금	18,869
(대) 현 금	80,000	(대) 현 금	80,000

이와 같이 사채할인(할증)발행차금을 상각하는 방법에는 정액법과 유효이자율법이 있는데 한국채택국제회계기준에서는 유효이자율법만을 사용하도록 규정하고 있으므로 이 점을 알아두기 바란다.

3. 사채의 만기상환과 조기상환

사채의 만기가 도래하면 사채를 발행한 회사는 사채의 액면금액을 사채투자자에게 지급하여야 하며 이렇게 만기시점에 사채를 상환하는 것을 만기상환(redemption at maturity)이라 한다. 사채를 액면발행, 할인발행, 할증발행 중에서 어느 방법으로 발행했더라도 만기시점에 사채의 장부금액은 액면금액이 되며 이 금액을 상환하게 된다. 예제 3에서 사채의 만기가 되면 액면금액 ₩1,000,000을 상환해야 하며 그 분개는 다음과 같다.

(차) 사 채	1,000,000	(대) 현 금	1,000,000

한편, 사채는 만기가 도래하기 전에 상환하는 경우도 있는데 이를 조기상환(early redemption)이라고 한다. 사채를 조기상환하는 경우에는 사채의 장부금액과 상환가액의

차이금액을 사채상환이익(손실)으로 회계처리하며 당기손익으로 분류한다. 여기서 사채의 장부금액은 사채의 액면금액에서 미상각사채할인(할증)발행차금을 조정한 금액을 말한다.

예제 8-4
사채의 조기상환

㈜나무는 20×1년 1월 1일 사채의 액면이 ₩1,000,000이고 액면이자율이 8%이며 만기가 3년이고 이자지급일이 매년 12월 31일인 사채를 발행하기로 결정하였다. 시장이자율은 10%이고 발행가액이 ₩950,258으로 할인발행하였으며 사채할인발행차금은 유효이자율법에 따라 상각하고 있다. 20×2년 1월 1일 액면 ₩1,000,000인 사채를 ₩950,000에 조기상환하였다.

Chapter 8

요구사항

각 거래시점별로 회계처리하시오.

해답

일 자	회계처리			
20×1년 1월 1일	(차) 현금	950,258	(대) 사채	1,000,000
	사채할인발행차금	49,742		
20×1년 12월 31일	(차) 이자비용	95,026	(대) 현금	80,000
			사채할인발행차금	15,026
20×2년 1월 1일	(차) 사채	1,000,000	(대) 현금	950,000
			사채할인발행차금	34,716[*1]
			사채상환이익	15,284[*2]

* 1. 사채할인발행차금 잔액 : ₩49,742－15,026＝₩34,716

2. 사채상환이익 : (₩1,000,000－34,716)－950,000＝₩15,284
(₩1,000,000－34,716): 장부금액, 950,000: 상환액

Chapter 8

객관식 문제

1 ㈜나무는 증권회사를 통하여 사채를 발행하였다. 발행당시 ㈜나무는 사채할인발행차금을 인식하였다. 다음 중 ㈜나무가 발행한 사채의 유효이자율, 액면이자율 및 시장이자율의 관계가 적절하게 표시된 것은?

① 시장이자율 > 유효이자율 > 액면이자율
② 유효이자율 > 시장이자율 > 액면이자율
③ 유효이자율 = 시장이자율 > 액면이자율
④ 유효이자율 = 시장이자율 = 액면이자율

2 사채의 발행시 발행가액과 액면금액의 차이인 사채할인발행차금에 대한 설명으로 옳은 것은?

① 사채할인발행차금은 유효이자율법으로 상각할 경우 할인차금을 초기에 과도하게 상각하는 문제가 있다.
② 사채할인발행차금을 정액법으로 상각하는 것은 이론상 우수하다.
③ 사채할인발행차금상각액은 사채의 차감으로 기록해야 한다.
④ 사채할인발행차금은 사채의 액면이자율이 시장이자율보다 낮을 때 발생한다.

3 ㈜나무는 20×1년 1월 1일 4년 만기의 액면금액 ₩100,000인 사채를 액면이자율10%로 발행하였다. 이자를 매연도 말에 지급하고 발행일의 유효이자율은 8%이다. 20×1년 1월 1일 이 사채의 발행가액을 구하시오.

이자율	₩1의 현재가치(4년)	연금 ₩1의 현재가치(4년)
8%	0.7350	3.3121
10%	0.6830	3.1699

① ₩106,621
② ₩105,199
③ ₩101,421
④ ₩100,000

4 ㈜남강은 20×2년 초 사채를 발행하였다. 발행일의 분개로 맞는 것은?

액 면 금 액 ₩1,000,000	이자지급일 매년 12월 31일
발 행 가 액 ₩980,000	액면이자율 9%
상 환 조 건 20×4. 12. 31 일시상환	

① (차)	현금	980,000	(대)	사채	1,000,000
	사채할인발행차금	20,000			
② (차)	현금	1,000,000	(대)	사채	980,000
				사채할인발행차금	20,000
③ (차)	현금	980,000	(대)	사채	1,000,000
	사채할증발행차금	20,000			
④ (차)	현금	1,000,000	(대)	사채	1,000,000

5 다음에서 20×1년도 사채할인발행차금 상각액은?

(1) 20×1년 1월 1일 액면 ₩20,000,000을 ₩18,984,952에 현금발행, 만기 20×6년 12월 31일, 액면이자율 4%, 유효이자율 5% 이자지급 12월 31일, 결산 12월 31일
(2) 20×1년 12월 31일 이자현금지급하고 사채할인발행차금을 상각함.

① ₩249,248
② ₩209,248
③ ₩169,248
④ ₩149,248

6 ㈜나무는 20×2년 1월 1일에 다음과 같은 사채를 발행하고 현금 ₩585,300을 조달하였다.

액 면 금 액 ₩500,000	이자지급일 매년 6월 30일과 12월 31일
만 기 5년	액면이자율 연 10%

㈜나무는 사채발행차금의 상각에 유효이자율법을 사용한다. 이 사채의 발행으로 인하여 ㈜나무가 앞으로 5년간의 포괄손익계산서에 기록하게 되는 이자비용 합계액은 총 얼마인가?

① ₩194,700
② ₩250,000
③ ₩164,700
④ ₩500,000

7 20×3년 1월 1일에 액면금액 ₩1,000,000의 사채(유효이자율 10%, 표시이자율 9%, 상환기간 5년, 이자 매년 말 1회 지급)를 ₩962,091에 발행하였다. 유효이자율법에 의해 회계처리하는 경우 20×4년 포괄손익계산서에 보고되는 이자비용을 계산하면 얼마인가?

① ₩90,000 ② ₩96,209
③ ₩96,830 ④ ₩97,200

8 ㈜남강은 20×1년 1월 1일 액면 ₩1,000,000의 사채를 ₩975,000에 할인발행하였다. 그 후 이 사채와 관련된 분개내역은 아래와 같다. 만약 이 사채전액을 20×2년 1월 1일 ₩900,000에 상환하였다면 사채상환이익(또는 손실)은?

20×1년 1월 1일				
(차)	현금	975,000	(대) 사채	1,000,000
	사채할인발행차금	25,000		
20×1년 12월 31일				
(차)	이자비용	107,000	(대) 현금	100,000
			사채할인발행차금	7,000

① ₩82,000(상환손실) ② ₩75,000(상환이익)
③ ₩75,000(상환손실) ④ ₩82,000(상환이익)

9 일시상환사채의 경우 사채발행차금을 유효이자율법을 적용하여 상각 또는 환입할 때 사채발행차금상각액이 매년 어떻게 달라지는가?

	할인발행	할증발행
①	감소	감소
②	감소	증가
③	증가	증가
④	증가	감소

10 다음은 20×5년 초에 사채를 상환하기 직전의 사채관련 자료이다. 사채 상환시점에 인식할 사채상환손익은 얼마인가?

액 면 금 액	₩10,000,000	사채할인발행차금	₩1,000,000
상 환 가 액	₩7,000,000	액 면 이 자 율	10%

① 사채상환이익 ₩2,000,000　② 사채상환손실 ₩2,000,000
③ 사채상환이익 ₩3,000,000　④ 사채상환손실 ₩3,000,000

해답 및 해설

1	2	3	4	5	6	7	8	9	10
③	④	①	①	④	③	③	④	③	①

1. 사채할인발행차금은 시장이자율(=유효이자율)보다 액면이자율이 낮을 경우 사채를 할인발행할 때 계상하게 된다.

2. ① 사채할인발행차금은 유효이자율법으로 상각할 경우 할인차금상각액은 초기에 적게 설정되고 갈수록 증가하게 된다.

② 사채할인발행차금은 유효이자율법으로 상각하는 것이 이론상 우수하다.

③ 사채할인발행차금상각액은 사채할인발행차금에서 차감하는 것으로서 이자비용에 가산한다.

3.

액면금액의 현재가치	:	₩100,000 × 0.7350(4년, 8% 현 가) =	₩73,500
액면이자의 현재가치	:	₩10,000 × 3.3121(4년, 8% 연금현가) =	33,121
발행가액	:		₩106,621

4. 할인발행의 경우이므로 사채할인발행차금이 계상되고 사채할인발행차금은 차변에 온다.

5.

일 자	유효이자(5%)	액면이자(4%)	상각액	장부금액
20×1. 1. 1				₩18,984,952
20×1. 12. 31	₩949,248	₩800,000	₩149,248	19,134,200

6.

발행유형	액면이자액	액면금액 – 발행가액	총이자비용
할증발행	₩500,000 × 5% ×2회× 5년 = ₩250,000	₩500,000 –585,300 = ₩(85,300)	₩164,700

7.

일 자	유효이자(10%)	액면이자(9%)	상각액	장부금액
20×3. 1. 1				₩962,091
20×3. 12. 31	₩96,209	₩90,000	₩6,209	968,300
20×4. 12. 31	96,830	90,000	6,830	975,130

8. 사채의 장부금액 : ₩1,000,000−(25,000 − 7,000) = ₩982,000
사채의 상환가액 : 900,000
사 채 상 환 이 익 : ₩82,000

9.

발행유형	유효이자	현금이자	할인(할증)액상각	사채의 장부금액
할인발행	증 가	일 정	증 가	증 가
할증발행	감 소	일 정	증 가	감 소

10. 사채의 장부금액 : ₩10,000,000 − 1,000,000 = ₩9,000,000
사채의 상환가액 : 7,000,000
사 채 상 환 이 익 : ₩2,000,000

Chapter 8

주관식 문제

[문제 1~3번] 사 채(종합문제)

㈜나무는 20×1년 1월 1일에 다음과 같은 조건으로 사채를 발행하였다.

- 액면금액 : ₩100,000
- 만 기 : 3년
- 이자지급일 : 매년 12월 31일
- 액면이자율 : 10%

이자율	₩1의 현재가치(3년)	연금 ₩1의 현재가치(3년)
8%	0.79383	2.57710
10%	0.75131	2.48685
12%	0.71178	2.40183

문제 1 사채 – 액면발행

위의 사채를 발행하는 시점에서 시장이자율이 10%일 경우 다음 요구사항에 답하시오.

물음

1. 사채의 발행가액을 구하시오.
2. ㈜나무가 인식하게 될 총이자비용을 구하시오.
3. ㈜나무의 사채와 관련된 20×1년 회계처리를 하시오.

해답 및 해설

1. 발행가액

* 액면이자율과 시장이자율이 동일한 경우에는 액면금액으로 사채를 발행한다.

(1) 액면금액의 현재가치 : ₩100,000 × 0.75131(3년, 10% 현 가) = ₩75,131
(2) 액면이자의 현재가치 : ₩10,000 × 2.48685(3년, 10% 연금현가) = 24,869
(3) 발 행 가 액 : ₩100,000

2. 총이자비용

* 액면발행시 총이자비용=액면이자액

발행유형	액면이자액	액면금액 – 발행가액	총이자비용
액면발행	₩100,000×10%×3년 = ₩30,000	₩100,000−100,000 = ₩0	₩30,000

3. 회계처리

20×1. 1. 1	(차) 현 금	100,000	(대) 사 채	100,000
20×1. 12. 31	(차) 이 자 비 용	10,000	(대) 현 금	10,000

* ₩100,000×10%=₩10,000

문제 2 사채－할인발행

위의 사채를 발행하는 시점에서 시장이자율이 12%일 경우 다음 요구사항에 답하시오.

물음

1. 사채의 발행가액과 사채할인발행차금을 구하시오.
2. ㈜나무가 인식하게 될 총이자비용을 구하시오.
3. 정액법으로 사채할인발행차금을 상각할 경우, 연간 사채할인발행차금 상각액을 구하고 ㈜나무의 20×1년 회계처리를 하시오.
4. 유효이자율법으로 사채할인발행차금을 상각할 경우, 사채할인발행차금상각표를 작성하고 ㈜나무의 20×1년 회계처리를 하시오.

해답 및 해설

1. 발행가액과 사채할인발행차금

(1) 발행가액

① 액면금액의 현재가치 : ₩100,000 × 0.71178(3년, 12% 현 가) =	₩71,178
② 액면이자의 현재가치 : ₩10,000 × 2.40183(3년, 12% 연금현가) =	24,018
③ 발 행 가 액	₩95,196

(2) 사채할인발행차금

₩100,000(액면금액) − 95,196(발행가액) = ₩4,804

2. 총이자비용

* 할인발행시 총이자비용＝액면이자액＋사채할인발행차금

발행유형	액면이자액	액면금액 − 발행가액	총이자비용
할인발행	₩100,000×10%×3년 ＝₩30,000	₩100,000−95,196 ＝₩4,804	₩34,804

3. 정액법

(1) 연간 사채할인발행차금 상각액 : ₩4,804 × 12/36개월 = ₩1,601

(2) 회계처리

〈20×1. 1. 1〉

(차)	현 금	95,196	(대) 사 채	100,000
	사채할인발행차금	4,804		

〈20×1. 12. 31〉

(차)	이 자 비 용	11,601	(대) 현 금	10,000
			사채할인발행차금	1,601

4. 유효이자율법

(1) 상각표

일 자	유효이자(12%)	액면이자(10%)	상각액	장부금액
20×1. 1. 1				₩95,196
20×1. 12. 31	₩11,424	₩10,000	₩1,424	96,620
20×2. 12. 31	11,594	10,000	1,594	98,214
20×3. 12. 31	11,786	10,000	1,786	100,000
계	₩34,804	₩30,000	₩4,804	

(2) 회계처리

〈20×1. 1. 1〉

(차) 현 금	95,196	(대) 사 채	100,000
사채할인발행차금	4,804		

〈20×1. 12. 31〉

(차) 이 자 비 용	11,424	(대) 현 금	10,000
		사채할인발행차금	1,424

Chapter 8

문제 3 사채－할증발행

위의 사채를 발행하는 시점에서 시장이자율이 8%일 경우 다음 요구사항에 답하시오.

물음

1. 사채의 발행가액과 사채할증발행차금을 구하시오.
2. ㈜나무가 인식하게 될 총이자비용을 구하시오.
3. 정액법으로 사채할증발행차금을 상각할 경우, 연간 사채할증발행차금 상각액을 구하고 ㈜나무의 20×1년 회계처리를 하시오.
4. 유효이자율법으로 사채할증발행차금을 상각할 경우, 사채할증발행차금 상각표를 작성하고 ㈜나무의 20×1년 회계처리를 하시오.

해답 및 해설

1. 발행가액과 사채할증발행차금

(1) 발행가액

① 액면금액의 현재가치 :	₩100,000 × 0.79383(3년, 8% 현 가) =	₩79,383
② 액면이자의 현재가치 :	₩10,000 × 2.57710(3년, 8% 연금현가) =	25,771
③ 발 행 가 액		₩105,154

(2) 사채할증발행차금

₩100,000(액면금액) − 105,154(발행가액) = ₩5,154

2. 총이자비용

발행유형	액면이자액	액면금액 − 발행가액	총이자비용
할증발행	₩100,000 × 10% × 3년 = ₩30,000	₩100,000 − 105,154 = ₩(5,154)	₩24,846

3. 정액법

(1) 연간 사채할증발행차금 상각액 : ₩5,154 × 12/36개월 = ₩1,718

(2) 회계처리

〈20×1. 1. 1〉

(차) 현 금	105,154	(대) 사 채	100,000
		사채할증발행차금	5,154

〈20×1. 12. 31〉

(차) 이 자 비 용	8,282	(대) 현 금	10,000
사채할증발행차금	1,718		

4. 유효이자율법

(1) 상각표

일 자	유효이자(8%)	액면이자(10%)	상각액	장부금액
20×1. 1. 1				₩105,154
20×1. 12. 31	₩8,412	₩10,000	₩1,588	103,566
20×2. 12. 31	8,285	10,000	1,715	101,851
20×3. 12. 31	8,149*	10,000	1,851	100,000
계	₩24,846	₩30,000	₩5,154	

* 단수차이 조정

(2) 회계처리

〈20×1. 1. 1〉

(차) 현 금	105,154	(대)	사 채	100,000
			사채할증발행차금	5,154

〈20×1. 12. 31〉

(차) 이 자 비 용	8,412	(대)	현 금	10,000
사채할증발행차금	1,588			

문제 4 이자지급기간과 회계연도의 불일치

㈜나무는 20×1년 4월 1일 다음과 같은 조건의 사채를 발행하였다.

(1) 액면금액 : ₩1,000,000
(2) 액면이자율 : 8%
(3) 이자지급일 : 매년 3월말 1회 지급
(4) 만　기 : 20×4년 3월 31일

㈜나무의 결산일은 12월 31일이고 20×1년 4월 1일의 시장이자율이 10%라고 할 때 다음에 답하시오. 단, 3년, 10%, 현가계수는 0.75131이고 3년, 10%, 연금현가계수는 2.48685이다.

물음

1. 20×1년 4월 1일 사채의 발행가액을 계산하시오.
2. 유효이자율법에 따른 상각표를 작성하시오.
3. ㈜나무가 사채와 관련하여 해야 할 모든 회계처리를 하시오.

해답 및 해설

1. 사채의 발행가액

액면금액의 현재가치 :	₩1,000,000 × 0.75131(3년, 10% 현　가) =	₩751,310
액면이자의 현재가치 :	₩80,000 × 2.48685(3년, 10% 연금현가) =	198,948
발　행　가　액		₩950,258

2. 상각표

일　자	유효이자(10%)	액면이자(8%)	상각액	장부금액
20×1. 4. 1				₩950,258
20×2. 3. 31	₩95,026	₩80,000	₩15,026	965,284
20×3. 3. 31	96,528	80,000	16,528	981,812
20×4. 3. 31	98,188*	80,000	18,188	1,000,000
계	₩289,742	₩240,000	₩49,742	

* 단수차이 조정

3. 일자별 회계처리

일 자	회 계 처 리			
20×1. 4. 1	(차) 현금	950,258	(대) 사채	1,000,000
	사채할인발행차금	49,742		
20×1. 12. 31	(차) 이자비용	71,270	(대) 미지급이자	60,000
			사채할인발행차금	11,270
	* $₩95,026 \times \frac{9}{12} = ₩71,270$			
20×2. 3. 31	(차) 미지급이자	60,000	(대) 현금	80,000
	이자비용	23,756	사채할인발행차금	3,756
	* ₩95,026−71,270=₩23,756			
20×2. 12. 31	(차) 이자비용	72,396	(대) 미지급이자	60,000
			사채할인발행차금	12,396
	* $₩96,528 \times \frac{9}{12} = ₩72,396$			
20×3. 3. 31	(차) 미지급이자	60,000	(대) 현금	80,000
	이자비용	24,132	사채할인발행차금	4,132
	* ₩96,528−72,396=₩24,132			
20×3. 12. 31	(차) 이자비용	73,641	(대) 미지급이자	60,000
			사채할인발행차금	13,641
	* $₩98,188 \times \frac{9}{12} = ₩73,641$			
20×4. 3. 31	(차) 미지급이자	60,000	(대) 현금	80,000
	이자비용	24,547	사채할인발행차금	4,547
	* ₩98,188−73,641=₩24,547			
	(차) 사채	1,000,000	(대) 현금	1,000,000

Chapter 8

문제 5 이자지급일이 연 2회인 사채, 조기상환

㈜나무는 20×1년 1월 1일 액면이 ₩100,000, 액면이자율 연 10%, 만기 2년, 이자지급일이 연 2회(6월 30일, 12월 31일)인 사채를 발행하였다. 시장이자율이 12%이므로 발행가액이 ₩96,535으로 할인발행하였으며 사채할인발행차금은 유효이자율법으로 상각하고 있다. 20×2년 1월 1일에 사채전액을 ₩99,000에 조기상환하였을 경우 다음에 답하시오.

물음

1. 사채의 현재가치를 계산하시오.
2. 사채할인발행차금 상각표를 작성하시오.
3. 20×2년 1월 1일 사채의 조기상환시 사채상환손익을 구하시오.
4. 발행시(20×1년 1월 1일)부터 조기상환시(20×2년 1월 1일)까지의 각 일자별 회계처리를 하시오(이자지급시 포함).

해답 및 해설

1. 사채의 현재가치

①	액면금액의 현재가치 : ₩100,000 × 0.79209(4기간, 6% 현 가) =	₩79,209
②	액면이자의 현재가치 : ₩5,000 × 3.46511(4기간, 6% 연금현가) =	17,326
③	발 행 가 액	₩96,535

2. 상각표

일 자	유효이자(6%)	액면이자(5%)	상각액	장부금액
20×1. 1. 1				₩96,535
20×1. 6. 30	₩5,792	₩5,000	₩792	97,327
20×1. 12. 31	5,840	5,000	840	98,167
20×2. 6. 30	5,890	5,000	890	99,057
20×2. 12. 31	5,943	5,000	943	100,000
계	₩23,465	₩20,000	₩3,465	

3. 사채상환손익

사채상환손실 : ₩99,000(현금지급액) − 98,167(사채의 장부금액) = ₩833

4. 회계처리

(1) 20×1. 1. 1

(차) 현금	96,535	(대) 사채	100,000
사채할인발행차금	3,465		

(2) 20×1. 6. 30

(차) 이자비용	5,792	(대) 현금	5,000
		사채할인발행차금	792

(3) 20×1. 12. 31

(차) 이자비용	5,840	(대) 현금	5,000
		사채할인발행차금	840

(4) 20×2. 1. 1

(차) 사채	100,000	(대) 현금	99,000
사채상환손실	833	사채할인발행차금	1,833

* ₩3,465−792−840=₩1,833

문제 6 상기업의 재무제표작성

다음은 ㈜나무의 20×1년 말 수정전시산표와 결산조정사항이다.

수정전시산표

㈜나무 20×1. 12. 31

차변	금액	대변	금액
현금	₩450,258	매입채무	₩100,000
매출채권	600,000	장기차입금	600,000
상품	350,000	사채	1,000,000
건물	3,000,000	대손충당금	50,000
사채할인발행차금	49,742	자본금	1,000,000
매입	3,000,000	이익잉여금	500,000
급여	800,000	매출	5,000,000
합계	₩8,250,000	합계	₩8,250,000

〈결산조정사항〉

(1) ㈜나무는 실지재고조사법을 사용하고 있으며 기말 재고실사결과 실지재고금액은 ₩400,000이다.

(2) 매출채권 잔액에 대해 거래처 분석을 한 결과 미래 현금회수 할 것으로 추정된 금액은 ₩580,000이다.

(3) 건물은 20×1년 7월 1일에 취득한 것으로서 정액법으로 감가상각한다. 잔존가치는 ₩100,000으로 추정되었고, 내용연수는 20년이다.

(4) 장기차입금은 20×1년 5월 1일에 차입한 것으로서 상환시점은 20×4년 4월 30일이다. 연이자율 10%로 차입하였고, 이자는 매년 4월 30일에 후급하기로 되어 있다.

(5) ㈜나무는 20×1년 4월 1일 다음과 같은 조건으로 사채를 발행하였다. 사채발행시점의 시장이자율은 10%이다.

① 액면금액 : ₩1,000,000 (만기 3년)

② 액면이자율 : 8% (매년 3월말 1회 지급)

물음

1. ㈜나무의 20×1년 말 기말수정분개를 하시오.
2. ㈜나무의 20×1년도 수정후시산표를 작성하시오.
3. ㈜나무의 20×1년도 재무상태표와 포괄손익계산서를 작성하시오.

해답 및 해설

1. 기말수정분개

(1) 매출원가

(차) 상품(기말)	400,000	(대) 상품(기초)	350,000
매출원가	2,950,000	매입	3,000,000

(2) 매출채권에 대한 대손충당금 설정

(차) 대손충당금	30,000	(대) 대손충당금환입	30,000

* 기말현재 매출채권 잔액	₩600,000
기말현재 회수가능한 추정금액	(580,000)
대손충당금 기말현재 잔액	20,000
설정전 잔액	(50,000)
대손충당금 환입액	₩30,000

(3) 건물 감가상각

(차) 감가상각비	72,500	(대) 감가상각누계액	72,500

* (₩3,000,000 − 100,000) × 1/20 × 6/12 = ₩72,500

(4) 장기차입금 미지급이자

(차) 이자비용	40,000	(대) 미지급비용	40,000

* ₩600,000 × 10% × 8/12 = ₩40,000

(5) 사채 미지급이자

(차) 이자비용	71,270	(대) 미지급비용	60,000
		사채할인발행차금	11,270

* ₩950,258 × 10% × 9/12 = ₩71,270

2. 수정후시산표

수정후시산표

㈜나무 20×1. 12. 31

현금	₩450,258	매입채무	₩100,000
매출채권	600,000	미지급비용	100,000
상품	400,000	장기차입금	600,000
건물	3,000,000	사채	1,000,000
사채할인발행차금	38,472	대손충당금	20,000
매출원가	2,950,000	감가상각누계액	72,500
급여	800,000	자본금	1,000,000
감가상각비	72,500	이익잉여금	500,000
이자비용	111,270	매출	5,000,000
		대손충당금환입	30,000
합계	₩8,422,500	합계	₩8,422,500

3. 재무상태표와 포괄손익계산서

재무상태표

㈜나무 20×1. 12. 31.

현금		₩450,258	매입채무		₩100,000
매출채권	600,000		미지급비용		100,000
대손충당금	(20,000)	580,000	장기차입금		600,000
상품		400,000	사채	1,000,000	
건물	3,000,000		사채할인발행차금	(38,472)	961,528
감가상각누계액	(72,500)	2,927,500	자본금		1,000,000
			이익잉여금		1,596,230
합계		₩4,357,758	합계		₩4,357,758

포괄손익계산서

㈜나무 20×1. 1. 1 ~ 20×1. 12. 31

매출액			₩5,000,000
매출원가			(2,950,000)
	기초상품재고액	₩350,000	
	당기상품매입액	3,000,000	
	기말상품재고액	(400,000)	
매출총이익			2,050,000
급여			(800,000)
감가상각비			(72,500)
이자비용			(111,270)
대손충당금환입			30,000
당기순이익			₩1,096,230

Chapter

09

유동부채 · 충당부채 · 우발부채

7판

IFRS 회계원리

Chapter

09 유동부채·충당부채·우발부채

제 1 절 부채의 의의

'부채(liabilities)'란 과거 사건에 의하여 발생하였으며, 경제적효익이 내재된 자원이 기업으로부터 유출됨으로써 이행될 것으로 기대되는 현재의무이다. 기업은 상품을 외상으로 매입하면서 매입채무라는 부채가 발생하고 은행에서 자금을 차입해서 차입금이라는 부채가 발생하는 등 다양한 형태의 부채를 가지고 있다. 이와 같은 부채는 ① 과거의 사건의 결과로, ② 현재 의무가 존재하고, ③ 미래에 경제적 희생이 발생하는 특징을 가지고 있다.

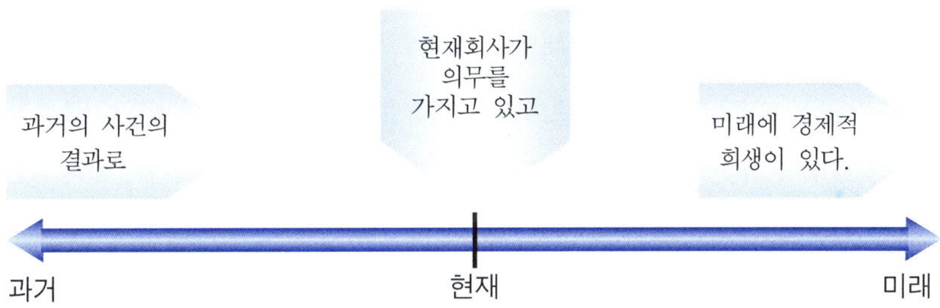

이와 같은 특징이 있으므로 미래의 사건으로 발생하는 미래의 경제적 희생은 부채가 아니다. 예를 들어 차기 회계연도에 종업원에게 지급하는 급여는 경제적 의무가 존재하지만 종업원이 미래에 제공할 노동의 대가이므로 현재의 부채는 아니다.

부채의 유형

한국채택국제회계기준에서는 부채를 금융부채와 그 이외의 부채로 구분하여 규정하고 있다. 금융부채와 그 이외의 부채에 속하는 계정과목을 정리해 보면 다음과 같다.

구 분	금융부채	그 이외의 부채
계정과목	매입채무, 미지급금, 차입금, 사채 등	선수금, 미지급법인세, 충당부채 등

금융부채에 대해서는 이미 제8장에서 자세하게 설명하였다. 금융부채에 속하는 항목 중 제8장에서는 사채에 대해서만 살펴보았으므로 본 장에서 나머지 항목(매입채무, 미지급금, 차입금 등)에 대해서 설명하도록 하겠다. 그리고 금융부채 이외의 부채 항목 중 제2장에서 설명한 선수수익 등을 제외한 항목들은 본 장에서 자세하게 설명하도록 한다. 부채는 그 상환기일을 기준으로 구분하면 유동부채와 비유동부채로 구분할 수 있다.[1] 유동부채는 상환기일이 1년 이내인 부채를 말하며 비유동부채는 상환기일이 1년 이후에 도래하는 부채를 말한다.

① 유동부채(current liabilities)

결산일 또는 재무상태표일로부터 기산하여 부채의 지급시기가 1년이내에 도래하는 부채를 말하는 것으로 단기부채라고도 한다. 유동부채의 예로는 매입채무, 미지급금, 미지급비용, 단기차입금, 선수금, 예수금, 유동성장기차입금 등이 있다.

② 비유동부채(non-current liabilities)

재무상태표일로부터 1년 이내에 지급기한이 도래하지 않는 장기부채(long-term liability)를 말한다. 비유동부채의 예로는 사채, 장기차입금, 장기미지급금 등이 있다.

이와 같은 다양한 부채항목 중에서 본 장에서는 유동부채, 충당부채, 우발부채에 대해서 설명하도록 한다. 비유동부채에 대해서는 제8장에서 사채에 대한 자세한 설명을 하였으므로 본 장에서 다루지 않는다.

1) 재무상태표 표시방법을 유동성/비유동성 구분법을 채택하였다고 할 경우에 유동부채와 비유동부채로 구분한다. 여기에 대한 내용은 제4장을 참조하기 바란다.

제 2 절 유동부채의 유형과 회계처리

유동부채에 해당하는 항목에는 매입채무, 단기차입금, 미지급금, 미지급비용, 선수금, 예수금, 선수수익, 유동성장기차입금 등이 있다. 이와 같은 각 유형별로 그 내용과 회계처리에 대해서 자세히 살펴보도록 하자.

1. 매입채무

'매입채무(trade payables)'란 상품이나 원재료를 외상으로 매입한 경우에 나중에 지급해야 하는 의무로 일반적인 상거래에서 발생하는 채무를 말한다. 실무적으로는 외상으로 상품을 매입한 경우에는 외상매입금에 기록하고, 어음을 주고 상품을 매입하였다면 지급어음이라는 부채계정에 기록하지만 재무상태표에 공시할 때에는 통합해서 매입채무라는 하나의 계정과목으로 표시하는 것이 일반적이다. 매입채무는 상품이나 원재료를 매입하는 경우에 증가하고 대금을 지급하고 나면 감소한다. 그리고 매입채무가 발생한 후에 매입에누리와 환출이 발생하면 매입채무 잔액을 감소시켜야 한다. 이에 대한 회계처리는 제3장에서 자세히 살펴보았으므로 여기서는 설명을 생략한다.

한편, 외상거래로 발생한 채무라도 일반적인 상거래 이외에서 발생한 채무는 미지급금으로 분류하여야 한다. 또한 매입채무라도 1년 이후에 지급기일이 도래하는 경우에는 장기매입채무로 해서 비유동부채로 분류한다. 즉, 매입채무는 상품이나 원재료매입과 같은 일반적인 상거래에서 발생한 채무로 지급기일이 1년 이내인 채무만을 의미한다.

2. 미지급금

'미지급금(accounts payable-other)'이란 기업본래의 상품매매활동 이외에서 발생한 단기의 채무를 말한다. 즉, 토지나 건물 및 차량운반구 등을 외상으로 매입하는 과정에서 발생한 매입채무는 미지급금으로 분류한다. 미지급금에서 주의할 점은 어음을 제공하고 외상으로 매입하였더라도 상품매매활동이 아니면 매입채무가 아니라 미지급금이 된다는 것이다.

예 제 9-1

미지급금

㈜나무에 다음과 같은 거래가 발생하였다.

11월 10일 업무용 토지를 ₩1,000,000에 어음을 지급하고 구입하다.
12월 25일 기계장치를 ₩800,000에 취득하고 대금은 외상으로 하다.

요구사항

각 거래에 대해 필요한 분개를 하시오.

해답

일 자	회 계 처 리			
11월 10일	(차) 토 지	1,000,000	(대) 미 지 급 금	1,000,000
12월 25일	(차) 기 계 장 치	800,000	(대) 미 지 급 금	800,000

3. 미지급비용, 선수수익

'미지급비용(accrued expenses)'은 당기에 발생한 비용 중에서 아직 현금으로 지급하지 아니한 채무를 말하는 것으로 미지급급여, 미지급이자, 미지급임차료 및 미지급수수료 등 여러 경비성 미지급액이 여기에 속한다. 미지급비용은 기말시점에 발생기준에 따라 수정분개를 하면서 금액이 계산되며 미지급비용으로 계산된 금액은 그 발생액만큼을 해당 비용계정의 차변에 기록하고 미지급비용계정의 대변에 동일금액을 기록한다.

'선수수익(unearned revenues)'은 현금은 수령하였으나 수익이 실현되는 시점이 차기 이후에 속하는 수익을 말한다. 즉, 미리 받은 수익 중에서 당기의 수익이 아니라 차기 이후의 수익에 해당하는 것으로 기말시점에는 채무로 계상해야 한다. 선수수익에 해당하는 항목으로는 선수이자, 선수임대료 및 선수수수료 등이 있다.

미지급비용과 선수수익에 대해서는 제2장에서 자세히 설명하였으므로 여기에서는 추가적인 설명을 생략한다.

4. 선수금

'선수금(advance receipts)'은 거래의 이행을 확실하게 할 목적으로 상품을 인도하기 전에 계약금의 명목으로 결제대금의 일부를 미리 선수한 금액을 말한다. 상품판매와 관련해서 선수금을 현금으로 수령하더라도 상품은 아직 인도하지 않았으므로 선수금은 매출로 기록하지 않고 부채로 기록하는 것이다. 이후에 상품을 인도하는 시점이 되면 선수금과 계약의 잔여금액을 모두 매출로 기록한다.

예 제 9-2
선수금

㈜나무에 다음과 같은 거래가 발생하였다.

11월 10일 ㈜종로에 상품을 ₩5,000,000에 판매하기로 계약하고 계약금으로 ₩1,000,000의 현금을 받아 당좌예금에 예입하다.

12월 25일 ㈜종로에 상품 ₩5,000,000을 인도하고 계약금이외의 금액은 외상으로 하다. 단, 재고자산은 실지재고조사법을 사용하고 있다.

요구사항

각 거래에 대해 필요한 분개를 하시오.

해답

일 자	회계처리			
11월 10일	(차) 당좌예금	1,000,000	(대) 선수금	1,000,000
12월 25일	(차) 선수금	1,000,000	(대) 매출	5,000,000
	매출채권	4,000,000		

5. 예수금

'예수금(reserve receipt)'은 일반적인 상거래이외에서 발생하는 현금 수령액 중에서 일시적으로 보관하였다가 곧 제3자에게 다시 지급해야 하는 금액을 말한다. 예를 들어 기업이 종업원에게 급여를 지급하면서 소득세나 건강보험료 등을 공제해서 보유(예수)하고 있다가 각각 소득세는 세무서에 납부하고 건강보험료는 국민건강보험공단에 납부하게 되는데 이런 금액이 대표적인 예수금이다. 예수금은 납부할 곳에 지급이 예정되어 있으므로 부채에 해당한다. 예수금에 대한 회계처리는 다음 예제를 이용해서 살펴보도록 하자.

예제 9-3
예수금

㈜나무에 다음과 같은 거래가 발생하였다.

11월 30일 종업원에게 총급여 ₩1,000,000 중에서 소득세 원천징수액 ₩100,000을 차감한 ₩900,000을 현금으로 지급하다.
12월 10일 세무서에 소득세 원천징수액 ₩100,000을 현금으로 납부하다.

요구사항

각 거래에 대해 필요한 분개를 하시오.

해답

일 자	회계처리			
11월 30일	(차) 급 여	1,000,000	(대) 현 금	900,000
			예 수 금	100,000
12월 10일	(차) 예 수 금	100,000	(대) 현 금	100,000

예제에서 살펴본 바와 같이 급여를 지급할 때 공제한 소득세 원천징수액은 예수금의 대변에 기록하였다가 원천징수액을 세무서에 지급할 때 예수금의 차변에 기록해서 예수금에서 차감한다.

6. 미지급법인세

'미지급법인세(income taxes payable)'는 법인세비용 중에서 세무서에 납부하지 않은 법인세미지급액을 말한다. 모든 법인은 소득이 있으면 국가에 법인세법상의 납세의무를 진다. 회계기간마다 해당 기간의 이익에 대해 법인세 납부액을 계산하고 법인세 신고일까지 세무서에 해당 금액을 납부해야 한다. 미지급법인세에 대한 회계처리는 다음 예제를 이용해서 살펴보도록 하자.

Chapter 9

예제 9-4
미지급법인세

㈜나무에 다음과 같은 거래가 발생하였다.

20×1년 12월 31일 20×1년도에 얻은 이익에 대해서 법인세비용이 ₩400,000으로 계산되었다.
20×2년 3월 10일 세무서에 법인세비용 ₩400,000을 현금으로 납부하다.

요구사항

각 거래에 대해 필요한 분개를 하시오.

해답

일 자	회 계 처 리			
20×1년 12월 31일	(차) 법 인 세 비 용	400,000	(대) 미 지 급 법 인 세	400,000
20×2년 3월 10일	(차) 미 지 급 법 인 세	400,000	(대) 현 금	400,000

7. 단기차입금

'단기차입금(short-term loan payable)'이란 상환기한이 1년 이내인 차입금을 말한다. 기업이 금융기관에서 1년 이내의 단기간 동안 자금을 빌려서 사용하는 경우 이런 채무는 모두 단기차입금이 된다. 여기서 주의할 점은 당좌차월액도 단기차입금으로 기록해야 한다는 것이다. 만약 여러 은행에서 당좌거래를 하고 있고 당좌예금과 당좌차월이 함께 있는 경우에는 이를 상계하지 않고 당좌차월은 단기차입금에 포함하고 당좌예금은 현금및현금성자산으로 기록해야 한다.

한편, 자금을 융통할 목적으로 어음을 발행하는 경우가 있는데, 이런 어음을 금융어음이라고 하며 해당 어음에 대한 지급채무는 차입금으로 기록해야 한다. 단기차입금에 대한 회계처리는 다음 예제를 이용해서 살펴보도록 하자.

예 제 9-5
단기차입금

㈜나무에 다음과 같은 거래가 발생하였다.

10월 1일 은행에서 상환기일 1년에 이자율이 12%로 ₩1,000,000의 현금을 차입하다.
11월 10일 자회사에 만기가 4개월인 어음 ₩500,000을 무이자조건으로 지급하고 현금을 차입하다.

요구사항

각 거래에 대해 필요한 분개와 기말수정분개를 하시오.

해답

일 자	회계처리			
10월 1일	(차) 현 금	1,000,000	(대) 단 기 차 입 금	1,000,000
11월 10일	(차) 현 금	500,000	(대) 단 기 차 입 금	500,000
12월 31일	(차) 이 자 비 용	30,000	(대) 미 지 급 비 용	30,000

* ₩1,000,000×12%×3개월/12개월=₩30,000

8. 유동성장기차입금

'유동성장기차입금(current portion of long-term loan payable)'은 비유동부채인 사채나 장기차입금 등으로 분류된 항목 중에서 1년 이내에 상환기일이 도래하는 금액을 유동부채로 재분류(reclassification)한 차입금이다.

예 제 9-6
유동성장기차입금

㈜나무는 20×1년 10월 1일 고려은행으로부터 ₩2,000,000을 차입하였다. 이 차입금의 상환기일은 20×4년 9월 30일에 ₩1,000,000을 상환하고 20×5년 9월 30일에 ₩1,000,000을 상환하는 조건이다. ㈜나무의 결산일은 매년 말이다.

요구사항

각 거래에 대해 필요한 분개를 하시오. 단, 이자관련 회계처리는 생략한다.

해답

일 자	회계처리			
20×1년 10월 1일	(차) 현 금	2,000,000	(대) 장 기 차 입 금	2,000,000
20×3년 12월 31일	(차) 장 기 차 입 금	1,000,000	(대) 유동성장기차입금	1,000,000
20×4년 9월 30일	(차) 유동성장기차입금	1,000,000	(대) 현 금	1,000,000
20×4년 12월 31일	(차) 장 기 차 입 금	1,000,000	(대) 유동성장기차입금	1,000,000
20×5년 9월 30일	(차) 유동성장기차입금	1,000,000	(대) 현 금	1,000,000

9. 가수금

'가수금(suspense receipts)'은 현금은 수령하였으나 정확하게 처리할 계정을 찾지 못해서 임시로 수령액을 기록하는 계정을 말한다. 가수금은 미결산항목이므로 재무제표에는 나타날 수 없으며 실무적으로 회계기간 중에 잠시 해당계정을 알 수 없을 때 사용하는 계정이다. 따라서 결산시점에는 가수금계정을 적절한 계정으로 대체하여야 한다.

예제 9-7
가수금

㈜나무에 다음과 같은 거래가 발생하였다.

11월 30일 당좌예금통장에 내역을 알 수 없는 금액 ₩3,000,000이 입금되다.
12월 10일 당좌예금에 입금된 금액이 거래처에서 매출채권을 지급한 것으로 판명되다.

요구사항

각 거래에 대해 필요한 분개를 하시오.

해답

일 자	회계처리			
11월 30일	(차) 당 좌 예 금	3,000,000	(대) 가 수 금	3,000,000
12월 10일	(차) 가 수 금	3,000,000	(대) 매 출 채 권	3,000,000

제 3 절 충당부채와 우발부채

기업은 현재 존재하는 의무에 대해서 미래에 지출할 가능성이 높기만 하면 비록 지출하는 시기와 금액이 불확실하더라도 부채로 인식할 수 있다. 예를 들어 자동차를 제조하여 판매하는 회사가 자동차를 구매한 고객에게 일정 기간 또는 일정 사용거리 내에 제조상 결함이 발견될 경우 무상으로 수리 서비스를 제공한다고 할 때 회사는 언제, 얼마의 수리비를 누구에게 지출할 지 불확실하더라도 미래에 지출할 금액을 추정하여 충당부채를 인식해야 한다. 즉, 충당부채란 지출의 시기 또는 금액이 불확실한 부채를 말한다.

1. 충당부채의 인식조건

충당부채(provision)는 다음의 3가지 요건을 모두 충족하는 경우에 인식한다.

> ① 과거사건의 결과로 현재의무(법적의무 또는 의제의무)가 존재한다.
> ② 당해 의무를 이행하기 위하여 경제적효익이 내재된 자원이 유출될 가능성이 높다.
> ③ 당해 의무의 이행에 소요되는 금액을 신뢰성 있게 추정할 수 있다.

① 현재의무의 존재

현재의무(present obligation)에는 법적의무와 의제의무가 모두 포함된다. 법적의무(legal obligation)는 명시적 또는 묵시적 조항에 따른 계약, 법률, 기타 법적 효력에 의하여 발생하는 의무를 말한다. 한편 의제의무(constructive obligation)는 과거의 실무관행, 발표된 경영방침 또는 구체적이고 유효한 약속 등을 통하여 기업이 특정 책임을 부담하겠다는 것을 상대방에게 표명하고, 그 결과 기업이 당해 책임을 이행할 것이라는 정당한 기대를 상대방이 가지게 되었을 때 발생하는 의무를 말한다.

② 경제적효익이 내재된 자원의 유출가능성

현재의무의 이행을 위하여 경제적효익이 내재된 자원의 유출가능성이 높아야 한다. 이때 유출가능성이 '높다'(probable)는 의미는 발생할 가능성이 발생하지 않을 가능성보다 더 높음을 의미한다(즉, 50% 초과 발생가능성).

③ 의무에 대한 신뢰성 있는 추정

충당부채를 재무상태표에 부채로 인식하기 위해서는 신뢰성 있는 추정이 필요하다. 만일 금액의 추정이 불가능한 경우에는 충당부채로 인식할 수 없으며, 아래에서 설명하는 우발부채로서 공시한다.

2. 우발부채

전술한 충당부채와 그 성격이 유사하지만 부채의 인식조건을 충족하지 못하여 재무상태표에 계상되지 못하는 잠재적 의무를 우발부채(contingent liabilities)라고 한다. 한국채택국제회계기준에서는 다음의 ① 또는 ②에 해당하는 의무를 우발부채로 정의하고 있다.

> ① 과거사건에 의하여 발생하였으나, 기업이 전적으로 통제할 수 없는 하나 이상의 불확실한 미래사건의 발생여부에 의하여서만 그 존재가 확인되는 잠재적 의무
> ② 과거사건에 의하여 발생하였으나 다음 ㉠ 또는 ㉡의 경우에 해당하여 인식하지 않는 현재의무
> ㉠ 당해 의무를 이행하기 위하여 경제적효익이 내재된 자원이 유출될 가능성이 높지 않은 경우
> ㉡ 당해 의무를 이행하여야 할 금액을 신뢰성 있게 추정할 수 없는 경우

충당부채와 우발부채의 차이를 요약하면 다음과 같다.

그림 9-1 충당부채와 우발부채의 차이 비교

구 분	충당부채	우발부채
현재의무의 존재여부	현재의무 존재	현재의무의 존재여부가 확인되지 않은 잠재적 의무
경제적효익이 내재된 자원의 유출가능성	높음	높지 않음
금액의 신뢰성 있는 추정	추정 가능	추정 불가능
재무제표 표시	부채로 인식	주석으로 공시. 단, 자원의 유출가능성이 아주 낮다면 주석 공시 불필요

우발부채는 당초 예상하지 못한 상황에 따라 변화할 수 있으므로 경제적효익이 내재된 자원의 유출가능성이 높아졌는지의 여부를 결정하기 위하여 지속적으로 검토한다. 따라서 과거에 우발부채로 처리하였더라도 이후 충당부채의 인식조건을 충족하였다면 재무상태표에 충당부채를 인식한다.

3. 우발자산

우발자산(contingent assets)은 과거사건에 의하여 발생하였으나 기업이 전적으로 통제할 수 없는 하나 이상의 불확실한 미래사건의 발생여부에 의하여서만 그 존재가 확인되는

잠재적 자산을 말한다. 우발자산은 미래에 전혀 실현되지 않을 수 있으므로 이를 재무상태표에 자산으로 인식하지 않는다. 그러나 수익의 실현이 거의 확실(virtually certain)하다면 이는 더 이상 우발자산이 아니며, 일반적인 자산 인식의 회계처리를 한다. 또한 우발부채와 마찬가지로 미래의 상황변화가 적절하게 재무제표에 반영될 수 있도록 지속적으로 검토한다. 검토 결과 경제적효익의 유입가능성이 높아진 경우에 한해서 우발자산을 주석으로 공시한다.

4. 충당부채 사례(제품보증충당부채)

'제품보증충당부채(product warranty liabilities)'는 상품이나 제품을 보증판매한 경우에 미래의 보증기간동안 발생할 것으로 예상되는 보증비용을 미리 부채로 기록하는 것이다. 제품보증과 관련되는 비용은 미래의 보증기간에 발생하지만 그 비용과 대응되는 수익은 판매시점에 모두 인식하므로 수익과 비용의 대응원칙을 따르려면 제품보증비용은 판매시점에 인식해야 한다. 그리고 그 금액을 제품보증충당부채로 계상하는 것이다.

예제 9-8
제품보증충당부채

㈜나무에 다음과 같은 거래가 발생하였다.

(1) 20×1년 12월 31일 당기에 ₩5,000,000의 매출액을 인식하였다. 제품은 판매보증기간이 1년이며 결산시점에 과거 경험을 고려해서 제품보증비를 매출액의 5%로 계상하였다.
(2) 20×2년 2월 10일 제품의 판매보증수리를 위해서 현금 ₩100,000을 지급하였다.

요구사항

각 거래에 대해 필요한 분개를 하시오.

해답

일 자	회계처리			
20×1년 12월 31일	(차) 제 품 보 증 비	250,000	(대) 제품보증충당부채	250,000
	* ₩5,000,000×5%=₩250,000			
20×2년 2월 10일	(차) 제품보증충당부채	100,000	(대) 현 금	100,000

Chapter 9

객관식 문제

1 다음의 계정과목 중 성격이 다른 것은?

① 매입채무　　② 미지급금
③ 단기차입금　　④ 선수금

2 다음 부채의 특징 및 그 인식조건에 관한 설명 중 옳은 것은?

① 부채는 과거의 거래나 경제적 사건의 결과로서 관련 의무가 현재의 시점에 존재하고 있어야 한다.
② 부채의 지급시기가 현재의 시점에서 확정되어 있어야 한다.
③ 채권자가 현재의 시점에서 구체적으로 확정되어 있어야 한다.
④ 채무액이 현재의 시점에서 반드시 확정되어 있어야 한다.

3 다음의 부채 중 재무상태표에 계상될 수 없는 부채는?

① 미지급법인세　　② 예수금
③ 선수수익　　④ 가수금

4 결산일 현재 ㈜말보로는 흡연자들로부터 손해배상소송에 피소되어 있으며 아직 확정판결은 나지 않은 상태이다. 고문변호사에 따르면 ㈜말보로가 패소할 가능성은 높으며 손해배상금의 합리적인 추정치는 1억원으로 예상된다고 한다. ㈜말보로는 당기 재무제표에 이를 어떻게 보고하여야 하는가?

① 확정판결이 나지 않았기 때문에 아무런 회계처리를 하지 않는다.
② 주석에만 소송의 내역을 기재한다.
③ 손실 1억원을 당기 포괄손익계산서에, 부채 1억원을 당기말 재무상태표에 인식한다.
④ 부채만 1억원을 재무상태표에 인식한다.

해답 및 해설

1	2	3	4						
④	①	④	③						

1. 매입채무, 미지급금, 단기차입금은 금융부채이고, 선수금은 그 이외의 부채이다.

2. ② 제품보증충당부채는 현재의 시점에서 지급시기가 확정되어 있지 않아도 부채로 계상한다.

③ 제품보증충당부채는 현재의 시점에서 그 채권자가 확정되어 있지 않아도 미래에 제품보증비로 지출될 금액을 추산하여 부채로 계상한다.

④ 제품보증충당부채는 미래에 지출할 금액을 정확히 확정할 수 없어도 그 금액을 합리적으로 추산하여 부채로 계상한다.

3. 가수금은 부채이지만 정확하게 처리할 계정을 찾지 못해 임시적으로 기록한 계정이므로 결산시 가수금 계정을 적절한 계정으로 대체하여야 한다. 따라서 재무상태표에 계상할 수 없는 부채이다.

4. ㈜말보로는 손해배상소송에 피소되어 있기 때문에 현재의무가 존재하며 손해배상을 통해 자원의 유출가능성이 높으며 금액을 신뢰성 있게 추정할 수 있으므로 충당부채를 재무상태표에 계상하여야 한다. 충당부채를 계상할 때 차변에 손실을 인식하게 되므로 포괄손익계산서에 비용을 인식하게 된다.

Chapter 9

주관식 문제

문제 1 유동부채의 회계처리

다음은 ㈜나무의 20×1년 거래내역이다.

2월 5일	업무용 토지 ₩3,000,000을 외상으로 구입하였다.
4월 10일	상품을 판매하기로 계약하고 계약금으로 현금 ₩500,000을 받았다.
6월 15일	외상구입한 토지의 대가로 ₩3,000,000을 수표로 지급하였다.
8월 20일	계약한 상품 ₩5,000,000을 판매하고 현금 ₩2,000,000을 받고 나머지는 외상으로 하였다.
11월 30일	종업원에게 급여 ₩1,500,000을 지급하면서 소득세 ₩225,000을 차감하였다.
12월 10일	세무서에 소득세 ₩225,000을 현금으로 납부하였다.
12월 31일	20×1년의 법인세비용이 ₩260,000으로 계산되었다. 20×2년 3월 10일 법인세 ₩260,000을 세무서에 현금으로 납부하였다.

위의 거래를 회계처리하시오.

해답 및 해설

일 자	회계처리				
2월 5일	(차) 토 지	3,000,000	(대) 미 지 급 금	3,000,000
4월 10일	(차) 현 금	500,000	(대) 선 수 금	500,000
6월 15일	(차) 미 지 급 금	3,000,000	(대) 당 좌 예 금	3,000,000
8월 20일	(차) 선 수 금	500,000	(대) 매 출	5,000,000
	현 금	2,000,000		
	매 출 채 권	2,500,000		
11월 30일	(차) 급 여	1,500,000	(대) 현 금	1,275,000
			예 수 금	225,000
12월 10일	(차) 예 수 금	225,000	(대) 현 금	225,000
12월 31일	(차) 법 인 세 비 용	260,000	(대) 미 지 급 법 인 세	260,000
3월 10일	(차) 미 지 급 법 인 세	260,000	(대) 현 금	260,000

문제 2 유동성장기차입금, 미지급이자

20×1년 7월 1일 ㈜나무는 은행으로부터 ₩6,000,000을 차입하였다. 연이자율 10%, 20×2년 6월 30일부터 3회(3년)에 걸쳐 ₩2,000,000씩 균등분할상환조건이다.

㈜나무의 회계처리를 다음의 일자별로 행하시오. 단, 시장이자율은 10%이다.

(1) 20×1년 7월 1일	(2) 20×1년 12월 31일
(3) 20×2년 6월 30일	(4) 20×2년 12월 31일

해답 및 해설

(1) 20×1년 7월 1일

(차)	현금	6,000,000	(대) 장기차입금	6,000,000

(2) 20×1년 12월 31일

(차)	이자비용	300,000	(대) 미지급이자	300,000

* ₩6,000,000×10%×6/12개월=₩300,000

(차)	장기차입금	2,000,000	(대) 유동성장기부채	2,000,000

(3) 20×2년 6월 30일

(차)	미지급이자	300,000	(대) 현금	600,000
	이자비용	300,000		

(차)	유동성장기부채	2,000,000	(대) 현금	2,000,000

(4) 20×2년 12월 31일

(차)	이자비용	200,000	(대) 미지급이자	200,000

* ₩4,000,000×10%×6/12개월=₩200,000
(이자비용은 총차입금 중 상환한 금액을 제외하고 계산한다.)

(차)	장기차입금	2,000,000	(대) 유동성장기부채	2,000,000

문제 3 제품보증충당부채

정수기를 판매하는 ㈜나무코웨이는 20×1년도에 정수기 2,000대를 단위당 ₩500에 현금판매하였다. 과거의 경험을 고려해 볼 때 매출액 3%의 보증수리비가 발생한다. 실제로 발생한 제품보증비가 20×1년에 ₩8,000이 지출되었을 경우 다음 물음에 답하시오.

물음

1. 20×1년도 기말 현재 추정 제품보증충당부채의 잔액을 구하시오.
2. 20×1년도 필요한 회계처리를 다음의 형식으로 행하시오.
   (1) 제품판매시
   (2) 제품보증비 지출시
   (3) 결산시(충당부채계상)

해답 및 해설

1. 20×1년도
   (1) 매출액 : 2,000대 × ₩500 = ₩1,000,000
   (2) 20×1년 인식해야할 제품보증비 : ₩1,000,000 × 3% = ₩30,000
   (3) 20×1년 기중에 인식한 제품보증비 : ₩8,000
   (4) 제품보증충당부채 잔액 : ₩22,000 (=₩30,000 − 8,000)

2. 회계처리
   (1) 제품판매시

(차)	현금	1,000,000	(대) 매출	1,000,000

   (2) 현금지출시

(차)	제품보증비	8,000	(대) 현금	8,000

   (3) 결산시

(차)	제품보증비	22,000	(대) 제품보증충당부채	22,000

* 20×1년에 계상해야할 충당부채 ₩30,000 중 20×1년 발생한 ₩8,000을 제외한 금액을 결산시 충당부채로 계상한다.

문제 4 제조기업의 재무제표작성

다음은 ㈜나무의 20×1년 말 수정전시산표와 결산조정사항이다.

수정전시산표

㈜나무 20×1. 12. 31

차변	금액	대변	금액
현금	₩1,250,000	매입채무	₩200,000
선급법인세	100,000	장기차입금	2,000,000
제품	350,000	제품보증충당부채	50,000
건물	4,000,000	자본금	1,000,000
매입	3,000,000	이익잉여금	500,000
이자비용	50,000	매출	5,000,000
합계	₩8,750,000	합계	₩8,750,000

〈결산조정사항〉

(1) ㈜나무는 실지재고조사법을 사용하고 있으며 기말 재고실사결과 실지재고금액은 ₩400,000이다.[2)]

(2) 건물은 20×1년 4월 1일에 취득한 것으로서 정액법으로 감가상각한다. 잔존가치는 ₩200,000으로 추정되었고, 내용연수는 20년이다.

(3) 장기차입금은 20×0년 4월 1일에 차입한 것으로서 상환시점은 20×2년 3월 31일이다. 연이자율 10%로 차입하였고, 이자는 매년 3월 31일에 후급하기로 되어 있다.

(4) 매출액 ₩5,000,000 중 ₩500,000은 20×2년 귀속분에 대해서 현금을 미리 수취한 금액이다.

(5) 제품의 판매보증기간은 2년이며 결산시점에 과거 경험을 고려해서 제품보증비를 당기 매출액의 5%로 계상한다.

(6) 20×1년 8월에 법인세 중간예납 ₩100,000을 납부하였고, 20×2년 초에 결산작업을 하면서 20×1년도 법인세를 계산해 본 결과 ₩300,000의 자진납부세액이 나왔고 기납부세액 ₩100,000을 차감하고 ₩200,000을 20×2년 3월말까지 현금납부할 예정이다.

물음

1. ㈜나무의 20×1년 말 기말수정분개를 하시오.
2. ㈜나무의 20×1년도 수정후시산표를 작성하시오.
3. ㈜나무의 20×1년도 재무상태표와 포괄손익계산서를 작성하시오.

2) 동 문제는 제품보증충당부채를 포함시켜 만들었다. 제품보증충당부채는 제조기업에서 인식되는 충당부채이다. 제조기업은 원가계산이 필수이며, 원가계산을 포함하여 문제를 출제하려면 자료에 원재료, 노무비 등이 제시되어야 한다. 회계원리를 공부하고 있는 독자들은 아직 원가회계를 공부하기 전이다. 따라서 동 문제는 원가계산에 필요한 자료를 제시하지 않고 제품재고금액만 제시하여 간단하게 구성하였음을 이해해주기 바라고 원가계산과 관련된 자세한 내용은 원가회계 교과서에서 배우기 바란다.

해답 및 해설

1. 기말수정분개

(1) 매출원가

(차) 제품(기말)	400,000	(대) 제품(기초)	350,000
매출원가	2,950,000	매입	3,000,000

(2) 건물 감가상각

(차) 감가상각비	142,500	(대) 감가상각누계액	142,500

* (₩4,000,000 − 200,000) × 1/20 × 9/12 = ₩142,500

(3) 장기차입금 미지급이자

(차) 이자비용	150,000	(대) 미지급이자	150,000

* ₩2,000,000 × 10% × 9/12 = ₩150,000

(4) 장기차입금 유동성대체

(차) 장기차입금	2,000,000	(대) 유동성장기차입금	2,000,000

(5) 선수금

(차) 매출	500,000	(대) 선수금	500,000

(6) 제품보증충당부채[3)]

(차) 제품보증비	225,000	(대) 제품보증충당부채	225,000

* (₩5,000,000 − 500,000) × 5% = ₩225,000

(7) 법인세비용

(차) 법인세비용	300,000	(대) 선급법인세	100,000
		미지급법인세	200,000

3) 제품보증비를 설정하는 이유는 수익·비용 대응의 원칙 때문이다. 따라서 당기 매출액(₩4,500,000)의 5% 금액(₩225,000)을 제품보증비라는 비용으로 인식하는 것이 중요하다. 제품보증충당부채는 설정 전 잔액 ₩50,000에 당기 설정액 ₩225,000이 추가되어 재무상태표에 ₩275,000으로 계상되게 된다.

2. 수정후시산표

수정후시산표

㈜나무 20×1. 12. 31

차변	금액	대변	금액
현금	₩1,250,000	매입채무	₩200,000
제품	400,000	선수금	500,000
건물	4,000,000	미지급이자	150,000
매출원가	2,950,000	미지급법인세	200,000
이자비용	200,000	유동성장기차입금	2,000,000
감가상각비	142,500	제품보증충당부채	275,000
제품보증비	225,000	감가상각누계액	142,500
법인세비용	300,000	자본금	1,000,000
		이익잉여금	500,000
		매출	4,500,000
합계	₩9,467,500	합계	₩9,467,500

3. 재무상태표와 포괄손익계산서

재무상태표

㈜나무 20×1. 12. 31.

현금		₩1,250,000	매입채무	₩200,000
제품		400,000	선수금	500,000
건물	4,000,000		미지급비용	350,000
감가상각누계액	(142,500)	3,857,500	유동성장기차입금	2,000,000
			제품보증충당부채	275,000
			자본금	1,000,000
			이익잉여금	1,182,500
합계		₩5,507,500	합계	₩5,507,500

포괄손익계산서

㈜나무 20×1. 1. 1 ~ 20×1. 12. 31

매출액			₩4,500,000
매출원가			(2,950,000)
	기초상품재고액	₩350,000	
	당기상품매입액[4]	3,000,000	
	기말상품재고액	(400,000)	
매출총이익			1,550,000
이자비용			(200,000)
감가상각비			(142,500)
제품보증비			(225,000)
법인세비용차감전순이익			982,500
법인세비용			(300,000)
당기순이익[5]			₩682,500

4) 제조기업의 경우 당기제품제조원가라는 항목이 표시되어야 한다. 동 문제는 원가계산 자료를 제시하지 않고 제품 매입액으로 간단하게 구성하였음을 이해하기 바란다.

5) 동 문제에서 보듯이 당기순이익은 세후금액이다. 이제까지 재무제표작성 연습문제에 법인세비용을 고려하지 않았었다. 왜냐하면 회계원리 교재에서는 법인세비용에 대한 특별한 언급을 하지 않으면 법인세효과를 무시하고 문제를 구성하기 때문이다. 독자들은 재무회계를 학습함에 있어 법인세효과에 대한 특별한 언급이 없으면 일반적으로 법인세효과를 무시하고 문제가 구성됨을 이해하고 공부하기 바란다.

Chapter

10

지분상품과 자본

7판

IFRS 회계원리

Chapter

10 지분상품과 자본

ACCOUNTING PRINCIPLES

제 1 절 자본의 의의[1)]

Chapter 10

'자본(equity)'은 기업의 소유주가 청구권을 행사할 수 있는 부분을 말하는 것으로 소유주지분(owner's equity)이라고도 한다. 기업에 대한 청구권을 소유주보다는 채권자가 우선적으로 가지고 있으므로 소유주지분인 자본은 총자산에서 총부채를 차감한 후 남은 잔여지분(residual interest)이다.

소유주지분 = 총자산 − 총부채
(잔여지분) (채권자지분)

자본을 이렇게 잔여지분으로 파악하는 이유는 자산과 부채는 각각 독립적으로 측정될 수 있는 항목들인 반면에 자본은 독립적으로 측정될 수 있는 항목이 아니기 때문이다. 즉, 자본은 일정하게 고정되어 있는 것이 아니라 기업의 수익성에 따라 변동되는 항목으로 총자산에서 채권자들에게 지급하고 남은 잔액이 소유주지분이 되는 것이다.[2)]
소유주의 잔여지분인 자본을 재무상태표에 표시하는 방법은 기업의 형태가 개인기업인가 아니면 주식회사인가에 따라 서로 달라지는데 가장 대표적인 기업의 형태가 주식회사이므로 본 장에서는 주식회사의 자본에 대해서 살펴보도록 하겠다.

1) 한국채택국제회계기준에서는 지분상품의 정의와 지분상품과 금융부채의 구분, 그리고 재무상태표의 표시방법 및 공시사항에 대해서만 간략하게 언급하고 있을 뿐 자본금을 비롯한 여러 가지 자본항목의 구체적인 회계처리를 규정하고 있지 않다. 따라서 본 장에서는 한국채택국제회계기준에서 규정한 부분을 제외한 자본항목의 증감에 대한 회계처리는 일반기업회계기준에 따라 설명하기로 한다.
2) 한국채택국제회계기준에서는 지분상품을 기업의 자산에서 모든 부채를 차감한 후의 잔여지분을 나타내는 모든 계약이라고 정의하고 있다.

1. 주식회사의 특징

본 장에서 주식회사의 자본을 살펴보기에 앞서 주식회사가 어떤 특징을 가지고 있는지부터 살펴보도록 하자. 주식회사의 특징을 이해하고 있어야만 자본의 분류와 회계처리를 보다 쉽게 이해할 수 있기 때문이다.

현대의 가장 대표적인 기업형태인 주식회사는 거액의 자금을 조달하는 면에서 다른 형태의 기업보다 유리한 특징을 가지고 있다. 이를 살펴보면 다음과 같다.

첫째, 주식회사의 주주는 유한책임을 가지게 된다. 주주들은 출자한 금액의 한도내에서만 회사에 대해 책임을 진다. 따라서 채권자는 회사에 대한 채권을 회수하기 위해 주주의 개인재산에 대해 상환청구권을 행사할 수 없다.

둘째, 자본이 소규모 금액인 주식으로 분할되어 있어서 대규모의 자금을 조달하는 것이 용이하다. 주식투자자는 소액의 자금을 가지고도 주식을 취득할 수 있기 때문에 일반대중에게도 기업은 소액의 주식을 투자하도록 해서 대규모 자금을 조달할 수 있다.

셋째, 주식은 소유권의 양도가 자유롭다. 주식회사의 주주들은 원한다면 언제든지 자유롭게 주식을 매각해서 출자액을 쉽게 회수할 수 있다. 이런 이유로 단기투자를 목적으로 하는 투자자들도 주식에 쉽게 투자할 수 있다.

주식회사는 이와 같은 특징들을 가지고 있어서 현대의 대기업들은 대부분 주식회사의 형태를 가지고 있으며 수많은 소액투자자로부터 대규모자금을 조달해서 기업을 운영할 수 있는 것이다.

2. 자본의 분류

자본은 발행원천을 기준으로 구분하면 납입자본과 이익잉여금으로 구분할 수 있다. '납입자본(paid-in capital)'은 주주가 출자한 금액을 의미하고 '이익잉여금(retained earnings)'은 기업이 손익거래로 얻은 순이익 중에서 배당으로 사외로 유출된 부분을 제외한 금액을 말한다.

자본을 납입자본과 이익잉여금으로 구분하는 것은 배당과 관련해서 중요하다. 주주에게 현금배당을 할 때는 이익잉여금으로만 배당을 해야 하며 납입자본으로는 배당을 할 수 없다. 왜냐하면 납입자본을 배당하는 경우에는 주주가 출자한 금액을 환급해주는 상황이 되기 때문이다. 이를 자유롭게 하면 주주가 납입자본을 모두 배당해서 소유주는 출자금 없이 채권자의 부채만으로 기업을 운영할 수 있어서 채권자의 권리가 보호될 수 없다. 따라서 자본은 납입자본과 이익잉여금으로 구분하고 영업활동을 통해 얻은 이익잉여금이 있는 경우에만 그 한도 내에서 주주에게 배당을 하게 된다.

한편, 납입자본은 우리나라 상법규정에 따라 다시 자본금과 자본잉여금으로 구분할 수 있다. 상법에서는 발행주식수에 주당 액면금액을 곱한 금액을 자본금으로 기재하도록 규정하고 있기 때문에 소유주가 출자한 금액 중에서 주식의 액면금액에 해당하는 금액은 자본금으로 기록하고 그 이외의 금액은 자본잉여금으로 구분한다.[3)]

이와 같이 자본을 구분하면 자본금, 자본잉여금, 이익잉여금이 있으며 그 외에 자본조정 및 기타포괄손익누계액이 있다.[4)]

Chapter 10

그림 10-1 자본의 분류

분 류	계정과목	
자 본 금	보통주자본금, 우선주자본금	
자 본 잉 여 금	주식발행초과금, 기타자본잉여금(감자차익, 자기주식처분이익 등)	
자 본 조 정	차감계정	주식할인발행차금, 감자차손, 자기주식처분손실, 자기주식 등
	가산계정	미교부주식배당금 등
기타포괄손익누계액	FVOCI 선택 금융자산평가손익, 재평가잉여금 등	
이 익 잉 여 금	법정적립금, 임의적립금, 미처분이익잉여금	

3) 2011년에 상법의 일부가 개정되어 무액면주식도 발행할 수 있게 되었다. 기업들은 액면주식 또는 무액면주식 중 하나를 선택하여 발행하여야 한다. 회계원리 수준에서는 액면주식에 대해서만 이해하고 무액면주식에 대해서는 중급회계에서 공부해도 늦지 않을 것이다. 따라서 본 서에서는 액면주식을 중심으로만 설명할 것이므로 무액면주식에 대해서는 중급회계교재를 참고하기 바란다.

4) 한국채택국제회계기준을 적용할 때 재무상태표의 자본의 표시는 기업마다 상이할 수 있다. 본 서에서는 설명의 편의상 일반기업회계기준에 따라 자본을 자본금, 자본잉여금, 자본조정, 기타포괄손익누계액 및 이익잉여금으로 분류하여 설명한다.

제 2 절 자본금

주식회사의 '자본금(capital stock)'은 상법의 규정에 따라 발행주식총수에 주당 액면금액을 곱해서 계산한 금액으로 법정자본금(legal capital)이라고도 한다.
우리나라 상법은 수권자본제도를 채택하고 있다. 이는 수권자본(authorized capital stock)의 한도 내에서 자금의 수요에 따라 이사회의 결의에 의하여 수시로 주식을 발행할 수 있도록 하는 것이다. 여기서 수권자본이란 발행할 주식의 총수를 정관에 미리 정해 놓은 것이다. 수권자본 중에서 발행된 주식을 발행주식(issued stock)이라 하며 발행주식수에 주당 액면금액을 곱한 금액이 자본금이 된다. 아래 공식은 액면주식의 경우에만 성립되는 것임에 유의하기 바란다.

자 본 금 = 발행주식총수 × 주당 액면금액

1. 주식의 종류 : 보통주와 우선주

주식회사가 발행하는 주식에는 일반적으로 이익배당의 보장여부와 의결권의 존재여부에 따라 보통주식과 우선주식의 두 종류로 구분할 수 있으며 자본금도 발행하는 주식의 종류에 따라 보통주자본금과 우선주자본금으로 분류해야 한다.

(1) 보통주

'보통주(common stock)'란 이익 및 잔여재산분배 등의 재산적 내용에 있어서 표준이 되는 주식을 말한다. 보통주라는 용어는 특별한 권리가 부여된 우선주와 구별하기 위해서 붙여진 주식의 명칭이다.
보통주는 주주총회에서 지분비율에 비례하는 의결권을 행사하고, 신주가 발행되면 우선적으로 신주인수권을 가지므로 보통주주들이 경영에 가장 많은 관심을 가지고 관여한다. 한편, 보통주는 우선주에 배당이 지급되고 난 뒤에 배당을 받을 수 있으며 기업이 파산하는 경우에는 재산분배에 대하여도 채권자와 우선주보다 후순위의 청구권을 가진다.

(2) 우선주

'우선주(preferred stock)'란 보통주에 비해서 이익배당이나 청산으로 인한 재산분배와 같은 특정사항에 대해 보통주보다 우선청구권이 있는 주식을 말한다. 그러나 우선주는 일반적으로 자기 권리가 침해되지 않는 사항에는 주주총회에서의 의결권이 없다. 또한 우선주도 주주지분이므로 배당이 매년 보장되는 것이 아니고 주주총회에서 배당금 지급이 결의되었을 때에만 보통주에 우선하여 배당을 받을 수 있다. 우선주는 배당우선권의 성격에 따라서 다음과 같이 분류된다.

① 참가적우선주와 비참가적우선주

'참가적우선주(participating preferred stock)'란 약정된 배당을 받고나서 보통주에 대한 배당이 이루어진 뒤에도 여분의 배당이 있다면 보통주와 함께 추가적으로 그 배당에 참여할 권리가 있는 우선주를 말한다. 이런 권리가 없는 우선주는 '비참가적우선주(non-participating preferred stock)'라고 한다.

② 누적적우선주와 비누적적우선주

'누적적우선주(cumulative preferred stock)'란 특정 회계기간에 배당금의 일부를 지급받지 못한 연체배당금이 있는 경우에 차후 기간에 이를 소급해서 보통주 배당에 우선하여 지급받을 수 있는 권리가 있는 우선주를 말한다. 이런 권리가 없는 우선주는 '비누적적우선주(non-cumulative preferred stock)'라고 한다.

우선주에는 이 밖에도 주식소지자가 보통주로 전환을 청구할 수 있는 전환우선주(convertible preferred stock)와 발행기업이 주식을 상환할 수 있는 권리를 가지는 상환우선주(callable preferred stock)가 있다.[5)]

2. 주식의 발행(자본금의 증가)

주식회사는 수권자본의 범위 내에서 사업확장이나 부채상환에 필요한 자금을 조달하기 위해 주식을 발행한다. 주식을 발행하면 증가한 발행주식수에 주당 액면금액을 곱한 금액만큼 자본금이 증가한다.

5) 전환우선주와 상환우선주에 대해서는 중급회계에서 자세하게 설명한다. 한국채택국제회계기준에서는 상환우선주의 경우 발행회사가 상환의무를 갖거나 보유자가 상환권리를 갖는 상환우선주는 지분상품(자본)이 아니라 금융부채로 분류하도록 규정하고 있다.

신주발행은 주식의 액면금액와 발행가액의 차이에 따라 ① 액면발행, ② 할인발행과 ③ 할증발행으로 분류된다. 여기서 발행가액은 주금납입액에서 신주발행비를 차감한 후의 금액으로 계산한다. '신주발행비(stock issuance costs)'란 주식을 발행할 때 발생하는 비용으로 각종 수수료, 인쇄비, 광고비 등을 말한다. 신주발행비는 주주로부터 자본을 조달하면서 지출된 비용이므로 주주가 납입한 총액에서 신주발행비를 차감한 잔액을 실질적인 자본조달액으로 보는 것이다.

(1) 액면발행

'액면발행(issue at par)'은 주식의 발행가액이 액면금액과 동일한 경우를 말하며 액면금액을 자본금으로 기록한다.

예제 10-1
주식의 발행(1)-액면발행

㈜나무는 주당 액면금액이 ₩1,000인 10,000주의 주식을 액면금액으로 발행하였다.

요구사항

주식을 액면발행하는 경우에 분개를 하시오.

해답

(차) 현 금	10,000,000	(대) 자 본 금	10,000,000

* 10,000주×₩1,000=₩10,000,000

(2) 할증발행

'할증발행(issuance at premium)'은 액면금액보다 발행가액이 크도록 주식을 발행하는 경우를 말한다. 발행가액이 액면금액을 초과하면 그 초과액은 자본잉여금에 해당하는 주식발행초과금으로 기록한다. 주식발행초과금(paid-in capital in excess of par value)은 주주가 납입한 납입자본 중에서 액면금액을 초과한 금액으로, 자본금과 성격의 차이가 없지만 상법규정에 따라 자본잉여금으로 표시한다.

예 제 10-2

주식의 발행(2) – 할증발행

㈜나무는 주당 액면금액이 ₩1,000인 10,000주의 주식을 주당 ₩1,500에 발행하였다.

요구사항

주식을 할증발행하는 경우에 분개를 하시오.

해답

(차) 현 금	15,000,000*	(대)	자 본 금	10,000,000
			주식발행초과금	5,000,000

* 10,000주 × ₩1,500 = ₩15,000,000

예제에서 살펴본 것처럼 주식을 할증발행한 경우에 액면금액을 초과한 금액은 주식발행초과금으로 기록하고 자본잉여금으로 분류한다.

(3) 할인발행

'할인발행(issuance at discount)'은 액면금액보다 발행가액이 작게 주식을 발행하는 경우를 말한다. 발행가액이 액면금액에 미달하면 그 미달액은 자본조정항목에 해당하는 주식할인발행차금(discounts on stock issuance)으로 인식한다. 주식할인발행차금은 주주가 자본금보다 적게 출자한 금액을 의미하며 재무상태표에서는 자본의 차감항목인 자본조정으로 표시된다.

예 제 10-3

주식의 발행(3) – 할인발행

㈜나무는 주당 액면금액이 ₩1,000인 10,000주의 주식을 주당 ₩800에 발행하였다.

요구사항

주식을 할인발행하는 경우에 분개를 하시오.

해답

(차) 현 금	8,000,000*	(대)	자 본 금	10,000,000
주식할인발행차금	2,000,000			

* 10,000주 × ₩800 = ₩8,000,000

3. 자본금의 감소

자본금을 감소시키는 것은 감자(capital reduction)라고 하며 이는 기업의 이해관계자에게 영향을 미칠 수 있기 때문에 주주총회의 특별결의를 거쳐야 한다. 감자를 하는 방법에는 실질적인 감자와 형식적인 감자가 있다.

(1) 실질적 감자(유상감자)

실질적 감자란 기업의 자산이 실질적으로 사외로 유출되는 자본의 감소를 말한다. 그 방법에는 주주로부터 주식의 일부를 제출받아 환급하는 감자와 시장에서 주식을 매입하여 소각하는 감자가 있다. 전자에 의한 감자는 실무에서 거의 사용되지 않는다. 후자에 의한 감자에서 주식의 환급가액이 액면금액(발행가액 아님)보다 작으면 감자차익으로 기록한다. 이는 자본거래에서 발생한 것이기 때문에 자본잉여금으로 분류한다. 한편, 환급가액이 액면금액보다 크면 감자차손이 발생하는데 이는 감자차익과 우선적으로 상계하고 나머지는 자본조정으로 계상한 후 이익잉여금의 처분으로 처리하여야 한다.

예제 10－4
실질적 감자(유상감자)

㈜나무는 구조조정을 통해 경쟁력을 확보할 목적으로 기업 규모를 축소하기로 결정하고 액면금액 ₩5,000인 주식을 다음과 같이 주식시장에서 매입하여 소각했다.

(1) 8월 10일 주식 1,000주를 ₩4,000에 주식시장에서 매입하여 소각했다.
(2) 9월 20일 주식 1,000주를 ₩7,000에 주식시장에서 매입하여 소각했다.

요구사항

각 일자별로 회계처리하시오.

해답

1. 8월 10일

(차) 자본금	5,000,000	(대) 현금	4,000,000*
		감자차익 (자본잉여금)	1,000,000

* 1,000주 × ₩4,000 = ₩4,000,000

2. 9월 20일

(차) 자 본 금	5,000,000	(대) 현 금	7,000,000*
감 자 차 익	1,000,000		
감 자 차 손	1,000,000		
(자본조정)			

* 1,000주×₩7,000=₩7,000,000

예제에서 살펴본 바와 같이 환급가액이 액면금액보다 크면 감자차손이 발생한다. 예제에서도 감자차손이 총액으로는 ₩2,000,000이 발생하였다. 이 금액은 우선적으로 감자차익과 상계하므로 감자차익 ₩1,000,000을 먼저 상계하고 남은 금액은 감자차손잔액으로 표시한다. 그리고 감자차손잔액 ₩1,000,000은 잔액이 차변에 남아서 자본의 차감항목이므로 자본조정항목으로 분류하고 재무상태표를 작성할 때는 자본의 감소항목으로 표시한다.

(2) 형식적 감자(무상감자)

무상감자란 자본금은 감소하지만 회사의 실질적 자산은 감소하지 않는 감자로서 형식적 감자라고도 한다. 보통주식의 무상감자시 회계처리는 다음과 같다.

〈무상감자일〉

(차) 보 통 주 자 본 금　××× (대) 감 자 차 익　×××

〈주주총회 결의일〉

(차) 감 자 차 익　××× (대) 미 처 리 결 손 금　×××

회계기간 중에 무상감자를 실시할 경우 보통주자본금을 감소시키면서 감자차익(자본잉여금)을 인식한다. 이후 무상감자를 실시한 회계연도의 정기 주주총회일의 결의에 따라 감자차익을 미처리결손금과 상계하는 회계처리를 한다.

무상감자는 미처리결손금이 있는 기업에서 대주주인 경영자가 자기가 보유하는 주식을 미처리결손금과 상계하는 방식으로 부실 경영에 대한 책임을 지는 과정에서 보통 발생한다. 한편 미처리결손금이 없는 기업도 무상감자를 할 수는 있으나, 실익은 없다.

예제 10-5

형식적 감자(무상감자)

갑회사는 보통주자본금 중 ₩1,000,000을 무상감자하기로 하였다.

요구사항

보통주식의 무상감자시 갑회사의 미처리결손금이 ₩900,000일 경우와 ₩1,200,000일 경우로 구분하여 무상감자일과 주주총회 결의일에 해야 할 회계처리를 하라. 단, 주주총회에서 무상감자일에 인식한 감자차익 전부를 미처리결손금과 상계하는 결의를 하였다.

해답

(1) 미처리결손금이 ₩900,000인 경우

〈무상감자일〉

(차)	보통주자본금	1,000,000	(대) 감자차익	1,000,000

〈주주총회 결의일〉

(차)	감자차익	900,000	(대) 미처리결손금	900,000

(2) 미처리결손금이 ₩1,200,000인 경우

〈무상감자일〉

(차)	보통주자본금	1,000,000	(대) 감자차익	1,000,000

〈주주총회 결의일〉

(차)	감자차익	1,000,000	(대) 미처리결손금	1,000,000*

* 미처리결손금이 ₩900,000인 경우에는 주주총회 결의일 이후 감자차익이 ₩100,000이 남는 반면, 미처리결손금이 ₩1,200,000인 경우에는 감자차익 잔액은 없으나 미처리결손금 ₩200,000이 남는다.

한편 무상감자의 방법으로 주식병합이라는 방법도 있다. 주식병합이란 수 개의 주식을 합하여 보다 적은 수의 주식으로 바꿈으로써 감자를 하는 것을 말한다. 예를 들어 액면금액 ₩5,000의 주식 10주를 9주로 합치는 주식병합을 하면 자본금이 ₩5,000만큼 감소하는데, 이를 미처리결손금과 상계한다.

주식병합은 감자를 수반하지 않는 경우도 있다. 예를 들어 액면금액 ₩500의 주식 10주를 액면금액 ₩5,000의 주식 1주로 합치는 것도 주식병합이라고 한다. 이와 같은 주식병합으로 인하여 발행주식수는 감소하고 액면금액은 증가하지만 자본금은 변동되지 않는다. 따라서 주식병합의 경우 감자를 수반하는 경우와 감자를 수반하지 않는 경우를 구분할 필요가 있다.

한편 감자를 수반하지 않는 주식병합의 반대가 주식분할(stock split)이다. 예를 들어 주식분할은 액면금액 ₩5,000의 주식 1주를 액면금액 ₩500의 주식 10주로 분할하는 것을 주식분할이라고 한다. 주식분할을 하면 발행주식수는 증가하고 액면금액은 감소하지만 자본금은 변동되지 않는다.

제 3 절 자본잉여금

'자본잉여금(capital surplus)'은 증자나 감자 등으로 주주가 불입한 자본과 영업활동이 아닌 자본거래로 얻어진 자본 중에서 법정자본금을 초과하는 금액을 말한다.

자본의 잉여금에는 자본잉여금과 이익잉여금이 있는데 자본잉여금은 자본거래를 통해 얻어진 잉여금이고 이익잉여금은 영업활동의 손익거래를 통해 얻어진 잉여금이다. 따라서 납입자본에 해당하는 자본잉여금은 일반적으로 현금배당을 할 수 없으며 영업활동을 통해 얻은 이익잉여금만 현금배당으로 주주에게 환급될 수 있다. 즉, 자본잉여금은 이익배당의 대상이 아니며 자본금으로 전입(무상증자)되거나 결손을 보전하기 위해서 사용할 수 있다.[6]

1. 자본잉여금의 종류

자본잉여금에 해당하는 항목은 주식발행초과금, 기타자본잉여금 등으로 다시 세분할 수 있으며 각 항목별 성격과 회계처리의 특징에 대해 살펴보도록 하자.

- 자본잉여금
  - 주식발행초과금
  - 기타자본잉여금 – 감자차익, 자기주식처분이익 등

6) 상법 461조의2에서는 적립된 자본준비금 및 이익준비금의 총액이 자본금의 1.5배를 초과하는 경우에 주주총회 결의에 따라 그 초과금액의 범위에서 자본준비금과 이익준비금을 감액할 수 있도록 규정하고 있다. 상법에서 언급하는 자본준비금은 자본잉여금과 같은 의미이며 감액할 수 있다는 것은 미처분이익잉여금으로 대체할 수 있음을 의미하므로 자본준비금 및 이익준비금도 배당에 사용할 수 있다.

(1) 주식발행초과금

'주식발행초과금(contributed capital in excess of par value)'은 주식의 발행가액이 액면금액을 초과하는 금액을 말한다. 기업에 투자하는 주주들이 기업의 미래 수익성을 높게 평가하고 주식의 액면금액보다 높은 발행가액으로 주금을 납입해서 얻어진 자본잉여금이다.

이와 같이 주식발행초과금은 납입자본에 해당하므로 성격상은 자본금과 차이가 없지만 우리나라의 상법 규정상 법정자본금을 초과하는 금액은 주식발행초과금으로 구분해서 기록하도록 하고 있다.

(2) 기타자본잉여금

'기타자본잉여금(other capital surplus)'이란 주식발행초과금 이외의 자본잉여금으로 감자차익, 자기주식처분이익 등이 있다. '감자차익(gain on retirement of capital stock)'이란 실질적 감자에서는 법정자본금보다 적은 금액을 주주에게 반환한 경우에 발생하고 형식적 감자에서는 자본금의 감소액만큼 발생한다. 감자차익은 영업활동에 의한 손익거래가 아니라 자본거래의 결과로 얻어지기 때문에 자본잉여금에 속한다. 자기주식처분이익에 대해서는 후술하는 자본조정에서 자세히 살펴보도록 하겠다.

2. 자본잉여금의 처분

자본잉여금은 납입자본에 해당하므로 채권자의 권리를 보호하기 위해서 그 사용과 처분을 상법에서 엄격하게 제한하고 있다. 자본잉여금은 일반적으로 자본금에 전입하거나 누적된 미처리결손금을 보전하기 위해서 사용이 가능하다.

(1) 자본잉여금의 자본금전입(무상증자)

무상증자란 자본잉여금을 재원으로 해서 신주를 발행하여 법정자본금을 증가시키는 것으로 자본전입이라고도 한다. 즉, 무상증자는 자본잉여금을 감소시키면서 해당 금액만큼 발행주식수를 증가시키는 것으로 법정자본금은 증가하지만 자본총액은 변동되지 않아서 회사의 순자산은 증가되지 않는 증자이다.

예 제 10-6

자본잉여금의 자본전입(무상증자)

㈜나무는 주주총회에서 주식발행초과금 ₩5,000,000의 자본금 전입을 결의하고 액면금액 ₩5,000인 주식 1,000주를 무상으로 발행하다.

요구사항

무상증자를 회계처리하시오.

해답

(차) 주식발행초과금	5,000,000	(대) 자본금	5,000,000

Chapter 10

(2) 미처리결손금의 보전

미처리결손금이 있는 경우에는 자본잉여금으로 이를 보전할 수 있다. 미처리결손금을 처리할 때 상계대상 잉여금은 자본잉여금, 법정적립금 및 임의적립금이 될 수 있는데 상법에서는 미처리결손금의 상계 순서를 규정하고 있지 않다. 따라서 일반적으로 미처리결손금을 임의적립금과 우선 상계하고, 임의적립금과 상계하고도 남는 미처리결손금이 있다면 기업의 선택에 따라 자본잉여금 또는 법정적립금 중 어떤 잉여금과도 상계가 가능하다.

제 4 절 이익잉여금

'이익잉여금(retained earnings)'은 기업의 영업활동 또는 투자활동과 같은 이익창출활동으로 얻어진 이익 중에서 배당을 하지 않고 기업내부에 유보되어 있는 금액을 말한다.

이익잉여금은 자본거래가 아니라 손익거래를 통해 얻어진 자본항목이므로 주주들이 납입한 자본에 대한 보상으로 배당을 받을 수 있는 원천이 된다. 이익잉여금을 증가시키는 항목은 이익창출활동의 결과인 당기순이익이며 이익잉여금을 감소시키는 항목은 배당금의 지급이나 당기순손실이다.

그리고 이익잉여금은 포괄손익계산서와 재무상태표를 연결시켜주는 계정이다. 회계기간 중에는 손익항목이 계정잔액으로 남아서 포괄손익계산서를 작성하는 기초자료로 사용되지만 회계기말이 되면 집합손익을 거쳐서 이익잉여금으로 대체됨으로써 손익항목의 순액이 재무상태표 항목으로 전환된다. 이처럼 이익잉여금은 포괄손익계산서와 재무상태표를 연결하는 가교역할을 하는 계정이다.

1. 이익잉여금의 종류

이익잉여금을 구분하면 법정적립금과 임의적립금 및 미처분이익잉여금으로 구분할 수 있으며 이를 다시 세분하면 다음과 같은 항목이 있다.

그림 10-2 이익잉여금의 분류

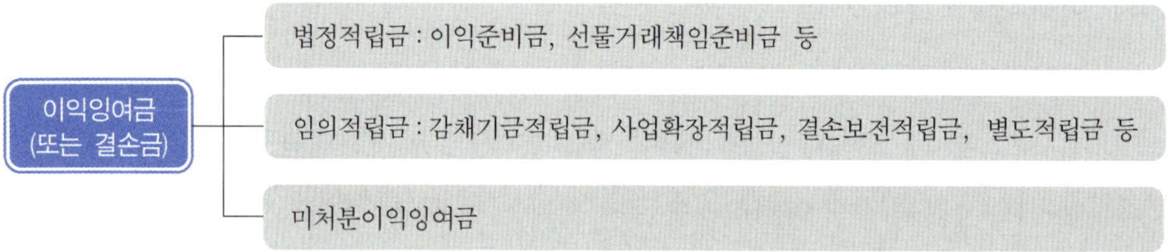

(1) 법정적립금

'법정적립금(legal reserve)'은 상법이나 그 외의 법령의 규정에 따라 이익잉여금 중에서 일정금액을 적립한 유보이익을 말한다. 법정적립금은 해당 법규에 따라 강제적 성격을 가지는 적립금으로 일정한 요건이 갖추어지면 반드시 적립해야 하는 적립금이다. 법정적립금을 적립하는 것은 그만큼 현금을 별도로 적립한다는 것은 아니며 적립되어 유보된 이익잉여금만큼 현금배당을 제한함으로써 자금의 유출을 막아서 간접적으로 기업의 재무구조가 건실화되도록 하는 방법이다.

법정적립금의 대표적인 항목으로는 이익준비금이 있으며 그 외에 기타법정적립금으로 선물거래책임준비금이 있다.

① 이익준비금

상법에서 규정하고 있는 유보이익으로 가장 대표적인 법정적립금이다. 주식회사는 자본금의 2분의 1에 달할 때까지 매 결산기에 이익배당(주식배당 제외)액의 10분의 1 이상의 금액을 이익준비금으로 적립해야 한다. 상법에서 이익준비금을 규정하고 있는 목적은 이익잉여금 중에서 일부금액의 현금배당을 제한함으로써 자금의 사외유출을 방지해서 기업의 자본구조를 건실화하기 위한 것이다. 따라서 이익준비금은 규정의 취지대로 미처리결손금을 보전하거나 무상증자로 자본금에 전입하는 것에 주로 사용된다.[7)]

② 기타법정적립금

상법 이외의 법령의 규정에 의하여 적립된 금액으로서 선물거래책임준비금을 들 수 있다. 선물거래책임준비금이란 선물거래법에 따라 선물거래를 하는 증권회사가 회계연도마다 처분가능이익잉여금 중 일정 산식에 의해 계산한 금액을 적립하는 것을 말한다.

(2) 임의적립금

'임의적립금(voluntary reserve)'이란 기업이 특정한 목적을 위해서 자발적으로 정관의 규정 또는 주주총회의 결의로 유보한 이익을 말한다. 임의적립금은 법규에 따라 강제적으로 적립한 유보이익이 아니라 기업이 자발적으로 적립한 적립금이라는 점에서 법정적립금과 다르지만 현금배당을 제한함으로써 간접적으로 재무구조를 개선하거나 미래필요자금을 확보한다는 점은 동일하다. 임의적립금의 예로는 사업확장적립금, 감채기금적립금 등이 있다. 임의적립금은 기업이 특정목적을 위해 자발적으로 현금배당을 제한한 것이므로 해당목적이 실현되고 나서는 이를 다시 현금배당 할 수 있다.

(3) 미처분이익잉여금(미처리결손금)

미처분이익잉여금은 유보이익 중에서 배당이나 다른 잉여금으로 처분되지 않고 남아서 그 사용목적이 정해지지 않은 유보이익을 말한다. 미처분이익잉여금은 주주총회에서 결의에 의해 처분이 이루어지는데 주주총회가 결산일이 지난 뒤에 열리기 때문에 재무상태표일에는 이익잉여금을 처분하기 전의 잔액으로 표시된다. 미처분이익잉여금을 처분하는 방법은 유형이 다양하고 까다롭기 때문에 다음에서 자세히 설명하도록 하겠다.

---

7) 법정적립금을 감소시키는 것은 자본잉여금의 경우와 동일함을 알아두기 바란다. 즉, 법정적립금과 자본잉여금은 무상증자와 결손보전의 경우에 감소시킬 수 있다.

2. 이익잉여금의 처분

이익잉여금의 처분이란 처분가능이익잉여금을 이익준비금, 임의적립금, 배당금 등으로 처분하는 것을 말하며 그 처분내용은 이익잉여금처분계산서에 표시한다. 이익잉여금의 처분은 주주총회의 승인을 거쳐야만 확정될 수 있다.

이익잉여금을 처분하기 위해서는 우선 임의적립금을 이입해서 처분가능이익잉여금에 가산해야 한다. 여기서 '임의적립금의 이입'이란 특정목적을 위해 자발적으로 처분을 제한하기 위해 설정했던 임의적립금의 적립목적이 달성되고 나면 다시 이를 처분가능이익잉여금으로 환원해서 처분제한을 제거하는 절차를 말한다. 임의적립금을 이입하면 이입액만큼 처분가능이익잉여금은 증가한다.

임의적립금 이입액까지 포함해서 처분가능이익잉여금을 계산하고 나면 이를 주주들의 필요에 따라 주주총회의 결의를 거쳐서 처분하게 되는데 그 내용으로는 ① 현금배당, ② 주식배당, ③ 적립금의 적립, ④ 자본조정항목과의 상계 등이 있는데 이 중에서 자본조정항목과의 상계는 다음 절에서 살펴보고 나머지 항목에 대해서 살펴보도록 하겠다.

(1) 현금배당[8)]

우리나라 상법에서 회사의 이익을 주주에게 배당하는 방법에는 현금배당과 주식배당이 있다. 그 중에서 '현금배당(cash dividends)'은 주식회사가 주주총회의 결의로써 주주에게 현금으로 배당을 지급하는 것을 말하며 기말배당과 중간배당이 있다. 기말배당은 결산을 하고난 후에 이루어지는 배당을 말하며 중간배당이란 기업이 회계기간 동안 주주에게 현금배당을 실시하는 것이다. 현금배당의 절차를 이해하기 위해서는 우선 배당기준일, 배당선언일과 배당지급일을 이해하여야 하므로 이에 대해 먼저 살펴보도록 하자.

① 배당기준일

배당을 받을 권리가 결정되는 날을 말한다. 기말배당에서는 일반적으로 회계연도의 말일이며 중간배당에서는 이사회에서 정한 날이다. 배당기준일 이후에 주식을 취득하여 배당지급일에 주식을 소유하고 있더라도 배당기준일에 주식을 소유했던 주주가 배당을 받을 권리가 있고 새로운 주주는 배당을 받을 권리가 없다.

8) 2011년 상법개정으로 현물배당이 도입되었다. 동 내용은 중급회계교재를 참고하기 바라고 본 교재에서는 현금배당과 주식배당만 설명하기로 한다.

② 배당선언일

배당의사를 공식적으로 발표한 날을 말하는 것으로 기말배당에서는 주주총회일이고 중간배당에서는 이사회의 결의일이다. 배당선언일을 기준으로 회계에서는 이익잉여금을 감소시키는 기록을 해야 한다. 왜냐하면 배당이 선언되는 날에 회사가 주주에게 배당을 지불할 의무와 주주가 배당을 수령할 권리가 발생하기 때문이다.

③ 배당지급일

배당기준일에 주주로서 확정된 주주에게 실제로 배당을 지급하는 날이다.

현금배당을 결정하면 배당선언일에 미처분이익잉여금계정을 차감하고 미지급배당금계정에 기록한다. 미지급배당금계정은 유동부채계정에 해당한다. 배당지급일이 되면 주주들에게 현금을 지급하고 미지급배당금계정의 차변에 기록해서 부채를 감소시킨다. 기말배당을 기준으로 배당기준일과 배당선언일 및 배당지급일에 변화되는 항목을 살펴보면 다음과 같다.

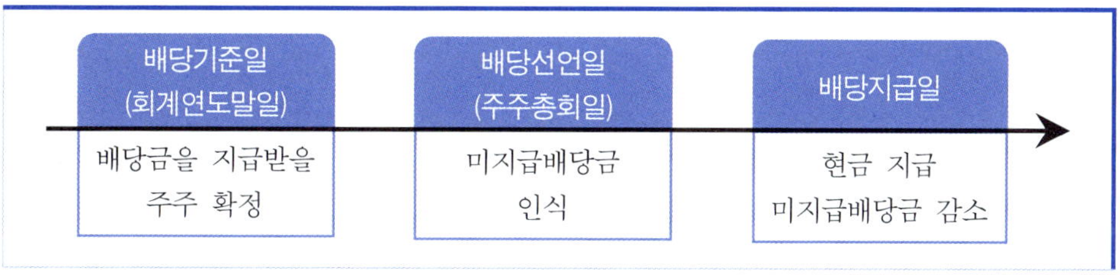

(2) 주식배당

'주식배당(stock dividends)'이란 주주의 지분율에 비례하여 신주를 발행하여 이익을 배당하는 방법을 말한다. 주식배당의 목적은 배당지급에 소요되는 자금을 사내에 유보하여 외부 유출을 막으면서 동시에 이익배당의 효과를 올리는데 있다. 주식배당도 배당의 일종이므로 이익잉여금을 감소시킨다.

주식배당을 결정하면 배당선언일에 미처분이익잉여금계정을 차감하고 미교부주식배당금계정에 기록한다. 미교부주식배당금은 자본조정으로 분류된다. 미지급배당금계정이 유동부채로 분류되는 것과는 차이가 있다. 배당지급일인 주식발행일이 되면 주식을 액면금액으로 발행해서 주주들에게 교부하며 미교부주식배당금을 자본금으로 대체한다. 주식배당의 회계처리를 현금배당과 비교해서 살펴보면 다음과 같다.

현금배당과 주식배당의 회계처리 비교

	현금배당	주식배당
배당 선언일	(차) 미처분이익잉여금 ××× (대) 미 지 급 배 당 금 ××× (유동부채)	(차) 미처분이익잉여금 ××× (대) 미교부주식배당금 ××× (자본조정)
배당 지급일	(차) 미 지 급 배 당 금 ××× (대) 현 금 ×××	(차) 미교부주식배당금 ××× (대) 자 본 금 ×××

(3) 적립금의 적립

적립금을 설정하여 이익잉여금의 사외유출을 제한하는 것을 말한다. 현금배당을 결정한 경우에는 상법의 규정에 따라 이익준비금을 설정해야 하며 그 외에도 법규에 따라 강제적으로 설정해야 하는 기타법정적립금을 설정한다. 그리고 기업이 특정한 목적을 위해서 자발적으로 설정하는 임의적립금도 주주총회의 결의에 따라 설정한다.

3. 이익잉여금처분계산서와 처분 분개

'이익잉여금처분계산서(statement of retained earnings)'는 이익잉여금의 변동내용을 보고하는 양식으로서 이익잉여금의 기초잔액에 당기의 증가액을 가산하고 당기의 감소액을 차감한 내용을 일목요연하게 표시한 재무보고서이다.[9] 이익잉여금처분계산서의 내용을 약식으로 살펴보면 다음과 같다.

9) 한국채택국제회계기준에서는 재무제표의 범위에 이익잉여금처분계산서를 포함시키지 않고 있다. 그리고 2009년 초 외감법을 개정하여 2009년 1월 1일 이후 최초로 시작되는 사업연도부터 재무제표 범위에서 이익잉여금처분계산서를 제외시켰다. 따라서, 이익잉여금처분계산서는 주석에 공시하게 된다.

그림 10-3 이익잉여금처분계산서

이익잉여금처분계산서

㈜나무	20×1. 1. 1 ~ 20×1. 12. 31	처분예정일 : 20×2. 2. 25
미 처 분 이 익 잉 여 금		₩9,000,000
전기이월미처분이익잉여금	₩5,000,000	
당 기 순 이 익	4,000,000	
임의적립금 등의 이입액		2,000,000
사 업 확 장 적 립 금	2,000,000	
합 계		₩11,000,000
이 익 잉 여 금 처 분 액		7,400,000
이 익 준 비 금	₩400,000	
현 금 배 당	4,000,000	
주 식 배 당	2,000,000	
감 채 기 금 적 립 금	1,000,000	
차기이월미처분이익잉여금		₩3,600,000

이익잉여금처분계산서와 관련해서 주의할 점은 기말재무상태표에 표시되는 미처분이익잉여금은 처분전이익잉여금이며 처분후이익잉여금이 아니라는 것이다. 이익잉여금에 대한 처분은 회계연도가 종료된 뒤에 다음해 초 주주총회에서 확정되므로 재무상태표일에는 처분내용을 반영할 수 없기 때문에 재무상태표에 표시되는 미처분이익잉여금은 이익잉여금처분계산서에 표시된 여러 가지 당기처분내용을 포함하지 않은 금액이다. 이익잉여금처분계산서에 표시되는 처분내용은 결산일에 회계처리되는 것이 아니라 다음해 주주총회에서 이익잉여금의 처분이 확정되는 시점에 회계처리된다. 이익잉여금과 관련해서 결산일과 주주총회일에 해야 하는 회계처리를 살펴보면 다음과 같다.

① 결산일

전기이월미처분이익잉여금은 이미 미처분이익잉여금 잔액에 포함되어 있으므로 집합손익에 집계된 당기순이익만 미처분이익잉여금 계정으로 대체한다.

(차) 집 합 손 익 (당기순이익)	×××	(대) 미처분이익잉여금	×××

② 주주총회일

임의적립금의 이입이 존재하는 경우에는 우선 임의적립금 이입액을 미처분이익잉여금으로 대체해서 처분가능이익잉여금이 집계되도록 한다.

(차) 임 의 적 립 금	×××	(대) 미처분이익잉여금	×××

이익잉여금 처분내용에 따라 미처분이익잉여금의 차변에 처분액을 기록하고 처분내용별로 해당계정의 대변에 다음과 같이 기록한다.

(차) 미처분이익잉여금	×××	(대) 이 익 준 비 금	×××
		미 지 급 배 당 금	×××
		임 의 적 립 금	×××
		⋮	

다음 예제를 이용해서 이익잉여금의 처분과 관련되는 회계처리를 살펴보도록 하자.

예 제 10-7
이익잉여금의 처분-회계처리

㈜나무는 20×1년 1월 1일 영업을 개시해서 사업을 영위하고 있으며 이익잉여금과 관련된 내용은 다음과 같다.

(1) 20×1년 12월 31일 결산 결과 당기순이익이 ₩400,000이다.

(2) 20×2년 2월 25일 주주총회에서 다음 내용으로 미처분이익잉여금의 처분을 결의하다.

이 익 준 비 금	10,000	현 금 배 당 금	100,000
주 식 배 당 금	50,000	사업확장적립금	200,000

(3) 20×2년 3월 10일 현금배당금 ₩100,000을 지급하다.

(4) 20×2년 3월 20일 신주 ₩50,000을 발행해서 주주에게 지급하다.

(5) 20×2년 12월 31일에 결산 결과 당기순이익이 ₩300,000이다.

(6) 20×3년 2월 25일 주주총회에서 사업확장적립금 ₩200,000을 이입하고 다음과 같이 미처분이익잉여금을 처분하기로 결의하다.

이 익 준 비 금	30,000	현 금 배 당 금	300,000

요구사항

1. 각 거래의 내용을 회계처리하시오.
2. 20×2년의 이익잉여금처분계산서를 작성하시오.

해답

1. 이익잉여금의 회계처리

(1) 20×1년 12월 31일 당기순이익이 발생한 결산시점(배당기준일)

(차) 집합손익 (당기순이익)	400,000	(대) 미처분이익잉여금	400,000

(2) 20×2년 2월 25일 미처분이익잉여금의 처분을 결의한 시점(배당선언일)

(차) 미처분이익잉여금	360,000	(대) 이익준비금	10,000
		미지급배당금	100,000
		미교부주식배당금	50,000
		사업확장적립금	200,000

(3) 20×2년 3월 10일 현금배당금 지급일(배당지급일)

(차) 미지급배당금	100,000	(대) 현금	100,000

(4) 20×2년 3월 20일 주식배당 신주발행일

(차) 미교부주식배당금	50,000	(대) 자본금	50,000

(5) 20×2년 12월 31일에 당기순이익이 발생한 결산시점

(차) 집합손익 (당기순이익)	300,000	(대) 미처분이익잉여금	300,000

(6) 20×3년 2월 25일 미처분이익잉여금의 처분을 결의한 시점

(차) 사업확장적립금	200,000	(대) 미처분이익잉여금	200,000
(차) 미처분이익잉여금	330,000	(대) 이익준비금	30,000
		미지급배당금	300,000

2. 20×2년의 이익잉여금처분계산서

이익잉여금처분계산서

㈜나무	20×2. 1. 1 ~ 20×2. 12. 31	처분예정일 : 20×3. 2. 25
미처분이익잉여금		₩340,000
전기이월미처분이익잉여금	₩40,000	
당기순이익	300,000	
임의적립금 등의 이입액		200,000
사업확장적립금	200,000	
합계		₩540,000
이익잉여금처분액		330,000
이익준비금	₩30,000	
현금배당	300,000	
차기이월미처분이익잉여금		₩210,000

예제에서 살펴본 바와 같이 20×2년 12월 31일의 재무상태표에는 처분전이익잉여금인 ₩340,000이 표시되며 미처분이익잉여금의 처분내용을 반영하는 분개를 하는 주주총회일 이후의 미처분이익잉여금 잔액은 처분후미처분이익잉여금인 ₩210,000이 된다.

4. 결손금의 처리

당기순손실이 발생하는 경우에는 우선 그 금액이 전기이월미처분이익잉여금보다 적은 경우에는 당기순손실을 미처분이익잉여금과 상계해서 처리한다. 예를 들어 당기순손실이 ₩100,000이고 미처분이익잉여금이 이보다 크다면 다음과 같은 분개를 하면 된다.

(차) 미처분이익잉여금	100,000	(대) 집 합 손 익 (당기순손실)	100,000

이와 같은 상황에서는 미처분이익잉여금이 남아 있으므로 이익잉여금처분계산서를 작성한다. 그런데 순손실이 계속적으로 발생해서 순손실누적액이 미처분이익잉여금을 초과할 수 있는데 그 초과액을 결손금이라고 한다. 결손금은 차기로 이월할 수도 있고 다른 잉여금과 상계해서 제거할 수도 있다. 결손금의 전액이 처리되기 전에는 주주에게 배당을 할 수 없다. 미처리결손금을 처리할 때 상계대상 잉여금은 자본잉여금, 법정적립금 및 임의적립금이 될 수 있는데 상법에서는 미처리결손금의 상계 순서를 규정하고 있지 않다. 따라서 일반적으로 미처리결손금을 임의적립금과 우선 상계하고, 임의적립금과 상계하고도 남는 미처리결손금이 있다면 기업의 선택에 따라 자본잉여금 또는 법정적립금 중 어떤 잉여금과도 상계가 가능하다.

이와 같이 결손금을 처리한 내역을 외부정보이용자에게 보고하기 위해서는 이익잉여금처분계산서가 아니라 결손금처리계산서를 작성한다.

예제 10-8

결손금의 처리

㈜나무는 당기순손실이 발생하였으며 이익잉여금과 관련된 내용은 다음과 같다. 단, 전기이월미처분이익잉여금은 ₩100,000이 있다.

(1) 20×1년 12월 31일 결산 결과 당기순손실이 ₩400,000이다.

(2) 20×2년 2월 25일 주주총회에서 임의적립금 ₩300,000을 이입하여 미처리결손금을 모두 처리하도록 결의하다.

요구사항

1. 각 거래의 내용을 회계처리하시오.
2. 20×1년의 결손금 처리계산서를 작성하시오.

해답

1. 결손금의 회계처리

(1) 20×1년 12월 31일 당기순이익이 발생한 결산시점

(차)	미처분이익잉여금	100,000	(대) 집합손익	400,000
	미처리결손금	300,000	(당기순손실)	

(2) 20×2년 2월 25일 미처리결손금의 처리를 결의한 시점

(차)	임의적립금	300,000	(대) 미처리결손금	300,000

2. 20×1년의 결손처리계산서

결손금처리계산서

㈜나무	20×1. 1. 1 ~ 20×1. 12. 31	처리예정일 : 20×2. 2. 25
미처리결손금		₩(300,000)
전기이월미처분이익잉여금	₩100,000	
당기순손실	(400,000)	
결손금처리액		300,000
임의적립금이입액	300,000	
차기이월미처리결손금		₩0

제 5 절 자본조정과 기타포괄손익누계액

'자본조정(capital adjustment)' 항목은 자본거래를 통해 자본을 변동시키는 항목이지만, 자본금과 자본잉여금 중에서 어느 항목으로도 명확하게 확정할 수 없는 항목을 말하는 것으로 자본 전체에 가감하는 형식으로 표시된다. 자본조정항목에는 주식할인발행차금, 자기주식, 감자차손 및 자기주식처분손실, 미교부주식배당금 등이 있다. 이 중에서 자기주식에 대해서 중점적으로 살펴보고 기타의 자본조정항목과 기타포괄손익누계액에 대해서는 간단한 개념만을 설명하고 자세한 내용은 회계원리의 범위를 넘어서므로 중급회계에서 설명하도록 한다.

1. 자기주식

'자기주식(treasury stock)'이란 발행회사가 유통 중인 자사의 주식을 매입해서 소각하지 않고 보유하고 있는 주식을 말한다. 상법에서는 법정자본금을 유지함으로써 채권자를 보호할 수 있도록 하기 위해서 원칙적으로 자기주식의 취득을 금지하고 있다. 그러나 주식을 소각하려는 경우, 합병 또는 영업 전부를 양수하는 경우, 회사의 권리실행에 필요한 경우 등에 한해서 예외적으로 자기주식의 취득이 허용되고 있다. 자기주식은 의결권을 상실하며 배당금을 지급받지 못한다.[10)]

(1) 자기주식의 취득

자기주식을 취득하는 거래를 살펴보면 자기주식을 매입하는 과정에서 회사로부터 매입대금을 수령한 거래 상대방이 회사의 주주이다. 따라서 자기주식의 매입은 그 성격이 주주에게 납입자본을 환급한 것이므로 자본거래에 해당한다.

이와 같이 자기주식의 취득은 유상감자와 성격상 차이가 없으나 주식자체를 공식적으로 소각하지 않은 점에서만 차이가 난다. 따라서 자기주식은 자본조정항목으로 분류하고 자본에서 차감하는 형식으로 보고한다.

(2) 자기주식의 처분

자기주식을 처분하는 것은 주식을 발행하는 것과 경제적 성격에는 차이가 없다. 자기주식을 취득하는 거래상대방은 발행회사의 주주가 되는 것이므로 자기주식을 처분하면서 수령한 금액은 납입자본에 해당한다. 이처럼 자기주식의 처분은 주식의 발행과 성격이 유사하므로 자본거래의 회계처리방법을 적용한다. 따라서 자기주식의 처분가액이 취득원가보다 높은 경우에는 자기주식처분이익이 발생하는데 이 금액은 포괄손익계산서상의 당기손익이 아니라 자본잉여금으로 분류된다. 그리고 자기주식의 처분가액이 취득원가보다 낮은 경우에는 자기주식처분손실이 발생하는데, 이는 기존에 있던 자기주식처분이익과 먼저 상계하고, 남은 금액은 자본조정항목인 자기주식처분손실로 기록한다. 자기주식처분손실은 이익잉여금의 처분으로 처리한다. 우리나라 기업회계기준에 따른 자기주식의 취득과 처분에 대한 회계처리를 요약하면 다음과 같다.

---

10) 상법상 자기주식은 미발행주식으로 보고 있다. 따라서 자기주식에 대해서는 주주로서의 권리를 인정하지 않는 것이다.

자기주식의 회계처리

<table>
<tr><td colspan="2">자기주식취득시점</td><td>(차) 자 기 주 식 ×××　　(대) 현　　　금 ×××
자기주식은 자본의 차감항목으로 표시한다.</td></tr>
<tr><td rowspan="2">자
기
주
식
처
분
시
점</td><td>처분이익발생시
(취득원가
<처분가액)</td><td>(차) 현　　　금 ×××　　(대) 자 기 주 식 ×××
　　　　　　　　　　　　　　　자기주식처분이익 ×××
자기주식처분이익은 자본잉여금 항목에 포함한다.</td></tr>
<tr><td>처분손실발생시
(취득원가
>처분가액)</td><td>(차) 현　　　금 ×××　　(대) 자 기 주 식 ×××
　　자기주식처분이익 ×××
　　자기주식처분손실 ×××
자기주식처분손실은 자기주식처분이익과 우선 상계하고 잔액은 자기주식처분손실(자본조정)로 기록한다.</td></tr>
</table>

다음 예제를 이용해서 자기주식을 취득하는 경우와 처분하는 경우의 회계처리에 대해서 살펴보도록 하자.

예제 10-9
자기주식의 회계처리

㈜나무는 자기주식과 관련해서 다음과 같은 거래를 하였다.

(1) 20×1년 10월 20일 자기주식 1,000주(액면금액 ₩5,000)를 주당 ₩6,000에 취득하다.
(2) 20×2년 2월 10일 자기주식 500주를 주당 ₩7,000에 처분하다.
(3) 20×2년 3월 10일 자기주식 500주를 주당 ₩4,000에 처분하다.

요구사항

각 거래의 내용을 회계처리하시오.

해답

(1) 20×1년 10월 20일 자기주식 취득시점

(차)	자 기 주 식	6,000,000*	(대) 현　　금	6,000,000

* 1,000주×₩6,000=₩6,000,000

(2) 20×2년 2월 10일 자기주식 처분시점

(차)	현　　금	3,500,000	(대) 자 기 주 식	3,000,000
			자기주식처분이익	500,000*

* 자기주식처분가액 500주×₩7,000= ₩3,500,000
자기주식취득원가 500주×₩6,000= 3,000,000
자기주식처분이익 ₩500,000

(3) 20×2년 3월 10일 자기주식 처분시점

(차)	현금	2,000,000	(대) 자기주식	3,000,000
	자기주식처분이익	500,000		
	자기주식처분손실	500,000*		

* 자기주식처분손실 500주×₩4,000−₩500주×₩6,000= ₩(1,000,000)
자기주식처분이익잔액 500,000
자기주식처분손실계상액 ₩(500,000)

[예제 10-9]에서 보듯이 자기주식처분손실 ₩1,000,000은 기존의 자기주식처분이익 ₩500,000과 우선 상계하고 남는 ₩500,000을 자본조정 항목인 자기주식처분손실로 회계처리한다.

2. 기타자본조정항목

자본조정항목 중에서는 계정잔액이 차변에 남고 재무상태표를 작성하게 되면 자본에서 차감하는 형식으로 표시되는 항목이 많이 있다. 이에 해당하는 항목에는 주식할인발행차금, 감자차손, 자기주식처분손실 등이 있다.

(1) 주식할인발행차금

'주식할인발행차금(discount on stock)'이란 주식의 발행가액이 액면금액보다 낮은 경우에 액면금액에 미달하는 금액을 말한다. 주식할인발행차금은 자본조정항목으로 분류하고 잔액이 차변에 나타나므로 재무상태표에 보고할 때는 자본에서 차감하도록 표시한다.

(차)	현금	×××	(대) 자본금	×××
	주식할인발행차금	×××		

상법에서는 주식할인발행차금에 대한 후속 회계처리를 언급하고 있지 않다. 저자의 견해로는 주식할인발행차금이 자본거래 차손에 해당되므로 이미 인식한 자본거래 차익인 주식발행초과금이 있다면 이와 우선 상계하고, 상계 후에도 잔액이 있다면

이를 자본조정으로 구분한 후 이익잉여금 처분과정에서 미처분이익잉여금과 상계처리하는 것이 타당하다고 판단된다.

(2) 감자차손

'감자차손(loss on retirement of capital stock)'이란 실질적 감자를 할 때 법정자본금보다 많은 금액을 주주에게 반환한 경우에 그 초과액을 말한다. 즉, 주주에게 반환되는 현금이 자본금보다 큰 경우 그 초과액만큼 자본을 추가적으로 감소시켜야 하는데 이를 감자차손이라고 한다. 감자차손은 발생시점에 이미 계상되어 있는 감자차익과 상계하고 상계 후에도 남은 잔액은 자본조정으로 회계처리한다.

(차)	자본금	×××	(대) 현금	×××
	감자차익	×××		
	감자차손 (자본조정)	×××		

감자차손은 차변에 잔액이 남으며 재무상태표에 표시할 때는 자본에서 차감하는 형식으로 표시한다. 감자차손은 이익잉여금의 처분과정에서 미처분이익잉여금과 상계하는 회계처리를 한다.

(3) 자기주식처분손실

자기주식을 취득원가보다 낮은 대가를 수령하고 매각한 경우에 자기주식처분손실이 발생한다. 자기주식을 처분하는 거래는 주식을 발행하는 거래와 성격이 유사하므로 자본거래로 분류된다. 따라서 자기주식처분손실이 발생하면 자기주식처분이익과 상계하고 상계 후 잔액은 자기주식처분손실로 기록하여 자본조정으로 분류하고 자본에서 차감하는 형식으로 표시한다. 자기주식처분손실은 이익잉여금의 처분과정에서 미처분이익잉여금과 상계하는 회계처리를 한다.

3. 기타포괄손익누계액

'포괄손익(comprehensive income)'은 일정 기간 동안 주주와의 자본거래를 제외한 모든 거래나 사건에서 인식한 자본의 변동을 말한다. 자본거래를 제외한 자본의 변동은 대부분 당기순손익에 포함되나, 경우에 따라서는 당기순손익에 포함시키지 않고 직접 자본으로 인식할 수도 있다. 따라서 포괄손익은 다음과 같이 당기순손익과 기타포괄손익으로 구분할 수 있다. 여기서 '기타포괄손익(other comprehensive income)'은 손익거래를 통해 기업의 순자산의 변화를 가져오기는 하지만 당기순손익에는 반영되지 않는 항목을 말한다.

포괄손익 = 당기순손익 + 기타포괄손익

기타포괄손익은 매년 증감액이 변동되므로 재무상태표에 표시되는 금액은 기타포괄손익누계액이며, 매년 증감액은 포괄손익계산서에 표시된다. 기타포괄손익에는 FVOCI 선택 금융자산평가손익, 재평가잉여금 외에 외환차이 및 현금흐름위험회피 파생상품평가손익 등의 변동액이 포함된다.[11)]

기타포괄손익의 성격을 이해하기 위해서는 그 대표적인 항목인 FVOCI 선택 금융자산평가손익을 생각해 볼 수 있다. FVOCI 선택 금융자산평가손익은 장기간 투자할 목적으로 보유한 금융상품에서 얻어진 미실현손익으로 가까운 시일 내에 금융상품을 처분해서 실현될 가능성이 낮기 때문에 이를 당기순손익에 반영할 경우 당기순손익이 왜곡되어 표시될 수 있다. 한편, FVOCI 선택 금융자산평가손익은 자본거래로부터 얻어진 평가손익도 아니므로 자본조정항목으로 처리하는 것도 타당하지 않다. 따라서 FVOCI 선택 금융자산평가손익은 기타포괄손익이라는 별도의 자본항목으로 분류해서 직접 재무상태표의 자본잔액에 반영되도록 하는 것이다.

---

11) 외환차이는 중급회계에서, 현금흐름위험회피 파생상품평가손익은 고급회계에서 자세하게 설명한다.

제 6 절 자본변동표

'자본변동표(a statement of changes in equity)'는 한 회계기간 동안 발생한 자본의 변동내용을 일목요연하게 표시하는 재무보고서로서, 자본을 구성하고 있는 자본금, 자본잉여금, 자본조정, 기타포괄손익누계액, 이익잉여금(결손금)의 변동에 대한 포괄적인 정보를 제공한다. 자본변동표는 재무상태표에 표시되어 있는 자본의 기초잔액과 기말잔액을 모두 제시함으로써 두 회계기간의 재무상태표를 연결할 수 있고, 자본의 변동내용을 보여줌으로써 포괄손익계산서와 현금흐름표에 나타난 정보와 연결할 수 있어서 정보이용자들이 재무제표간의 관계를 명확하게 파악할 수 있도록 하여 준다. 또한 자본변동표는 재무상태표의 자본에 직접 가감되는 기타포괄손익항목에 대한 정보를 표시함으로써 포괄적인 경영성과에 관한 정보를 제공한다. 즉, 포괄손익계산서에 나타낼 수 없는 경영성과에 대한 포괄적인 정보를 제공하는 역할을 한다. 자본변동표를 약식으로 표시하면 다음과 같다.

자 본 변 동 표

회 사 명 　　20×1. 1. 1 ~ 20×1. 12. 31 　　(단위 : 원)

구 분	자본금	자본잉여금	자본조정	기타포괄손익누계액	이익잉여금	총계
20×1. 1. 1(보고금액)	×××	×××	×××	×××	×××	×××
⋮					⋮	⋮
이익잉여금 변동내역					×××	×××
⋮					⋮	⋮
수정후 이익잉여금					×××	×××
연 차 배 당					(×××)	(×××)
처분후 이익잉여금					×××	
유 상 증 자 (감 자)	×××	×××				×××
당 기 순 이 익 (손 실)					×××	×××
자 기 주 식 취 득			(×××)			(×××)
금융자산평가손익(OCI)				(×××)		(×××)
20×1. 12. 31(보고금액)	×××	×××	×××	×××	×××	×××

이와 같이 자본변동표에는 먼저 당기초에 해당하는 전년도 말의 자본내용을 항목별로 보고한다. 그리고 당기에 발생한 이익잉여금 변동내역을 조정해서 수정 후 이월이익잉여금을 구한 다음, 결산일 후 주주총회에서 결정된 연차배당과 기타 이익잉여금처분액을 반영하여 처분 후 이익잉여금을 구한다. 다음으로 기중에 결정된 중간배당, 유상증자, 당기순손익,

자기주식의 취득, 금융자산평가손익(OCI) 등 여러 가지 자본항목별 변동 내용을 반영하여 당기말의 자본항목별 잔액을 보고한다.

자본변동표에 대한 구체적인 작성방법은 회계원리의 범위를 넘어서므로 중급회계에서 자세하게 설명하기로 한다.

Chapter 10

객관식 문제

1 액면주식을 발행할 때 액면금액을 초과한 금액을 무엇이라고 하는가?

① 자본금 ② 주식할인발행차금
③ 주식발행초과금 ④ 이익잉여금

2 액면금액 ₩5,000인 주식 1주를 주당 ₩3,000에 발행하였을 때 이것이 재무제표에 미치는 영향으로 맞는 설명은?

① 자산총액이 ₩5,000 증가한다. ② 자본총액이 ₩5,000 증가한다.
③ 자본금이 ₩5,000 증가한다. ④ 순이익이 ₩2,000 증가한다.

3 다음 중 자본금계정이 변동되지 않는 경우는?

① 주식배당 ② 무상증자
③ 형식적 감자 ④ 주식분할

4 자본금 ₩100,000,000의 회사가 미처리결손금 ₩15,000,000을 보전하기 위하여 5,000주를 4,000주로 무상으로 병합하였을 경우의 분개에서 나타나는 자본잉여금과목은?

① 주식발행초과금 ₩20,000,000 ② 자기주식처분이익 ₩20,000,000
③ 감자차익 ₩20,000,000 ④ 자산수증이익 ₩20,000,000

5 다음 중 ㉠, ㉡에 들어갈 말로 알맞은 것은?

> 이익준비금은 법정적립금으로서 매기마다 주주에게 배당하는 이익배당(주식배당 제외)액의 (㉠) 이상을, 자본금의 (㉡)에 달할 때까지 적립한다.

① ㉠ 1/20, ㉡ 1/2 ② ㉠ 1/10, ㉡ 1/2
③ ㉠ 1/10, ㉡ 1/4 ④ ㉠ 1/20, ㉡ 1/4

6 다음 자료에 의하여 계산된 이익준비금의 법정최소적립액은?

㉠ 발행주식 10,000주	㉡ 1주당 액면 ₩5,000
㉢ 결산 연 1회	㉣ 배당금 연 20% 지급(금전배당 50%, 주식배당 50%)

① ₩1,000,000
② ₩500,000
③ ₩250,000
④ ₩150,000

7 다음 중 임의적립금에 해당하지 않는 것은?

① 사업확장적립금
② 배당평균적립금
③ 결손보전적립금
④ 선물거래책임준비금

8 해당 거래가 발생했을 때 차변에 기록되는 계정과목이 아닌 것은?

① 미교부주식배당금
② 주식할인발행차금
③ 금융자산평가손실(OCI)
④ 자기주식

9 ㈜남강의 결산결과 당기순손실이 ₩50,000이다. 올바른 분개는?(단, 미처분이익잉여금 ₩20,000이 있다.)

	차변	금액	대변	금액
①	(차) 집합손익	50,000	(대) 미처분이익잉여금	50,000
②	(차) 미처리결손금	20,000	(대) 미처분이익잉여금	70,000
	집합손익	50,000		
③	(차) 미처리결손금	70,000	(대) 집합손익	50,000
			미처분이익잉여금	20,000
④	(차) 미처분이익잉여금	20,000	(대) 집합손익	50,000
	미처리결손금	30,000		

해답 및 해설

1	2	3	4	5	6	7	8	9	
③	③	④	③	②	②	④	①	④	

1. 주식을 발행할 때 발행가액이 액면금액보다 큰 경우 주식발행초과금이 발생하고 발행가액이 액면금액보다 작은 경우 주식할인발행차금이 발생한다.

2.

(차) 현 금 (자산)	3,000	(대) 자 본 금 (자본)	5,000
주식할인발행차금 (자본)	2,000		

따라서 주식발행으로 ① 자산총액은 ₩3,000 증가하고, ② 자본총액은 ₩3,000 증가하며, ④ 순이익은 변하지 않는다.

3. 주식분할은 발행주식수가 증가하나, 주당액면금액이 감소하므로 자본금은 불변이다.

4.

(차) 자 본 금	20,000,000*	(대) 감 자 차 익	20,000,000

* 주식병합 후 자본금 : ₩100,000,000 × 4,000주/5,000주 = ₩80,000,000
자본금 감소분 : ₩20,000,000

5. 이익준비금은 매결산기마다 이익배당(주식배당 제외)액의 10분의 1 이상을 자본금의 2분의 1에 달할 때까지 적립하여야 하는 법정적립금이다.

6. 이익준비금은 자본금의 1/2이 될 때까지 매결산시 이익배당(주식배당 제외)액의 1/10 이상 적립하는 법정적립금이다.

1. 자본금 = 주식발행수 × 1주당액면 = 10,000주 × ₩5,000 = ₩50,000,000
2. 이익배당(주식배당 제외)액 = 자본금 × 현금배당률 = ₩50,000,000 × 10% = ₩5,000,000
3. 이익준비금 = 이익배당(주식배당 제외)액 × 10% = ₩5,000,000 × 10% = ₩500,000

7. 법정적립금 : 이익준비금, 선물거래책임준비금
임의적립금 : 사업확장적립금, 감채기금적립금, 결손보전적립금, 배당평균적립금, 별도적립금

8. 미교부주식배당금만 발생시 대변에 기록되는 계정과목이다.

9. 당기순손실에서 전기이월미처분이익잉여금을 차감한 잔액이 미처리결손금이 된다.

Chapter 10

주관식 문제

문제 1 주식의 발행, 증자, 감자

다음은 ㈜나무의 20×1년 자본에 관한 자료이다(기초 주식발행초과금과 감자차익은 없다고 가정한다).

> 1월 1일 : 액면금액 ₩5,000인 보통주 1,000주를 주당 ₩8,000에 발행하다.
> 3월 5일 : 주식발행초과금 ₩1,000,000을 자본금으로 전입하기로 결의하고 액면금액 ₩5,000인 주식 200주를 발행하다.
> 7월 10일 : 액면금액 ₩5,000인 보통주를 주당 ₩2,500에 1,000주를 발행하다.
> 12월 20일 : 액면금액 ₩5,000인 보통주 200주를 주당 ₩12,500에 재취득하여 소각하다.

위의 거래를 일자별로 회계처리하시오.

해답 및 해설

(1) 1월 1일

(차)	현금	8,000,000	(대) 자본금	5,000,000
			주식발행초과금	3,000,000

(2) 3월 5일

(차)	주식발행초과금	1,000,000	(대) 자본금	1,000,000

(3) 7월 10일

(차)	현금	2,500,000	(대) 자본금	5,000,000
	주식발행초과금	2,000,000*1		
	주식할인발행차금	500,000*2		

*1. 주식발행초과금 : ₩3,000,000(1/1)－1,000,000(3/5)＝₩2,000,000

2. 주식발행초과금 잔액 ₩2,000,000을 우선상계한 후 나머지 금액을 주식할인발행차금으로 계상한다.

(4) 12월 20일

(차)	자본금	1,000,000	(대) 현금	2,500,000
	감자차손	1,500,000		

문제 2 주식발행(보통주, 우선주)

다음은 ㈜나무의 20×1년 자본의 변동을 나타내는 자료이다.

구 분	20×1. 1. 1	20×1. 12. 31
자본금		
자본금(보통주)	₩5,000,000	₩10,000,000
자본금(우선주)	3,000,000	6,000,000
자본잉여금		
주식발행초과금(우선주)	2,000,000	4,300,000
자본조정		
주식할인발행차금(보통주)	–	(1,700,000)

물음

1. 20×1년 ㈜나무의 주식발행시 보통주와 우선주의 발행가액을 구하시오.
2. 20×1년 보통주와 우선주의 주식발행시 회계처리를 하시오.

해답 및 해설

1. 발행가액

(1) 보통주 발행시

기 말 자 본 금 :	₩10,000,000
(–) 기 초 자 본 금 :	(5,000,000)
(–) 주식할인발행차금증가분 :	(1,700,000)
발 행 가 액	₩3,300,000

(2) 우선주 발행시

기 말 자 본 금 :		₩6,000,000
(–) 기 초 자 본 금 :		(3,000,000)
(+) 주식발행초과금 증가분 :	₩4,300,000 – 2,000,000 =	2,300,000
발 행 가 액		₩5,300,000

2. 회계처리

(1) 보통주

(차) 현 금	3,300,000	(대) 자 본 금(보통주)	5,000,000
주식할인발행차금	1,700,000		

(2) 우선주

(차) 현 금	5,300,000	(대) 자 본 금(우선주)	3,000,000
		주식발행초과금	2,300,000

문제 3 현금배당, 주식배당

다음은 ㈜나무의 자본과 관련된 자료이다.

(1) 20×1년 12월 31일 자본내역
자본금(보통주)(액면 ₩5,000, 발행주식수 2,000주) : ₩10,000,000
자본금(우선주)(액면 ₩5,000, 발행주식수 1,200주) : ₩6,000,000
주식발행초과금(우선주) : ₩4,300,000
주식할인발행차금(보통주) : ₩1,700,000
미처분이익잉여금 : ₩3,000,000

(2) 20×2년 3월 6일 주주총회를 통해 다음과 같이 배당을 실시하기로 결의하다.
① 보통주는 1주당 0.1주의 주식배당을 액면금액으로 실시하다.
② 우선주는 액면금액의 10%를 현금으로 배당하다.

(3) 20×2년 3월 19일 보통주주들에게 주식을 교부하다.

(4) 20×2년 3월 25일 우선주주들에게 현금을 지급하다.

물음

1. 배당으로 지급한 현금배당액과 주식배당액의 금액을 구하시오.
2. ㈜나무의 20×2년도 일자별 회계처리를 하시오. 단, 이익준비금은 최소금액만 적립하기로 한다.

해답 및 해설

1. 현금배당액과 주식배당액
(1) 주식배당 : 2,000주 × 0.1주(비율) × ₩5,000 = ₩1,000,000
(2) 현금배당 : ₩6,000,000 × 10% = ₩600,000
* 배당은 항상 자본금의 액면금액에 비례하여 계산하므로 주식발행초과금이나 주식할인발행차금은 배당에 고려하지 않는다.

2. 회계처리
(1) 3월 6일

(차)	미처분이익잉여금	1,660,000	(대) 미교부주식배당금	1,000,000
			미지급배당금	600,000
			이익준비금	60,000

(2) 3월 19일

(차)	미교부주식배당금	1,000,000	(대) 자본금	1,000,000

(3) 3월 25일

(차)	미지급배당금	600,000	(대) 현금	600,000

문제 4 이익잉여금처분계산서

㈜나무는 20×1년에 사업을 개시하고 액면 ₩15,000,000의 주식을 할증발행하였다. 다음은 ㈜나무의 이익잉여금의 변동과 관련된 자료이다.

▣ 20×1년

1. 20×1년 당기순이익은 ₩3,000,000이다.

▣ 20×2년

1. 2월 25일 주주총회에서 다음의 내용으로 미처분이익잉여금의 처분을 결의하다.
   (1) 현금배당 : ₩1,200,000(배당지급일 : 20×2년 3월 10일)
   (2) 주식배당 : ₩300,000(배당지급일 : 20×2년 3월 10일, 액면발행)
   (3) 이익준비금 적립 : ₩120,000
   (4) 감채기금적립금 적립 : ₩900,000
2. 20×2년 당기순이익은 ₩3,600,000이다.

▣ 20×3년

1. 20×3년 2월 25일 주주총회
   (1) 감채기금적립금의 이입 : ₩600,000
   (2) 현금배당 : ₩1,500,000(배당지급일 : 20×3년 3월 12일)
   (3) 이익준비금 적립 : 〈1〉
   (4) 선물거래책임준비금 적립 : ₩1,200,000

물음

1. ㈜나무가 이익준비금 적립을 최소한으로 하고자 한다면 20×3년 2월 25일에 적립할 이익준비금의 금액〈1〉을 구하시오.
2. 각 연도별로 ㈜나무의 회계처리를 하시오.
3. 20×1년과 20×2년의 이익잉여금처분계산서를 작성하시오.
4. 다음은 ㈜나무의 부분 재무상태표이다. ①~④에 들어갈 금액을 계산하시오.

부분 재무상태표

㈜나무

	20×1. 12. 31	20×2. 12. 31
자 본		
Ⅰ. 자본금		
1. 자본금(보통주)	₩15,000,000	①
Ⅱ. 자본잉여금		
1. 주식발행초과금	3,000,000	₩3,000,000
Ⅲ. 이익잉여금		
1. 이익준비금	−	②
2. 감채기금적립금	−	③
3. 미처분이익잉여금	3,000,000	④

해답 및 해설

1. 이익준비금 적립액 : ₩1,500,000(현금배당) × 10% = ₩150,000

* 상법상 이익준비금은 주식회사의 자본금의 1/2에 달할 때까지 결산기에 이익배당(주식배당 제외)액의 1/10 이상의 금액을 적립해야 하므로 최소 적립액은 이익배당(주식배당 제외)액의 10%이다.

2. 회계처리

(1) 20×1. 12. 31

(차)	집합손익	3,000,000	(대)	미처분이익잉여금	3,000,000

(2) 20×2. 2. 25

(차)	미처분이익잉여금	2,520,000	(대)	미지급배당금	1,200,000
				미교부주식배당금	300,000
				이익준비금	120,000
				감채기금적립금	900,000

20×2. 3. 10

(차)	미지급배당금	1,200,000	(대)	현금	1,200,000
(차)	미교부주식배당금	300,000	(대)	자본금	300,000

20×2. 12. 31

(차)	집합손익	3,600,000	(대)	미처분이익잉여금	3,600,000

(3) 20×3. 2. 25

(차)	감채기금적립금	600,000	(대)	미처분이익잉여금	600,000
(차)	미처분이익잉여금	2,850,000	(대)	미지급배당금	1,500,000
				이익준비금	150,000
				선물거래책임준비금	1,200,000

20×3. 3. 12

(차)	미지급배당금	1,500,000	(대)	현금	1,500,000

3. 이익잉여금처분계산서

(1) 20×1년

이익잉여금처분계산서

㈜나무	20×1. 1. 1 ~ 20×1. 12. 31	처분예정일 : 20×2. 2. 25
Ⅰ. 미처분이익잉여금		₩3,000,000[*1]
1. 전기이월미처분이익잉여금	–	
2. 당기순이익	₩3,000,000	
Ⅱ. 임의적립금 등의 이입액		–
1. 감채기금적립금	–	–
합 계		₩3,000,000
Ⅲ. 이익잉여금처분액		2,520,000
1. 이익준비금	₩120,000	
2. 배당금		
가. 현금배당	1,200,000	
나. 주식배당	300,000	
3. 감채기금적립금	900,000	
Ⅳ. 차기이월미처분이익잉여금		₩480,000[*2]

*1. 20×1. 12. 31 현재의 재무상태표에 표시되는 미처분이익잉여금의 잔액이다.
2. 20×2. 2. 25 주주총회 결의 후 미처분이익잉여금의 잔액이다.

(2) 20×2년

이익잉여금처분계산서

㈜나무	20×2. 1. 1 ~ 20×2. 12. 31	처분예정일 : 20×3. 2. 25
Ⅰ. 미처분이익잉여금		₩4,080,000[*1]
1. 전기이월미처분이익잉여금	₩480,000	
2. 당기순이익	3,600,000	
Ⅱ. 임의적립금 등의 이입액		600,000
1. 감채기금적립금	600,000	–
합 계		₩4,680,000
Ⅲ. 이익잉여금처분액		2,850,000
1. 이익준비금	₩150,000	
2. 배당금		
가. 현금배당	1,500,000	
3. 선물거래책임준비금	1,200,000	
Ⅳ. 차기이월미처분이익잉여금		₩1,830,000[*2]

*1. 20×2. 12. 31 현재의 재무상태표에 표시되는 미처분이익잉여금의 잔액이다.
2. 20×3. 2. 25 주총회 결의 후 미처분이익잉여금의 잔액이다.

4. 부분 재무상태표

① 자본금 : ₩15,000,000(기초) + 300,000(주식배당) = ₩15,300,000

② 이익준비금 : ₩120,000[*1]

③ 감채기금적립금 : ₩900,000[*1]

④ 미처분이익잉여금 : ₩4,080,000[*2]

* 1. ②~④ 모두 20×2. 12. 31 현재 재무상태표의 금액이므로 20×3. 2. 25 주주총회 이익잉여금 처분액을 고려하지 않은 금액이다.

2. 20×2년

1/ 1	₩3,000,000
2/25	(2,520,000)
12/31	3,600,000
	₩4,080,000

문제 5 자기주식

다음은 ㈜나무의 20×1년 1월 1일 현재의 자본항목의 내역과 자기주식과 관련된 자료이다.

> 자본금 : ₩ 5,000,000(1,000주, 주당 ₩5,000)
> 주식발행초과금 : ₩2,000,000
> 이익잉여금 : ₩1,000,000
> 자기주식처분이익 : ₩200,000
> 3 /1 400주의 자기주식을 주당 ₩9,000에 취득하였다.
> 5/ 5 100주의 자기주식을 주당 ₩6,000에 취득하였다.
> 7/10 주당 ₩9,000에 취득한 자기주식 100주를 주당 ₩5,000에 처분하였다.
> 9/15 주당 ₩6,000에 취득한 자기주식 100주를 주당 ₩9,000에 처분하였다.

물음

1. 20×1년 각 일자별 회계처리를 하시오.

2. 20×1년 12월 31일 재무상태표 중 다음 계정에 들어갈 금액을 구하시오.
   (1) 자기주식
   (2) 자기주식처분이익
   (3) 자기주식처분손실

해답 및 해설

1. 회계처리

(1) 3/1

(차) 자기주식	3,600,000	(대) 현금	3,600,000

(2) 5/5

(차) 자기주식	600,000	(대) 현금	600,000

(3) 7/10

(차) 현금	500,000	(대) 자기주식	900,000
자기주식처분이익	200,000		
자기주식처분손실	200,000		

(4) 9/15

(차) 현금	900,000	(대) 자기주식	600,000
		자기주식처분손실	200,000
		자기주식처분이익	100,000

2. 재무상태표 금액

(1) 자기주식 : 300주* × ₩9,000 = ₩2,700,000

* 20×1. 12. 31 현재 보유하고 있는 자기주식은 3/1에 취득한 300주이다.

(2) 자기주식처분이익 : ₩100,000

(3) 자기주식처분손실 : ₩0

* 자기주식처분손익은 서로 상계되므로 기말시점에는 자기주식처분이익 ₩100,000만 남아있고 자기주식처분손실 계정은 존재하지 않는다.

문제 6 상기업의 재무제표작성(1)

다음은 ㈜나무의 20×1년 초 재무상태표와 20×1년 중 자본거래에 대한 자료이다.

재무상태표

㈜나무 20×1. 1. 1

차변	금액	대변	금액
현 금	₩150,000	미 지 급 금	₩350,000
상 품	350,000	자 본 금	1,000,000
FVOCI 선택 금융자산	1,480,000	주식발행초과금	100,000
		자 기 주 식	(50,000)
		금융자산평가이익(OCI)	80,000
		미처분이익잉여금	500,000
합 계	₩1,980,000	합 계	₩1,980,000

〈20×1년 중 자본거래 자료〉

(1) 20×1년 3월 10일에 20×0년도 주주총회를 개최하여 20×0년도에 대한 배당을 현금배당 ₩100,000, 주식배당 ₩50,000으로 결정하였다. 이익준비금은 최소금액만 적립한다.

(2) 20×1년 3월 31일 현금배당을 지급하고, 주식배당의 주식을 교부하였다.

(3) 20×1년 4월 1일 보통주 100주(액면금액 ₩1,000)를 주당 ₩1,200에 유상증자하였다.

(4) 20×1년 5월 1일 주식발행초과금을 재원으로 보통주 100주를 무상증자하였다.

(5) 20×1년 초에 있는 자기주식은 20×0년에 50주를 주당 ₩1,000에 취득한 것이다. 20×1년 7월 1일에 자기주식 50주를 주당 ₩1,200에 추가 취득하였고, 20×1년 9월 1일에 자기주식 40주를 주당 ₩1,300에 처분하였다. 자기주식의 단가산정은 이동평균법을 적용한다.

물음

㈜나무의 20×1년 중 자본거래에 대한 일자별 회계처리를 하시오.

해답 및 해설

(1) 20×1년 3월 10일

(차) 미처분이익잉여금	160,000	(대) 미지급배당금	100,000
		미교부주식배당금	50,000
		이익준비금	10,000

(2) 20×1년 3월 31일

(차) 미지급배당금	100,000	(대) 현금	100,000
미교부주식배당금	50,000	자본금	50,000

(3) 20×1년 4월 1일

(차) 현금	120,000	(대) 자본금	100,000
		주식발행초과금	20,000

(4) 20×1년 5월 1일

(차) 주식발행초과금	100,000	(대) 자본금	100,000

(5) 20×1년 7월 1일

(차) 자기주식	60,000	(대) 현금	60,000

(6) 20×1년 9월 1일

(차) 현금	52,000	(대) 자기주식	44,000
		자기주식처분이익	8,000

* 40주×₩1,100(이동평균단가)=₩44,000

문제 7 상기업의 재무제표작성(2)

[문제 6] 자료를 바탕으로 ㈜나무의 수정전시산표와 결산수정사항을 제시하면 다음과 같다.

수정전시산표

㈜나무 20×1. 12. 31

차변	금액	대변	금액
현금	₩1,012,000	자본금	₩1,250,000
상품	350,000	주식발행초과금	20,000
FVOCI 선택 금융자산	1,480,000	자기주식처분이익	8,000
자기주식	66,000	금융자산평가이익(OCI)	80,000
매입	3,000,000	이익준비금	10,000
급여	800,000	미처분이익잉여금	340,000
		매출	5,000,000
합계	₩6,708,000	합계	₩6,708,000

〈결산수정사항〉

(1) ㈜나무는 실지재고조사법을 사용하고 있으며 기말 재고실사결과 실지재고금액은 ₩400,000이다.

(2) FVOCI 선택 금융자산의 20×1년 말 공정가치는 ₩1,550,000이다.

물음

1. ㈜나무의 20×1년 말 기말수정분개를 하시오.
2. ㈜나무의 20×1년도 수정후시산표를 작성하시오.
3. ㈜나무의 20×1년도 재무상태표와 포괄손익계산서를 작성하시오.
4. ㈜나무의 20×1년도 자본변동표를 작성하시오.

해답 및 해설

1. 기말수정분개

(1) 매출원가

(차)	상품(기말)	400,000	(대) 상품(기초)	350,000
	매출원가	2,950,000	매입	3,000,000

(2) FVOCI 선택 금융자산 기말평가

(차)	FVOCI 선택 금융자산	70,000	(대) 금융자산평가이익(OCI)	70,000

2. 수정후시산표

수정후시산표

㈜나무 20×1. 12. 31

차변	금액	대변	금액
현금	₩1,012,000	자본금	₩1,250,000
상품	400,000	주식발행초과금	20,000
FVOCI 선택 금융자산	1,550,000	자기주식처분이익	8,000
자기주식	66,000	금융자산평가이익(OCI)	150,000
매출원가	2,950,000	이익준비금	10,000
급여	800,000	미처분이익잉여금	340,000
		매출	5,000,000
합 계	₩6,778,000	합 계	₩6,778,000

3. 재무상태표와 포괄손익계산서

재무상태표

㈜나무 20×1. 12. 31

차변	금액	대변	금액
현금	₩1,012,000	자본금	₩1,250,000
상품	400,000	주식발행초과금	20,000
FVOCI 선택 금융자산	1,550,000	자기주식처분이익	8,000
		자기주식	(66,000)
		금융자산평가이익(OCI)	150,000
		이익준비금	10,000
		미처분이익잉여금	1,590,000
합 계	₩2,962,000	합 계	₩2,962,000

포괄손익계산서

㈜나무 20×1. 1. 1 ~ 20×1. 12. 31

매출액			₩5,000,000
매출원가			(2,950,000)
	기초상품재고액	₩350,000	
	당기상품매입액	3,000,000	
	기말상품재고액	(400,000)	
매출총이익			2,050,000
급여			(800,000)
당기순이익			1,250,000
금융자산평가이익(OCI)	(증가분)		70,000
총포괄이익			₩1,320,000

4. 자본변동표

자 본 변 동 표

㈜나무 20×1. 1. 1 ~ 20×1. 12. 31

구 분	자본금	자본잉여금	자본조정	기타포괄손익누계액	이익잉여금	계
20×1. 1. 1	₩1,000,000	₩100,000	₩(50,000)	₩80,000	₩500,000	₩1,630,000
현 금 배 당					(100,000)	(100,000)
주 식 배 당	50,000				(50,000)	–
처분후이익잉여금					350,000[12)]	1,530,000
유 상 증 자	100,000	20,000				120,000
무 상 증 자	100,000	(100,000)				–
자기주식 취득			(60,000)			(60,000)
자기주식 처분		8,000	44,000			52,000
금융자산평가이익(OCI)				70,000		70,000
당 기 순 이 익					1,250,000	1,250,000
20×1. 12. 31	₩1,250,000	₩28,000	₩(66,000)	₩150,000	₩1,600,000	₩2,962,000

12) 이 금액에는 이익준비금 ₩10,000이 포함되어 있다. 이익준비금도 이익잉여금에 속하는 것임을 주의하기 바란다.

Chapter

11

수익과 비용

7판

IFRS 회계원리

Chapter 11 수익과 비용

ACCOUNTING PRINCIPLES

제 1 절 수익과 비용의 의의

기업의 회계기간별 경영성과는 포괄손익계산서를 이용해서 외부정보이용자에게 보고하며 포괄손익계산서는 수익에서 비용을 차감해서 당기순이익을 계산하여 보여줌으로써 경영성과를 파악할 수 있도록 한다. 수익과 비용에 대한 정의를 다시 한번 살펴보면 다음과 같다.

- 수익(revenue)

  일상적인 영업활동을 통해 일정기간에 고객에게 재화나 서비스를 제공하고 받은 대가를 화폐금액으로 표시한 것이다.

- 비용(expenses)

  일상적인 영업활동을 통해 수익을 획득하기 위해서 희생된 재화나 용역의 대가를 화폐금액으로 표시한 것이다.

본 장에서는 이와 같은 수익과 비용을 인식하기 위한 기준과 그 유형들에 대해서 간략하게 살펴보도록 하겠다. 제4장에서 살펴본 것처럼 수익과 비용은 현금기준이 아니라 발생기준에 따라 인식하게 되는데 제4장에서 설명한 현금기준과 발생기준에 대해서 다시 한번 정리해 보면 다음과 같다.

현금기준과 발생기준

'현금기준(cash basis)'은 현금을 받은 시점에 수익을 인식하고, 현금을 지출한 시점에 비용을 인식하는 방법이다. 따라서 이익은 현금수입에서 현금지출을 차감해서 계산한다. 현금기준은 적용이 간편하지만 기업의 경영성과와 재무상태를 왜곡할 수 있다.

'발생기준(accrual basis)'은 현금을 수취하거나 현금을 지급하는 시점에 수익과 비용을 인식하지 않고 수익과 비용의 원인이 실제로 발생한 시점을 기준으로 수익과 비용을 인식하는 방법이다.

한편, 손익항목에는 일상적인 영업활동과 관련되는 수익과 비용이외에 차익(gains)과 차손(losses)이 있다.

- **차익(gains)**

  기업실체의 주요한 영업활동을 제외한 부수적인 거래나 사건으로 발생한 순자산의 증가를 말한다. 그 예로는 유형자산처분이익, 금융자산처분이익, 금융자산평가이익 등이 있다.

- **차손(losses)**

  기업실체의 주요한 영업활동을 제외한 부수적인 거래나 사건으로 발생한 순자산의 감소를 말한다. 그 예로는 유형자산처분손실, 사채상환손실, 금융자산처분손실 등이 있다.

이와 같은 차익과 차손은 손익효과가 지속적으로 나타날 가능성이 낮기 때문에 수익·비용과 구분해서 표시하는 것이 미래 순손익을 예측하는데 도움을 줄 수 있다.

제 2 절 수익의 인식 과정

기준서 제1115호의 수익이란 '고객과의 계약에서 생기는' 수익을 말한다. 수익의 인식과정은 다음의 [그림 11-1]과 같다.

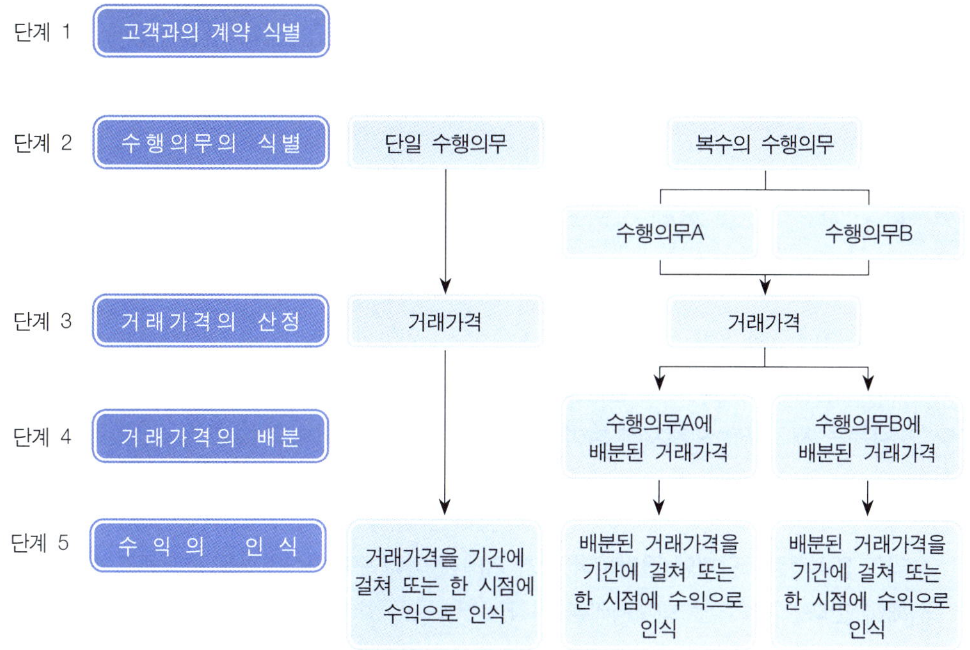

그림 11-1 단계별 수익 인식의 과정

기준서 제1115호를 적용하려면 우선 고객과의 계약이 식별되는지 판단하여야 한다. 왜냐하면 고객과의 계약이 식별되어야 고객에게 재화나 용역을 제공해야 할 수행의무가 식별되며, 수행의무를 이행할 때 수익을 인식할 수 있기 때문이다. 따라서 고객과의 계약을 식별하는 것이 가장 먼저 선행되어야 한다.

수행의무(performance obligation)란 고객에게 재화나 용역을 이전하기로 한 약속을 의미하는데, 기업은 수행의무를 이행할 때 수익을 인식한다. 수행의무는 단일 수행의무이거나 여러 개의 수행의무가 묶여 있을 수 있으며, 그 수행의무가 재화의 이전으로만 구성되어 있을 수도 있고, 재화와 용역의 이전으로 구성되어 있을 수도 있다. 어느 것이든 기업은 수행의무 전체를 하나로 볼 것인지, 아니면 복수의 수행의무로 볼 것인지를 판단해야 한다.

거래가격은 기업이 궁극적으로 수익으로 인식할 금액인데, 거래가격을 추정해야 하는 경우도 있다. 단일의 수행의무라면 전체 거래가격을 하나의 수행의무에 배분하지만, 복수의 수행의무라면 산정된 거래가격을 각 수행의무에 배분하여야 한다. 그리고 기업이 고객에 대한 수행의무를 기간에 걸쳐 이행하면 배분된 거래가격을 기간에 걸쳐 수익으로 인식하고, 수행의무를 한 시점에 이행하면 배분된 거래가격을 한 시점에 수익으로 인식한다. [그림 11－1]의 5개의 단계별로 수익인식의 과정을 자세하게 설명하는 내용은 중급회계 교재에서 학습하기로 하고 아래에서는 가장 간단한 상품매매거래를 통해 수익인식의 5단계를 살펴보기로 한다.

예제 11－1
수익인식의 5단계

㈜나무는 20×1년 4월 1일 고객에게 ₩700,000이 원가인 상품을 ₩1,100,000(부가가치세 ₩100,000 포함가격)에 판매하고 상품을 인도하였다. 판매대금은 판매시점에 현금으로 수취하였다. ㈜나무는 재고자산 회계처리 방법으로 계속기록법을 선택하고 있다.

요구사항

수익의 인식과정 5단계에 근거하여 상기 거래에 대해 수익인식여부를 판단하고 수익을 인식해야 한다면 해야 할 회계처리를 하라.

해답

1단계 : 고객과의 계약 식별
  판매영수증 등 거래증빙을 통하여 고객과의 계약이 식별된다.
2단계 : 수행의무의 식별
  상품의 인도라는 단일의 수행의무가 식별된다.
3단계 : 거래가격의 산정
  상품을 인도하고 수령한 현금 ₩1,000,000(제3자를 위해 대신 수령한 부가가치세 제외)
4단계 : 거래가격의 배분
  단일의 수행의무만 존재하므로 전체 거래가격을 해당 수행의무에 전액 배분
5단계 : 수익의 인식
  상품이 20×1년 4월 1일에 인도되었으므로 한 시점(20×1년)에 수익을 전액 인식

〈20×1년 4월 1일 회계처리〉

(차)	현금	1,100,000	(대)	매출	1,000,000
				부가세예수금	100,000
(차)	매출원가	700,000	(대)	상품	700,000

제 3 절 비용의 인식

비용(expenses)은 수익·비용의 대응원칙(matching principle)에 따라 수익을 인식한 회계기간에 대응해서 인식한다. 수익·비용의 대응원칙이 성립하기 위해서는 일정기간 동안에 이루어진 자원의 희생(비용)이 특정한 수익과 관련이 있어야 하고, 관련된 수익과 동일기간에 인식되어야 한다. 즉, 특정의 재화나 용역을 생산하고 판매하기 위해서 희생된 순자산의 감소(비용)는 동일한 재화나 용역의 판매로부터의 얻어지는 순자산의 증가(수익)와 인과관계를 가지면서 인식되어야 한다. 그런데 기업에서 발생하는 비용들 중에는 특정수익과 직접적으로 대응시키기가 어려운 비용항목이 많다.

따라서 수익·비용의 대응원칙에 따라 일정한 회계기간의 비용을 인식하는 방법에는 ① 인과관계에 따라 직접대응하는 방법이 있고 간접대응방법으로는 ② 체계적이고 합리적으로 배분하는 방법과 ③ 발생한 회계연도에 기간비용화하는 방법이 있다.

- 직접대응
  - ① 직접대응 : 인과관계에 따라 수익에 직접 대응
- 간접대응
  - ② 배　　분 : 수익창출기간동안 체계적이고 합리적인 방법으로 배분
  - ③ 기간대응 : 발생 즉시 기간비용으로 인식

1. 직접대응

'비용의 직접대응(direct matching)'이란 특정의 재화나 용역을 생산하고 판매하면서 소비된 자원의 원가(비용)가 인과관계에 따라 당해 재화나 용역의 수익과 직접적으로 대응되어 인식되는 것을 말한다. 즉, 일정한 원가가 특정의 재화나 용역과의 관련성이 확인되면 그 원가는 특정 재화나 용역의 수익이 인식되는 기간과 동시에 비용으로 인식되는

것을 말한다. 직접대응방법으로 비용을 인식하는 예로는 특정매출과 관련되는 매출원가, 특정매출과 관련되는 판매수수료, 매출운임 등이 있다.

2. 체계적이고 합리적인 배분

유형자산과 같이 특정한 수익과 직접 관련되지는 않지만 일정기간의 수익창출과정에 사용된 자산은 특정회계년도의 수익과 관련해서 가치가 얼마나 감소했는지를 파악할 수 없기 때문에 수익창출에 기여한 기간 동안 합리적이고 체계적인 방법으로 취득원가를 배분한다. 체계적이고 합리적인 배분방법에 따라 비용을 인식하는 예로는 유형자산 감가상각비나 무형자산상각비 등이 있다.

3. 기간대응

특정 수익과 직접적으로 관련되어 있지 않으면서 해당 지출이 미래경제적효익에 기여하는 시점을 결정하기 곤란한 비용은 발생 즉시 기간비용으로 인식한다. 기간대응에 따라 비용을 인식하는 예로는 광고선전비, 이자비용 등이 있다.

그림 11-2 비용의 인식방법

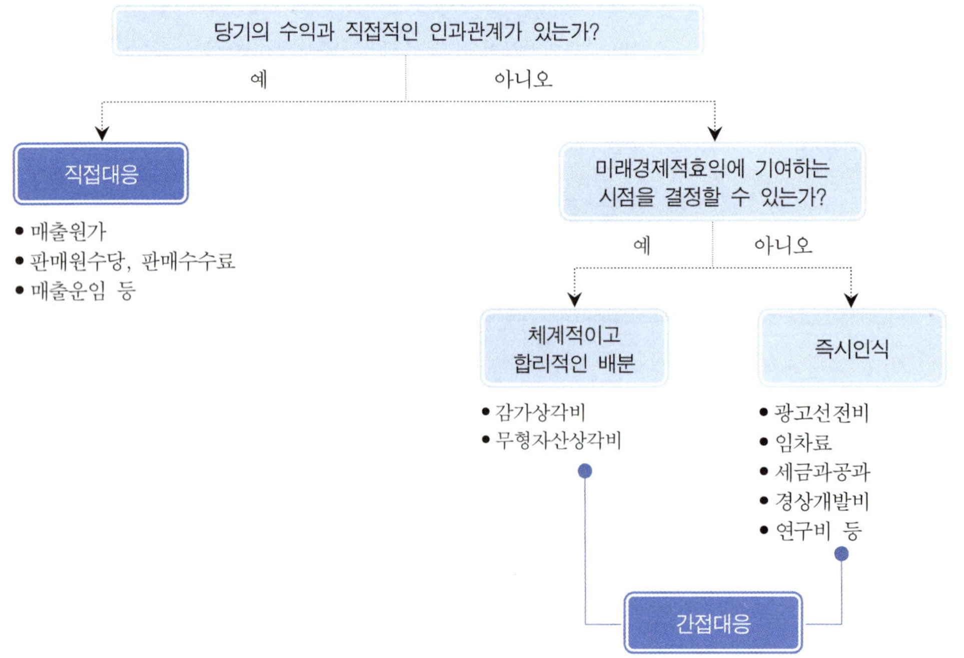

Chapter 11

객관식 문제

1 다음 중 비용의 인식에만 적용되는 것은?

① 현금기준　　② 발생기준
③ 수익·비용 대응의 원칙　　④ 역사적원가

Chapter 11

2 다음의 자료를 이용하여 포괄손익계산서에 표시될 매출액을 계산하면 얼마인가?

매 출 환 입	₩20,000	매 출 운 반 비	₩50,000
총 매 출 액	500,000	매 출 할 인	40,000

① ₩440,000　　② ₩460,000
③ ₩480,000　　④ ₩390,000

3 다음의 자료를 이용하여 포괄손익계산서에 표시될 매출원가를 계산하면 얼마인가?

매 입 환 출	₩30,000	총 매 입 액	₩400,000
매 입 할 인	20,000	기 초 상 품	80,000
매 입 에 누 리	10,000	기 말 상 품	50,000

① ₩360,000　　② ₩370,000
③ ₩380,000　　④ ₩390,000

해답 및 해설

1	2	3							
③	①	②							

1. 비용은 수익·비용 대응의 원칙에 따라 인식한다.

2. 포괄손익계산서에 계상되는 매출액은 순매출액이다. 매출운반비는 매출에 대응하여 당기비용으로 인식하여야 한다.
₩500,000 − 20,000 − 40,000 = ₩440,000

3. 순매입액 = ₩400,000 − 30,000 − 20,000 − 10,000 = ₩340,000
매출원가 = ₩80,000 +340,000 − 50,000 = ₩370,000

Part 03

재무제표의 작성 및 분석

Chapter

12

재무제표의 작성

7판

IFRS 회계원리

Chapter
12 재무제표의 작성

ACCOUNTING PRINCIPLES

제 1 절 재무제표의 종류와 상호관계

'재무제표(financial statements)'는 기업의 경영활동과정에서 발생한 일련의 거래를 인식·측정하여 정보이용자가 쉽게 활용할 수 있도록 작성한 회계보고서를 말한다. 한국채택국제회계기준에서는 재무제표를 구성하는 주요 회계보고서에 재무상태표, 포괄손익계산서, 자본변동표, 현금흐름표를 규정하고 있다.

① 재무상태표(a statement of financial position)

일정시점에 기업의 재무상태를 구성하는 자산, 부채 및 자본에 대한 정보를 제공하는 재무보고서이다. 재무상태표를 작성할 때는 그 상단에 회사명, 재무상태표 작성시점, 금액단위를 표시하고 본문에는 자산, 부채, 자본의 내용을 표시한다.

② 포괄손익계산서(a statement of recognized income and expense)

수익에서 비용을 차감한 당기순이익에 관한 정보를 제공하여 일정기간 동안의 경영성과를 정보이용자에게 보고하는 재무보고서이다.

③ 자본변동표(a statement of changes in equity)

일정기간 동안 자본의 변동내용을 상세히 제공하는 재무보고서를 말한다.

④ 현금흐름표(a statement of cash flow)

일정기간 동안에 발생한 현금의 변동내용을 파악할 수 있도록 당해 회계기간에 나타난 현금유입과 현금유출내용을 적정하게 표시한 보고서이다. 기업의 경영활동은 영업활동, 투자활동, 재무활동으로 이루어지므로 현금흐름표에 표시되는 현금흐름도 영업활동으로 인한 현금흐름, 투자활동으로 인한 현금흐름, 재무활동으로 인한 현금흐름으로 구분해서 표시한다.

이와 같은 4가지의 재무제표가 서로 어떻게 연관되는지를 살펴보면 다음 그림과 같다.

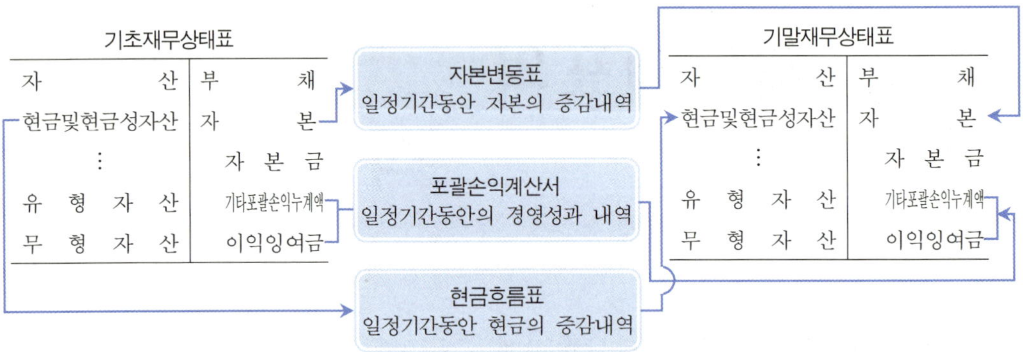

이번 장에서는 회계의 거래를 기록하고 전기하여 재무제표를 작성하는 실제 사례를 살펴보도록 하겠다. 재무제표를 작성하기 위해서는 한 회계기간 동안 회계의 순환과정을 오류 없이 실행해야 한다. 여기서 회계순환과정(accounting cycle)은 재무제표를 작성하기 위해 기업의 경제적 사건을 식별하고 측정해서 전달하는 다음과 같은 일련의 회계처리과정을 말한다.

그림 12-1 회계순환과정

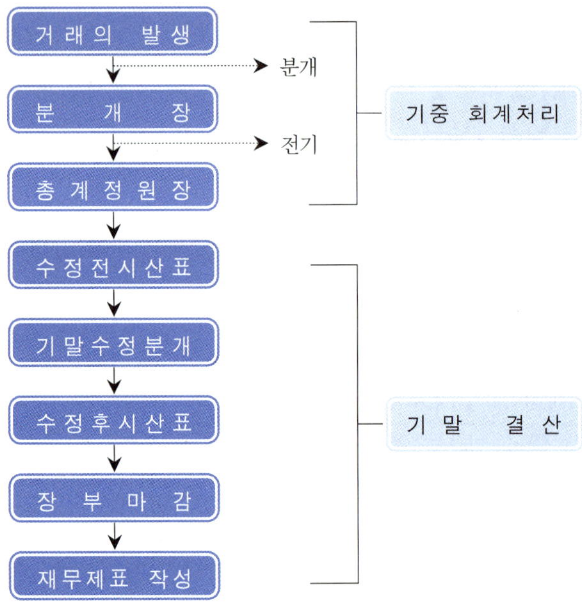

이 그림에 나타난 회계순환과정을 살펴보면 회계기간 동안에는 거래가 발생할 때마다 분개를 해서 분개장에 기록하고 분개장의 내용은 전기를 통해서 총계정원장에 기록한다. 회계기말이 되면 결산을 수행하는데 결산을 위해서는 우선 수정전시산표를 작성해서 회계기간

중에 수행한 회계절차에 오류가 없는지를 확인하고 다음으로 기말수정분개를 추가적으로 총계정원장에 반영한 후에 수정후시산표를 작성하고 장부를 마감한다. 마지막으로 수정후시산표를 기초로 재무상태표와 포괄손익계산서 등 재무제표를 작성하는 것으로 회계순환과정이 마무리된다. 이와 같은 회계순환과정 중에서 회계기간 중의 회계처리는 제2부 '재무상태표와 포괄손익계산서'에서 자세히 알아보았으므로 여기에서는 결산과정을 중심으로 재무상태표와 포괄손익계산서를 작성하는 실제 사례를 살펴보도록 하겠다.

제 2 절 결산절차 – 기말수정분개

결산과정을 구체적으로 살펴보면 결산의 가장 중요한 부분은 기말(결산)수정분개를 누락하지 않고 오류 없이 장부에 반영하는 것이다. 기말수정분개를 구체적으로 적용하는 내용을 살펴보기 위해 다음의 종합사례를 이용하도록 하자.

종합사례

㈜나무의 20×1년 1월 1일부터 20×1년 12월 31일까지의 회계기간에 있어서 기말잔액시산표 및 결산정리사항을 활용하여 포괄손익계산서와 재무상태표를 작성하시오.

수정전 잔액시산표

㈜나무 20×1. 12. 31

차변 계정	금액	대변 계정	금액
현금	₩100,000	당좌차월(B)	₩167,000
당좌예금(A)	370,000	대손충당금	40,000
보통예금	2,000,000	매입채무	390,000
정기예금	1,000,000	단기차입금	1,500,000
단기금융상품	1,500,000	장기차입금	3,000,000
매출채권	1,000,000	사채	1,000,000
FVPL 금융자산	400,000	감가상각누계액	450,000
상품	400,000	자본금	3,600,000
FVOCI 선택 금융자산	500,000	이익준비금	350,000
토지	3,570,000	미처분이익잉여금	400,000
건물	2,000,000	매출	6,580,000
사채할인발행차금	33,805	임대료	300,000
매입	4,000,000	이자수익	150,000
급여	703,195	매입에누리와환출	50,000
보험료	200,000		
이자비용	200,000		
	₩17,977,000		₩17,977,000

〈수익과 비용의 기말정리사항〉

(1) 단기차입금 ₩1,500,000은 20×1년 10월 1일부터 1년간 차입하였다. 차입금에 대한 연간 이자율은 12%이고 이자는 원금상환일에 일시에 지급하기로 약정하였다. 장기차입금은 20×1년 12월 31일에 이자를 지급했다. 그리고 당기분 법인세비용이 ₩120,000이다.

(2) 정기예금 ₩1,000,000은 20×1년 9월 1일에 가입한 1년 만기 정기예금이다. 이자율은 연간 9%이며 이자는 만기시점에 일시에 수령하기로 약정하였다. 그 외의 이자수익은 20×1년 12월 31일에 수령하였다.

(3) 20×1년 10월 1일 건물에 대한 1년분 화재보험료 ₩200,000을 지급하였으며 이를 전액 비용으로 처리하였다.

(4) 20×1년 4월 1일 회사소유창고를 ㈜종로에 1년간 임대하기로 약정하고 1년간의 임대료 ₩300,000을 현금으로 수령하였다.

〈자산과 관련된 손익의 기말수정사항〉

(1) 당사는 소액현금제도를 채택하고 있는데 12월 중의 소액현금지출 내역은 다음과 같으며 기말 현재 현금시재액은 ₩40,000이다.

여비교통비 30,000

소모품비 20,000

(2) 당사는 A, B 두 은행에서 당좌예금계좌를 설정하고 있는데 12월 31일 은행에 당좌예금잔액을 조회한 결과 A은행 ₩350,000, B은행 차월 ₩150,000이었다. 조사결과 차이 원인이 다음과 같이 밝혀졌다.

〈A은행〉

① 발행수표 중 12월 31일까지 은행에서 인출되지 않은 기발행미인출수표는 ₩50,000이다.

② 매출거래처로부터 받아 예입한 수표 ₩70,000이 부도처리 되었다는 사실을 발견하였다.

〈B은행〉

① 12월 31일에 현금 ₩100,000을 당좌예금하였는데 은행에서는 1월 4일에 예금한 것으로 기록하였다.

② 당좌차월에 대한 이자 ₩3,000이 회사에 통지되지 않았다.

③ 거래처로부터 송금해 온 외상매출금 ₩120,000이 당좌이체되었으나 회사에서는 아직 모르고 있다.

(3) FVPL 금융자산은 모두 당기에 취득하였으며 기말시점의 공정가치는 다음과 같다. 단, 금융자산평가손익은 순액으로 공시하는 정책을 채택하였다.

종 목	취득원가	공정가치
갑회사 주식	₩150,000	₩200,000
을회사 주식	200,000	180,000
병회사 주식	50,000	70,000
계	₩400,000	₩450,000

(4) ㈜나무의 기말매출채권에 대해서 미래 현금회수 할 것으로 추정한 금액은 ₩792,000이다.

(5) 기말상품의 장부재고액은 ₩430,000이며, 회사는 저가법에 의하여 재고자산을 평가하고 있다. 재고자산의 기말자료는 다음과 같으며 재고자산감모손실 중 60%는 매출원가에 포함시키고 나머지는 기타비용으로 분류한다. 재고자산평가손실은 전액 매출원가에 포함시키고 재고자산평가충당금 계정을 사용한다.

상 품	장부재고	실지재고	단위당 원가	판매단가	추정판매비
A	1,000개	800개	₩100	₩150	₩40
B	600	600	150	200	80
C	800	800	300	500	80

(6) 당사는 A회사 발행주식의 2%인 100주를 장기보유할 목적으로 1주당 ₩4,000(액면금액 ₩1,000)에 현금으로 매입하고 매입수수료 등 기타비용으로 ₩100,000을 현금으로 지급하였다. 20×1년도 말에 이 주식의 공정가치가 ₩700,000이고 FVOCI 선택 금융자산으로 분류하였다.

(7) 당사는 20×0년 1월 1일 건물을 구입하였다. 건물의 구입가격은 ₩2,000,000이고, 이 건물은 4년 동안 사용할 수 있을 것으로 추정되며, 추정잔존가치는 취득가액의 10%로 추정된다. 감가상각방법은 정액법이다.

(8) 당사는 20×0년 1월 1일 사채의 액면이 ₩1,000,000이고 액면이자율이 10%이며 만기가 3년이고 이자지급일이 매년 12월 31일인 사채를 발행하였다. 사채발행시점의

시장이자율은 12%였으며 발행가액은 ₩951,960이었다. 20×1년 12월 31일에 사채투자자가 이자비용을 수령하지 않았으며 20×2년 1월 5일에 사채이자를 수령하였다.

(9) 당사는 20×0년 2월 1일 고려은행으로부터 ₩3,000,000을 차입하였다. 이 차입금의 상환조건은 20×2년 7월 31일에 ₩1,500,000을 상환하고 20×3년 7월 31일에 ₩1,500,000을 상환하는 것이다.

1. 수익과 비용의 결산정리

기업은 기중에 회계처리할 때 거래가 발생하면 이를 분개하므로 현금이 유입되거나 현금이 유출되었을 때 수익과 비용을 인식하는 분개를 수행한다. 그런데 회계는 현금기준이 아니라 발생기준에 기초해서 수익과 비용의 발생여부에 따라 발생한 금액을 수익과 비용으로 인식해야 한다. 따라서 결산시점에는 회계기간 중에 현금기준으로 기록되어 있는 금액들을 발생기준 금액으로 조정하는 과정이 필요하다.
발생기준에 따라 수익·비용과 관련된 결산정리사항에는 미지급비용, 미수수익, 선급비용, 선수수익 등의 네 가지 유형이 있으며 이에 대해 정리해 보자.

(1) 미지급비용

비용이 발생하였으나 현금의 지급이 이루어지지 않은 경우의 기말수정분개사항이다. 미지급비용 중에서 이자비용을 예로 생각하면 포괄손익계산서에는 이자비용을 인식하고 재무상태표에는 미지급비용이라는 부채를 기록한다.

예제 12-1
미지급비용의 기말수정분개

종합사례의 자료를 사용하시오. 단기차입금 ₩1,500,000은 20×1년 10월 1일부터 1년간 차입하였다. 차입금에 대한 연간 이자율은 12%이고 이자는 원금상환일에 일시에 지급하기로 약정하였다. 장기차입금은 20×1년 12월 31일에 이자를 지급했다. 그리고 당기분 법인세비용이 ₩120,000이다.

요구사항

미지급이자를 계산하고 기말수정분개를 하시오.

해답

(1) 미지급이자

₩1,500,000 × 12% × 3개월/12개월 = ₩45,000

(2) 기말수정분개

(차)	이 자 비 용	45,000	(대) 미 지 급 비 용	165,000
	법 인 세 비 용	120,000		

미지급비용에는 미지급이자, 미지급급여, 미지급임차료 등이 있으며 발생기준에 따라 인식하는 미지급비용은 상품을 매입하고 발생하는 매입채무나 건물과 같은 상품 이외의 자산을 구입하고 발생하는 미지급금과는 구별된다.

(2) 미수수익

수익이 발생하였으나 아직 현금을 수령하지 않은 경우의 기말수정분개사항이다. 미수수익 중에서 이자수익을 예로 생각하면 포괄손익계산서에는 이자수익을 인식하고 재무상태표에는 미수수익이라는 자산을 기록한다.

예제 12-2

미수수익의 기말수정분개

종합사례의 자료를 사용하시오. 정기예금 ₩1,000,000은 20×1년 9월 1일에 가입한 1년 만기 정기예금이다. 이자율은 연간 9%이며 이자는 만기시점에 일시에 수령하기로 약정하였다. 그 외의 이자수익은 20×1년 12월 31일에 수령하였다.

요구사항

미수이자를 계산하고 기말수정분개를 하시오.

해답

(1) 미수이자

₩1,000,000 × 9% × 4개월/12개월 = ₩30,000

(2) 기말수정분개

(차)	미 수 수 익	30,000	(대) 이 자 수 익	30,000

미수수익에는 미수이자, 미수임대료 등이 있으며 상품을 판매하고 발생하는 매출채권이나 상품이외의 자산을 매각하고 발생하는 미수금과는 구별된다.

(3) 선급비용

현금은 지급하였으나 비용이 아직 발생하지 않은 경우의 기말수정분개사항이다. 이 경우에 현금의 지급시점에 어떠한 회계처리가 이루어졌느냐에 따라 기말수정분개의 내용이 달라진다. 현금을 지급하는 시점에 해당금액을 비용으로 처리했다면 결산 시점에서는 선급한 비용만큼 해당비용에서 차감해서 선급비용이라는 자산으로 처리해야 한다. 반면에 현금지급시점에 해당금액을 선급비용이라는 자산으로 처리하였다면 결산시점에는 기간경과분만큼 선급비용에서 차감해서 비용으로 회계처리해야 한다.

예제 12-3

선급비용의 기말수정분개

종합사례의 자료를 사용하시오. 20×1년 10월 1일 건물에 대한 1년분 화재보험료 ₩200,000을 지급하였으며 이를 전액 비용으로 처리하였다.

요구사항

1. 선급비용를 계산하고 기말수정분개를 하시오.
2. 보험료의 지급시점에 보험료전액을 자산으로 기록했다면 보험료 지급시점과 결산시점에 해야 할 분개를 설명하시오.

해답

1. 현금지급시점에 비용으로 처리한 경우

(1) 선급비용

₩200,000 × 9개월/12개월 = ₩150,000

(2) 기말수정분개

(차) 선급비용	150,000	(대) 보험료	150,000

2. 현금지급시점에 자산으로 처리한 경우

(1) 현금지급시점

(차) 선급비용	200,000	(대) 현금	200,000

(2) 기말수정분개

(차) 보험료	50,000	(대) 선급비용	50,000

(4) 선수수익

현금은 수령하였으나 수익이 아직 발생하지 않은 경우의 기말수정분개사항이다. 이 경우에 기말수정분개는 선급비용처럼 현금 수령시점에 어떻게 회계처리했느냐에 따라 그 내용이 달라진다. 현금을 수령하는 시점에 해당 금액을 수익으로 처리했다면 결산시점에서는 선수한 수익만큼 해당 수익에서 차감해서 선수수익이라는 부채로 처리해야 한다. 반면에 현금수령시점에 해당 금액을 선수수익이라는 부채로 처리했다면 결산시점에는 기간경과분만큼 선수수익에서 차감해서 수익으로 회계처리 해야 한다.

예 제 12-4
선수수익의 기말수정분개

종합사례의 자료를 사용하시오. 20×1년 4월 1일 회사소유창고를 ㈜종로에 1년간 임대하기로 약정하고 1년간의 임대료 ₩300,000을 현금으로 수령하였다.

요구사항

1. 선수수익을 계산하고 기말수정분개를 하시오.
2. 임대료의 수령시점에 임대료전액을 부채(선수수익)로 기록했다면 임대료 수령시점과 결산시점에 해야 할 분개를 설명하시오.

해답

1. 현금수령시점에 수익으로 처리한 경우
   (1) 선수수익
   ₩300,000 × 3개월/12개월 = ₩75,000
   (2) 기말수정분개

(차) 임 대 료	75,000	(대) 선 수 수 익	75,000

2. 현금수령시점에 부채로 처리한 경우
   (1) 현금수령시점

(차) 현 금	300,000	(대) 선 수 수 익	300,000

   (2) 기말수정분개

(차) 선 수 수 익	225,000	(대) 임 대 료	225,000

2. 자산과 관련된 손익의 결산정리사항

(1) 현금계정의 기말수정분개

현금거래는 매우 자주 발생하기 때문에 기록이 누락되거나 중복되기가 쉽고 때로는 도난이나 분실도 일어나므로 현금의 실제잔액이 장부잔액과 일치하지 않는 경우가 나타난다. 이 경우 그 원인을 조사해서 결산 시점에 해당계정으로 기록하고 원인이 밝혀지지 않으면 결산일에 잡손실 또는 잡이익으로 처리한다.

예제 12-5
현금계정의 기말수정분개

종합사례의 자료를 사용하시오. 당사는 소액현금제도를 채택하고 있는데 12월 중의 소액현금지출 내역은 다음과 같으며 기말 현재 현금시재액은 ₩40,000이다.

여비교통비	30,000	소모품비	20,000

요구사항

현금계정의 기말수정분개를 하시오.

해답

(차) 여비교통비	30,000	(대) 현	금	60,000*
소모품비	20,000			
잡손실	10,000			

* 현금과부족액 : ₩100,000(수정전잔액) − 40,000(기말시재액) = ₩60,000

(2) 당좌예금계정의 결산정리

기업의 장부상 당좌예금잔액과 은행의 당좌예금 기말잔액은 일치하지 않는 경우가 있을 수 있다. 그 대표적인 원인으로는 기업에서는 수표를 발행한 시점에 즉시 당좌예금계정의 대변에 기록하지만, 은행은 수표가 제시되는 시점까지는 당좌예금의 계좌잔액을 차감하지 않는다. 다른 원인으로는 은행은 당좌차월액에 대한 이자를 이자계산시점에 기업의 당좌예금 계좌잔액에서 즉시 차감하지만 기업은 이자비용을 통보받는 시점까지는 이를 차감하지 않는다.

따라서 기업은 '은행계정조정표(bank reconciliation statement)'를 작성해서 은행에서 확인한 예금거래내역과 회사장부의 당좌예금계정 회계처리내용을 비교해서 잔액의 불일치원인을 찾아내야 한다. 그리고 불일치의 원인 중에서 기업이 당좌예금계정 잔액에 반영해야 하는 내용은 기말수정분개를 해야 한다.

한편, 당좌차월은 당좌예금잔액의 한도를 넘어서 수표를 발행한 것으로 단기차입금(유동부채)에 해당한다. 따라서 기말시점에 당좌예금잔액이 대변잔액이면 단기차입금으로 재무상태표에 표시한다.

예제 12-6
당좌예금계정의 기말수정분개

종합사례의 자료를 사용하시오. 당사는 A, B 두 은행에서 당좌예금계좌를 설정하고 있는데 12월 31일 은행에 당좌예금잔액을 조회한 결과 A은행은 ₩350,000, B은행은 당좌차월 ₩150,000이었다. 조사의 결과 차이 원인이 다음과 같이 밝혀졌다.

〈A은행〉
(1) 발행수표 중 12월 31일까지 은행에서 인출되지 않은 기발행미인출수표는 ₩50,000이다.
(2) 매출거래처로부터 받아 예입한 수표 ₩70,000이 부도처리 되었다는 사실을 발견하였다.

〈B은행〉
(1) 12월 31일에 현금 ₩100,000을 당좌예금한 것을 은행에서는 1월 4일에 예금한 것으로 기록하였다.
(2) 당좌차월에 대한 이자 ₩3,000이 회사에 통지되지 않았다.
(3) 거래처로부터 송금해 온 외상매출금 ₩120,000이 당좌이체되었으나 회사에서는 아직 모르고 있다.

요구사항

1. A은행의 은행계정조정표를 작성하고 기말수정분개를 하시오.
2. B은행의 은행계정조정표를 작성하고 기말수정분개를 하시오.

해답

1. A은행의 당좌예금 기말수정분개
   (1) A은행의 은행계정조정표

〈은행계정조정표〉

	회사측 잔액	은행측 잔액
수정전 잔액	₩370,000	₩350,000
① 기발행미인출수표		(50,000)
② 부도수표	(70,000)	
정확한 잔액	₩300,000	₩300,000

(2) 수정분개

(차) 매 출 채 권	70,000	(대) 당 좌 예 금	70,000

2. B은행의 당좌예금 기말수정분개

(1) B은행의 은행계정조정표

〈은행계정조정표〉

	회사측 잔액	은행측 잔액
수정전 잔액	₩(167,000)	₩(150,000)
① 은행미기입예금		100,000
② 당좌차월이자	(3,000)	
③ 외상매출금입금	120,000	
정확한 잔액	₩(50,000)	₩(50,000)

(2) 수정분개

(차) 이 자 비 용	3,000	(대) 매 출 채 권	120,000
당 좌 차 월	117,000		

(3) FVPL 금융자산계정의 결산정리

FVPL 금융자산은 단기간 내에 매매차익을 얻을 목적으로 취득한 것이면서 동시에 적극적이고 빈번하게 매매할 의도를 가진 지분상품을 말한다. FVPL 금융자산은 기말의 공정가치로 평가해서 재무상태표에 기록하도록 규정하고 있다.

따라서 FVPL 금융자산의 기말 공정가치가 취득원가보다 상승한 경우에는 상승액을 FVPL 금융자산계정 차변에 기록하여 가산하고 동액을 금융자산평가이익의 대변에 기록한다. 반면에 기말 공정가치가 하락한 경우에는 하락액을 FVPL 금융자산계정 대변에 기록하여 차감하고 동액을 금융자산평가손실의 차변에 기록한다.

한편, 여러 종류의 주식으로 구성된 FVPL 금융자산 포트폴리오를 보유하고 있는 경우, 금융자산평가손익은 개별 종목별로 적용할 수도 있고 포트폴리오 전체에 대한 평가손익을 단일 금액으로 기록할 수도 있는데 이에 대한 한국채택국제회계기준의 입장은 평가손익을 개별 종목별로 총액기록하는 것을 원칙으로 하고 있다.

예제 12-7

FVPL 금융자산의 기말수정분개

종합사례의 자료를 사용하시오. FVPL 금융자산은 모두 당기에 취득하였으며 기말시점의 공정가치는 다음과 같다.

종 목	취득원가	공정가치
갑회사 주식	₩150,000	₩200,000
을회사 주식	200,000	180,000
병회사 주식	50,000	70,000
계	₩400,000	₩450,000

요구사항

1. FVPL 금융자산의 평가손익을 순액으로 기록하는 경우에 기말수정분개를 하시오.
2. FVPL 금융자산의 평가손익을 개별 종목별로 적용하는 경우에 기말수정분개를 하시오.

해답

1. 순액법

(차)	FVPL 금융자산	50,000	(대) 금융자산평가이익(PL)	50,000

2. 개별법

(차)	FVPL 금융자산	70,000	(대) 금융자산평가이익	70,000
(차)	금융자산평가손실(PL)	20,000	(대) FVPL 금융자산	20,000

(4) 매출채권의 기말수정분개

기말의 수정전잔액시산표에 표시된 외상매출금이나 받을어음잔액 가운데는 미래에 일부금액을 회수할 수 없어서 대손(bad debt)을 예상하는 경우가 일반적이다. 따라서 매출채권에 대한 대손충당금을 적절하게 설정하는 기말수정분개가 필요하다. 기말수정분개의 내용은 수정전잔액시산표상의 대손충당금 잔액과 대손예상액의 크기에 따라 달라진다. 우선 잔액시산표상의 대손충당금 잔액보다 대손예상액이 큰 경우, 그 차액을 대손상각비계정의 차변에 기록하고 동일금액을 대손충당금계정의 대변에 기록해서 대손충당금 잔액이 대손예상액과 일치하도록 한다. 반대로 수정전잔액시산표의 대손충당금 잔액이 대손예상액보다 큰 경우, 그 차액을 대손충당금계정의 차변에 기록하고 동일금액을 대손충당금환입계정의 대변에 기록해서 대손충당금 잔액이 대손예상액과 일치하도록 한다.

예제 12-8
매출채권의 기말수정분개

종합사례의 자료를 사용하시오. ㈜나무의 기말매출채권에 대해서 미래 현금회수할 것으로 추정한 금액은 ₩792,000이다.

요구사항

1. 대손예상액을 추정하시오.
2. 매출채권의 기말수정분개를 하시오.

해답

1. 대손예상액

기말매출채권	₩1,000,000 − 120,000[*1] + 70,000[*2] =	₩ 950,000
미래 현금흐름 추정액		792,000
대손예상액		₩158,000

*1. 외상매출금 회수에 대한 회사미기입분(예제 6 참조)
2. 부도수표(예제 6 참조)

2. 매출채권의 기말수정분개

(차) 대 손 상 각 비 118,000 (대) 대 손 충 당 금 118,000

* 대손충당금추가설정액 : ₩158,000(대손예상액) − 40,000(수정전잔액) = ₩118,000

(5) 상품계정의 기말수정분개

상품을 회계처리하는 방법에는 계속기록법과 실지재고조사법이 있다. 우선, 계속기록법은 상품을 판매할 때마다 매출원가를 기록하기 때문에 기말수정분개가 필요하지 않다. 그러나 상품을 판매할 때마다 계속기록법에 의해 매출원가를 일일이 파악한다는 것은 현실적으로 어렵기 때문에 거래가 빈번한 경우에는 이 방법을 적용하기 힘들다. 다음으로 실지재고조사법을 적용하는 경우 상품을 판매하는 시점에는 매출액만 기록하기 때문에 결산시에 매출원가 결정과 기말상품평가를 위한 기말수정분개가 필요하다.

한편, 재고자산의 분실, 도난, 파손 등으로 재고자산의 실제기말재고수량이 장부상의 기말수량보다 감소된 경우에는 이를 재고자산감모손실로 회계처리해야 한다. 또한 저가법에 따라 원가 또는 순실현가능가치 중 낮은 금액으로 재고자산을 평가해야 한다.

예 제 12–9
상품의 기말수정분개

종합사례의 자료를 사용하시오. 기말상품의 장부재고액은 ₩430,000이며, 회사는 저가법에 의하여 재고자산을 평가하고 있다. 재고자산의 기말자료는 다음과 같으며 재고자산감모손실 중 60%는 매출원가에 포함시키고 나머지는 기타비용으로 분류한다. 재고자산평가손실은 전액 매출원가에 포함시키고 재고자산평가충당금 계정을 사용한다.

상 품	장부재고	실지재고	단위당 원가	판매단가	추정판매비
A	1,000개	800개	₩100	₩150	₩40
B	600	600	150	200	80
C	800	800	300	500	80

요구사항

1. 실지재고를 기준으로 매출원가를 계산하는 수정분개를 하시오.
2. 재고자산감모손실과 재고자산평가손실에 관련된 수정분개를 하시오.

해답

1. 상품의 기말수정분개

(1) 순매입액의 계산

(차) 매입에누리와환출	50,000	(대) 매 입	50,000

(2) 매출원가 계산분개

(차) 상 품(기말)	410,000*	(대) 상 품(기초)	400,000
매 출 원 가	3,940,000	매 입	3,950,000

* 800개×₩100+600개×₩150+800개×₩300=₩410,000

2. 재고자산감모손실과 재고자산평가손실

(1) 재고자산감모손실

(차) 재고자산감모손실 (기타비용)	8,000	(대) 매 출 원 가	8,000

* (1,000개−800개)×₩100×40%=₩8,000

(2) 재고자산평가손실

(차) 매 출 원 가	18,000	(대) 재고자산평가충당금	18,000

* 평가손실 B상품 : 600개×{₩150−(200−80)}=₩18,000
(₩150: 취득원가, (200−80): 순실현가능가치)

(6) FVOCI 선택 금융자산계정의 결산정리

FVOCI 선택 금융자산을 공정가치로 평가했을 때 발생하는 금융자산평가손익은 당기손익이 아니라 기타포괄손익으로 분류하여야 한다.

예제 12-10
FVOCI 선택 금융자산의 기말수정분개

종합사례의 자료를 사용하시오. ㈜나무는 20×1년도에 A회사 발행주식의 2%인 100주를 장기보유할 목적으로 1주당 ₩4,000(액면금액 ₩1,000)에 현금으로 매입하고 매입수수료 등 기타비용으로 ₩100,000을 현금으로 지급하였다. 20×1년도 말에 이 주식의 공정가치가 ₩700,000이고 FVOCI 선택 금융자산으로 분류하였다.

요구사항

FVOCI 선택 금융자산을 기말에 평가하는 수정분개를 하시오.

해답

(차) FVOCI 선택 금융자산	200,000	(대) 금융자산평가이익 (기타포괄손익)	200,000

* 금융자산평가이익 : ₩700,000(공정가치) − 500,000(장부금액) = ₩200,000

(7) 유형자산계정의 결산정리

유형자산(tangible assets)은 제조설비나 판매시설과 같이 영업활동을 수행하기 위하여 장기간 보유하고 있는 물리적 형체가 있는 자산을 말한다.

유형자산 가운데 토지를 제외한 나머지 자산들은 사용가능연수가 유한한 자산으로 일정 기간 동안 이들 자산들을 보유하고 사용하면 그 본래의 효용가치가 점차 감소하게 되므로 유형자산의 가치감소분을 기업의 수익창출활동에 기여한 기간에 걸쳐 비용으로 인식해야 한다.

이와 같이 일정기간의 손익을 적절하게 계산하기 위해 유형자산의 가치감소분을 사용기간에 걸쳐 인위적으로 배분(allocation)하는 것을 감가상각(depreciation)이라고 하며 감가상각으로 계상되는 비용을 감가상각비(depreciation expenses)라고 한다. 감가상각비를 계상할 때는 감가상각비계정의 차변에 기록하고 감가상각누계액

(accumulated depreciation)의 대변에 기록하였다가 재무상태표에 표시할 때는 해당 계정과목에서 차감하여 표시한다.

특정기간에 감가상각비로 계상할 금액을 계산하기 위해서는 ① 감가상각대상금액, ② 내용연수, ③ 감가상각방법 등 세 가지가 확정되어야 한다. 이들 요소에 의해 계산된 감가상각비에 대하여 기말수정분개를 하여야 한다.

예제 12-11
유형자산의 기말수정분개

종합사례의 자료를 사용하시오. ㈜나무는 20×0년 1월 1일 건물을 구입하였다. 건물의 구입가격은 ₩2,000,000이고, 이 건물은 4년 동안 사용할 수 있을 것으로 추정되며, 추정잔존가치는 취득가액의 10%로 추정된다. 감가상각방법은 정액법이다.

요구사항

20×1년에 유형자산의 감가상각비를 계상하는 기말수정분개를 하시오.

해답

(차) 감가상각비	450,000	(대) 감가상각누계액	450,000

* 연간감가상각비 $= \frac{₩2,000,000-200,000}{4년} = ₩450,000$

매년 계상한 감가상각비는 감가상각누계액 계정에 계속 누적되어 집계되며 감가상각누계액을 재무상태표에 기재할 때는 해당 유형자산의 취득원가에서 차감하는 형식으로 표시한다.

3. 부채와 관련된 손익의 결산정리사항

(1) 사채계정의 결산정리

사채는 주식회사가 다수의 일반투자자로부터 거액의 장기자금을 조달하기 위하여 발행하는 채무상품이다. 따라서 사채를 발생한 회사는 사채를 비유동부채로 기록해야 한다.

사채의 기말수정분개는 사채의 발행가액과 액면금액과의 차이인 사채발행차금의 상각을 통해 이루어진다. 사채발행차금을 유효이자율법에 따라 상각하는 경우에 다음의 순서에 따라 이자비용을 기록한다.

우선, 기초의 장부금액에 유효이자율을 곱한 금액을 이자비용으로 인식한다. 여기서 기초의 장부금액은 액면금액에서 기초의 사채할인발행차금을 차감한 금액이거나 사채할증발행차금을 가산한 금액을 말한다.

사채의 이자비용 = 사채의 기초장부금액 × 유효이자율

다음으로 사채의 이자비용과 현금지급이자와의 차이만큼 사채할인발행차금이나 사채할증발행차금을 상각한다.

사채할인발행차금 상각액 = 사채의 이자비용 − 현금이자
사채할증발행차금 상각액 = 현금이자 − 사채의 이자비용

예제 12−12
사채와 기말수정분개

종합사례의 자료를 사용하시오. ㈜나무는 20×0년 1월 1일 사채의 액면이 ₩1,000,000이고 액면이자율이 10%이며 만기가 3년이고 이자지급일이 매년 12월 31일인 액면조건의 사채를 발행하였다. 사채발행시점의 시장이자율은 12%였으며 발행가액은 ₩951,960이었다. 20×1년 12월 31일에 사채투자자가 이자비용을 수령하지 않았으며 20×2년 1월 5일에 사채이자를 수령하였다.

요구사항

20×1년에 사채의 이자비용을 계상하는 기말수정분개를 하시오.

해답

(차) 이자비용	115,943	(대) 미지급이자	100,000
		사채할인발행차금	15,943

* 실제부담이자비용(유효이자율)	(₩1,000,000−33,805)×12%=	₩115,943
현금지급이자(액면이자율)	₩1,000,000×10%=	(100,000)
사채할인발행차금상각액		₩15,943

(2) 장기차입금계정의 결산정리

장기차입금은 재무상태표일로부터 1년 이후에 상환기일이 도래하는 차입금을 말한다. 장기차입금은 시간이 지남에 따라 만기가 도래하게 되는데 장기차입금 중에서 1년 이내에 상환기일이 도래하는 금액은 유동부채로 재분류해서 유동성장기차입금으로 기록한다. 이렇게 장기차입금을 재분류하는 것은 부채총액에는 영향이 없지만 유동부채의 크기가 달라져서 다음 연도에 상환해야할 부채의 크기를 보다 정확하게 외부정보이용자에게 제공하기 위함이다.

예제 12-13
장기차입금의 기말수정분개

종합사례의 자료를 사용하시오. ㈜나무는 20×0년 2월 1일 고려은행으로부터 ₩3,000,000을 차입하였다. 이 차입금의 상환조건은 20×2년 7월 31일에 ₩1,500,000을 상환하고 20×3년 7월 31일에 ₩1,500,000을 상환하는 것이다.

요구사항

20×1년에 장기차입금과 관련된 기말수정분개를 하시오.

해답

(차) 장 기 차 입 금 1,500,000 (대) 유동성장기차입금 1,500,000

제 3 절 결산절차 - 수정후시산표의 작성과 마감분개

기말수정분개를 전기하고 나면 수정후시산표를 작성한다. 그리고 수정후시산표를 기초로 재무제표를 작성하고 계정을 마감하는 분개를 한다. 한편, 차기 회계연도에는 기말수정분개 사항 중에서 일부항목은 기말수정분개에 대한 반대분개를 한다.

1. 수정후시산표의 작성

기말수정분개에 오류사항이 없도록 하고 총계정원장에 전기하고 나면 기말수정분개를 반영한 계정잔액을 모아서 수정후시산표를 작성한다. ㈜나무의 수정후시산표를 작성해 보면 다음과 같다.

수정후 잔액시산표

㈜나무 20×1. 12. 31

차변 계정	금액	대변 계정	금액
현금	₩40,000	당좌차월(B)	₩50,000
당좌예금(A)	300,000	미지급비용	265,000
보통예금	2,000,000	대손충당금	158,000
정기예금	1,000,000	재고자산평가충당금	18,000
단기금융상품	1,500,000	매입채무	390,000
매출채권	950,000	단기차입금	1,500,000
FVPL 금융자산	450,000	선수수익	75,000
미수수익	30,000	유동성장기차입금	1,500,000
선급비용	150,000	장기차입금	1,500,000
상품	410,000	사채	1,000,000
FVOCI 선택 금융자산	700,000	감가상각누계액	900,000
토지	3,570,000	자본금	3,600,000
건물	2,000,000	이익준비금	350,000
사채할인발행차금	17,862	미처분이익잉여금	400,000
매출원가	3,950,000	금융자산평가이익(OCI)	200,000
급여	703,195	매출	6,580,000
대손상각비	118,000	임대료	225,000
감가상각비	450,000	금융자산평가이익(PL)	50,000
여비교통비	30,000	이자수익	180,000
소모품비	20,000		
보험료	50,000		
이자비용	363,943		
재고자산감모손실	8,000		
잡손실	10,000		
법인세비용	120,000		
	₩18,941,000		₩18,941,000

2. 계정의 마감

기말수정분개를 해서 정확한 계정잔액들을 계산한 후에는 총계정원장의 각 계정들을 마감하여 다음 회계기간의 경영활동을 기록하기 위한 준비를 하여야 한다. 계정을 마감하는 방법은 영구계정과 임시계정이 다르므로 이를 구분해서 처리해야 한다.

① 영구계정(permanent accounts)

잔액이 차기로 이월되어 영구적으로 존재하는 계정으로 자산·부채·자본계정 등 재무상태표계정이 영구계정이다.

② 임시계정(temporary accounts)

결산기말에 계정을 마감하고 나면 잔액이 다음기로 이월되지 않고 특정 회계기간에만 일시적으로 존재하는 계정을 말하며 포괄손익계산서계정이 임시계정이다.

Chapter 12

(1) 포괄손익계산서계정의 마감

수익계정과 비용계정은 당기의 경영성과를 나타내 주는 것으로 다음 기의 경영성과를 파악할 때 영향을 미쳐서는 안 된다. 따라서 수익·비용계정은 한 회계기간이 끝나면 잔액을 '0'으로 만들어서 다음 기의 손익계정은 '0'에서 출발하도록 해야 한다. 이를 위해서 수익과 비용계정은 다음의 단계에 따라 계정을 마감한다.

1단계 : 수익계정의 마감

수익계정잔액은 대변에 나타나므로 이를 '0'으로 만들기 위해 차변에 수익계정잔액을 기록하고 대변에 집합손익계정을 기록하는 분개를 해서 수익계정잔액을 집합손익계정의 대변에 대체한다.

(차) 수 익 ××× (대) 집 합 손 익 ×××

2단계 : 비용계정의 마감

비용계정잔액은 차변에 나타나므로 이를 '0'으로 만들기 위해 대변에 비용계정잔액을 기록하고 차변에 집합손익계정을 기록하는 분개를 해서 비용계정잔액을 집합손익계정의 차변에 대체한다.

(차) 집 합 손 익 ××× (대) 비 용 ×××

3단계 : 집합손익계정의 마감

집합손익의 차변잔액(당기순이익)이나 대변잔액(당기순손실)의 상대계정에 동일금액을 기록하여 집합손익계정의 잔액을 '0'으로 만들고 그 금액을 이익잉여금계정에 대체한다.

당기순이익이 발생한 경우

(차) 집 합 손 익 ××× (대) 이 익 잉 여 금 ×××

당기순손실이 발생한 경우

(차) 이 익 잉 여 금 ××× (대) 집 합 손 익 ×××

이와 같은 절차로 포괄손익계산서의 계정잔액들을 집합손익으로 모으면 모든 포괄손익계산서 항목은 잔액이 '0'이 되며 집합손익 한 계정잔액으로 모아져서 당기순이익(순손실)이 잔액으로 표시된다. 그리고 집합손익계정의 잔액을 이익잉여금으로 대체하게 되면 포괄손익계산서 항목으로 표시되어 있던 당기순이익이 재무상태표 항목인 이익잉여금 계정으로 전환된다. 결과적으로 포괄손익계산서의 계정잔액은 '0'이 된다. 다음 예제를 이용해서 임시계정인 포괄손익계산서계정을 마감하는 절차에 대해 살펴보자.

예제 12-14

포괄손익계산서계정의 마감

[종합사례]의 수정후시산표를 사용하시오.

요구사항

1. 수익계정을 마감하시오.
2. 비용계정을 마감하시오.
3. 집합손익계정을 마감하시오.

해답

1. 수익계정의 마감

수익계정의 차변에 수익계정잔액을 기록하고 집합손익계정에 동 금액을 기록한다.

(차)	매 출	6,580,000	(대) 집 합 손 익	7,035,000
	임 대 료	225,000		
	금융자산평가이익(PL)	50,000		
	이 자 수 익	180,000		

2. 비용계정의 마감

비용계정의 대변에 비용계정잔액을 기록하고 집합손익계정에 동 금액을 기록한다.

(차) 집합손익	5,823,138	(대) 매출원가	3,950,000
		급여	703,195
		대손상각비	118,000
		감가상각비	450,000
		재고자산감모손실	8,000
		여비교통비	30,000
		소모품비	20,000
		보험료	50,000
		이자비용	363,943
		잡손실	10,000
		법인세비용	120,000

3. 집합손익계정의 마감

수익계정과 비용계정을 모두 마감하고 나면 집합손익계정의 잔액은 당기순이익에 해당하는 금액이 남아있게 된다. 이 금액은 최종적으로 집합손익계정의 차변에 기록하고 이익잉여금계정의 대변에 기록해서 집합손익계정의 잔액도 '0'으로 만든다.

(차) 집합손익	1,211,862*	(대) 미처분이익잉여금	1,211,862

* 당기순이익 ₩7,035,000－5,823,138＝₩1,211,862

(2) 재무상태표계정의 마감

재무상태표계정은 수익과 비용계정과는 달리 한 회계기간이 종료된다 하더라도 잔액이 '0'으로 되지 않고 계속해서 잔액을 유지하게 된다. 왜냐하면 자산이나 부채 및 자본계정은 영구계정으로 다음 연도에도 권리나 의무가 그대로 존속하기 때문이다. 따라서 재무상태표계정 잔액은 다음 회계기간으로 이월시켜야 하는데, 이를 재무상태표계정의 마감이라고 한다. 재무상태표계정 중에서 자산계정은 차변에 잔액이 남아 있고 부채와 자본계정은 대변에 잔액이 남아 있으므로 다음과 같은 방법으로 마감해야 한다.

① 자산계정의 마감

자산계정은 차변에 잔액이 남게 되므로 대변에 차변잔액만큼 기입하여 차변과 대변을 일치시켜 마감한다. 그리고 다음 연도의 첫 날짜로 원래 잔액이 남아있던 차변에 동일한 금액을 기재하고 전기이월이라고 기록해서 기초에 가지고 있던 자산금액이라는 것을 표시한다.

자산계정

차변		대변	
증 가	×××	감 소	×××
		차 기 이 월	×××
계	×××		×××
전 기 이 월	×××		

② 부채 및 자본계정의 마감

부채 및 자본계정은 대변에 잔액이 남아 있게 되므로 차변에 대변잔액만큼 기입하여 차변과 대변을 일치시켜 마감시킨 뒤에 그 잔액만큼 다시 대변에 기입해서 다음 회계기간으로 이월시킨다.

부채계정

차변		대변	
감 소	×××	증 가	×××
차기이월	×××		
	×××	계	×××
		전기이월	×××

자본계정

차변		대변	
감 소	×××	증 가	×××
차기이월	×××		
계	×××	계	×××
		전기이월	×××

여기서도 계정마감시에 적요란에는 차변에 차기이월이라고 기입하며, 대변에는 전기이월이라고 기재한다.

(3) 다음 회계연도의 역분개(기초재수정분개)

역분개(reversing entries)는 장부가 마감되어 재무제표가 작성되고 나서 다음 연도의 초일에 수행하는 분개이다. 역분개는 기말수정분개를 통해 장부에 계상되는 선급비용이나 선수수익 및 미지급비용이나 미수수익과 같은 재무상태표계정들을 소거하는 분개로 전기말에 수행한 기말수정분개의 반대분개(역분개)를 하여 기말수정사항을 장부에서 제거한다. 역분개를 하는 이유는 다음 연도의 장부를 간편하게 기록하기 위한 것으로 기업의 편의에 따라 역분개를 하지 않을 수도 있다.

제 4 절 재무상태표와 포괄손익계산서의 작성

회계연도 말이 되면 시산표를 작성해서 오류가 없는지를 확인하고 기말에 해야 하는 기말 수정분개를 추가적으로 한 뒤에 기말수정분개를 반영한 최종적인 수정후시산표를 작성한다. 수정후시산표에 표시된 재무상태표계정의 잔액들과 포괄손익계산서의 잔액들을 기초로 해서 기말시점의 재무상태표와 회계기간의 포괄손익계산서를 작성하게 된다.

1. 포괄손익계산서의 작성

종합사례의 포괄손익계산서를 작성해 보면 다음과 같다. 포괄손익계산서를 작성할 때 주의할 점은 당기순이익은 손익계정의 잔액으로 나타나는 것이 아니라 수익계정의 잔액들에서 비용계정의 잔액들을 차감해서 계산한다는 것이다.

포괄손익계산서

㈜나무		20×1. 1. 1 ~ 20×1. 12. 31
매출액		₩6,580,000
매출원가		3,950,000
기초상품	₩400,000	
당기매입액	3,950,000	
기말상품	(410,000)	
타계정대체	(8,000)	
재고자산평가손실	18,000	
매출총이익		2,630,000
임대료		225,000
이자수익		180,000
금융자산평가이익		50,000
급여		703,195
대손상각비		118,000
감가상각비		450,000
여비교통비		30,000
소모품비		20,000
보험료		50,000
이자비용		363,943
재고자산감모손실		8,000
잡손실		10,000
법인세비용차감전순이익		1,331,862
법인세비용		120,000
당기순이익		1,211,862*1
기타포괄손익		200,000
금융자산평가이익(OCI)	200,000*2	
총포괄이익		₩1,411,862

*1. 이익잉여금으로 대체되는 금액(₩1,211,862)은 당기순이익임에 주의하기 바란다. 기타포괄손익은 자본항목의 기타포괄손익에 직접 반영한다.

2. 중급회계에서 기타포괄손익에 기록되는 항목은 법인세효과를 고려하여 세후금액으로 표시해야 함을 배운다. 회계원리 교과서에서는 아직 법인세효과를 고려하는 방법을 배우지 않은 점을 고려하여 특별한 언급이 없으면 법인세효과를 무시하고 문제풀이를 한다.

2. 재무상태표의 작성

종합사례의 재무상태표를 작성해 보면 다음과 같다. 재무상태표를 작성할 때 주의할 점은 이익잉여금은 집합손익계정을 마감한 후의 잔액으로 표시해야 한다는 것이다.

재무상태표

㈜나무 20×1. 12. 31

자산			부채		
유동자산			유동부채		
현금및현금성자산		₩2,340,000	매입채무		₩390,000
매출채권	950,000		단기차입금		1,550,000
대손충당금	(158,000)	792,000	유동성장기차입금		1,500,000
단기금융자산		2,500,000	미지급비용		265,000
FVPL 금융자산		450,000	선수수익		75,000
상품	410,000		비유동부채		
재고자산평가충당금	(18,000)	392,000	사채	1,000,000	
미수수익		30,000	사채할인발행차금	(17,862)	982,138
선급비용		150,000	장기차입금		1,500,000
비유동자산			부채총계		6,262,138
토지		3,570,000			
건물	2,000,000		자본		
감가상각누계액	(900,000)	1,100,000	자본금		
FVOCI 선택 금융자산		700,000	보통주자본금		3,600,000
			기타포괄손익누계액		
			금융자산평가이익(OCI)		200,000
			이익잉여금		
			이익준비금		350,000
			미처분이익잉여금		1,611,862
			자본총계		5,761,862
자산총계		₩12,024,000	부채및자본 총계		₩12,024,000

재무상태표에 표시되는 현금및현금성자산은 현금계정과 예금 및 단기금융상품에 포함된 금액 중에서 현금및현금성자산에 해당하는 금액을 모아서 함께 표시한다. 또한, 재무상태표에 표시되는 미처분이익잉여금은 당기순이익(포괄이익 아님)이 포함된 금액이 나타나게 된다.

Chapter 12

주관식 문제

문제 1 재무제표의 작성(1)

다음은 12월 31일이 결산일인 ㈜나무의 잔액시산표와 결산수정사항이다.

잔액시산표

㈜나무 20×1. 12. 31

차변 과목	금액	대변 과목	금액
현금및현금성자산	₩100,000	매입채무	₩100,000
매출채권	2,500,000	대손충당금	20,000
FVPL 금융자산	1,000,000	장기차입금	3,000,000
건물	3,000,000	자본금	3,000,000
상품	380,000	미처분이익잉여금	250,000
선급법인세	70,000	매출	2,500,000
매입	1,320,000	매입할인	20,000
급여	200,000		
복리후생비	50,000		
보험료	120,000		
매출할인	100,000		
여비교통비	50,000		
	₩8,890,000		₩8,890,000

〈결산수정사항〉

1. 기말상품재고액은 ₩480,000이다.
2. ㈜나무는 소액현금제도를 채택하고 있고 12월 중 여비교통비로 ₩12,000을 지출했고 기말 현재 현금시재액은 ₩78,000이다
3. 당기분 급여 ₩60,000을 다음 연도 초에 지급할 예정이다.
4. 기말매출채권 잔액 중 미래 현금회수할 것으로 추정된 금액은 ₩2,450,000이다.
5. FVPL 금융자산은 20×1년에 취득하였으며 12월 31일 현재 공정가치는 ₩1,200,000이다.
6. 건물은 당기 초에 취득하였으며 내용연수는 10년, 잔존가치는 취득원가의 10%이며 정액법으로 상각한다.
7. 화재보험에 10월 1일 가입하고 1년분 보험료 ₩120,000을 지급하면서 모두 비용처리하였다.
8. 당기분 법인세비용은 ₩300,000이다.

물음

1. 20×1년 12월 31일 기말수정분개를 하시오.
2. ㈜나무의 20×1년 포괄손익계산서를 작성하시오.
3. ㈜나무의 20×1년 12월 31일 재무상태표를 작성하시오.

해답 및 해설

1. 기말수정분개

	차변	금액	대변	금액
(1)	(차) 매입할인	20,000	(대) 매입	20,000
	(차) 상품(기말)	480,000	(대) 상품(기초)	380,000
	(차) 매출원가	1,200,000	(대) 매입	1,300,000
(2)	(차) 매출	100,000	(대) 매출할인	100,000
	(차) 여비교통비	12,000	(대) 현금	22,000
	잡손실	10,000*		

* ₩100,000－12,000(여비교통비)－78,000(현금시재액)＝₩10,000

	차변	금액	대변	금액
(3)	(차) 급여	60,000	(대) 미지급급여	60,000
(4)	(차) 대손상각비	30,000	(대) 대손충당금	30,000

* (₩2,500,000－2,450,000)－20,000(설정전 잔액)＝₩30,000

	차변	금액	대변	금액
(5)	(차) FVPL 금융자산	200,000	(대) 금융자산평가이익	200,000
(6)	(차) 감가상각비	270,000	(대) 감가상각누계액	270,000

* (₩3,000,000－300,000)÷10년＝₩270,000

	차변	금액	대변	금액
(7)	(차) 선급보험료	90,000	(대) 보험료	90,000

* ₩120,000×9/12월＝₩90,000

	차변	금액	대변	금액
(8)	(차) 법인세비용	300,000	(대) 선급법인세	70,000
			미지급법인세	230,000
(9)	(차) 집합손익	388,000	(대) 미처분이익잉여금	388,000

* 포괄손익계산서를 작성한 후 당기순이익 금액을 미처분이익잉여금으로 대체해야 한다.

2. 포괄손익계산서 작성

포괄손익계산서

㈜나무 20×1. 1. 1 ~ 20×1. 12. 31

매출액		₩2,400,000
매출원가		(1,200,000)
기초상품	₩380,000	
당기매입액	1,300,000	
기말상품	(480,000)	
매출총이익		1,200,000
금융자산평가이익		200,000
급여		(260,000)
여비교통비		(62,000)
복리후생비		(50,000)
보험료		(30,000)
대손상각비		(30,000)
감가상각비		(270,000)
잡손실		(10,000)
법인세비용차감전순이익		688,000
법인세비용		(300,000)
당기순이익		₩388,000

3. 재무상태표 작성

재무상태표

㈜나무				20×1. 12. 31
자 산			부 채	
유 동 자 산			유 동 부 채	
현금및현금성자산		₩78,000	매 입 채 무	₩100,000
매 출 채 권	2,500,000		미 지 급 법 인 세	230,000
대 손 충 당 금	(50,000)	2,450,000	미 지 급 급 여	60,000
FVPL 금융자산		1,200,000	비 유 동 부 채	
상 품		480,000	장 기 차 입 금	3,000,000
선 급 보 험 료		90,000	부채 총계	3,390,000
비 유 동 자 산				
건 물	3,000,000		자 본	
감가상각누계액	(270,000)	2,730,000	자 본 금	
			보 통 주 자 본 금	3,000,000
			이 익 잉 여 금	
			미처분이익잉여금	638,000
			자본 총계	3,638,000
자산 총계		₩7,028,000	부채및자본 총계	₩7,028,000

해설

(1) 포괄손익계산서에 나타나는 매출액과 당기상품매입액은 매출(매입)에누리와 환입, 그리고 매출(매입)할인을 차감한 금액이다.

(2) 선급법인세가 존재할 경우 법인세비용에서 선급법인세를 차감한 금액을 미지급법인세로 기재한다.

(3) 대손충당금과 감가상각누계액은 자산의 차감적 평가계정이므로 매출채권과 건물을 차감하는 형식으로 재무상태표에 기재한다. 또는 직접차감한 순액으로 공시할 수도 있는데, 이 경우 대손충당금과 감가상각누계액에 대한 정보는 주석공시한다.

문제 2 재무제표의 작성(2)

다음은 ㈜나무의 20×1년 잔액시산표와 결산수정사항이다.

잔액시산표

㈜나무 20×1. 12. 31

차변	금액	대변	금액
현금및현금성자산	₩300,000	당좌차월	₩1,000,000
매출채권	2,400,000	매입채무	1,300,000
정기예금	1,200,000	대손충당금	10,000
상품	1,500,000	감가상각누계액	5,427,000
기계장치	10,000,000	자본금	8,000,000
FVOCI 선택 금융자산	3,500,000	미처분이익잉여금	763,000
산업재산권	4,000,000	금융자산평가이익(OCI)	500,000
매입	6,000,000	매출	12,000,000
접대비	600,000	이자수익	1,000,000
이자비용	300,000		
매출에누리와 환입	200,000		
	₩30,000,000		₩30,000,000

〈결산수정사항〉

1. 기말상품재고액과 관련된 자료는 다음과 같다. 재고자산평가손실은 전액 매출원가에 포함시키고 재고자산평가충당금 계정을 사용한다.

취득원가	₩2,000,000	판매가액	₩2,100,000
판매시까지소요비용	₩300,000		

2. 정기예금 중 ₩500,000의 만기는 20×2년 6월 30일이고, ₩700,000의 만기는 20×3년 6월 30일이다.
3. 기계장치는 20×0년 1월 1일에 구입한 것으로 내용연수 5년, 잔존가치는 없으며, 정률법으로 상각한다.(상각률 : 0.5427)
4. 기말매출채권 잔액 중 미래 현금회수할 것으로 추정된 금액은 ₩2,376,000이다.
5. 20×1년 12월 31일 FVOCI 선택 금융자산의 공정가치는 ₩3,000,000으로 하락하였다.
6. 산업재산권은 20×1년 7월 1일에 취득한 것으로 내용연수는 5년이고 정액법으로 상각한다.
7. 당기분 이자비용은 ₩400,000이다.
8. 당기분 법인세비용은 ₩800,000이다.

물음

1. 20×1년 12월 31일 기말수정분개를 하시오.
2. ㈜나무의 20×1년 포괄손익계산서를 작성하시오.
3. ㈜나무의 20×1년 12월 31일 재무상태표를 작성하시오.

해답 및 해설

1. 기말수정분개

(1) (차)	매출	200,000	(대)	매출에누리와환입	200,000
(차)	상품(기말)	2,000,000	(대)	상품(기초)	1,500,000
	매출원가	5,500,000		매입	6,000,000
(차)	재고자산평가손실 (매출원가)	200,000	(대)	재고자산평가충당금	200,000

* ₩2,000,000－(2,100,000－300,000)＝₩200,000

(2) (차)	단기금융자산	500,000	(대)	정기예금	1,200,000
	장기금융자산	700,000			
(3) (차)	감가상각비	2,481,767	(대)	감가상각누계액	2,481,767

* (₩10,000,000－5,427,000)×0.5427＝₩2,481,767

(4) (차)	대손상각비	14,000	(대)	대손충당금	14,000

* (₩2,400,000－2,376,000)－10,000(설정전 잔액)＝₩14,000

(5) (차)	금융자산평가이익(OCI)	500,000	(대)	FVOCI 선택 금융자산	500,000
(6) (차)	무형자산상각비	400,000	(대)	산업재산권	400,000

* $₩4,000,000 \times \frac{1}{5} \times \frac{6}{12} = ₩400,000$

(7) (차)	이자비용	100,000	(대)	미지급이자	100,000

* ₩400,000－300,000＝₩100,000

(8) (차)	법인세비용	800,000	(대)	미지급법인세	800,000
(9) (차)	집합손익	2,404,233	(대)	미처분이익잉여금	2,404,233

2. 포괄손익계산서 작성

포괄손익계산서

㈜나무 20×1. 1. 1 ~ 20×1. 12. 31

매출액		₩11,800,000
매출원가		(5,700,000)
기초상품	₩1,500,000	
당기매입액	6,000,000	
기말상품	(2,000,000)	
재고자산평가손실	200,000	
매출총이익		6,100,000
이자수익		1,000,000
대손상각비		(14,000)
감가상각비		(2,481,767)
무형자산상각비		(400,000)
접대비		(600,000)
이자비용		(400,000)
법인세비용차감전순이익		3,204,233
법인세비용		(800,000)
당기순이익		2,404,233[*1]
기타포괄손익		
금융자산평가이익(OCI) (감소분)[*2]		(500,000)
총포괄이익		₩1,904,233

* 1. 미처분이익잉여금으로 대체되는 금액은 당기순이익이다.
  2. 금융자산평가손실(OCI, 당기변동분)을 분개할 때 금융자산평가이익(OCI)을 먼저 감소시켰다.

3. 재무상태표 작성

재무상태표

㈜나무 20×1. 12. 31

자산			부채	
유동자산			유동부채	
현금및현금성자산		₩300,000	매입채무	₩1,300,000
매출채권	2,400,000		단기차입금	1,000,000
대손충당금	(24,000)	2,376,000	미지급법인세	800,000
단기금융자산		500,000	미지급이자	100,000
상품	2,000,000		비유동부채	–
재고자산평가충당금	(200,000)	1,800,000	부채 총계	3,200,000
비유동자산				
기계장치	10,000,000		자본	
감가상각누계액	(7,908,767)	2,091,233	자본금	
산업재산권		3,600,000	보통주자본금	8,000,000
장기금융자산		700,000	이익잉여금	
FVOCI 선택 금융자산		3,000,000	미처분이익잉여금	3,167,233
			자본 총계	11,167,233
자산 총계		₩14,367,233	부채및자본 총계	₩14,367,233

해설

(1) 한국채택국제회계기준에서는 재고자산의 순실현가능가치(판매가액－판매시까지 소요비용)가 취득원가보다 하락하였을 경우 순실현가능가치로 재고자산을 평가하여 재무상태표에 계상하도록 규정하고 있다.

(2) 결산일로부터 1년 이내에 만기가 도래하는 정기예금은 단기금융자산으로 분류하고 만기가 결산일로부터 1년을 초과하는 정기예금은 장기금융자산으로 분류한다.

(3) 기계장치의 연도별 감가상각비와 기말장부금액을 계산하면 다음과 같다.

연도	계산과정	감가상각비	감가상각누계액	기말장부금액
20×0년	₩10,000,000 × 0.5427	₩5,427,000	₩5,427,000	₩4,573,000
20×1년	4,573,000 × 0.5427	2,481,767	7,908,767	2,091,233
20×2년	2,091,233 × 0.5427	1,134,912	9,043,679	956,321

(4) FVOCI 선택 금융자산의 공정가치가 하락할 경우 우선적으로 금융자산평가이익(OCI)을 감소시키고 나머지 금액은 금융자산평가손실(OCI)로 계상한다.

(5) 산업재산권은 7월 1일에 취득하였으므로 월할 상각한다.

Chapter

13

현금흐름표

7판

IFRS 회계원리

Chapter

13 현금흐름표

제 1 절 현금흐름표의 의의

현금흐름표(a statement of cash flow)는 기업의 현금(현금성자산 포함)이 어떻게 조달되고 사용되는지를 보여주는 재무제표이다.

과거에는 경영성과와 재무상태의 정보를 보고하는 포괄손익계산서와 재무상태표를 중요하게 생각하였다. 그러나 오늘날에는 이익이 많고 영업자산을 충분히 보유해서 재무상태가 나쁘지 않은 상황에서도 현금결제능력이 부족해서 기업이 도산하는 흑자도산도 많이 발생하고 있다. 따라서 회계상의 이익만을 나타내는 포괄손익계산서로는 이와 같이 중요한 기업의 현금흐름을 외부정보이용자에게 충분히 알려줄 수 없기 때문에 현금흐름에 대한 정보를 충분히 보여줄 수 있는 재무제표로 현금흐름표를 작성해서 외부정보이용자에게 제공하는 것이다.

1. 현금흐름표의 목적과 유용성

현금흐름표의 목적은 기업의 현금에 대한 수요와 조달 능력을 평가하는데 유용한 정보를 제공하는 것이다. 즉, 현금흐름표는 기업의 영업활동과 재무활동 및 투자활동이 어떻게 현금흐름에 영향을 미쳤는지를 보여준다. 회계정보이용자들은 현금흐름표를 이용해서 한 회계기간 동안의 현금유입과 유출에 대한 정보를 얻을 수 있으며, 또한 기업의 영업활동 이외에 투자와 재무활동에 대한 정보도 파악할 수 있다.

이와 같은 현금흐름표는 외부정보이용자입장에서 다음과 같은 유용성이 있다.

첫째, 기업의 자금창출능력에 대한 정보를 제공한다. 현금흐름표는 기업의 현금유입과 현금유출 및 그 차이인 순유출입을 발생시킬 수 있는 능력을 보여줌으로써 회계정보이용자에게 기업의 부채상환능력이나 배당금지급능력 등에 대한 정보를 제공한다.

둘째, 기업의 미래현금흐름 창출능력에 대한 정보를 제공한다. 현금흐름표의 정보를 이용하면 매출로 인한 현금유입액과 유출액의 증감추세나 상호관계를 파악할 수 있어서 회계정보이용자가 미래현금흐름의 금액과 발생시기에 대한 정보를 얻을 수 있다.

셋째, 포괄손익계산서상의 당기순이익과 영업활동으로 인한 현금흐름이 차이가 나는 원인에 대한 정보를 제공한다. 포괄손익계산서상의 당기순이익은 발생기준에 따라 계산되므로 실제의 현금흐름과 차이가 나게 된다. 현금흐름표는 영업활동으로 인한 현금흐름자체를 보여줌으로써 이익의 질에 대한 정보를 제공한다. 여기서 이익의 질(quality of earning)이란 동일한 당기순이익에서 상대적으로 현금흐름이 얼마나 많은가를 의미하는 것으로 현금흐름이 많은 경우에 이익이 질이 높다고 본다.

2. 발생기준회계와 현금기준회계의 비교

발생기준회계에서 수익은 실현되었을 때 인식하고, 비용은 수익·비용 대응의 원칙에 따라 수익이 인식되는 기간에 인식한다. 포괄손익계산서는 이와 같은 발생기준을 적용하기 때문에 포괄손익계산서상의 수익과 비용은 현금유입, 유출과 일치하지 않는다. 따라서 현금흐름표에 나타나는 현금흐름을 이해하고 현금흐름표를 작성하기 위해서는 발생기준에 따른 수익이나 비용이 현금유입이나 유출과 어떻게 차이가 나는지를 파악하고 있어야 한다. 이를 이해하기 위해 대표적인 수익과 비용항목별로 현금유입이나 유출액과 차이나는 항목을 자세히 살펴보도록 하자.

(1) 매출과 매출로 인한 현금유입액

매출이 발생하는 경우에 대부분은 바로 현금으로 결제되지 않고 매출채권이 되었다가 매출채권을 회수하면서 현금이 유입된다. 따라서 매출과 매출로 인한 현금유입액의 차이는 매출채권 잔액의 변동내용이 원인이다. 이에 대해서는 다음 예제를 이용해서 살펴보자.

예 제 13-1

매출채권변동의 현금흐름 효과

㈜나무는 기초매출채권이 ₩100,000이고 당기에 발생한 매출액이 ₩500,000이며 기말매출채권은 ₩50,000이다.

요구사항

㈜나무의 매출로 인한 현금유입액을 계산하시오.

해답

매출채권이 감소하는 경우에 매출채권감소액만큼 추가적으로 현금이 유입되므로 매출로 인한 현금유입액은 매출액에 매출채권감소액을 가산한 금액이 된다. 이를 T계정에 나타내 보면 다음과 같다.

매출채권

차변		대변	
기 초 잔 액	₩100,000	현 금 유 입 액	₩550,000
매 출 액	500,000	기 말 잔 액	50,000
계	₩600,000	계	₩600,000

매출로 인한 현금유입액은 매출액에 매출채권의 증감액을 조정해서 다음과 같이 계산할 수도 있다.

매 출 액	₩500,000
매 출 채 권 감 소 액	+ 50,000
매출로 인한 현금유입액	₩550,000

예제와는 반대로 매출채권이 증가하면 그 증가액만큼 현금이 적게 회수된 것이므로 매출액에 매출채권증가액을 차감해야만 현금유입액을 계산할 수 있다.

한편, 매출 중에서는 선수금으로 현금을 미리 받았다가 매출이 나중에 발생하는 경우도 있기 때문에 선수금계정의 내용도 매출과 매출로 인한 현금회수액과의 차이항목이 된다. 이에 대해서는 다음 예제를 이용해서 살펴보자.

예제 13-2

선수금변동의 현금흐름 효과

㈜나무는 기초선수금이 ₩50,000이고, 당기매출액이 ₩500,000이며, 기말선수금이 ₩80,000이다.

요구사항

㈜나무의 매출로 인한 현금유입액을 계산하시오.

해답

선수금이 증가하는 경우에 그 증가액만큼 미리 받은 현금이 증가하여 추가적으로 현금이 유입된 것이므로 매출로 인한 현금유입액은 매출액에 선수금증가액을 가산한 금액이 된다. 이를 T계정에 나타내 보면 다음과 같다.

선 수 금

차변	금액	대변	금액
매출액	₩500,000	기초잔액	₩50,000
기말잔액	80,000	현금유입액	530,000
계	₩580,000	계	₩580,000

매출로 인한 현금유입액은 매출액에 선수금의 증감액을 조정해서 다음과 같이 계산할 수도 있다.

매출액	₩500,000
선수금증가액	+ 30,000
매출로 인한 현금유입액	₩530,000

예제와는 반대로 선수금이 감소하면 그 감소액만큼 미리 받은 현금이 줄어드는 것이므로 매출액에 선수금 감소액을 차감해야만 현금유입액을 계산할 수 있다.

이와 같이 매출채권증감액과 선수금증감액을 조정해야만 매출액에서 매출로 인한 현금유입액을 계산할 수 있으며 그 조정항목은 다음과 같다.

포괄손익계산서상의 매출액
+ 매출채권 감소액(－증가액)
+ 선수금 증가액(－감소액)
매출로 인한 현금유입액

이상에서 살펴본 매출과 매출로 인한 현금유입액사이의 조정내용을 다음 예제를 이용해서 정리하자.

예 제 13－3
매출로 인한 현금 유입액

㈜나무는 20×1년 동안 ₩1,000,000을 매출하였으며 매출채권과 선수금계정의 기초와 기말잔액은 다음과 같다.

	기초잔액	기말잔액
매 출 채 권	₩100,000	₩150,000
선 수 금	100,000	250,000

요구사항

매출로 인한 현금유입액을 계산하시오.

해답

매 출 액	₩1,000,000
매 출 채 권 증 가	－ 50,000
선 수 금 증 가	＋ 150,000
매출로 인한 현금유입액	₩1,100,000

Chapter 13

(2) 이자수익으로 인한 현금유입액

이자수익은 시간의 경과에 따라 발생하게 되는데 이 중에서 결산일까지 수령하지 못하면 미수이자가 된다. 이자수익의 경우에는 미수이자의 증감내역이 이자수익과 이자수익으로 인한 현금유입액의 조정항목이 된다. 이에 대해서는 다음 예제를 이용해서 살펴보자.

예 제 13－4
이자수익으로 인한 현금유입액

㈜나무는 당기에 ₩100,000의 이자수익이 발생하였고 기초미수이자가 ₩20,000이고 기말미수이자는 ₩10,000이다.

요구사항

㈜나무의 이자수익으로 인한 현금유입액을 계산하시오.

해답

미수이자가 감소하면 그 감소액만큼 추가적으로 현금이 유입되므로 이자수익으로 인한 현금유입액은 이자수익에 미수이자 감소액을 가산한 금액이 된다. 이를 T계정에 나타내 보면 다음과 같다.

미수이자

기 초 잔 액	₩20,000	현 금 유 입 액	₩110,000
이 자 수 익	100,000	기 말 잔 액	10,000
계	₩120,000	계	₩120,000

이자수익으로 인한 현금유입액은 이자수익에 미수이자의 증감액을 조정해서 다음과 같이 계산할 수도 있다.

이 자 수 익	₩100,000
미 수 이 자 감 소 액	+ 10,000
매출로 인한 현금유입액	₩110,000

예제와는 반대로 미수이자가 증가하면 그 증가액만큼 현금이 적게 회수된 것이므로 이자수익에 미수이자증가액을 차감해야만 현금유입액을 계산할 수 있다.

(3) 이자비용으로 인한 현금유출액

이자비용은 시간의 경과에 따라 발생하게 되는데 이 중에서 결산일까지 지급하지 못하면 미지급이자가 된다. 이자비용의 경우에는 미지급이자의 증감내역이 이자비용과 이자비용으로 인한 현금유출액의 조정항목이 된다. 이에 대해서는 다음 예제를 이용해서 살펴보자.

예제 13-5
이자비용으로 인한 현금유출액

㈜나무는 당기에 ₩200,000의 이자비용이 발생하였고 기초미지급이자가 ₩50,000이고 기말미지급이자는 ₩70,000이다.

요구사항

㈜나무의 이자비용으로 인한 현금유출액을 계산하시오.

해답

미지급이자가 증가하면 그 증가액만큼 현금을 지급하지 않기 때문에 이자비용으로 인한 현금유출액은 이자비용에 미지급이자 증가액을 가산한 금액이 된다. 이를 T계정에 나타내 보면 다음과 같다.

미지급이자

현 금 유 출 액	₩180,000	기 초 잔 액	₩50,000
기 말 잔 액	70,000	이 자 비 용	200,000
계	₩250,000	계	₩250,000

이자비용으로 인한 현금유출액은 이자비용에 미지급이자의 증감액을 조정해서 다음과 같이 계산할 수도 있다.

이 자 비 용	₩(200,000)*
미 지 급 이 자 증 가 액	+ 20,000
이자비용으로 인한 현금유출액	₩(180,000)

* 비용은 현금유출이므로 차감으로 기록함에 주의하여야 한다.

예제와는 반대로 미지급이자가 감소하면 그 감소액만큼 현금이 추가적으로 지급된 것이므로 이자비용에 미지급이자 감소액을 차감해야만 현금유출액을 계산할 수 있다.

(4) 발생기준에서 현금기준으로의 전환

이상에서 살펴본 바와 같이 포괄손익계산서의 수익 또는 비용과 현금유입액 또는 현금유출액의 차이는 해당 손익항목과 관련되는 자산부채의 증감액을 조정해서 계산한다. 여기서 각 손익항목과 관련되는 자산이나 부채의 증가액이 현금흐름에 미치는 영향은 다음과 같은 공통점을 가지고 있다.

① 관련자산항목이 증가하는 경우에 현금유입이 감소하거나 현금유출이 증가하여 현금흐름을 감소시킨다. 반대로 자산항목이 감소하는 경우에는 현금흐름을 증가시킨다.

② 관련부채항목이 감소하는 경우에 현금유출이 증가하거나 현금유입이 감소하여 현금흐름을 감소시킨다. 반대로 부채항목이 증가하는 경우에는 현금흐름을 증가시킨다.

이와 같이 자산과 부채의 증감액이 현금흐름에 미치는 효과를 정리하면 다음과 같다.

조정항목	사　　례	현금흐름에 미치는 영향	순현금흐름에 미치는 효과
자산 증가	매출채권 증가	현금유입 감소	순현금흐름 감소
	선급비용 증가	현금유출 증가	
자산 감소	매출채권 감소	현금유입 증가	순현금흐름 증가
	선급비용 감소	현금유출 감소	
부채 증가	미지급비용 증가	현금유출 감소	순현금흐름 증가
	선수금 증가	현금유입 증가	
부채 감소	미지급비용 감소	현금유출 증가	순현금흐름 감소
	선수금 감소	현금유입 감소	

다음 예제를 이용해서 발생기준회계의 수익과 비용항목을 기초로 현금기준 포괄손익계산서를 작성해 보도록 하겠다.

예제 13-6
현금기준 포괄손익계산서의 작성

㈜나무회계법인의 20×1년 동안 얻은 경영성과를 나타내는 포괄손익계산서는 다음과 같다.

포괄손익계산서

㈜나무	20×1. 1. 1 ~ 20×1. 12. 31
매출액	₩1,000,000
임차료	(500,000)
보험료	(100,000)
이자비용	(200,000)
당기순이익	₩200,000

또한 ㈜나무회계법인의 주요자산과 부채의 기초잔액과 기말은 다음과 같다.

		기초잔액	기말잔액
자산	매출채권	₩100,000	₩150,000
	선급보험료	40,000	30,000
부채	선수금	100,000	250,000
	미지급임차료	80,000	40,000
	미지급이자	50,000	70,000

요구사항
㈜나무의 발생기준에 따른 이익을 기초로 영업활동으로 인해서 얻어진 현금증가액을 계산하시오.

해답

발생기준 포괄손익계산서			자산·부채변동의 현금흐름효과			영업활동의 현금증가액		
매 출		₩1,000,000	매출채권증가액	−	₩50,000	매 출		₩1,100,000
			선수금증가액	+	150,000			
임차료	−	500,000	미지급임차료감소액	−	40,000	임차료	−	540,000
보험료	−	100,000	선급보험료감소액	+	10,000	보험료	−	90,000
이자비용	−	200,000	미지급이자증가액	+	20,000	이자비용	−	180,000
이 익		₩200,000	자산증가액	−	₩40,000	현금증가액		₩290,000
			부채증가액		₩130,000			

참고로 발생기준 이익을 기준으로 영업활동의 현금증가액을 계산하려고 하면 발생기준 이익에 영업활동과 관련된 자산부채의 변동내용을 조정해서 다음과 같이 계산할 수도 있다.

발생기준에 따른 이익		₩200,000	
자산변동			
매출채권증가액	−	50,000	(자산증가 → 순현금흐름감소)
선급보험료감소액	+	10,000	(자산감소 → 순현금흐름증가)
부채변동			
선수금증가액	+	150,000	(부채증가 → 순현금흐름증가)
미지급임차료감소액	−	40,000	(부채감소 → 순현금흐름감소)
미지급이자증가액	+	20,000	(부채증가 → 순현금흐름증가)
영업활동으로 인한 현금흐름		₩290,000	

제 2 절 현금흐름표의 보고형식

기업 경영활동의 내용에 따라 현금흐름의 발생원인이나 유출입규모 및 빈도 등이 크게 다르다. 현금흐름표는 이와 같은 기업의 현금흐름이 어떻게 유입되고 유출되는지를 나타내주는 재무제표로 기업의 현금유출입이 일목요연하게 나타나야 한다. 이를 위해 현금흐름표에서는 기업의 현금흐름을 활동유형에 따라 구분해서 ① 영업활동으로 인한 현금흐름, ② 투자활동으로 인한 현금흐름, ③ 재무활동으로 인한 현금흐름으로 나누어 현금흐름을 보고한다.

1. 기업활동의 구분

현금흐름표를 작성할 때 기업의 활동을 구분해서 현금흐름을 보고하면 회계정보이용자가 기업의 미래현금유출입에 대한 예측이나 평가를 하는데 보다 유용하다. 따라서 현금흐름표를 이해하기 위해서 현금흐름표에서 구분하는 활동의 유형에 대해 우선 살펴보도록 하자.

(1) 영업활동(operating activities)

영업활동 현금흐름은 주로 기업의 주요 수익창출활동에서 발생한다. 따라서 영업활동 현금흐름은 일반적으로 당기순손익의 결정에 영향을 미치는 거래나 그 밖의 사건의 결과로 발생한다. 영업활동 현금흐름의 예는 다음과 같다.

그림 13-1 영업활동으로 인한 현금흐름

영업활동으로 인한 현금유입액	영업활동으로 인한 현금유출액
가. 재화의 판매와 용역제공에 따른 현금유입 나. 로열티, 수수료, 중개료 및 기타수익에 따른 현금유입 다. 법인세의 환급. 다만, 재무·투자활동에 명백히 관련되는 것은 제외	가. 재화와 용역의 구입에 따른 현금유출 나. 종업원과 관련하여 직·간접으로 발생하는 현금유출 다. 법인세의 납부. 다만, 재무·투자활동에 명백히 관련되는 것은 제외

(2) 투자활동(investing activities)

투자활동 현금흐름은 미래수익과 미래현금흐름을 창출할 자원의 확보를 위하여 지출된 정도를 나타내기 때문에 현금흐름을 별도로 구분 공시하는 것이 중요하다. 투자활동 현금흐름의 예는 다음과 같다.

그림 13-2 투자활동으로 인한 현금흐름

투자활동으로 인한 현금유입액	투자활동으로 인한 현금유출액
가. 유형자산, 무형자산의 처분에 따른 현금유입 나. 다른 기업의 지분상품, 채무상품 처분 다. 제3자에 대한 대여금의 회수	가. 유형자산, 무형자산의 취득에 따른 현금유출 나. 다른 기업의 지분상품, 채무상품 취득 다. 제3자에 대한 대여금의 지급

Chapter 13

(3) 재무활동(financing activities)

재무활동 현금흐름은 미래현금흐름에 대한 자본 제공자의 청구권을 예측하는데 유용하기 때문에 현금흐름을 별도로 구분 공시하는 것이 중요하다. 재무활동 현금흐름의 예는 다음과 같다.

그림 13-3 재무활동으로 인한 현금흐름

재무활동으로 인한 현금유입액	재무활동으로 인한 현금유출액
가. 지분상품 발행에 따른 현금유입 나. 사채의 발행에 따른 현금유입 다. 장·단기차입에 따른 현금유입	가. 유상감자로 인한 현금유출 나. 사채 상환에 따른 현금유출 다. 차입금 상환에 따른 현금유출

(4) 활동구분에 주의해야 할 항목

① 이자와 배당금

이자와 배당금의 수취 및 지급에 따른 현금흐름은 각각 별도로 공시한다. 각 현금흐름은 매 기간 일관성 있게 영업활동, 투자활동 또는 재무활동으로 분류한다. 이자지급, 이자수입 및 배당금수입은 당기순손익의 결정에 영향을 미치므로 영업활동 현금흐름으로 분류할 수 있다. 대체적인 방법으로 이자지급, 이자수입 및 배당금수입은 재무자원을 획득하는 원가나 투자자산에 대한 수익으로 보아 각각 재무활동 현금흐름이나 투자활동 현금흐름으로 분류할 수도 있다.

배당금의 지급은 재무자원을 획득하는 비용이므로 재무활동 현금흐름으로 분류할 수 있다. 대체적인 방법으로 재무제표이용자가 영업활동 현금흐름에서 배당금을 지급할 수 있는 기업의 능력을 판단하는데 도움을 주기 위하여 영업활동 현금흐름의 구성요소로 분류할 수도 있다.

지금까지 살펴본 바와 같이 한국채택국제회계기준에서는 이자와 배당금 관련 현금흐름의 활동구분을 회사가 선택하여 일관성 있게 적용하도록 규정하고 있다. 본 서에서는 일반기업회계기준에서 이자수익, 배당금수익, 이자비용은 영업활동으로, 배당금지급은 재무활동으로 분류하고 있는 것을 고려해서 설명의 편의상 일반기업회계기준과 동일하게 분류하는 것으로 선택했다고 가정하고 문제풀이를 하도록 하겠다.

② 법인세

법인세로 인한 현금흐름은 별도로 공시하며, 재무활동과 투자활동에 명백히 관련되지 않는 한 영업활동 현금흐름으로 분류한다. 본 서에서는 일반기업회계기준에서 법인세로 인한 현금흐름을 영업활동으로 분류하고 있는 것을 고려해서 설명의 편의상 법인세로 인한 현금흐름을 영업활동으로 분류해서 문제풀이를 하도록 하겠다.

2. 현금흐름표의 구조

앞에서 살펴본 바와 같이 세 가지 경영활동이 서로 다르게 현금흐름을 만들어 내기 때문에 세 가지 활동의 현금흐름을 구분해서 현금흐름표를 만들게 되는데 이를 그림으로 살펴보면 다음과 같다.

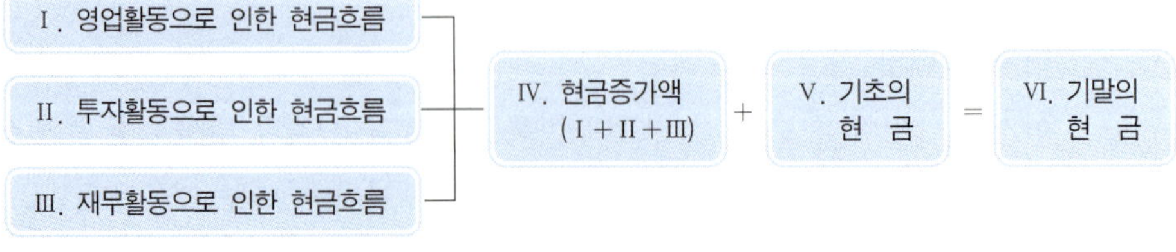

이 그림과 같이 현금흐름표는 기업의 현금흐름을 영업활동·투자활동·재무활동으로 구분해서 각 활동에 대해서 현금유입액과 현금유출액을 표시하고, 세 가지 활동에 의한 현금흐름을 합쳐서 전체현금의 증감액을 계산한 후에 이 금액에 기초현금을 가산해서 기말의 현금을 계산한다. 이와 같은 형식의 현금흐름표가 구체적으로 어떻게 표시되는지는 다음의 간접법에 의한 현금흐름표를 살펴보면 보다 쉽게 이해할 수 있다.

현금흐름표[1)]

㈜나무 20×1. 1. 1 ~ 12. 31 (단위 : 원)

과 목	금 액	
I. 영업활동으로 인한 현금흐름		×××
1. 당기순이익	×××	
2. 현금의 유출이 없는 비용 등의 가산	×××	
3. 현금의 유입이 없는 수익 등의 차감	(×××)	
4. 영업활동으로 인한 자산·부채의 변동	×××	
II. 투자활동으로 인한 현금흐름		×××
1. 투자활동으로 인한 현금유입액	×××	
2. 투자활동으로 인한 현금유출액	(×××)	
III. 재무활동으로 인한 현금흐름		×××
1. 재무활동으로 인한 현금유입액	×××	
2. 재무활동으로 인한 현금유출액	(×××)	
IV. 현금의 증가		×××
V. 기초의 현금		×××
VI. 기말의 현금		×××

* 간접법에 대해서는 다음 절에서 설명하도록 하겠다.

1) 본 서에서 작성하는 현금흐름표 양식은 일반기업회계기준을 적용해서 하도록 하겠다. 한국채택국제회계기준에 따른 현금흐름표 양식도 일반기업회계기준 양식과 큰 차이가 없으므로 중급회계에서 그 차이점을 공부해도 될 것이다. 차이점에 대해서 간략하게 정리하면 다음과 같다. 구체적 내용에 대해서는 중급회계에서 공부하기 바란다.
① 외화현금에 대한 환율변동효과를 별도로 공시해야 한다.
② 간접법 양식에서도 이자와 배당금의 수취와 지급, 법인세지급은 직접법을 적용하여 작성한다.
③ 간접법 출발점을 당기순이익이 아니라 법인세비용차감전순이익으로 한다.

제 3 절 현금흐름표의 작성방법

현금흐름표를 작성하기 위해서는 활동유형별로 구분해서 현금흐름을 파악해야 한다. 세 가지 활동유형 중에서 투자활동이나 재무활동은 기업에서 빈번하게 일어나는 활동이 아니다. 예를 들어 기업이 공장설비를 투자하거나 차입금을 차입하거나 주식을 발행하는 것은 자주 발생하지 않는다. 따라서 거래빈도가 많지 않은 투자활동과 재무활동으로 인한 현금흐름을 계산하는 것은 실무적으로 영업활동에 비해서는 간단하다.

반면에 영업활동은 다른 활동보다 거래가 빈번히 발생하고 전체적으로 규모도 크기 때문에 실무적으로 영업활동으로 인한 현금흐름을 계산하는 것은 매우 까다롭다. 영업활동으로 인한 현금흐름을 계산하는 것이 복잡해서 현금흐름표에 이를 표시하는 방법에도 직접법과 간접법의 두 가지 방법이 있으며 각 방법별로 계산논리도 복잡하다.

따라서 본 절에서는 우선 영업활동으로 인한 현금흐름을 계산하는 직접법과 간접법에 대해서 살펴보고 나서 투자활동과 재무활동으로 인한 현금흐름을 살펴보도록 하겠다.

1. 영업활동으로 인한 현금흐름 – 직접법

직접법이란 영업활동의 현금유입액과 현금유출액을 각 원천별로 구분해서 직접 현금유출입액을 측정하여 영업활동으로 인한 현금흐름을 표시하는 방법이다. 즉, 매출로 인한 현금유입액, 매입으로 인한 현금유출액 등을 각각 직접 측정하는 방법이다. 직접법에 따라 영업현금흐름을 파악하면 현금흐름표에 다음과 같이 각 원천별로 금액이 나타나게 된다.

현금흐름표

Ⅰ. 영업활동으로 인한 현금흐름
- 가. 매출 등 수익활동으로부터의 유입액
- 나. 매입 및 종업원에 대한 유출액
- 다. 이자수익 유입액
- 라. 배당금수익 유입액
- 마. 이자비용 유출액
- 바. 법인세비용 유출액
- 사. ……………………

직접법에 따라 영업활동으로 인한 현금흐름을 계산하기 위해서는 발생기준 수익·비용항목을 현금기준 수익·비용항목으로 바꾸어서 각 수익 및 비용항목별로 현금흐름을 파악해야 한다. 발생기준 수익·비용항목을 현금기준 수익·비용항목으로 변환하는 방법에 대해서는 제1절에서 자세히 살펴보았던 것처럼 포괄손익계산서의 수익 또는 비용에 해당 손익항목과 관련되는 자산·부채의 증감액을 조정해서 현금유입액 또는 현금유출액을 계산한다.

발생기준 손익과 관련된 자산항목이 있다면 자산이 증가하는 경우에 현금유입이 감소하거나 현금유출이 증가하여 손익금액보다 현금흐름이 감소하며, 반대로 자산항목이 감소하는 경우에는 현금흐름이 증가한다. 또한 손익관련 부채항목이 있다면 부채가 감소하는 경우에 현금유출이 증가하거나 현금유입이 감소하여 현금흐름을 감소시킨다. 반대로 부채항목이 증가하는 경우에는 현금흐름을 증가시킨다.

이에 대해서는 다음 예제를 이용해서 다시 한번 살펴보도록 하자.

Chapter 13

예 제 13–7

영업활동으로 인한 현금흐름–직접법

㈜나무회계법인의 20×1년 동안 얻은 경영성과를 나타내는 포괄손익계산서는 다음과 같다.

포괄손익계산서

㈜나무		20×1. 1. 1 ~ 20×1. 12. 31
수 익		₩1,500,000
용 역 수 익	₩1,300,000	
이 자 수 익	150,000	
유형자산처분이익	50,000	
비 용		1,000,000
감 가 상 각 비	₩500,000	
임 차 료	300,000	
이 자 비 용	200,000	
당 기 순 이 익		₩500,000

또한 ㈜나무회계법인의 주요자산과 부채의 기초잔액과 기말은 다음과 같다.

		기초잔액	기말잔액
자 산	매 출 채 권	₩100,000	₩150,000
	미 수 이 자	25,000	10,000
부 채	미지급임차료	80,000	40,000
	미 지 급 이 자	50,000	70,000

요구사항

㈜나무의 영업활동으로 인한 현금흐름을 직접법을 적용해서 계산하시오.

해답

발생기준 이익		영업활동 관련 자산·부채의 변동		영업활동으로 인한 현금흐름	
매출	₩1,300,000	매출채권증가액	− ₩50,000	매출	₩1,250,000
이자수익	150,000	미수이자감소액	+ 15,000	이자수익	165,000
유형자산처분이익	50,000				
감가상각비	− 500,000				
임차료	− 300,000	미지급임차료감소액	− 40,000	임차료	− 340,000
이자비용	− 200,000	미지급이자증가액	+ 20,000	이자비용	− 180,000
이익	₩500,000	자산증가액	− ₩35,000	현금증가액	₩895,000
		부채감소액	− ₩20,000		
		유형자산처분이익	− ₩50,000		
		감가상각비	+ ₩500,000		

이와 같이 직접법에 따라 영업활동으로 인한 현금흐름을 계산할 때 주의할 점은 감가상각비와 같이 현금흐름을 수반하지 않는 비용은 영업활동으로 인한 현금흐름을 계산할 때 제외해야 한다는 것이다. 감가상각비는 발생기준에 따라 포괄손익계산서에 계상되지만 감가상각비만큼 현금유출액이 발생하는 것이 아니고 투자활동과 관련된 비용이므로 영업활동으로 인한 현금흐름을 계산할 때 제외해야 한다. 또한 유형자산처분이익도 발생기준에 의한 이익을 계산할 때는 고려해야 하지만 영업활동으로 인한 현금흐름을 계산할 때는 제외한다. 토지처분활동은 투자활동이지 영업활동이 아니므로 영업활동으로 인한 현금흐름을 계산할 때는 고려할 필요가 없는 것이다. 따라서 영업활동으로 인한 현금흐름을 계산할 때 유형자산처분이익은 현금유입항목에 포함하지 않으며 대신에 토지처분으로 유입된 현금은 투자활동으로 인한 현금흐름에 포함하게 된다.

참고로 발생기준 이익과 직접법에 따라 계산한 영업활동으로 인한 현금흐름과의 차이를 파악해 보면 다음과 같다.

발생기준 이익	₩500,000	
감가상각비	+ 500,000	: 현금흐름이 없는 비용으로 조정항목
유형자산처분이익	− 50,000	: 영업활동과 무관하므로 조정항목
영업활동관련자산 증가액	− 35,000	: 자산증가 → 순현금흐름감소
영업활동관련부채 감소액	− 20,000	: 부채감소 → 순현금흐름감소
영업활동으로 인한 현금흐름	₩895,000	

2. 영업활동으로 인한 현금흐름 – 간접법

간접법은 당기순이익에 조정항목들을 가감하여 영업활동으로 인한 현금흐름을 결정하는 방법이다. 이 방법은 영업활동으로 인한 현금유입액이나 현금유출액을 개별항목별로 직접 산출하지 않고 발생기준 당기순이익에서 출발해서 현금흐름과 차이가 나는 항목을 조정함으로써 영업활동으로 인한 현금흐름을 계산하는 방법이다.

간접법을 사용하면 현금흐름을 발생시키는 개별 항목별로 현금유입액과 현금유출액을 파악할 수 없고 현금흐름 증감액을 순액으로만 파악할 수 있다. 회계정보이용자입장에서는 직접법에 따라 영업현금흐름을 파악하는 것이 현금유입액과 현금유출액을 각 원천별로 구분해서 파악할 수 있으므로 보다 유용하다. 하지만 기업의 회계실무자 입장에서는 빈번하게 발생하는 수많은 수익과 비용에 대해 각 항목별로 현금유입액과 유출액을 파악하는 것이 매우 번거롭고 많은 시간과 비용이 소요된다. 이런 이유로 많은 기업에서 간접법을 사용해서 영업활동으로 인한 현금흐름을 표시한다.

간접법에 따라 영업활동으로 인한 현금흐름을 표시하면 현금흐름표에 다음과 같이 표시된다.[2]

간 접 법

Ⅰ. 영업활동으로 인한 현금흐름

가. 당기순이익(손실)

나. 현금의 유출이 없는 비용 등의 가산

다. 현금의 유입이 없는 수익 등의 차감

라. 영업활동과 관련된 자산·부채의 변동

2) 한국채택국제회계기준에서는 당기순이익이 아니고 법인세비용차감전순이익을 사용하는데, 여기에 대해서는 중급회계 교재를 참조하기 바란다.

이와 같이 간접법에서는 포괄손익계산서상의 당기순이익에 현금흐름과 차이나는 조정항목을 가감해서 현금흐름을 계산하는데 그 조정항목은 크게 (1) 영업활동으로 인한 현금흐름과 무관한 손익항목과 (2) 영업활동관련 자산·부채의 변동으로 구분할 수 있다.

(1) 영업활동으로 인한 현금흐름과 무관한 손익항목

당기순이익을 계산하기 위해 발생기준 포괄손익계산서에 나타나는 수익·비용 항목 중에서는 영업활동으로 인한 현금흐름과 무관한 손익항목이 있다. 영업활동으로 인한 현금흐름과 무관한 손익항목을 다시 구분하면 ① 현금의 유출입이 없는 손익항목과 ② 영업활동과 무관한 손익항목으로 나눌 수 있으며 각 항목별로 어떻게 조정하는지 살펴보자.

① 현금의 유출입이 없는 손익항목

당기순이익에서 영업현금흐름을 계산하기 위해서는 현금유출입이 없는 손익항목이 당기순이익에 미친 영향을 제거해야만 한다. 예를 들어 현금유출입이 없는 손익항목의 대표적인 항목인 감가상각비를 생각해 보자. 감가상각비는 발생기준에 따라 기간비용으로 포괄손익계산서에 표시되어 당기순이익을 감소시키지만 현금흐름(유출)은 수반하지 않는다. 따라서 감가상각비가 당기순이익에 미친 영향을 제거하기 위해서는 당기순이익에 감가상각비를 가산해야 한다.

이처럼 현금의 유출이 없는 비용항목은 당기순이익에 가산해야만 그 효과를 제거할 수 있다. 마찬가지로 현금의 유입이 없는 수익항목은 포괄손익계산서를 만들 때 당기순이익을 증가시키므로 영업활동으로 인한 현금흐름을 계산할 때는 당기순이익에서 차감해야 한다.

현금의 유출입이 없는 손익항목이 어떻게 조정되어야 하는지를 이해하기 위해 다음의 단순한 예제를 살펴보자.

예제 13-8
간접법 – 현금유출입이 없는 손익항목의 조정

㈜나무회계법인의 20×1년 동안 얻은 경영성과를 파악한 결과가 다음과 같으며 기초와 기말의 매출채권은 없다.

포괄손익계산서

수익 : 매출	₩100,000
비용 : 감가상각비	30,000
당기순이익	₩70,000

요구사항

1. 직접법에 따라 영업활동으로 인한 현금흐름을 구하시오.
2. 간접법에 따라 영업활동으로 인한 현금흐름을 구하시오.

해답

1. 직접법

매출 등 수익활동으로부터의 현금유입액	₩100,000
영업활동으로 인한 현금유입액	₩100,000

2. 간접법

당기순이익	₩70,000
감가상각비	+ 30,000
영업활동으로 인한 현금유입액	₩100,000

이와 같이 간접법에 따라 영업현금흐름을 계산하는 경우에는 감가상각비와 같이 현금유출이 없는 비용항목은 당기순이익에 가산해서 당기순이익에 미친 효과를 제거해야 한다. 이를 그림으로 살펴보면 다음과 같다.

포괄손익계산서	
수익 : 매출	₩100,000
비용 : 감가상각비	− 30,000
당기순이익	₩70,000

현금흐름표	
당기순이익	₩70,000
가산 : 감가상각비	+ 30,000
영업현금흐름	₩100,000

현금유출이 없는 감가상각비가 당기순이익을 계산할 때 차감되므로 영업현금흐름을 계산할 때는 당기순이익에 가산해서 그 효과를 제거한다.

이와 같은 계산논리를 현금유입이 없는 수익항목에 적용하면 현금유입이 없는 수익은 당기순이익에서 차감해서 그 효과를 제거한다.

② 영업활동과 무관한 손익항목

간접법에 따라 당기순이익을 조정할 때 고려해야 하는 손익항목 중에는 영업활동과 무관한 손익항목이 있다. 예를 들어 유형자산처분이익을 생각해보자. 유형자산처분이익은 포괄손익계산서에 표시되어 당기순이익을 증가시킨다. 그런데 유형자산의 처분은 투자활동에 포함되며 영업활동이 아니다. 따라서 영업활동으로 인한 현금흐름을 계산할 때는 영업활동과 무관한 유형자산처분은 고려할 필요가 없으므로 유형자산처분이익이 당기순이익에 미친 효과를 제거해야 한다. 이를 위해 당기순이익에서 유형자산처분이익을 차감해서 그 효과를 제거한다. 대신에 유형자산처분으로 유입된 현금은 투자활동으로 인한 현금흐름에 포함하게 된다. 다음의 단순화된 예제를 이용해서 이를 자세히 살펴보자.

예제 13-9
간접법-영업활동과 무관한 손익항목의 조정

㈜나무회계법인의 20×1년 동안 얻은 경영성과를 파악한 결과가 다음과 같으며 기초와 기말의 매출채권은 없다.

포괄손익계산서

매 출	₩100,000
유형자산처분이익	40,000
당 기 순 이 익	₩140,000

요구사항

1. 직접법에 따라 영업활동으로 인한 현금흐름을 구하시오.
2. 간접법에 따라 영업활동으로 인한 현금흐름을 구하시오.

해답

1. 직접법

매출 등 수익활동으로부터의 현금유입액	₩100,000
영업활동으로 인한 현금유입액	₩100,000

2. 간접법

당기순이익	₩140,000
유형자산처분이익	− 40,000
영업활동으로 인한 현금유입액	₩100,000

이와 같이 간접법에 따라 영업현금흐름을 계산하는 경우에는 유형자산처분이익과 같이 영업활동과 무관한 이익항목은 당기순이익에서 차감하여 당기순이익에 미친 효과를 제거해야 한다. 이를 그림으로 살펴보면 다음과 같다.

포괄손익계산서	
매출	₩100,000
유형자산처분이익	+ 40,000
당기순이익	₩140,000

현금흐름표	
당기순이익	₩140,000
차감 : 유형자산처분이익	− 40,000
영업현금흐름	₩100,000

영업활동과 무관한 유형자산처분이익이 당기순이익을 계산할 때 가산되므로 영업현금흐름을 계산할 때는 당기순이익에서 차감하여 그 효과를 제거한다.

이와 같은 계산논리를 영업활동과 무관한 비용항목에 적용하면 영업활동과 무관한 비용은 당기순이익에 가산해서 그 효과를 제거한다.

(2) 영업활동관련 자산·부채의 변동

포괄손익계산서의 수익 또는 비용과 현금유입액 또는 현금유출액의 차이를 해당 손익항목과 관련되는 자산·부채의 증감액을 조정해서 계산한다는 것은 이미 살펴보았다. 이와 같이 당기순이익과 영업활동으로 인한 현금흐름의 차이를 발생시키는 원인에는 영업활동과 관련된 자산·부채의 변동도 있다. 영업활동과 관련된 자산·부채의 변동이 당기순이익에 어떻게 조정되어야 하는지를 정리하면 다음과 같다.

① 영업활동관련 자산이 증가하는 경우에 현금유입이 감소하거나 현금유출이 증가하여 관련손익항목에 비해 현금흐름을 감소시킨다. 따라서 자산증가액은 당기순이익에서 차감되어야 한다. 반대로 자산항목이 감소하는 경우에는 관련손익항목에 비해서 현금흐름을 증가시킨다. 따라서 자산감소액은 당기순이익에 가산되어야 한다.

② 영업활동관련 부채가 감소하는 경우에 현금유출이 증가하거나 현금유입이 감소하여 관련손익항목에 비해 현금흐름을 감소시킨다. 따라서 부채감소액은 당기순이익에서 차감되어야 한다. 반대로 부채항목이 증가하는 경우에는 현금흐름을 증가시킨다.

이와 같이 영업활동으로 인한 현금흐름을 계산하기 위해서는 영업활동관련 자산·부채의 변동을 당기순이익에 조정해야 하는데 그 방법을 정리하면 다음 표와 같다.

변동내용	순현금흐름에 미치는 효과	당기순이익에 조정하는 방법
자산 증가	순현금흐름 감소	당기순이익에서 차감
자산 감소	순현금흐름 증가	당기순이익에 가산
부채 증가	순현금흐름 증가	당기순이익에 가산
부채 감소	순현금흐름 감소	당기순이익에서 차감

다음 예제를 이용해서 영업활동관련 자산·부채의 변동이 당기순이익에 어떻게 조정되는지를 살펴보자.

예제 13-10

영업활동으로 인한 현금흐름 – 직접법

㈜나무회계법인의 20×1년 동안 얻은 경영성과를 나타내는 포괄손익계산서는 다음과 같다.

포괄손익계산서

㈜나무 20×1. 1. 1 ~ 20×1. 12. 31

수 익		₩1,450,000
용 역 수 익	₩1,300,000	
이 자 수 익	150,000	
비 용		500,000
임 차 료	300,000	
이 자 비 용	200,000	
당 기 순 이 익		₩950,000

또한 ㈜나무회계법인의 주요자산과 부채의 기초잔액과 기말은 다음과 같다.

		기초잔액	기말잔액
자 산	매 출 채 권	₩100,000	₩150,000
	미 수 이 자	25,000	10,000
부 채	미지급임차료	80,000	40,000
	미 지 급 이 자	50,000	70,000

요구사항

1. ㈜나무의 영업활동으로 인한 현금흐름을 직접법을 적용해서 계산하시오.
2. ㈜나무의 영업활동으로 인한 현금흐름을 간접법을 적용해서 계산하시오.

해답

1. 직접법

발생기준 이익			영업활동 관련 자산·부채의 변동			영업활동으로 인한 현금흐름		
매 출		₩1,300,000	매출채권증가액	−	₩50,000	매 출		₩1,250,000
이자수익		150,000	미수이자감소액	+	15,000	이 자 수 익		165,000
임 차 료	−	300,000	미지급임차료감소액	−	40,000	임 차 료	−	340,000
이자비용	−	200,000	미지급이자증가액	+	20,000	이 자 비 용	−	180,000
이 익		₩950,000	자 산 증 가 액	−	₩35,000	현금증가액		₩895,000
			부 채 감 소 액	−	₩20,000			

2. 간접법

발생기준 이익		₩950,000	
자산변동			
매출채권증가액	−	50,000	(자산증가 → 순현금흐름감소)
미수이자감소액	+	15,000	(자산감소 → 순현금흐름증가)
부채변동			
미지급임차료감소액	−	40,000	(부채감소 → 순현금흐름감소)
미지급이자증가액	+	20,000	(부채증가 → 순현금흐름증가)
영업활동으로 인한 현금흐름		₩895,000	

(3) 간접법에 의한 영업현금흐름 계산

지금까지 간접법에서 영업활동으로 인한 현금흐름을 계산하기 위해 당기순이익에 조정해야 하는 항목에 대해서 살펴보았다. 즉, 당기순이익에 (1) 영업활동으로 인한 현금흐름과 무관한 손익항목인 ① 현금의 유출입이 없는 손익항목과 ② 영업활동과 무관한 손익항목을 조정하고 나서 (2) 영업활동관련 자산·부채의 변동을 조정하면 영업활동으로 인한 현금흐름이 계산된다. 다음 예제를 이용해서 간접법을 정리해 보도록 하자.

예제 13-11

영업활동으로 인한 현금흐름-간접법

㈜나무회계법인의 20×1년 동안 얻은 경영성과를 나타내는 포괄손익계산서는 다음과 같다.

포괄손익계산서

㈜나무 20×1. 1. 1 ~ 20×1. 12. 31

수익		₩1,500,000
용역수익	₩1,300,000	
이자수익	150,000	
유형자산처분이익	50,000	
비용		1,000,000
감가상각비	₩500,000	
임차료	300,000	
이자비용	200,000	
당기순이익		₩500,000

또한 ㈜나무회계법인의 주요자산과 부채의 기초잔액과 기말은 다음과 같다.

		기초잔액	기말잔액
자산	매출채권	₩100,000	₩150,000
	미수이자	25,000	10,000
부채	미지급임차료	80,000	40,000
	미지급이자	50,000	70,000

요구사항

㈜나무의 영업활동으로 인한 현금흐름을 간접법을 적용해서 계산하시오.

해답

내 용		금 액
1. 당기순이익		₩500,000
2. 현금의 유출이 없는 비용 등의 가산		500,000
감가상각비	₩500,000	
3. 현금의 유입이 없는 수익 등의 차감		(50,000)
유형자산처분이익	(50,000)	
4. 영업활동으로 인한 자산·부채의 변동		(55,000)
매출채권의 증가	(50,000)	
미수이자의 감소	15,000	
미지급임차료의 감소	(40,000)	
미지급이자의 증가	20,000	
영업활동으로 인한 현금흐름		₩895,000

3. 직접법과 간접법의 비교

지금까지 살펴본 바에 의하여 직접법과 간접법에 따른 영업활동으로 인한 현금흐름의 산출방법을 비교하여 보면 다음과 같다.

[영업활동으로 인한 현금흐름 – 직접법과 간접법]

직 접 법	간 접 법
Ⅰ. 영업활동으로 인한 현금흐름	Ⅰ. 영업활동으로 인한 현금흐름
가. 매출 등 수익활동으로부터의 유입액	가. 당기순이익(손실)
나. 매입 및 종업원에 대한 유출액	나. 현금의 유출이 없는 비용 등의 가산
다. 이자수익 유입액	다. 현금의 유입이 없는 수익 등의 차감
라. 배당금수익 유입액	라. 영업활동으로 인한 자산·부채의 변동
마. 이자비용 유출액	
바. 법인세비용 유출액	
사. …………………	

직접법과 간접법의 차이는 발생기준에 따른 이익에서 조정사항을 조정해서 영업활동으로 인한 현금흐름을 계산할 때 각각의 손익항목별로 현금유입액과 유출액을 계산할 것인지 아니면 당기순이익을 기초로 현금흐름 순증감액을 찾을 것인지의 차이가 있을 뿐이며 각 방법에 의해 계산된 현금흐름의 크기는 동일하다. 다음을 비교해 보면 보다 명확하게 직접법과 간접법을 이해할 수 있을 것이다.

발생기준 이익		영업활동 관련 자산·부채의 변동		영업현금흐름(직접법)	
매출	₩1,300,000	매출채권증가액	− ₩50,000	매출	₩1,250,000
이자수익	150,000	미수이자감소액	+ 15,000	이자수익	165,000
유형자산처분이익	50,000	영업활동무관 손익제거			
감가상각비	− 500,000				
임차료	− 300,000	미지급임차료감소액	− 40,000	임차료	− 340,000
이자비용	− 200,000	미지급이자증가액	+ 20,000	이자비용	− 180,000
당기순이익	₩500,000			현금증가액	₩895,000

영업현금흐름(간접법)			
당기순이익		₩500,000	
감가상각비	+	500,000	영업활동무관 손익제거
유형자산처분이익	−	50,000	
매출채권증가액	−	50,000	영업활동 관련 자산·부채의 변동
미수이자감소액	+	15,000	
미지급임차료감소액	−	40,000	
미지급이자증가액	+	20,000	
영업활동으로 인한 현금흐름		₩895,000	

4. 투자활동과 재무활동으로 인한 현금흐름

투자활동 및 재무활동으로 인한 현금흐름은 실무적으로 영업현금흐름에 비해 상대적으로 간단하므로 현금유입액과 현금유출액을 항목별로 직접계산해서 현금흐름표에 표시하며 간접법은 존재하지 않는다.

(1) 투자활동으로 인한 현금흐름

투자활동은 기업이 현금을 대여하고 회수하는 활동, 단기금융상품과 유형자산 및 무형자산의 취득과 처분활동 등을 의미한다. 재무상태표상의 자산 중 영업활동과 관련된 자산항목을 제외한 모든 자산항목의 변동거래는 일반적으로 투자활동으로 간주한다.

따라서 투자활동으로 인한 현금유입액에는 대여금의 회수, 유형자산·무형자산의 처분 등이 포함된다. 투자활동으로 인한 현금유출액에는 현금의 대여, 유형자산·무형자산 등의 취득이 포함된다.

투자활동으로 인한 현금흐름을 분석할 때 주의할 점은 다음과 같다.

첫째, 유형자산·무형자산의 처분시에는 해당자산의 장부금액이 아닌 처분으로 인한 현금의 유입액이 현금흐름표에 기재되어야 한다.

둘째, 투자활동은 총액주의에 따라 현금유입액과 유출액을 구분해서 표시한다. 예를 들어 기계장치를 취득하기도 하고 처분하기도 한 경우에는 취득과 처분을 구분해서 총액으로 각각 기록해야 한다는 것이다.

셋째, 투자활동은 재무활동과 연관되는 경우가 많아서 투자활동과 재무활동을 동시에 분석해야 하는 경우가 많다는 것이다. 예를 들어 공장을 설립하는 투자활동이 이루어지면 단기간 내에 막대한 자금이 필요하므로 재무활동을 수반하는 경우가 많다.

한편, 투자활동의 경우 신용구입이나 물물교환 및 현물투자가 이루어지는 경우에는 현금흐름이 나타나지 않을 수 있다.

(2) 재무활동으로 인한 현금흐름

재무활동이란 기업이 자금을 차입하거나 상환하는 활동과 주식발행으로 현금을 조달하거나 배당금을 지급하는 활동 등을 말한다. 재무활동으로 인한 현금의 유입에는 현금의 차입과 사채의 발행, 유상증자 등이 포함되고, 재무활동으로 인한 현금의 유출에는 차입금의 상환이나 배당금의 지급 등이 포함된다.

재무활동도 투자활동과 동일하게 총액주의에 따라 현금유입액과 유출액을 각각 표시해야 한다. 주의해야 할 점은 사채의 발행 또는 주식의 발행으로 인한 현금의 유입은 액면금액이 아닌 발행으로 인하여 유입된 현금액(발행가액)이 현금흐름표에 표시되어야 한다는 것이다.

제 4 절 현금흐름표의 종합사례

지금까지 영업활동과 투자활동 및 재무활동의 현금흐름을 어떻게 파악하고 현금흐름표에 표시하는지에 대해서 살펴보았다. 이제 영업활동과 투자활동 및 재무활동이 모두 포함된 현금흐름표를 작성하는 사례를 살펴보도록 하자.

현금흐름표를 작성하는 방법에는 T-계정을 이용하는 방법과 정산표를 이용하는 방법이 있는데 본 서에서는 정산표를 이용한 방법을 살펴보기로 한다. 다음 예제를 이용해서 정산표법에 대해서 자세히 알아보자.

예제 13-12

현금흐름표 작성사례

㈜나무회계법인의 20×1년의 기초와 기말재무상태표는 다음과 같다.

비교재무상태표

계정과목	기 초	기 말	증 감 액
자 산			
현금및현금성자산	₩1,000,000	₩2,845,000	₩1,845,000 증가
매 출 채 권	100,000	150,000	50,000 증가
미 수 이 자	25,000	10,000	(15,000) 감소
토 지	1,000,000	600,000	(400,000) 감소
기 계 장 치	2,000,000	2,000,000	0
감가상각누계액	(1,000,000)	(1,500,000)	(500,000) 증가
합 계	₩3,125,000	₩4,105,000	₩980,000
부 채			
미 지 급 임 차 료	₩80,000	₩40,000	₩(40,000) 감소
미 지 급 이 자	50,000	70,000	20,000 증가
단 기 차 입 금	500,000	1,000,000	500,000 증가
자 본 금	1,495,000	1,495,000	
이 익 잉 여 금	1,000,000	1,500,000	500,000 증가*
합 계	₩3,125,000	₩4,105,000	₩980,000

* 당기순이익만큼 이익잉여금이 증가한 금액임.

㈜나무회계법인의 20×1년 동안 얻은 경영성과를 나타내는 포괄손익계산서는 다음과 같다.

포괄손익계산서

㈜나무		20×1. 1. 1 ~ 20×1. 12. 31
수 익		₩1,500,000
용 역 수 익	₩1,300,000	
이 자 수 익	150,000	
유형자산처분이익	50,000	
비 용		1,000,000
감 가 상 각 비	₩500,000	
임 차 료	300,000	
이 자 비 용	200,000	
당 기 순 이 익		₩500,000

[추가정보]
(1) 취득원가 ₩400,000인 토지를 ₩450,000에 처분하였다.
(2) 단기차입금 ₩500,000을 추가로 차입하였다.

요구사항

1. 간접법에 따라 영업활동으로 인한 현금흐름을 계산하시오.
2. 투자활동으로 인한 현금흐름을 계산하시오.
3. 재무활동으로 인한 현금흐름을 계산하시오.
4. 현금흐름표를 작성하시오.

(1) 영업활동으로 인한 현금흐름

포괄손익계산서의 당기순이익에 영업현금흐름과 무관한 손익항목을 조정하고 영업활동과 관련된 자산·부채의 변동을 조정해서 영업활동으로 인한 현금흐름을 계산한다.

당기순이익		₩500,000
감가상각비	+	500,000
유형자산처분이익	−	50,000
매출채권증가액	−	50,000
미수이자감소액	+	15,000
미지급임차료감소액	−	40,000
미지급이자증가액	+	20,000
영업활동으로 인한 현금흐름		₩895,000

(2) 투자활동으로 인한 현금흐름

투자활동과 관련된 자산항목의 증감액을 분석하고 자산의 취득과 처분을 구분해서 파악한다. 본 예제의 자료를 보면 재무상태표에 토지계정 금액이 ₩400,000 감소하였고 포괄손익계산서에 유형자산처분이익이 ₩50,000 계상되어 있다. 이 자료를 보고 기중에 토지와 관련하여 다음과 같은 거래가 있었음을 추정할 수 있다.

(차) 현 금	450,000	(대) 토 지	400,000
		유형자산처분이익	50,000

여기서 차변에 현금유입이 ₩450,000만큼 발생했음을 알 수 있다. 토지의 처분은 투자활동으로 분류하기 때문에 ₩450,000을 현금흐름표상 투자활동으로 인한 현금유입에 기록하면 되는 것이다.

(3) 재무활동으로 인한 현금흐름

재무활동과 관련된 부채항목와 자본항목의 증감액을 분석하고 현금유입액과 유출액을 구분해서 파악한다. 본 예제의 자료를 보면 재무상태표에 단기차입금계정 금액이 ₩500,000 증가했음을 확인할 수 있다. 이 자료를 보고 기중에 단기차입금과 관련하여 다음과 같은 거래가 있었음을 추정할 수 있다.

(차) 현 금	500,000	(대) 단 기 차 입 금	500,000

여기서 차변에 현금유입이 ₩500,000만큼 발생했음을 알 수 있다. 단기차입금의 차입은 재무활동으로 분류하기 때문에 ₩500,000을 현금흐름표상 재무활동으로 인한 현금유입에 기록하면 되는 것이다.

(4) 현금흐름표의 작성

각 활동유형별로 파악한 현금흐름의 내용을 모아서 다음과 같이 현금흐름표를 작성한다.

현금흐름표

㈜나무 20×1. 1. 1 ~ 12. 31 (단위 : 원)

과 목	금 액	
Ⅰ. 영업활동으로 인한 현금흐름		₩895,000
1. 당기순이익	₩500,000	
2. 현금의 유출이 없는 비용 등의 가산		
감가상각비	500,000	
3. 현금의 유입이 없는 수익 등의 차감		
유형자산처분이익	(50,000)	
4. 영업활동으로 인한 자산·부채의 변동		
매출채권의 증가	(50,000)	
미수이자의 감소	15,000	
미지급임차료의 감소	(40,000)	
미지급이자의 증가	20,000	
Ⅱ. 투자활동으로 인한 현금흐름		450,000
1. 투자활동으로 인한 현금유입액		
토지의 처분	450,000	
Ⅲ. 재무활동으로 인한 현금흐름		500,000
1. 재무활동으로 인한 현금유입액		
단기차입금의 차입	500,000	
Ⅳ. 현금의 증가		₩1,845,000
Ⅴ. 기초의 현금		1,000,000
Ⅵ. 기말의 현금		₩2,845,000

Chapter 13

객관식 문제

1 현금흐름표의 유용성에 대한 설명으로 옳지 않은 것은?

① 투자활동과 재무활동이 기업의 재무상태에 미치는 영향을 평가하는데 필요한 정보를 제공한다.
② 기업의 미래현금흐름의 창출능력에 관한 정보를 제공한다.
③ 기업의 배당금지급능력, 부채상환능력, 외부자금의 조달능력에 관한 정보를 제공한다.
④ 기업의 재무상태와 경영성과를 파악하는데 필요한 정보를 제공한다.

2 현금흐름표에 관한 설명으로서 잘못된 것은?

① 포괄손익계산서와 마찬가지로 발생기준으로 작성된다.
② 현금흐름표의 작성방법으로는 직접법과 간접법이 있다.
③ 기업의 배당금지급능력과 채무상환능력을 평가할 수 있다.
④ 일정기간 동안의 현금흐름을 영업활동, 투자활동, 재무활동으로 나누어 표시하는 보고서이다.

3 다음 항목 중에서 영업활동으로 인한 현금흐름에 포함되지 않는 항목은?

① 사무실 임차료 지급
② 미지급광고비 지급
③ 차량운반구 매각대금 수취
④ 매출채권의 회수

4 다음 항목 중에서 투자활동으로 인한 현금흐름에 포함되지 않는 항목은?

① 기계장치 취득대가 지급
② 사채의 만기상환
③ 토지 매각대금 수취
④ 피투자회사 주식의 취득

5 현금흐름표에서 재무활동으로 인한 현금유출입과 거리가 먼 것은?

① 배당금의 수령　　② 단기차입금의 상환
③ 지분상품의 발행　　④ 단기차입금의 차입

6 다음 항목 중에서 재무활동으로 인한 현금흐름에 해당하는 항목은?

① 건물의 처분　　② AC 금융자산인 사채의 취득
③ 사채의 발행　　④ 피투자회사 주식의 취득

7 ㈜나무는 20×1년 동안 ₩2,000,000을 매출하였으며 매출채권과 선수금계정의 기초와 기말잔액은 다음과 같다.

	기초잔액	기말잔액
매 출 채 권	₩200,000	₩100,000
선 수 금	400,000	200,000

매출로 인한 현금유입액을 계산하시오.

① ₩1,700,000　　② ₩1,900,000
③ ₩2,100,000　　④ ₩2,300,000

8 ㈜나무의 아래의 자료를 이용하여 영업활동으로 인한 현금흐름을 계산하시오.

당 기 순 이 익	₩200,000	건 물 처 분 금 액	₩40,000
감 가 상 각 비	50,000	투자자산처분이익	30,000
급 여	100,000	용 역 수 수 료	50,000
유형자산처분손실	70,000		

① ₩190,000　　② ₩290,000
③ ₩350,000　　④ ₩420,000

9 아래의 자료를 이용하여 ㈜나무의 영업활동으로 인한 현금흐름을 계산하시오.

당기순이익	₩2,500,000
감가상각비	1,200,000
임차료	2,400,000
유형자산처분손실	800,000
급여	1,800,000
매출채권 기말금액의 증가	800,000
미지급급여 기말금액 증가	200,000
단기차입금 기말금액 증가	2,000,000

① ₩2,500,000
② ₩3,900,000
③ ₩4,550,000
④ ₩5,500,000

10 ㈜나무의 자료가 다음과 같을 때 재무활동으로 인한 현금유입액은 얼마인가?

사채발행에 의한 현금의 유입	₩1,000,000
기계장치의 구입	1,300,000
피투자회사 주식의 처분	300,000
종업원에 대한 대여금	700,000
이자수익의 수령	200,000
보통주의 발행	800,000
기계장치의 처분	100,000

① ₩1,800,000
② ₩2,400,000
③ ₩1,350,000
④ ₩2,600,000

해답 및 해설

1	2	3	4	5	6	7	8	9	10
④	①	③	②	①	③	②	②	②	①

1. 기업의 재무상태와 경영성과를 파악하는데 필요한 정보를 제공하는 것은 재무상태표와 포괄손익계산서이다.

2. 재무상태표와 포괄손익계산서는 발생기준에 근거하여 작성되지만 현금흐름표는 현금기준에 근거하여 작성된다.

3. 차량운반구를 매각하는 활동은 투자활동에 해당하므로 투자활동으로 인한 현금유입액에 포함되어야 한다.

4. 사채를 만기상환하는 활동은 재무활동에 해당하므로 재무활동으로 인한 현금유출액에 포함되어야 한다.

5. 배당금의 수령은 영업활동(또는 투자활동)으로 인한 현금유입액이고 배당금의 지급은 일반적으로 재무활동으로 인한 현금유출액이다. 참고로 재무활동으로 인한 현금흐름을 살펴보면 다음과 같다.

1. 자금의 차입과 상환
2. 사채의 발행과 상환
3. 유상증자와 유상감자
4. 자기주식의 취득과 처분

6. ① 건물의 처분은 투자활동이다.
② AC 금융자산의 취득은 투자활동이다.
④ 피투자회사주식의 취득은 투자활동이다.

7.

매출액		₩2,000,000
매출채권감소	+	100,000
선수금감소	−	200,000
매출로 인한 현금유입액		₩1,900,000

Chapter 13

8. 영업활동으로 인한 현금흐름과 무관한 손익항목은 현금흐름은 발생하지 않으면서 당기순이익을 계산할 때는 고려되므로 그 효과를 배제해야만 영업활동으로 인한 현금흐름을 계산할 수 있다. 이를 위해 영업활동으로 인한 현금흐름과 무관한 비용항목은 당기순이익을 계산할 때 차감되므로 당기순이익에 가산되어야 그 효과를 제거할 수 있고, 영업활동으로 인한 현금흐름과 무관한 수익항목은 당기순이익을 계산할 때 가산되므로 당기순이익에서 차감되어야 그 효과를 제거할 수 있다.

1. 당기순이익		₩200,000
2. 현금의 유출이 없는 손익 등의 가감		90,000
감가상각비	₩50,000	
유형자산처분손실	70,000	
투자자산처분이익	(30,000)	
영업활동으로 인한 현금흐름		₩290,000

9.

영업현금흐름(간접법)

당기순이익		₩2,500,000	
감가상각비	+	1,200,000	영업활동무관 손익제거
유형자산처분손실	+	800,000	
매출채권증가액	−	800,000	영업활동 관련 자산·부채의 변동
미지급급여증가액	+	200,000	
영업활동으로 인한 현금흐름		₩3,900,000	

10. 재무활동으로 인한 현금유입액

사채의 발행	₩1,000,000
보통주의 발행	800,000
	₩1,800,000

Chapter 13

주관식 문제

문제 1 영업활동으로 인한 현금흐름-직접법과 간접법

다음은 ㈜나무의 재무상태표와 포괄손익계산서의 자료이다.

계정과목	기 초	기 말	증 감
자 산			
현금및현금성자산	₩700,000	₩800,000	₩100,000
매출채권	900,000	1,040,000	140,000
선급보험료	35,000	25,000	(10,000)
미수이자	70,000	55,000	(15,000)
:			
부 채			
미지급이자	60,000	120,000	60,000
선수임대료	30,000	90,000	60,000
:			

포괄손익계산서

㈜나무 20×1. 1. 1 ~ 20×1. 12. 31

수 익		₩3,270,000
용역수익	₩2,500,000	
이자수익	430,000	
임대료	340,000	
비 용		2,630,000
감가상각비	₩1,500,000	
보험료	150,000	
임차료	530,000	
이자비용	450,000	
당기순이익		₩640,000

물음

1. 직접법에 따라 다음 사항에 답하시오. 단, 이자수익과 이자비용은 영업활동으로 분류한다.
   (1) 매출로 인한 현금유입액
   (2) 이자수익으로 인한 현금유입액
   (3) 임대료수익으로 인한 현금유입액
   (4) 보험료로 인한 현금유출액
   (5) 임차료로 인한 현금유출액
   (6) 이자비용으로 인한 현금유출액
   (7) 영업활동으로 인한 현금흐름
2. 간접법에 따라 영업활동으로 인한 현금흐름을 계산하시오.

해답 및 해설

1. (1) 매출로 인한 현금유입액

매출채권

차변	금액	대변	금액
기초잔액	₩900,000	현금유입액	₩2,360,000
용역수익	2,500,000	기말잔액	1,040,000
계	₩3,400,000	계	₩3,400,000

용역수익	₩2,500,000	
매출채권 증가액	− 140,000	(자산증가 → 순현금흐름감소)
매출로 인한 현금유입액	₩2,360,000	

(2) 이자수익으로 인한 현금유입액

미수이자

차변	금액	대변	금액
기초잔액	₩70,000	현금유입액	₩445,000
이자수익	430,000	기말잔액	55,000
계	₩500,000	계	₩500,000

이자수익	₩430,000	
미수이자 감소액	+ 15,000	(자산감소 → 순현금흐름증가)
이자수익으로 인한 현금유입액	₩445,000	

(3) 임대료수익으로 인한 현금유입액

선수임대료

차변	금액	대변	금액
임대료	₩340,000	기초잔액	₩30,000
기말잔액	90,000	현금유입액	400,000
계	₩430,000	계	₩430,000

임대료	₩340,000	
선수임대료 증가액	+ 60,000	(부채증가 → 순현금흐름증가)
임대료수익으로 인한 현금유입액	₩400,000	

(4) 보험료로 인한 현금유출액

선급보험료

기 초 잔 액	₩35,000	보 험 료	₩150,000
현 금 유 출 액	140,000	기 말 잔 액	25,000
계	₩175,000	계	₩175,000

보험료	₩(150,000)	
선급보험료 감소액	+ 10,000	(자산감소 → 순현금흐름증가)
보험료로 인한 현금유출액	₩(140,000)	

(5) 임차료로 인한 현금유출액

임차료는 관련되는 자산과 부채가 없기 때문에 포괄손익계산서상의 비용 ₩530,000이 그대로 임차료로 인한 현금유출액이 된다.

(6) 이자비용으로 인한 현금유출액

미지급이자

현 금 유 출 액	₩390,000	기 초 잔 액	₩60,000
기 말 잔 액	120,000	이 자 비 용	450,000
계	₩510,000	계	₩510,000

이 자 비 용	₩(450,000)	
미지급이자 증가액	+ 60,000	(부채증가 → 순현금흐름증가)
이자비용으로 인한 현금유출액	₩(390,000)	

(7) 영업활동으로 인한 현금흐름

매출로 인한 현금유입액	₩2,360,000
이자수익으로 인한 현금유입액	+ 445,000
임대료수익으로 인한 현금유입액	+ 400,000
보험료로 인한 현금유출액	− 140,000
임차료로 인한 현금유출액	− 530,000
이자비용으로 인한 현금유출액	− 390,000
영업활동으로 인한 현금흐름	₩2,145,000

2. 간접법에 따른 영업활동으로 인한 현금흐름

내 용	금 액	
1. 당기순이익		₩640,000
2. 현금의 유출이 없는 비용 등의 가산		1,500,000
감가상각비	₩1,500,000	
3. 영업활동으로 인한 자산·부채의 변동		5,000
매출채권의 증가	(140,000)	
선급보험료의 감소	10,000	
미수이자의 감소	15,000	
미지급이자의 증가	60,000	
선수임대료의 증가	60,000	
영업활동으로 인한 현금흐름		₩2,145,000

문제 2 현금흐름표의 해석

상품을 매입해서 판매하는 ㈜나무의 20×1년도 현금흐름표는 다음과 같다.

현금흐름표

㈜나무 20×1. 1. 1 ~ 20×1. 12. 31 (단위 : 원)

과 목	금	액
I. 영업활동으로 인한 현금흐름		₩(600,000)
매출로부터의 현금유입	₩2,000,000	
매입으로 인한 현금유출	(1,400,000)	
영업비용 지급	(1,200,000)	
II. 투자활동으로 인한 현금흐름		2,300,000
건물의 처분	2,320,000	
유형자산 취득	(20,000)	
III. 재무활동으로 인한 현금흐름		(1,500,000)
단기차입금 증가	2,000,000	
장기차입금의 상환	(2,500,000)	
단기차입금 상환	(1,000,000)	
IV. 현금의 증가		₩200,000
V. 기초의 현금		20,000
VI. 기말의 현금		₩220,000

물음

1. 회사의 현금유입액은 주로 어떤 활동에서 창출되었는가?
2. 회사의 현금유출액은 주로 어떤 활동에 사용되었는가?
3. ㈜나무는 20×1년 동안 현금흐름이 ₩200,000이 증가하였다. 이를 기초로 회사의 자금창출능력이 우수하다고 판단하는 것은 타당한가?
4. 회사의 다음 연도 현금흐름은 어떻게 예상될 수 있겠는가?

해답 및 해설

1. 현금유입액
   회사의 현금유입액은 주로 투자활동에서 건물을 처분해서 얻어졌다. 또한 단기차입금의 차입으로 현금이 유입되었다.

2. 현금유출액
   우선 영업활동에서 현금이 유입되지 않고 유출되어 ₩600,000이 사용되었으며 다음으로 재무활동에서 장기차입금과 단기차입금을 상환하였다.

3. 회사의 현금창출능력
   회사는 영업활동에서 현금흐름이 유출인 상황이다. 따라서 정상적인 영업활동을 통해서는 현금창출능력을 가지고 있지 못하다.

4. 다음 연도 현금흐름의 예상
   ㈜나무는 재무활동에서 단기차입금을 많이 차입하였으므로 내년도에는 단기차입금 상환을 위해 대규모의 현금유출이 예상된다. 그런데 영업활동에서 현금유출이 발생하고 있으므로 차입금상환을 위한 자금은 금년처럼 토지나 건물을 처분하거나 대규모차입을 해야 한다. ㈜나무가 처분할 유형자산이 많지 않거나 금융권에 신용도가 낮아져서 추가적인 차입이 어려워지면 단기차입금을 상환하지 못하고 부도가 날 수도 있다.

Chapter

14

재무제표 분석

7판

IFRS 회계원리

Chapter

14 재무제표 분석

ACCOUNTING PRINCIPLES

제 1 절 재무제표분석의 의의와 목적

1. 재무제표분석의 의의

지금까지는 회계정보이용자에게 해당 기업의 재무상태와 경영성과 등을 전달하기 위한 수단으로서 재무제표의 작성에 대해서 살펴보았다. 본 장에서는 해당 기업이 작성하여 제공한 재무제표를 좀 더 유용한 정보로서 활용하기 위한 재무제표분석에 대해서 살펴보고자 한다. 많은 현대인들이 정기적으로 건강진단을 받는 것처럼 기업도 재무적 건강상태를 진단받을 필요가 있는데, 기업의 재무적 건강상태를 효율적으로 진단하는 방법으로 재무제표분석이 활용되고 있다.

재무제표분석(financial statement analysis)이란 일명 경영분석이라고도 하는데 기업이 보고한 재무제표를 분석적 방법에 의하여 검토함으로써 기업의 경영성과 및 재무상태의 좋고 나쁨을 판단하고 기업의 건강상태를 진단하는 것이다.

2. 재무제표분석의 목적

재무제표에는 재무상태표, 포괄손익계산서, 자본변동표, 현금흐름표가 있고 이들 재무제표는 해당 기업의 재무상태, 경영성과, 자본변동, 현금흐름의 정보를 정보이용자에게 제공하고 있다. 하지만 정보이용자의 입장에서 해당 기업의 정보를 좀 더 효과적으로 파악하기 위해서는 해당 재무제표 정보를 일목요연하게 분석할 필요가 있다.

재무제표분석의 목적은 재무제표에 주어진 숫자를 여러 가지 방법으로 분석해 봄으로써 재무제표가 보여주는 정보를 좀 더 쉽게 해석하는데 도움을 주는 것이다. 즉, 재무제표분석을 통해서 재무제표가 제공하려는 정보에 좀 더 쉽게 다가가는 것이다.

제 2 절 재무제표분석의 종류

재무제표를 분석하는 방법에는 추세분석, 수직적 분석, 재무비율분석 등이 있다. 이 중에서 가장 많이 사용되는 것은 재무비율분석이다. 본 절에서는 추세분석과 수직적 분석을 간단하게 소개하고 재무비율분석에 대해서는 절을 달리하여 자세하게 살펴보기로 한다.

1. 추세분석

추세분석(trend analysis)은 과거에 그 기업의 여러 비율이 어떠한 추세를 가지고 변화하여 왔는가를 관찰하여 미래를 예측하려는 방법으로, 비율의 시간적 변화를 고려함으로써 기업의 미래 재무상태나 경영성과를 예측하는 것이다. 분석방법으로는 분석대상이 되는 기업의 과거추이를 살펴봄으로써 미래를 예측하는 것과 한 기업의 비율변화를 산업전체의 변화상태와 비교하는 것이 있다. 기술적 분석가들은 추세를 파악하기 위해 분석하려는 정보를 시계열 정보로서 도표화하여 분석하는 것이 일반적이다.

2. 수직적 분석

수직적 분석(vertical analysis)이란 동일 재무제표 상에 있는 항목들을 서로 비교함으로써 각 항목들의 의미를 해석하려는 방법이다. 수직적 분석을 위해서는 백분율 재무상태표와 백분율 포괄손익계산서를 많이 이용한다. 예를 들어, 포괄손익계산서에 매출액이 100억이고 당기순이익이 1억으로 보고되었을 경우 매출액을 100%로 하면 당기순이익은 1%로 표시되는 것이 백분율 포괄손익계산서이다. 이렇게 분석하게 되면 포괄손익계산서의 매출액을 중심으로 각각의 항목들이 차지하는 비율을 일목요연하게 비교해 봄으로써 포괄손익계산서를 개괄적으로 분석하는데 많은 도움을 준다.

제 3 절 재무비율분석

재무비율(financial ratio)은 재무제표상에 표기된 한 항목의 수치를 다른 항목의 수치로 나눈 것으로서, 기업의 재무상태나 경영성과를 파악하는데 사용되는 비율이다. 재무비율분석(financial ratio analysis)이란 분석목적에 따라 적합한 비율을 구성하여 기준이 되는 수치와 비교해서 재무상태나 경영성과를 분석하는 방법을 말한다.

재무비율은 크게 기업의 위험을 평가하는 비율과 수익성을 평가하는 비율로 구분할 수 있다. 또한 기업의 위험을 평가하는 비율은 단기위험과 장기위험을 평가하는 비율로 다시 구분할 수 있다. 다음에서는 기업의 위험을 평가하는 비율로서 안정성비율을 먼저 살펴보고 수익성을 평가하는 비율로서 수익성비율과 활동성비율을 살펴본 후에 기타의 재무비율로서 성장성비율과 배당관련비율을 살펴보기로 한다.

Chapter 14

1. 안정성비율

안정성비율은 유동성비율(liquidity ratio)과 레버리지비율(leverage ratio)을 포함하는 것으로 기업의 채무상환능력을 나타내는 비율이다.

(1) 유동비율

유동비율(current ratio)이란 1년 이내 현금화가 가능한 유동자산을 1년 이내에 만기가 도래하는 유동부채로 나누어 봄으로써, 단기채무에 충당할 수 있는 유동성자산이 몇 배가 되는가를 평가하여 단기채무상환능력을 판단하는 비율이다.

$$\text{유동비율} = \frac{\text{유동자산}}{\text{유동부채}}$$

이 비율은 단기채무 상환능력을 평가하는 데 가장 쉽게 적용해 볼 수 있는 것이기 때문에 19세기말 미국의 금융기관이 발전하면서 단기여신결정을 위해서 제일 먼저 사용하기 시작한 비율이다. 이 비율이 높을수록 단기채무에 대한 지급능력이 양호하다고 볼 수 있는데 전통적으로 200% 이상이 채권자에게 안전한 수준으로 평가되어 왔다.

(2) 당좌비율

당좌비율(quick ratio)은 당좌자산(유동자산 − 재고자산)을 유동부채로 나눈 비율로서 기업의 단기채무에 대한 지급능력을 평가하는 데 보다 효과적인 비율이다. 당좌비율은 산성비율(acid test ratio) 또는 신속비율이라고도 한다.

$$당좌비율 = \frac{당좌자산}{유동부채}$$

특히 경기변동에 민감한 재고자산이나 부패 가능성이 있는 재고자산을 많이 갖고 있는 기업의 경우는 유동비율보다도 당좌비율이 더 중요한 의미를 지닌다. 유동비율은 양호한데 당좌비율이 불량하면 그 원인은 재고자산에 대한 과대한 투자 때문일 것이다. 이 비율은 전통적으로 100% 이상이면 유동성이 양호하다고 보고 있지만, 유동비율을 고려하여 평가한 해석과 마찬가지로 여러 가지 요소와 함께 평가할 문제인 것이다. 또한 유동비율과 당좌비율처럼 두 항목이 모두 재무상태표 항목만으로 된 관계비율은 그 항목들이 결산기에 조작될 가능성이 높으므로 이 점에 주의하여 분석하여야 한다.

(3) 방어기간

방어기간(defensive interval)은 당좌자산을 1일 평균 현금지출비용액으로 나눈 것이다.

$$방어기간 = \frac{방어자산(현금 + FVPL\ 금융자산 + 순매출채권)}{연간현금지출비용/365}$$

분자의 당좌자산은 유동자산에서 유동성이 가장 낮는 재고자산을 차감한 것으로서 현금, 예금, FVPL 금융자산, 매출채권처럼 매일 매일의 비용지출에 곧바로 충당할 수 있는 준현금자산을 말한다. 분모에는 매출원가, 판매비와관리비 등의 연간 비용에서 비현금성 비용항목인 감가상각비 등을 차감하여 연간 현금지출 영업비용총액을 측정하고 이를 365일 또는 영업일수로 나누어 1일 평균 현금지출 비용액을 계산한 것이다. 따라서 이 비율은 준현금과 같은 방어자산(defensive assets)인 당좌자산이 일상적인 영업비용지출을 며칠 동안 충당할 수 있는 규모인지를 나타내므로 자금사정을 보다 적절히 보여주는 것이다.

(4) 부채비율

부채비율(debt to equity ratio)은 부채를 자기자본으로 나눈 비율로서 채권자들의 위험부담 정도와 손익확대효과 정도를 평가하는 기초정보로서 중요한 의미가 있다. 부채비율이 높을수록 채권자들의 채권보전의 안전도는 떨어지는 것이며, 손익확대효과는 커지는 것이다.

$$\text{부채비율} = \frac{\text{총부채}}{\text{자기자본}}$$

부채비율은 전통적인 유동성비율처럼 두 항목이 모두 일정시점의 재무상태표로부터 계산된 것이기 때문에 정태적인 성격을 지니고 있어, 구체적으로 원리금 지급능력을 나타내는 정보로 이용되기에는 부족한 면이 있다. 이를 보완하기 위해서 동태적인 안정성비율을 활용하여야 하는데, 대표적인 것이 이자보상비율이다.

Chapter 14

(5) 이자보상비율

이자보상비율(times interest earned)은 이자지급능력을 나타내는 비율이다. 이는 이자비용 및 법인세비용을 차감하기 전의 순이익(EBIT : earnings before interest and tax)을 이자비용으로 나누어 계산한다.

$$\text{이자보상비율} = \frac{\text{이자비용} + \text{법인세비용차감전순이익}}{\text{이자비용}}$$

이 비율의 크기는 영업활동으로부터 얻어지는 현금흐름이 이자비용에 충당되는데 몇 배의 여유가 있는지, 그 안전도(margin of safety)를 나타내는 것으로, 미국기업에서는 5배 수준 이상이면 적정한 것으로 받아들이는 경향이 있다.

(6) 고정장기적합률

고정장기적합률(fixed assets to net worth and fixed liabilities)은 비유동자산을 자기자본과 장기부채의 합으로 나누어 구한 비율이다.

$$\text{고정장기적합률} = \frac{\text{투자자산} + \text{유형자산} + \text{무형자산}}{\text{자기자본} + \text{장기부채}}$$

일반적으로 비유동자산에 대한 투자는 자기자본의 범위내에서 이루어지는 것이 안정적이나, 실제로 거액의 설비투자를 필요로 하는 기간산업에 있어서는 소요자금을 모두 자기자본으로만 충당하는 데는 어려움이 있다. 장기부채도 안정성 있는 장기자금이므로, 이러한 사업에 대한 투자는 자기자본과 장기부채의 합의 범위내에서 하게 되면 안정성이 있다고 볼 수 있다. 이 비율이 낮을수록 자본의 조달과 운용간의 균형이라는 측면에서 안정성을 나타내고 있다고 평가할 수 있다.

2. 수익성비율

수익성비율(profitability ratio)은 투자자본에 대한 경영성과의 정도, 비용을 보전하고 이익을 낼 수 있는 능력에 관한 정보를 제공해 준다. 따라서 투자자, 채권자, 경영자 등 이해관계자들이 의사결정을 할 때에 가장 중요한 정보로 활용되고 있다.

(1) 매출액이익률

매출액이익률(ROS : return on sales)은 일정기간 동안의 외형인 매출액으로부터 여러 가지 비용을 뺀 이익항목들을 대비시켜 구하는 비율이다. 당기순이익을 매출액으로 나눈 비율을 매출액순이익률이라고 부른다. 매출액순이익률이외에도 매출액영업이익률, 매출총이익률 등을 계산할 수 있다.

$$\text{매출액순이익률} = \frac{\text{당기순이익}}{\text{매출액}}$$

매출액순이익률은 매출액 ₩1당 당기순이익이 얼마인가를 보여주는 비율로서 매출액순이익률이 높을수록 수익성은 양호하다고 판단할 수 있다.

(2) 총자산이익률

총자산이익률(ROA : return on assets)은 여러 가지 회계적 이익을 총자산으로 나눈 비율이다. 이 비율은 자본의 원천이 자기자본인지 타인자본인지를 구분하지 않고 주로 경영자의 입장에서 기업에 조달된 총자본(총자산)에 대한 투자효율성을 평가하는 비율이다. 총자산이익률에는 총자산영업이익률과 총자산순이익률이 있다.

$$총자산영업이익률 = \frac{영업이익}{총자산}$$

총자산영업이익률은 기업이 운용하고 있는 총자산에 대하여 기업의 핵심영업활동으로부터 이익을 낼 수 있는 능력이 얼마나 양호한 지를 나타낸다.

$$총자산순이익률 = \frac{당기순이익}{총자산}$$

총자산순이익률은 기업이 운용하고 있는 총자산에 대하여 기업의 총괄적인 경영성과로서 당기순이익을 낼 수 있는 능력이 얼마나 양호한 지를 나타내는 수익성 비율이다.

(3) 주당순이익

주당순이익(EPS : earnings per share)은 기업의 당기순이익을 유통보통주식수로 나눈 지표로서 주당 수익력을 나타낸다.

$$주당순이익 = \frac{보통주당기순이익}{유통보통주식수} = \frac{(당기순이익 - 우선주배당금)}{유통보통주식수}$$

당기순이익 그 자체는 총액이어서 개별 주주에게 돌아올 이익의 크기를 반영하지 못한다. 주주에게는 자신이 소유한 한 주에 돌아올 이익의 몫이 더 중요한 의미를 갖는다. 따라서 주당순이익은 증권투자지표로서 중요하게 사용되고 있다.

(4) 주가수익률

주가수익률(PER : price-earnings ratio)은 주당 시가를 주당순이익으로 나눈 지표이다.

$$주가수익률 = \frac{주당시가}{주당순이익}$$

주가수익률이 낮다는 것은 특정 회사의 주당수익력에 비해서 주가가 너무 낮게 형성되어 있기 때문에 투자자의 입장에서 좋은 투자기회가 될 수 있다고 해석할 수 있는 반면, 계속해서 주가수익률이 하락하고 있는 추세라면 회사의 성장잠재력에 대해서 일반투자자들의 태도가 부정적이라는 것을 암시한다고 볼 수도 있다.

3. 활동성비율

활동성비율(activity ratio)은 매출액과 이를 뒷받침하기 위해서 투자된 각종 자산들과의 관계를 측정하여 이들 자산이 얼마나 효율적으로 이용되고 있는가를 평가하는 재무비율들이다.

(1) 매출채권회전율, 평균회수기간

매출채권회전율(receivables turnover)은 매출액을 매출채권(외상매출금과 받을어음)으로 나눈 비율로서, 매출채권이 현금화되는 속도 또는 매출채권에 대한 자산투자의 효율성을 측정하는 데 이용한다.

$$매출채권회전율 = \frac{매출액}{평균매출채권}$$

매출채권회전율은 다음과 같이 평균회수기간인 일수(日數)로 표시하면 자금이 매출채권에 묶여있는 정도가 분명해진다. 평균회수기간(receivable collection period)은 365일을 매출채권회전율로 나누어 계산한다.

$$평균회수기간 = \frac{365일}{매출채권회전율}$$

매출채권회전율이 높을수록 매출채권회수기간은 짧아지며 매출채권회수기간이 짧다는 것은 매출채권이 현금화되는 속도가 빠른 것이므로 바람직하다고 볼 수 있다.

(2) 재고자산회전율과 재고자산평균처리기간

재고자산회전율(inventory turnover)은 매출원가를 재고자산으로 나누어 구한 비율로서, 재고자산이 연간 몇 회전하는지를 나타낸다.

$$재고자산회전율 = \frac{매출원가}{평균재고자산}$$

재고자산회전율을 구할 때 문제되는 것은 분자에 매출액을 사용하느냐 아니면 매출원가를 사용하느냐 하는 점이다. 분모의 재고자산이 원가로 측정된 것이기 때문에

논리적인 일관성을 유지하기 위해서는 매출원가를 사용하는 것이 더 타당하다. 그러나 매출원가 자료는 매출액 자료보다 구하기 힘든 경우가 많으므로 매출액 기준을 사용할 때도 많다. 어느 경우이든지 일관성있게 사용하여야 한다. 재고자산회전율도 회전속도를 보기 위해서 매출채권의 평균회수기간처럼 365일을 재고자산회전율로 나누어 재고자산평균처리기간(average inventory processing period)을 계산할 수 있다.

$$재고자산평균처리기간 = \frac{365일}{재고자산회전율}$$

(3) 정상영업주기

정상영업주기란 매출채권의 평균회수기간과 재고자산평균처리기간을 합한 것으로서 기업이 원재료를 구입하여 제품을 생산하여 판매한 후 현금회수까지 소요되는 기간을 알려준다.

$$정상영업주기 = 매출채권평균회수기간 + 재고자산평균처리기간$$

4. 기타의 재무비율

기타의 재무비율로서 성장성비율과 배당관련비율을 살펴보기로 한다.

(1) 성장성비율

성장성비율은 일정기간 중에 기업의 경영규모 및 경영성과가 얼마나 향상되었는지를 나타내는 비율이다. 대부분 총자산, 매출액 또는 순이익의 증가율로 측정하는데 내용상으로는 성장잠재력, 미래 수익발생능력이나 이익실현의 확실성 정도, 시장에서의 경쟁적 지위를 뜻하는 정보를 담고 있다.

매출액증가율은 당기매출액 증가분을 전기매출액으로 나눈 비율로서 기업의 외형적인 성장세를 나타내는 대표적인 비율이다.

$$매출액증가율 = \frac{당기매출액 - 전기매출액}{전기매출액}$$

총자산증가율은 일정기간 동안의 총자산증가분을 기초의 총자산으로 나눈 비율로서 기업의 외형적 규모의 신장을 나타내는 비율이다.

$$총자산증가율 = \frac{기말총자산 - 기초총자산}{기초총자산}$$

순이익증가율은 기업활동의 최종성과인 순이익이 전기에 비해 증가한 정도를 나타내는 지표로서 기업의 총괄적인 경영성과의 변화율을 나타낸다.

$$순이익증가율 = \frac{당기순이익 - 전기순이익}{전기순이익}$$

(2) 배당관련비율

기업의 배당정책과 관련된 비율로서 배당성향과 배당수익률이 있다. 배당성향(payout radio)이란 주당배당금을 주당순이익으로 나눈 지표이다.

$$배당성향 = \frac{주당배당금}{주당순이익}$$

일반적으로 투자자들은 배당성향이 높은 회사를 선호한다. 그러나 배당성향이 너무 높으면 미래의 재투자에 필요한 내부유보자금이 부족한 문제가 발생하기도 한다. 배당수익률(dividend field)은 주당배당액을 주당시장가격으로 나눈 지표로서 주주가 배당수익으로 얻은 수익률을 나타낸다. 분모를 주식의 액면금액이 아니라 시가로 하는 점에 유의하여야 한다.

$$배당수익률 = \frac{주당배당액}{주당시장가격}$$

제 4 절 재무제표분석의 한계점

재무비율을 중심으로 하는 재무제표분석은 그 유용성도 크지만, 여러 가지 한계점을 지니고 있다. 본 절에서는 재무제표분석의 한계점으로서 재무제표라는 회계자료가 가지고 있는 근본적 문제점, 기업간 상호비교나 기간간 추세분석의 문제점, 재무비율의 해석상의 문제점, 그리고 다각화기업의 재무제표분석의 문제점에 대해서 살펴보기로 한다.

1. 회계자료의 문제점

재무제표분석은 기업에서 보고한 재무제표를 기초로 행해진다. 분석의 근간이 되는 재무제표가 신뢰성이 없거나 비교가능성이 떨어진다면 재무제표분석은 그 의미가 퇴색될 것이다. 기업들이 제공하는 재무제표는 아래와 같은 측면에서 비판을 받고 있다.

첫째, 기업이 보고하고 있는 재무제표가 분식회계를 통해 조작되어 있다면 신뢰성을 상실하여 유용한 정보가 될 수 없다.

둘째, 기업이 경제활동을 측정하고 이를 회계자료의 형태로 보고할 때 회계담당자가 선택할 수 있는 회계처리방법이 다양하기 때문에 회계담당자가 어떠한 회계처리방법을 선택하여 사용하느냐에 따라 비율분석 등에 이용되는 재무제표의 수치가 달라진다는 문제점이 있다. 이로 인하여 재무제표가 기간별 비교나 기업간 비교에서 일관성과 통일성이 결여되기 쉽다는 비판을 받는다.

2. 상호비교 및 추세분석의 문제점

각종 재무비율이 구해지면 기업이 재무적 건강상태에 대한 평가를 내리기 위해서 기본적으로 사용되는 방법이 두 가지가 있다. 한 가지는 일정시점에서 표준비율이나 타기업의 재무비율과 상호비교하여 경영실적의 좋고 나쁨을 판단하는 상호비교법이고, 또 한 가지는 일정기간 동안의 추세를 분석하여 경영의 개선 여부를 평가하는 추세분석법이다. 먼저 상호비교법은 상호비교의 기준이 되는 표준비율로서 산업평균비율을 많이 사용하는데, 이를 위해서는 산업분류가 적절히 이루어질 것이 전제되어야 한다. 또한 상호비교의 결과가 의미를 가지기 위해서 상호 비교대상기업간의 규모 차이가 적어야 하고,

Chapter 14

사용되는 회계처리방법이 유사해야 할 것이 요구된다. 특히 비교의 기준으로서 산업평균을 사용하는 데는 다음과 같은 문제점이 있다.

첫째, 산업분류가 적절히 이루어진 경우에도 산업내의 대부분 기업이 공통적으로 경영이 불량하다면 그 산업평균은 비교기준으로서 적절할 수 없을 것이다. 오히려 당해 산업에서 가장 성공적인 기업의 업적과 비교하는 것이 더 합리적일 것이다.

둘째, 산업평균과의 차이를 분석할 때 절대적 차이와 상대적 차이 중 어느 것에 근거하여 추론하여야 하는가의 판단의 문제가 있다.

셋째, 횡단면분석을 할 때 재무제표작성 기준일이 서로 다르며 기업간에 회계처리방법이 통일되지 않음으로써 비교가능성이 줄어든다.

추세분석법에서는 분석대상기업이 분석기간 동안 동일한 회계처리방법을 사용하고 기본 영업성격에 변화가 없어야 할 것이 전제된다. 만약 분석대상기간 동안 회계처리방법을 변경하였다든지, 기업합병 등으로 인하여 기본 영업성격이 변하였다면, 분석상의 통일성을 상실하게 된다. 또한 시계열분석시 시계열자료상에 지나치게 크거나 작은 관찰치가 있을 경우도 추세경향치를 추출하거나 미래의 예측에 어려움이 있게 된다.

3. 재무비율의 계산과 해석상의 문제

재무비율의 계산상의 문제점으로는 분자에 負(－)의 수치가 있어 비율이 負의 숫자로 표시되는 경우이다. 산업평균을 구할 때 이를 빼는 경우, 수정하는 경우, 아니면 그대로 이용하는 경우에 따라서 비교기준이 달라지는 문제점이 있게 된다. 이 같은 계산상의 문제점은 지나치게 크거나 작은 관찰치가 존재할 때에도 마찬가지이다.

재무비율의 해석상의 문제점은 최종적인 해석을 할 때 명확한 최적기준이 없다는 것이다. 흔히 특정 재무비율을 평가할 때 양호한지 불량한지 이분법적으로 판단하게 된다. 예를 들어, 유동비율이 높다거나 회전율비율이 높을수록 양호한 것으로 평가하는 경향이 있다. 그러나 유동비율이 너무 높다는 것은 이익창출기회를 상실하게 하는 유동자산에 대한 투자가 과대하다는 것을 뜻하기도 하기 때문에 반드시 좋다고 얘기할 수 없다. 또 재고자산회전율이 높은 것은 재고자산이 부족해서 추가적인 판매기회를 상실하여 기회손실을 입을 가능성도 있음을 암시하므로 반드시 좋은 것만은 아니다. 즉, 어떤 입장에서 분석하느냐에 따라 평가가 달라질 수밖에 없는 것이다. 따라서 최적기준이 없는 만큼 여러 분석자가 특수상황을 고려하여 재무비율의 의미를 해석함으로써 해석상의 문제를 줄여야 하는 과제를 안고 있다.

Chapter 14

주관식 문제

문제 1 재무비율분석

다음은 ㈜나무의 20×1년과 20×2년도 재무상태표와 포괄손익계산서이다. 단, 이 문제에서 제시된 재무제표는 일반기업회계기준을 기초로 작성된 것이다.

재무상태표

㈜나무

	20×1	20×2
Ⅰ. 유동자산	₩350,000	₩400,000
1. 당좌자산	270,000	300,000
2. 재고자산	80,000	100,000
Ⅱ. 비유동자산	400,000	500,000
자산 총계	₩750,000	₩900,000
Ⅰ. 유동부채	₩173,000	₩200,000
Ⅱ. 비유동부채	100,000	100,000
부채 총계	273,000	300,000
Ⅰ. 자본금	280,000	280,000
Ⅱ. 자본잉여금	40,000	40,000
Ⅲ. 자본조정	10,000	20,000
Ⅳ. 기타포괄손익누계액	5,000	10,000
Ⅴ. 이익잉여금	142,000	250,000
자본 총계	477,000	600,000
부채와 자본 총계	₩750,000	₩900,000

포괄손익계산서

㈜나무

	20×1	20×2
Ⅰ. 매 출 액	₩770,000	₩1,000,000
Ⅱ. 매 출 원 가	540,000	650,000
Ⅲ. 매 출 총 이 익	230,000	350,000
Ⅳ. 판 매 비 와 관 리 비	100,000	120,000
Ⅴ. 영 업 이 익	130,000	230,000
Ⅵ. 영 업 외 수 익	160,000	210,000
Ⅶ. 영 업 외 비 용	140,000	180,000
Ⅷ. 법인세비용차감전순이익	150,000	260,000
Ⅸ. 법 인 세 비 용	30,000	52,000
Ⅹ. 당 기 순 이 익	₩120,000	₩208,000

〈추가자료〉

(1) 20×2년 영업외비용 중 이자비용이 ₩50,000이다.

(2) 20×2년 말 당좌자산 중 매출채권이 ₩80,000이고, 20×2년 말 당좌자산 중 매출채권이 ₩84,000이다.

물음

㈜나무에 대한 다음의 재무비율을 계산하시오.

1. 20×2년 말 유동비율
2. 20×2년 말 당좌비율
3. 20×2년 말 부채비율
4. 20×2년 이자보상비율
5. 20×2년 매출액순이익률
6. 20×2년 총자산순이익률
7. 20×2년 매출채권회전율
8. 20×2년 재고자산회전율
9. 20×2년 정상영업주기
10. 20×2년 매출액증가율

해답 및 해설

1. 20×2년 말 유동비율

$$유동비율 = \frac{유동자산}{유동부채} = \frac{400,000}{200,000} = 200\%$$

2. 20×2년 말 당좌비율

$$당좌비율 = \frac{당좌자산}{유동부채} = \frac{300,000}{200,000} = 150\%$$

3. 20×2년 말 부채비율

$$부채비율 = \frac{총부채}{자기자본} = \frac{300,000}{600,000} = 50\%$$

4. 20×2년 이자보상비율

$$이자보상비율 = \frac{이자비용 + 법인세비용차감전순이익}{이자비용} = \frac{50,000 + 260,000}{50,000} = 6.2$$

5. 20×2년 매출액순이익률

$$매출액순이익률 = \frac{당기순이익}{매출액} = \frac{208,000}{1,000,000} = 20.8\%$$

6. 20×2년 총자산순이익률

$$총자산순이익률 = \frac{당기순이익}{총자산} = \frac{208,000}{900,000} = 23.1\%$$

7. 20×2년 매출채권회전율

$$매출채권회전율 = \frac{매출액}{평균매출채권} = \frac{1,000,000}{82,000} = 12.2회$$

8. 20×2년 재고자산회전율

$$재고자산회전율 = \frac{매출원가}{평균재고자산} = \frac{650,000}{90,000} = 7.2회$$

9. 20×2년 정상영업주기

정상영업주기 = 매출채권평균회수기간 + 재고자산평균처리기간

$$= \frac{365일}{12.2회} + \frac{365일}{7.2회}$$

$$= 29.9일 + 50.7일$$

$$= 80.6일$$

10. 20×2년 매출액증가율

$$매출액증가율 = \frac{당기매출액 - 전기매출액}{전기매출액} = \frac{1,000,000 - 770,000}{770,000} = 29.9\%$$

부 록

현 가 표

Index

현 가 표

7판

IFRS 회계원리

부 록 - 현가표

<표 1> 복리이자 요소(CVIF)

CVIF=$(1+i)^n$ (n=기간, i=기간당 이자율)

n/i	1.0	2.0	3.0	4.0	5.0	6.0	7.0	8.0	9.0	10.0
1	1.01000	1.02000	1.03000	1.04000	1.05000	1.06000	1.07000	1.08000	1.09000	1.10000
2	1.02010	1.04040	1.06090	1.08160	1.10250	1.12360	1.14490	1.16640	1.18810	1.21000
3	1.03030	1.06121	1.09273	1.12486	1.15762	1.19102	1.22504	1.25971	1.29503	1.33100
4	1.04060	1.08243	1.12551	1.16986	1.21551	1.26248	1.31080	1.36049	1.41158	1.46410
5	1.05101	1.10408	1.15927	1.21665	1.27628	1.33823	1.40255	1.46933	1.53862	1.61051
6	1.06152	1.12616	1.19405	1.26532	1.34010	1.41852	1.50073	1.58687	1.67710	1.77156
7	1.07214	1.14869	1.22987	1.31593	1.40710	1.50363	1.60578	1.71382	1.82804	1.94872
8	1.08286	1.17166	1.26677	1.36857	1.47746	1.59385	1.71819	1.85093	1.99256	2.14359
9	1.09369	1.19509	1.30477	1.42331	1.55133	1.68948	1.83846	1.99900	2.17189	2.35795
10	1.10462	1.21899	1.34392	1.48024	1.62889	1.79085	1.96715	2.15892	2.36736	2.59374
11	1.11567	1.24337	1.38423	1.53945	1.71034	1.89830	2.10485	2.33164	2.58043	2.85312
12	1.12682	1.26824	1.42576	1.60103	1.79586	2.01220	2.25219	2.51817	2.81266	3.13843
13	1.13809	1.29361	1.46853	1.66507	1.88565	2.13293	2.40984	2.71962	3.06580	3.45227
14	1.14947	1.31948	1.51259	1.73168	1.97993	2.26090	2.57853	2.93719	3.34173	3.79750
15	1.16097	1.34587	1.55797	1.80094	2.07893	2.39656	2.75903	3.17217	3.64248	4.17725
16	1.17258	1.37279	1.60471	1.87298	2.18287	2.54035	2.95216	3.42594	3.97030	4.59497
17	1.18430	1.40024	1.65285	1.94790	2.29202	2.69277	3.15881	3.70002	4.32763	5.05447
18	1.19615	1.42825	1.70243	2.02582	2.40662	2.85434	3.37993	3.99602	4.71712	5.55992
19	1.20811	1.45681	1.75351	2.10685	2.52695	3.02560	3.61653	4.31570	5.14166	6.11591
20	1.22019	1.48595	1.80611	2.19112	2.65330	3.20713	3.86968	4.66096	5.60441	6.72750

n/i	11.0	12.0	13.0	14.0	15.0	16.0	17.0	18.0	19.0	20.0
1	1.11000	1.12000	1.13000	1.14000	1.15000	1.16000	1.17000	1.18000	1.19000	1.20000
2	1.23210	1.25440	1.27690	1.29960	1.32250	1.34560	1.36890	1.39240	1.41610	1.44000
3	1.36763	1.40493	1.44290	1.48154	1.52087	1.56090	1.60161	1.64303	1.68516	1.72800
4	1.51807	1.57352	1.63047	1.68896	1.74901	1.81064	1.87389	1.93878	2.00534	2.07360
5	1.68506	1.76234	1.84244	1.92541	2.01136	2.10034	2.19245	2.28776	2.38635	2.48832
6	1.87041	1.97382	2.08195	2.19497	2.31306	2.43640	2.56516	2.69955	2.83976	2.98598
7	2.07616	2.21068	2.35261	2.50227	2.66002	2.82622	3.00124	3.18547	3.37931	3.58318
8	2.30454	2.47596	2.65844	2.85259	3.05902	3.27841	3.51145	3.75886	4.02138	4.29982
9	2.55804	2.77308	3.00404	3.25195	3.51788	3.80296	4.10840	4.43545	4.78545	5.15978
10	2.83942	3.10585	3.39457	3.70722	4.04556	4.41143	4.80683	5.23383	5.69468	6.19173
11	3.15176	3.47855	3.83586	4.22623	4.65239	5.11726	5.62399	6.17592	6.77667	7.43008
12	3.49845	3.89598	4.33452	4.81790	5.35025	5.93603	6.58007	7.28759	8.06424	8.91610
13	3.88328	4.36349	4.89801	5.49241	6.15279	6.88579	7.69868	8.59936	9.59645	10.69932
14	4.31044	4.88711	5.53475	6.26135	7.07570	7.98752	9.00745	10.14724	11.41977	12.83918
15	4.78459	5.47356	6.25427	7.13794	8.13706	9.26552	10.53872	11.97374	13.58953	15.40701
16	5.31089	6.13039	7.06732	8.13725	9.35762	10.74800	12.33030	14.12902	16.17154	18.48842
17	5.89509	6.86604	7.98608	9.27646	10.76126	12.46768	14.42645	16.67224	19.24413	22.18610
18	6.54355	7.68996	9.02427	10.57517	12.37545	14.46251	16.87895	19.67324	22.90051	26.62332
19	7.26334	8.61276	10.19742	12.05569	14.23177	16.77651	19.74837	23.21443	27.25161	31.94798
20	8.06231	9.64629	11.52309	13.74348	16.36653	19.46075	23.10559	27.39302	32.42941	38.33758

<표 2> 연금의 복리이자요소(CVIF_a)

$$\text{CVIF}_a = \frac{(1+i)^n - 1}{i}$$

n/i	1.0	2.0	3.0	4.0	5.0	6.0	7.0	8.0	9.0	10.0
1	1.00000	1.00000	1.00000	1.00000	1.00000	1.00000	1.00000	1.00000	1.00000	1.00000
2	2.01000	2.02000	2.03000	2.04000	2.04500	2.06000	2.07000	2.08000	2.09000	2.10000
3	3.03010	3.06040	3.09090	3.12160	3.13702	3.18360	3.21490	3.24640	3.27810	3.31000
4	4.06040	4.12161	4.18363	4.24646	4.27819	4.37462	4.43994	4.50611	4.57313	4.64100
5	5.10100	5.20404	5.30914	5.41632	5.47071	5.63709	5.75074	5.86660	5.98471	6.10510
6	6.15201	6.30812	6.46841	6.63298	6.71689	6.97532	7.15329	7.33593	7.52333	7.71561
7	7.21353	7.43428	7.66246	7.89829	8.01915	8.39384	8.65402	8.92280	9.20043	9.48717
8	8.28567	8.58297	8.89234	9.21423	9.38001	9.89747	10.25980	10.63663	11.02847	11.43589
9	9.36853	9.75463	10.15911	10.58279	10.80211	11.49132	11.97799	12.48756	13.02104	13.57948
10	10.46221	10.94972	11.46388	12.00611	12.28821	13.18079	13.81645	14.48656	15.19293	15.93742
11	11.56683	12.16871	12.80779	13.48635	13.84118	14.97164	15.78360	16.64549	17.56029	18.53117
12	12.68250	13.41209	14.19203	15.02580	15.46403	16.86994	17.88845	18.97713	20.14072	21.38428
13	13.80933	14.68033	15.61779	16.62684	17.15991	18.88214	20.14064	21.49530	22.95338	24.52271
14	14.94742	15.97394	17.08632	18.29191	18.93211	21.01506	22.55049	24.21492	26.01919	27.97498
15	16.09689	17.29342	18.59891	20.02359	20.78405	23.27597	25.12902	27.15211	29.36091	31.77248
16	17.25786	18.63928	20.15688	21.82453	22.71933	25.67252	27.88805	30.32428	33.00339	35.94973
17	18.43044	20.01207	21.76158	23.69751	24.74170	28.21287	30.84021	33.75022	36.97370	40.54470
18	19.61474	21.41231	23.41443	25.64541	26.85508	30.90565	33.99903	37.45024	41.30133	45.59917
19	20.81089	22.84056	25.11686	27.67123	29.06356	33.75998	37.37896	41.44626	46.01845	51.15908
20	22.01900	24.29737	26.87037	29.77807	31.37142	36.78558	40.99549	45.76196	51.16011	57.27499

n/i	11.0	12.0	13.0	14.0	15.0	16.0	17.0	18.0	19.0	20.0
1	1.00000	1.00000	1.00000	1.00000	1.00000	1.00000	1.00000	1.00000	1.00000	1.00000
2	2.11000	2.12000	2.13000	2.14000	2.15000	2.16000	2.17000	2.18000	2.19000	2.20000
3	3.34210	3.37440	3.40690	3.43960	3.47250	3.50560	3.53890	3.57240	3.60610	3.64000
4	4.70973	4.77933	4.84980	4.92114	4.99337	5.06650	5.14051	5.21543	5.29126	5.36800
5	6.22780	6.35285	6.48027	6.61010	6.74238	6.87714	7.01440	7.15421	7.29660	7.44160
6	7.91286	8.11519	8.32271	8.53552	8.75374	8.97748	9.20685	9.44197	9.68295	9.92992
7	9.78327	10.08901	10.40466	10.73049	11.06680	11.41387	11.77201	12.14152	12.52271	12.91590
8	11.85943	12.29969	12.75726	13.23276	13.72682	14.24009	14.77325	15.32699	15.90203	16.49908
9	14.16397	14.77566	15.41571	16.08535	16.78584	17.51851	18.28471	19.08585	19.92341	20.79890
10	16.72201	17.54873	18.41975	19.33729	20.30372	21.32147	22.39311	23.52131	24.70886	25.95868
11	19.56143	20.65458	21.81432	23.04451	24.34927	25.73290	27.19993	28.75514	30.40354	32.15041
12	22.71318	24.13313	25.65018	27.27074	29.00166	30.85016	32.82392	34.93106	37.18021	39.58049
13	26.21163	28.02911	29.98470	32.08865	34.35191	36.78619	39.40399	42.21865	45.24445	48.49659
14	30.09491	32.39260	34.88271	37.58106	40.50470	43.67198	47.10266	50.81801	54.84090	59.19591
15	34.40535	37.27971	40.41746	43.84241	47.58041	51.65949	56.11012	60.96525	66.26067	72.03509
16	39.18994	42.75327	46.67173	50.98034	55.71747	60.92501	66.64883	72.93899	79.85019	87.44210
17	44.50083	48.88367	53.73906	59.11759	65.07508	71.67301	78.97913	87.06801	96.02173	105.93052
18	50.39592	55.74971	61.72513	68.39405	75.83635	84.14069	93.40559	103.74025	115.26585	128.11662
19	56.93947	63.43967	70.74940	78.96922	88.21180	98.60320	110.28453	123.41349	138.16636	154.73994
20	64.20282	72.05243	80.94682	91.02491	102.44357	115.37971	130.03290	146.62792	165.41797	186.68792

<표 3> 현가이자요소(PVIF)

$PVIF = \frac{1}{(1+i)^n}$ (n=기간, i=기간당 할인율)

n/i	1.0	2.0	3.0	4.0	5.0	6.0	7.0	8.0	9.0	10.0
1	0.99010	0.98039	0.97087	0.96154	0.95238	0.94340	0.93458	0.92593	0.91743	0.90909
2	0.98030	0.96117	0.94260	0.92456	0.90703	0.89000	0.87344	0.85734	0.84168	0.82645
3	0.97059	0.94232	0.91514	0.88900	0.86384	0.83962	0.81630	0.79383	0.77218	0.75131
4	0.96098	0.92385	0.88849	0.85480	0.82270	0.79209	0.76290	0.73503	0.70843	0.68301
5	0.95147	0.90573	0.86261	0.82193	0.78353	0.74726	0.71299	0.68058	0.64993	0.62092
6	0.94205	0.88797	0.83748	0.79031	0.74622	0.70496	0.66634	0.63017	0.59627	0.56447
7	0.93272	0.87056	0.81309	0.75992	0.71068	0.66506	0.62275	0.58349	0.54703	0.51316
8	0.92348	0.85349	0.78941	0.73069	0.67684	0.62741	0.58201	0.54027	0.50187	0.46651
9	0.91434	0.83676	0.76642	0.70259	0.64461	0.59190	0.54393	0.50025	0.46043	0.42410
10	0.90529	0.82035	0.74409	0.67556	0.61391	0.55839	0.50835	0.46319	0.42241	0.38554
11	0.89632	0.80426	0.72242	0.64958	0.58468	0.52679	0.47509	0.42888	0.38753	0.35049
12	0.88745	0.78849	0.70138	0.62460	0.55684	0.49697	0.44401	0.39711	0.35553	0.31863
13	0.87866	0.77303	0.68095	0.60057	0.53032	0.46884	0.41496	0.36770	0.32618	0.28966
14	0.86996	0.75788	0.66112	0.57748	0.50507	0.44230	0.38782	0.34046	0.29925	0.26333
15	0.86135	0.74301	0.64186	0.55526	0.48102	0.41727	0.36245	0.31524	0.27454	0.23939
16	0.85282	0.72845	0.62317	0.53391	0.45811	0.39365	0.33873	0.29189	0.25187	0.21763
17	0.84438	0.71416	0.60502	0.51337	0.43630	0.37136	0.31657	0.27027	0.23107	0.19784
18	0.83602	0.70016	0.58739	0.49363	0.41552	0.35034	0.29586	0.25025	0.21199	0.17986
19	0.82774	0.68643	0.57029	0.47464	0.39573	0.33051	0.27651	0.23171	0.19449	0.16351
20	0.81954	0.67297	0.55368	0.45639	0.37689	0.31180	0.25842	0.21455	0.17843	0.14864

n/i	11.0	12.0	13.0	14.0	15.0	16.0	17.0	18.0	19.0	20.0
1	0.90090	0.89286	0.88496	0.87719	0.86957	0.86207	0.85470	0.84746	0.84034	0.83333
2	0.81162	0.79719	0.78315	0.76947	0.75614	0.74316	0.73051	0.71818	0.70616	0.69444
3	0.73119	0.71178	0.69305	0.67497	0.65752	0.64066	0.62437	0.60863	0.59342	0.57870
4	0.65873	0.63552	0.61332	0.59208	0.57175	0.55229	0.53365	0.51579	0.49867	0.48225
5	0.59345	0.56743	0.54276	0.51937	0.49718	0.47611	0.45611	0.43711	0.41905	0.40188
6	0.53464	0.50663	0.48032	0.45559	0.43233	0.41044	0.38984	0.37043	0.35214	0.33490
7	0.48166	0.45235	0.42506	0.39964	0.37594	0.35383	0.33320	0.31393	0.29592	0.27908
8	0.43393	0.40388	0.37616	0.35056	0.32690	0.30503	0.28478	0.26604	0.24867	0.23257
9	0.39092	0.36061	0.33288	0.30751	0.28426	0.26295	0.24340	0.22546	0.20897	0.19381
10	0.35218	0.32197	0.29459	0.26974	0.24718	0.22668	0.20804	0.19106	0.17560	0.16151
11	0.31728	0.28748	0.26070	0.23662	0.21494	0.19542	0.17781	0.16192	0.14757	0.13459
12	0.28584	0.25668	0.23071	0.20756	0.18691	0.16846	0.15197	0.13722	0.12400	0.11216
13	0.25751	0.22917	0.20416	0.18207	0.16253	0.14523	0.12989	0.11629	0.10421	0.09346
14	0.23199	0.20462	0.18068	0.15971	0.14133	0.12520	0.11102	0.09855	0.08757	0.07789
15	0.20900	0.18270	0.15989	0.14010	0.12289	0.10793	0.09489	0.08352	0.07359	0.06491
16	0.18829	0.16312	0.14150	0.12289	0.10686	0.09304	0.08110	0.07078	0.06184	0.05409
17	0.16963	0.14564	0.12522	0.10780	0.09293	0.08021	0.06932	0.05998	0.05196	0.04507
18	0.15282	0.13004	0.11081	0.09456	0.08081	0.06914	0.05925	0.05083	0.04367	0.03756
19	0.13768	0.11611	0.09806	0.08295	0.07027	0.05961	0.05064	0.04308	0.03670	0.03130
20	0.12403	0.10367	0.08678	0.07276	0.06110	0.05139	0.04328	0.03651	0.03084	0.02608

<표 4> 연금의 현가이자요소($PVIF_a$)

$$PVIF_a = \frac{1 - \frac{1}{(1+i)^n}}{i}$$

n/i	1.0	2.0	3.0	4.0	5.0	6.0	7.0	8.0	9.0	10.0
1	0.99010	0.98039	0.97087	0.96154	0.95238	0.94340	0.93458	0.92593	0.91743	0.90909
2	1.97039	1.94156	1.91347	1.88609	1.85941	1.83339	1.80802	1.78326	1.75911	1.73554
3	2.94098	2.88388	2.82861	2.77509	2.72325	2.67301	2.62432	2.57710	2.53129	2.48685
4	3.90197	3.80773	3.71710	3.62990	3.54595	3.46511	3.38721	3.31213	3.23972	3.16987
5	4.85343	4.71346	4.57971	4.45182	4.32948	4.21236	4.10020	3.99271	3.88965	3.79079
6	5.79548	5.60143	5.41719	5.24214	5.07569	4.91732	4.76654	4.62288	4.48592	4.35526
7	6.72819	6.47199	6.23028	6.00206	5.78637	5.58238	5.38929	5.20637	5.03295	4.86842
8	7.65168	7.32548	7.01969	6.73275	6.46321	6.20979	5.97130	5.74664	5.53482	5.33493
9	8.56602	8.16224	7.78611	7.43533	7.10782	6.80169	6.51523	6.24689	5.99525	5.75902
10	9.47130	8.98259	8.53020	8.11090	7.72174	7.36009	7.02358	6.71008	6.41766	6.14457
11	10.36763	9.78685	9.25262	8.76048	8.30642	7.88687	7.49867	7.13896	6.80519	6.49506
12	11.25508	10.57534	9.95400	9.38507	8.86325	8.38384	7.94269	7.53608	7.16073	6.81369
13	12.13374	11.34837	10.63495	9.98565	9.39357	8.85268	8.35765	7.90378	7.48690	7.10336
14	13.00370	12.10625	11.29607	10.56312	9.89864	9.29498	8.74547	8.24424	7.78615	7.36669
15	13.86505	12.84926	11.93793	11.11839	10.37966	9.71225	9.10791	8.55948	8.06069	7.60608
16	14.71787	13.57771	12.56110	11.65230	10.83777	10.10590	9.44665	8.85137	8.31256	7.82371
17	15.56225	14.29187	13.16612	12.16567	11.27407	10.47726	9.76322	9.12164	8.54363	8.02155
18	16.39827	14.99203	13.75351	12.65930	11.68959	10.82760	10.05909	9.37189	8.75563	8.20141
19	17.22601	15.67846	14.32380	13.13394	12.08532	11.15812	10.33560	9.60360	8.95011	8.36492
20	18.04555	16.35143	14.87747	13.59033	12.46221	11.46992	10.59401	9.81815	9.12855	8.51356

n/i	11.0	12.0	13.0	14.0	15.0	16.0	17.0	18.0	19.0	20.0
1	0.90090	0.89286	0.88496	0.87719	0.86957	0.86207	0.85470	0.84746	0.84034	0.83333
2	1.71252	1.69005	1.66810	1.64666	1.62571	1.60523	1.58521	1.56564	1.54650	1.52778
3	2.44371	2.40183	2.36115	2.32163	2.28323	2.24589	2.20959	2.17427	2.13992	2.10648
4	3.10245	3.03735	2.97447	2.91371	2.85498	2.79818	2.74324	2.69006	2.63859	2.58873
5	3.69590	3.60478	3.51723	3.43308	3.35216	3.27429	3.19935	3.12717	3.05764	2.99061
6	4.23054	4.11141	3.99755	3.88867	3.78448	3.68474	3.58918	3.49760	3.40978	3.32551
7	4.71220	4.56376	4.42261	4.28830	4.16042	4.03857	3.92238	3.81153	3.70570	3.60459
8	5.14612	4.96764	4.79877	4.63886	4.48732	4.34359	4.20716	4.07757	3.95437	3.83716
9	5.53705	5.32825	5.13166	4.94637	4.77158	4.60654	4.45057	4.30302	4.16333	4.03097
10	5.88923	5.65022	5.42624	5.21612	5.01877	4.83323	4.65860	4.49409	4.33894	4.19247
11	6.20652	5.93770	5.68694	5.45273	5.23371	5.02864	4.83641	4.65601	4.48650	4.32706
12	6.49236	6.19437	5.91765	5.66029	5.42062	5.19711	4.98839	4.79323	4.61050	4.43922
13	6.74987	6.42355	6.12181	5.84236	5.58315	5.34233	5.11828	4.90951	4.71471	4.53268
14	6.98187	6.62817	6.30249	6.00207	5.72448	5.46753	5.22930	5.00806	4.80228	4.61057
15	7.19087	6.81086	6.46238	6.14217	5.84737	5.57546	5.32419	5.09158	4.87586	4.67547
16	7.37916	6.97399	6.60388	6.26506	5.95424	5.66850	5.40529	5.16235	4.93770	4.72956
17	7.54879	7.11963	6.72909	6.37286	6.04716	5.74870	5.47461	5.22233	4.98966	4.77463
18	7.70162	7.24967	6.83991	6.46742	6.12797	5.81785	5.53385	5.27316	5.03333	4.81220
19	7.83929	7.36578	6.93797	6.55037	6.19823	5.87746	5.58449	5.31624	5.07003	4.84350
20	7.96333	7.46944	7.02475	6.62313	6.25933	5.92884	5.62777	5.35275	5.10086	4.86958

Index

7판

IFRS 회계원리

Index

ACCOUNTING PRINCIPLES

ㄱ

ㄴ

ㄷ

ㄹ

ㅇ

D

E

F

T

U

V

W

Y

김현식

고려대학교 경영학과 졸업
고려대학교 대학원졸업(경영학 석사)
공인회계사/세무사
삼일회계법인 근무
현) 바른생각 스마트러닝 강사
진평회계법인 근무

- 저서 및 논문
  IFRS 회계원리
  IFRS 김현식 중급회계
  IFRS 김현식 고급회계
  정부회계
  객관식 재무회계 에센셜
  재무회계연습 에센셜
  세무사 재무회계연습 에센셜
  공인회계사 2차시험 대비 재무회계 모의고사

IFRS
회계원리

발 행 일 2024년 9월 11일 1판 2쇄
초판발행일 2023년 7월 01일

저 자 김현식
발 행 인 지민선
등 록 제2015-000197호
발 행 처 도서출판 반포
주 소 서울특별시 서초구 신반포로 270
I S B N 979-11-87995-33-3 (13320)
가 격 30,000원

저자와의 협의 하에 인지를 생략합니다.